***ACCESO GRATIS** a la Lectura en la Nube*

Para visualizar el libro electrónico en la nube de lectura envíe junto a su nombre y apellidos una fotografía del código de barras situado en la contraportada del libro y otra del ticket de compra a la dirección:

ebooktirant@tirant.com

En un máximo de 72 horas laborales le enviaremos el código de acceso con sus instrucciones.

CRIMINAL-RISK MANAGEMENT & COMPLIANCE: UN MODELO PARA EL GERENCIAMIENTO DE RIESGOS PENALES CORPORATIVOS

Procedimiento de selección de originales, ver página web:
www.tirant.net/index.php/editorial/procedimiento-de-seleccion-de-originales

CRIMINAL-RISK MANAGEMENT & COMPLIANCE: UN MODELO PARA EL GERENCIAMIENTO DE RIESGOS PENALES CORPORATIVOS

JORGE ANDRÉS AMÉZQUITA

tirant lo blanch
Bogotá, 2024

En caso de erratas y actualizaciones, la Editorial Tirant lo Blanch publicará la pertinente corrección en la página web www.tirant.com.

Amézquita, Jorge Andrés, autor.
Criminal-risk management & compliance: un modelo para el gerenciamiento de riesgos penales corporativos / Jorge Andrés Amézquita. -- Primera edición. -- Bogotá: Tirant lo Blanch, 2024.
358 páginas : ilustraciones.
Incluye referencias bibliográficas.
ISBN: 978-84-1071-017-7

1. Responsabilidad penal de las personas jurídicas. 2. Responsabilidad empresarial. 3. Derecho penal. 4. Compañías -- Prácticas corruptas. 5. Delitos económicos. I. Título.
LC: K5069 CDD: 345.0268 ed. 23

Catalogación en publicación de la Biblioteca Carlos Gaviria Díaz

Colección:
"Corrupción, crimen organizado y delincuencia económica"

Dirigida por:
NICOLÁS RODRÍGUEZ-GARCÍA
Catedrático de Derecho Procesal - Universidad de Salamanca
(ORCID ID: 0000-0003-0045-796X

© TIRANT LO BLANCH
EDITA: TIRANT LO BLANCH
Calle 11 # 2-16 (Bogotá D.C.)
Telf.: 4660171
Email: tlb@tirant.com
Librería virtual: www.tirant.com/co/
ISBN: 978-84-1071-017-7

Si tiene alguna queja o sugerencia, envíenos un mail a: atencioncliente@tirant.com. En caso de no ser atendida su sugerencia, por favor, lea en *www.tirant.net/index.php/empresa/politicas-de-empresa* nuestro Procedimiento de quejas.

Responsabilidad Social Corporativa: *http://www.tirant.net/Docs/RSCTirant.pdf*

Índice

Capítulo I
AUTOORGANIZACIÓN: ¿CÓMO ORGANIZARSE PARA EVITAR DELITOS?

Capítulo III
AUTOCONTROL: ¿CÓMO GENERAR UN CONTROL TRANSVERSAL?

Capítulo IV
AUTOCONTROL: ¿CÓMO LOGRAR EL CONTROL DE PROCESOS CRÍTICOS?

Capítulo V
AUTODEFENSA: ¿CÓMO PROBAR LA EFECTIVIDAD DEL COMPLIANCE?

Índice de tablas

Índice de figuras

A mi padre, quien me inculcó la rectitud, responsabilidad y exhaustividad en cada actividad; a mi madre, por su apoyo espiritual e incondicional en toda circunstancia de mi vida; a mi esposa, mi guía y bastión en cada paso que doy; a mis hijos, quienes me imprimen fuerza extra para caminar cada día y avanzar; a mis hermanos, que con su ayuda han posibilitado mi andar.

ABREVIATURAS

AML/CFT	Anti-Money Laundering / Countering the Financing of Terrorism
BCBS	Comité de Supervisión Bancaria de Basilea
CCP	Criminal Compliance Programs
COSO	Committee of Sponsoring Organizations of the Treadway
CMS	Compliance Management Sistems
EFS	Entidades Fiscalizadoras Superiores
EGMONT	Egmont Group of Financial Intelligence Units
FCPA	Foreign Corrupt Practices Act
GAFI	Grupo de Acción Financiera Internacional
GTC	Guía Técnica Colombiana
IAASB	International Auditing and Assurance Standards Board
IDW	Institut der Wirtschaftsprüfer in Deutschland (Instituto de Auditores Públicos de Alemania)
IIA	Institute of Internal Auditors (Instituto de Auditores Internos)
INTOSAI	International Organization of Supreme Audit Institutions
ISO	International Organization for Standardization
KYC	Know Your Customer (Conoce a Tu Cliente)
KYE	Know your Employee (Conoce a Tu Empleado)
MECI	Modelo Estándar de Control Interno
MIPG	Modelo Integrado de Planeación y Gestión
OCDE	Organización para la Cooperación y el Desarrollo Económicos
ONU	Organización de Naciones Unidas

PAAC	Plan Anticorrupción y de Atención al Ciudadano
PTEE	Programa de Transparencia y Ética Empresarial
PTEP	Programa de Transparencia y Ética Pública
NIA	Norma Internacional de Auditoría
NIEA	Norma Internacional de Encargos de Aseguramiento
NTC	Norma Técnica Colombiana
SAINT	Self-assessment of integrity (Autoevaluación de integridad)
SAGRILAFT	Sistema de Autocontrol y Gestión del Riesgo Integral de Lavado de Activos y Financiación del Terrorismo
SARLAFT	Sistema de Administración de Riesgo de Lavado de Activos y de la Financiación del Terrorismo
SICOF	Subsistema de Administración del Riesgo de Corrupción, Opacidad y Fraude
SGCP	Sistema de Gestión de Compliance Penal
SGRP	Sistema de Gestión de Riesgos Penales
STPR	Secretaría de Transparencia de la Presidencia de la República
TI	Transparencia Internacional
RAE	Real Academia Española
RPPJ	Responsabilidad Penal de Personas Jurídicas
UE	Unión Europea
UNCAC	United Nations Convention Against Corruption
UNE	Una Norma Española

SOBRE EL AUTOR

Jorge Andrés Amézquita Toro es Ph.D. en Derecho de la Universidad de Barcelona. Posee doble titulación como Licenciado en Derecho de la Universidad de Barcelona y Abogado de la Universidad de Antioquia. En el plano académico, también ha superado estudios de postgrado como el Máster en Derecho Penal y Ciencias Penales de las Universidades de Barcelona y Pompeu Fabra, Máster Oficial en Criminología y Sociología Jurídico-Penal de la Universidad de Barcelona, Máster en Criminalística de la Universidad Autónoma de Barcelona y Máster en Gestión de Riesgos y *Compliance* -Subespecialidad Blanqueo de Capitales- de EALDE. Comenzó su andadura profesional en el campo del Derecho como Abogado Ejerciente dentro de la práctica penal a través del Ilustre Colegio de Abogados de Barcelona en España. Posteriormente, se habilitó para la misma práctica jurídica en Colombia con el Consejo Superior de la Judicatura. En su práctica profesional, se ha desempeñado como abogado externo en el área penal de empresas como UNE-EPM TELECOMUNICACIONES y COLOMBIAMOVIL (TIGO). También ha fungido como abogado litigante en materia penal y afines con un récord especial en asuntos vinculados a lavado de activos, delitos contra la administración pública y extinción de dominio. Por estar estrictamente ligado al contenido práctico de esta monografía, el Suscrito autor trabajó en Colombia para la multinacional Grupo-ALTO en la implementación de su genuino modelo criminológico para el control de delitos contra las organizaciones. En los últimos cinco años, ha liderado la implementación y evaluación de programas de cumplimiento desde su firma CONTROL-C3 en distintos sectores y asistiendo múltiples organizaciones bajo la figura de "Oficial de Cumplimiento Externo" (permitida por la normativa colombiana). También ha asesorado desde su rol de "Auxiliar de la Justicia" a diversos despachos judiciales en Colombia en materias periciales vinculadas a la Criminalística con base en su formación profesional inicial como Tecnólogo en Investigación Judicial, su especialización y docencia en estas materias. En el ámbito docente, se ha desempeñado como profesor de postgrado en materias relacionadas con el derecho penal económico y el *complian-*

ce en importantes centros nacionales como la Universidad EAFIT y reconocidas escuelas de negocios en América Latina y del Norte como ADEN International, en donde ha tutorizado por cuatro años el módulo de Derecho Penal de Personas Jurídicas del Máster en Gestión de Riesgos y Compliance y, recientemente, de *Corporate Criminal-Law* del Máster en Derecho de los Negocios. También ha participado en la orientación de cursos y diplomados en *compliance* –y materias relacionadas- en centros universitarios como la Universidad Católica de Colombia y la Pontificia Universidad Javeriana. En el ámbito asociativo, ha liderado el Capítulo Colombia de *WORLD COMPLIANCE ASSOCIATION* en calidad de presidente, apoyando la promoción del *compliance* en el País y acompañando a organizaciones de distinta naturaleza en la optimización de sus modelos de cumplimiento normativo. Cuenta con la certificación "Internationally Certified Compliance Proffesional (IFCA)" y diversos cursos especializados para el desarrollo de pruebas periciales en materia de *compliance*.

PRÓLOGO

El presente trabajo responde a la necesidad que están experimentando los órganos de administración de personas jurídicas en los distintos Estados de Iberoamérica de afrontar el creciente número de disposiciones normativas que les compelen a controlar determinados riesgos delictivos que sus organizaciones generan para bienes jurídicos de interés común, *so pena* de recibir sanciones por su sustracción a tales exacciones (*omisión punible*). Al mismo tiempo, al ser dichos administradores los responsables directos de adoptar los programas de cumplimiento que ordenan los emergentes modelos de responsabilidad penal o administrativa de personas jurídicas que vienen impulsando dichos deberes de precaución gerencial, dicha necesidad de aseguramiento adquiere un fundamento adicional: precaver las sanciones que pueden imponerse sobre la propia organización y sus efectos asociados (legales, operativos, reputacionales, etc.). Ante tal necesidad, se desarrolla una monografía de orientación práctica (aplicada), en la que, dichos administradores –o, mejor dicho, los profesionales que asumen por delegación de aquéllos la aplicación de su deber de vigilancia y control–, hallarán un auténtico modelo de gerenciamiento de riesgos penales corporativos que facilitaría la construcción, adaptación o integración del programa de cumplimiento requerido para afrontar tales riesgos. Destáquese que, al incorporarse una visión técnico-jurídica del riesgo penal, las figuras, métodos y conceptos utilizados para el desarrollo de dicho modelo, también constituirán una guía para aquellos operadores jurídicos que cumplen algún rol frente al procesamiento penal de esos administradores que omiten la vigilancia y control de sus subalternos infractores (incluidos los de la persona jurídica).

Dicha orientación aplicada del modelo a proponer, valga anotar, proviene de la conjunción de conocimiento y experiencia acumulada por parte del autor en los distintos planos cognoscitivos que se imprimen a la obra, principalmente, teorías, conceptos, figuras y metodologías provenientes de áreas como la gestión de riesgos criminales (LAFT, penal, corrupción, fraude, etc.), el derecho penal corporativo (en sus vertientes sustantiva, procesal y probatoria), la Criminología organizacional aplicada (estrategias de prevención situacional) y el *compliance* (en esencia, penal). Al tener el autor un quehacer profesional que combina la abogacía en el campo del Derecho penal corporativo y la implementación de programas de cumplimiento en diversos sectores, le han permitido integrar a la obra una mirada dual del riesgo penal: jurídica y técnica. Por un lado, bajo esta doble mirada los profesionales del mundo del cumplimiento –o relacionados- podrán acercarse no sólo a la vertiente técnica del riesgo penal que administran (según las metodologías de gestión de riesgos, criminológicas y de *compliance* que se conjugan), sino también a los contornos dogmático y jurídico (sustantivo, procesal y probatorio) que afectan su rol de supervisión (posición de garantía de los administradores, deber de vigilar fuentes de peligro, sistemas de delegación, riesgo penal permitido y no permitido, imputación jurídica de resultados delictivos, principio de confianza, etc.). Por otro lado, los diversos operadores jurídicos también podrán acercarse a las lógicas del *compliance* para fundamentar técnicamente sus valoraciones jurídicas sobre esas mismas figuras en torno a los marcos de responsabilidad por delitos que comprometen a los administradores y a las organizaciones que regentan.

RESUMEN

La delincuencia cometida al amparo de la actividad de las organizaciones –privadas y públicas- es una realidad criminológica que viene ocupando la atención de la comunidad internacional (OCDE, ONU, UE, TI, GAFI, EGMONT, BCBS, etc.), los Estados y organizaciones de diversa índole (ONG, asociaciones, universidades, etc.). El refuerzo normativo de deberes de precaución delictiva en cabeza de los órganos de dirección de tales organizaciones (juntas directivas, consejos de administración, directorios, directores generales, etc.), la proliferación de la responsabilidad penal y administrativa de personas jurídicas y el establecimiento coactivo de programas de cumplimiento –tanto en el plano privado como público-, constituyen expresiones –conexas- de la traducción político-criminal de toda esa presión institucional. Ante dicha realidad y su consecuente reacción oficial, una de las grandes preocupaciones que viene surgiendo desde la óptica de quienes dirigen tales organizaciones al más alto nivel, es qué camino deberían tomar para precaver las potenciales consecuencias dañinas que podrían recaer sobre sí y sobre la misma persona jurídica que dirigen a causa de la materialización de eventos delictivos (legales, reputacionales, operativas, etc.). Para dar respuesta a esta imperativa cuestión, de manera principal, en este trabajo se propondrá un modelo de gestión de riesgos penales corporativos que permita gerenciar de manera práctica los riesgos criminales que pueden conducir a la imposición de sanciones. De forma subsidiaria, este trabajo servirá también para fundamentar normativamente la responsabilidad penal de aquellos administradores –y de sus organizaciones- que omiten el cumplimiento de su deber de evitabilidad criminal. Destáquese que, al estar orientado bajo estándares internacionales y normas técnicas nacionales aplicables a la gestión de riesgos penales (ISO 37301, UNE 19601, NTC 6671, etc.), el modelo a postular facilitará la certificación de la conformidad del respectivo sistema.

Palabras clave

Compliance, Criminal Compliance, Criminología Organizacional, Deber de Evitabilidad Criminal, Gerenciamiento de Riesgos Penales, Programas de Cumplimiento Penal, Pericial en Compliance, Posición de Garante, Responsabilidad Penal de Personas Jurídicas, Riesgos Penales, Sistema de Gestión de Riesgos Penales.

PRESENTACIÓN

El control de hechos ilícitos asociados a la actividad de las corporaciones es uno de los temas que mayor atención ocupa en la política criminal actual a nivel internacional. Una de las cuestiones más polémicas en este plano, concretando el problema, es si sobre sus administradores recae –o no- un *deber positivo de evitación criminal* con relación a la potencial conducta ilícita de sus delegados[1]. En este contexto de funciones delegadas, revisando la praxis forense, pueden caracterizarse tres tipos de administradores: (i) una primera categoría de gestores que inducen procederes ilícitos en sus subalternos como vía para la satisfacción de sus intereses económicos privativos; (ii) un segundo grupo conformado por aquellos regentes que, sea por renuencia, indiferencia o falta de diligencia, permiten que sus delegados se valgan de su posición para cometer delitos; (iii) un tercer grupo integrado por aquellos gestores que, a pesar de respetar su posición de garantía, no pueden evitar la desviación ilícita de sus agentes. Todo esto viene provocando que los Estados, entre otras estrategias coercitivas, refuercen la posición de garantía de los administradores a través del Derecho penal, acojan regímenes de responsabilidad administrati-

---

1 Lo primero que debe advertirse para comprender la orientación de este trabajo es que no se pretende defender posiciones teóricas de tipo dogmático sobre la responsabilidad de los órganos de dirección o administradores. Lo que se quiere destacar, más bien, es que la actividad de las organizaciones puede comportar la comisión de hechos delictivos en cualquiera de sus niveles jerárquicos atribuibles a su órgano de administración con fundamento en el deber de vigilancia y control criminal que suele atribuírseles. Dicha posibilidad de atribución de responsabilidad, por ejemplo, puede representarse mediante la siguiente referencia doctrinal: SILVA SÁNCHEZ, Jesús-M "Deberes de vigilancia y compliance empresarial", en KUHLEN, Lothar / MONTIEL, Juan Pablo, ORTIZ DE URBINA G., Íñigo, *Compliance y teoría del Derecho penal*, Ed. Marcial Pons, Barcelona, 2013, p. 79: "En España tanto la doctrina como la jurisprudencia suelen partir de que los superiores jerárquicos tienen deberes de garante sobre la conducta de sus subordinados. Ello vale para cualesquiera organizaciones pero, de modo particular, para la empresa. Así, se considera que los superiores jerárquicos de la estructura empresarial (por ejemplo, el administrador o los integrantes del consejo de administración de una sociedad mercantil) se encuentran en una posición de garantía, que integra un deber de vigilancia".

va y/o penal de personas jurídicas por delitos y exijan la adopción de programas de cumplimiento (*criminal-compliance*).

Pues bien, más allá de sustentar el reproche jurídico-penal de aquellos gestores que omiten el control de los delitos que pueden emerger al interior de las organizaciones que presiden (primer y segundo grupo), en este trabajo se presenta un modelo de control de delitos corporativos, cuyos efectos jurídico-penales, podrían ser atribuibles a tales regentes –o a la propia corporación- por la conducta no tolerada de sus agentes (tercer grupo). Bajo una orientación político-criminal y criminológica aplicada al gerenciamiento del riesgo penal, en suma, se propondrá como producto un modelo de gestión de riesgos penales corporativos que permitiría no sólo precaver el riesgo de sanción jurídico-penal de aquellos administradores que honran su posición de garantía, sino además justificar la responsabilidad de aquellos que omiten el control eficaz de posiciones de especial criticidad criminal. A uno y otro objetivo, precisamente, contribuiría el "*criminal-compliance*".

En su finalidad más general, de acuerdo con lo anterior, el presente trabajo se orienta desde una perspectiva político-criminal tendiente a justificar que la moderna administración de las organizaciones exige un gerenciamiento de sus riesgos criminales / penales inherentes. A fin de lograr una comprensión inicial del objetivo que se plantea bajo tal perspectiva, como recurso pedagógico, puede plantearse dos cuestiones dirigidas al lector, cuya respuesta, facilitaría la aprehensión de las bases gnoseológicas sobre las que se desarrolla tal objetivo. Imagínese, para ello, que se ostenta la calidad de director o administrador único de alguna empresa o entidad pública (por supuesto, miembro de un órgano de administración colegiado). La primera cuestión invita a reflexionar sobre si, la instrumentalización ilícita de procesos que han sido objeto de delegación al interior de tales corporaciones, en alguna medida, dependería de quien (es) regenta (n) tales corporaciones en su más alto nivel (alta dirección). Si la respuesta fuera afirmativa, en segundo lugar, la siguiente cuestión exhorta a responder en cuál de los tres grupos de dirección ya referenciados se ubicaría con relación al deber positivo de controlar esas posiciones criminalmente expuestas dentro de su ámbito de organización: (i) *¿halla justificado el proceder ilícito de sus subalternos como vía para el logro de sus objetivos estratégicos?; (ii) ¿considera que no tiene el deber de precaver los eventos* *ilícitos que pudieran producirse por parte de sus delegados en el marco de la operativa de la corporación?; (iii) ¿piensa que debe asumir un deber de vigilar y controlar esas posiciones críticas?* Si la respuesta ha sido la tercera (e indirectamente la segunda), en definitiva, le resultará útil el modelo de gestión de riesgos criminales / penales que se postulará como producto en el presente trabajo.

Precisando dicho objeto de estudio, el deber positivo de evitación delictiva que la ley atribuye a ciertos gestores (de vigilar y controlar fuentes de riesgo criminal), se contrae al escenario de *delegación vertical de funciones* –de alta exposición delictiva- en *organizaciones de estructura compleja*. El ejercicio ilícito de funciones delegadas, siendo más precisos, se vincula a aquellos tipos delictivos asociados a posiciones especialmente expuestas a riesgos criminales. Dicha perspectiva conlleva, por descarte, a que este trabajo no se ocupe de aquellos gestores que ven en el delito un proceder justificado (quienes podrían etiquetarse como "*incorregibles*"), en cuyo caso, el *compliance* difícilmente podría motivarles. Sí se ocupará este estudio, aunque no como figura principal, de quienes ignoran o asumen una condición de indiferencia frente a la suerte de tales riesgos (quienes podrían catalogarse como "*indolentes*"). Frente a este tipo de gestores, dado que la fundamentación del modelo de control a postular evidenciaría dicha capacidad de evitación criminal y un abandono inadmisible de su posición de garantía, quedaría un sólido piso argumental para legitimar su castigo penal bajo el instituto de la *comisión por omisión*. Principalmente, este estudio se ocupará del tercer grupo, quienes se calificarán en este trabajo bajo el rótulo de los "*diligentes*", pues a pesar de la asunción debida de su deber posicional, *per se*, ello no descartaría el eventual proceder ilícito de algún delegado e, incluso, su imputación infundada. Es en este tercer escenario, como se desarrollará, en donde el *compliance* constituiría una alternativa efectiva, más allá de su función de profilaxis criminal *(criminological self-cleaning)*, como medio de gestión del riesgo penal que recae sobre dichos dirigentes y sobre las propias organizaciones por la conducta delictiva de sus agentes.

Bajo estas categorías, entonces, se formula un disruptivo modelo *precautorio* de Derecho penal corporativo aplicable, de manera principal, al apropiado gerenciamiento de riesgos penales por parte del cuerpo de administradores "*diligentes*". Subsidiariamente, como también se indicó, resultaría útil para soportar la responsabilidad criminal de los "*indolentes*". Precautorio, pues más allá de romper con el paradigma clásico de *defensa penal reactiva* que sucede la materialización del delito (post-delictiva) o la tradicional consejería jurídica apuntalada sólo en la teoría del "derecho penal preventivo", el modelo se "*anticipa*" en sentido estricto y práctico al riesgo penal, previniendo el delito mismo como forma de precaver la imposición de sanciones o, en caso de materializarse el hecho punible, limitando su *imputación objetiva* mediante la prueba de idoneidad del respectivo programa de cumplimiento (*suitability compliance*).

Bajo tales objetivos, conviene precisar, este modelo de control criminal incorpora al menos tres premisas de gestión del riesgo que lo convierten en un auténtico mecanismo disruptivo. En concreto, bajo el presupuesto lógico de que la prevención del *riesgo penal* (la sanción penal) implica la precaución misma del *riesgo criminal* (el delito) que conduce al efecto legal, como primera premisa de gestión, el modelo anticipatorio de responsabilidad penal a plantear incorpora una metodología de orientación *criminológica* para la comprensión y tratamiento efectivo de los factores que inducen el suceso delictivo[2]. Para este objetivo de control de fuentes de peligro criminal, como segunda premisa de gestión, la misma metodología permitiría reconfigurar la estructura de los sistemas de *compliance* penal bajo las técnicas de *prevención situacional* potenciadas por la Criminología[3]. Y la tercera

---

2 Dicha conexión entre gestión de riesgos penales, Criminología y *compliance* puede apreciarse en la siguiente referencia de Nieto Martín, Adán, "Problemas fundamentales del cumplimiento normativo en Derecho penal", en Kuhlen, Lothar / Montiel, Juan Pablo, Ortiz de Urbina G., Íñigo, *Compliance y teoría del Derecho penal*, *Op. cit.*, p. 29: "Si los *compliance programs* hubieran sido estudiados y definidos por los criminólogos, sin duda, los hubieran designado como medios de control social, cuya finalidad es impedir conductas desviadas dentro de una organización".

3 Sobre la relación entre Criminología, prevención situacional y *compliance*, véase, Bermejo, Mateo G., "Elección racional, oportunidad para delinquir y prevención situacional: la utilidad de este enfoque para el estudio de la delincuencia empresarial", en Miró Linares, Fernando / Agustina Sanllehí, José Ramón / Medina S., José E., Summers, Lucía, (Eds.), *Crimen, oportunidad y vida diaria. Libro homenaje al Profesor Dr. Marcus Felson*, Ed. Dykinson, Madrid, 2015, p. 305: "Las técnicas de prevención situacional han ido tomando interés en los últimos años a partir del novedoso tópico de la organización de la empresa con

premisa, sujeta al silogismo de que la materialización del riesgo penal viene precedida de un debate probatorio enmarcado bajo el respectivo proceso judicial, se define por la articulación de un instrumento "preconstitutivo" de la *prueba de cumplimiento* como estrategia de mitigación de dicho riesgo de sanción jurídico-penal[4].

Más allá de los fundamentos que se irán desarrollando a lo largo del trabajo a partir de los objetivos propuestos, debe señalarse que el modelo de gestión de riesgos penales a plantear tiene un alcance multijurisdiccional a pesar de que se usen, a modo de soporte normativo, distintas referencias del ordenamiento jurídico colombiano. Dicha proyección internacional resulta posible gracias a la fundamentación en estándares globales aplicables a la gestión técnica de riesgos criminales / penales que se efectúa. Así, en la base del modelo a postular se halla la reconocida norma técnica ISO 31000:2018 sobre "Gestión del Riesgo". Luego, con relación a los sistemas de gestión de *compliance* en general, en esencia, se trabaja a partir de la ISO 37301:2021 sobre "Sistemas de Gestión de *Compliance*". A partir de aquí, en cuanto a la gestión de riesgos penales, se apela específicamente a la UNE 19601:2017 sobre "Sistemas de Gestión de *Compliance* Penal" (España) y a la NTC 6671:2023 sobre "Sistemas de Gestión del *Compliance* Penal y Ético" (Colombia). Finalmente, para la evaluación de los modelos de cumplimiento penal, se trabaja con base en la IDW AsS 980:2011 sobre "*Compliance Management Systems*" (Alemania). De manera complementaria, se utilizan referencias puntuales del esquema ISO para componentes específicos del modelo de gestión de riesgos a plantear, como, por ejemplo, sobre aspectos antisoborno (ISO 37001:2016), canales de denuncias (ISO

---

la finalidad de cumplir la ley penal (*Criminal Compliance*), por medio del desarrollo de los, así denominados, Programas de Cumplimiento".

4 Así, por ejemplo, la pericial de *compliance* resulta esencial para determinar los niveles de riesgo permitido en torno a la determinación de la imputación objetiva del delito. Sobre este tipo de pericial, señala NIETO MARTÍN, Adán, "La eficacia de los programas de cumplimiento: Propuesta de herramientas para su valoración", en *Revista de Responsabilidad Penal de Personas Jurídicas y Compliance*, Vol. 1, Ed. Aranzadi, Navarra, Abril de 2023, p. 20: "En la determinación del riesgo permitido el método de prueba idóneo sería, por ejemplo, la utilización de periciales, que mostraran cuál eran las normas de cuidado más usuales en empresas del sector en el momento en que sucedieron los hechos".

37002:2021), investigaciones internas (ISO 37008:2023) y auditoría de cumplimiento (ISO 19011:2018). Sin perjuicio del protagonismo concedido al estándar ISO como soporte técnico, se utilizan otros marcos de referencia internacionales (IA, COSO, NIA, ISAE, etc.). Todo lo anterior, con miras a que el modelo resultante pueda resistir un proceso de certificación de la conformidad que optimice la gestión de riesgos penales.

En tal sentido, cabe reiterar que si bien el modelo de gestión de riesgos penales que se postulará toma fundamentos normativos del ordenamiento jurídico colombiano para sustentar el escenario de sanciones que pesa sobre órganos de administración –y las propias corporaciones que regentan-, su estructura está concebida para su extrapolación a otros países que comparten similar orientación normativa en esta materia. Al estar concebido dicho modelo desde estándares internacionalmente aceptados aplicables al *criminal-compliance*, su estructura permite no sólo la debida administración de los riesgos penales que se ciernen –fundada o infundadamente- sobre tales órganos, sino además la precaución de sanciones legales asociada a regímenes generales de responsabilidad penal o administrativa de personas jurídicas por delitos (como sucede en Colombia, por ejemplo, con la responsabilidad administrativa por delitos establecida por la Ley 2195/2022), la implementación de los modelos de prevención de delitos corporativos de alcance general que establecen distintas disposiciones legales (como también se presenta en Colombia, por ejemplo, con los Programas de Transparencia y Ética Empresarial o los Programas de Transparencia y Ética Pública que exige la misma Ley 2195/2022) o los sistemas de autocontrol de riesgos criminales especiales en materias como lavado de activos, financiación del terrorismo o corrupción (como también sucede en Colombia con modelos como, por ejemplo, SARLAFT, SAGRILAFT, PTEE, SICOF, etc.). En definitiva, valga la reiteración, el modelo previsto permite el debido diseño, implementación y funcionamiento de *programas de cumplimiento penal corporativo* con independencia del marco legal estatal utilizado para sustentar los diversos postulados que se desarrollan a lo largo del trabajo.

Precedido por una amplia introducción en la que se efectúa una enunciación, delimitación y justificación técnico-jurídica del objeto de estudio y una presentación de la metodología utilizada para soportar el modelo de gestión de riesgos penales a plantear (método del *caso*), el trabajo se estructura a partir de cinco (5) capítulos que desarrollan dicho modelo, a saber: En el Capítulo I se presentan las bases estructurales del esquema de "Autoorganización" que exige dicho modelo. En esencia, se desarrolla la estructura orgánica requerida para el gerenciamiento del riesgo penal, la arquitectura del modelo de *compliance* a postular, el enfoque a procesos requerido para potenciar la efectividad del modelo (*BPM*) y la perspectiva dual que se adopta (*proceso-sujeto*) para el logro de tal cometido. En el Capítulo II, fundamentalmente, se plantea una metodología criminológica para el "Autodiagnóstico" de los factores de riesgo criminal con potencialidad de generar eventos delictivos asociados a la actividad corporativa[5]. En esta fase, se concibe el evento delictivo desde el prisma de los factores de orden situacional que suelen posibilitarlo. En el Capítulo III se presenta la fase transversal de "Autocontrol" establecida para el modelo[6]. En este capítulo, en síntesis, se desarrolla la estructura holística de control requerida para la gestión del riesgo. En el Capítulo IV se avanza hacia una fase de "Autocontrol" de proyección concreta o especial. Se presta aquí especial atención al control del suceso delictivo desde los procesos que lo vehiculan. En el Capítulo V, finalmente,

---

[5] Al respecto, CASANOVAS YSLA, Alain, "*Compliance* penal normalizado. El estándar UNE 19601", 1ª. Ed., Ed. Aranzadi, Navarra, 2017, p. 155, señala que: "En el ámbito del *sistema de gestión de compliance penal*, la identificación del *riesgo penal* consiste en conocer qué conductas potencialmente delictivas podrían entrañar la responsabilidad penal de la persona jurídica o la aplicación del régimen de consecuencias accesorias, atendidas las circunstancias concretas de la *organización*".

[6] Esta orientación, por ejemplo, tiene reflejo en posturas sobre la "Culpabilidad por no evitación de las influencias criminógenas de la persona jurídica" reseñada por GÓMEZ-JARA DÍEZ, Carlos, "La culpabilidad penal (propia) de la persona jurídica: reto para la teoría, necesidad para la práctica", en SILVA SÁNCHEZ, Jesús M. / MIRÓ LINARES, Fernando, (Dirs.), *Teoría del delito en la práctica penal económica*, Ed. La Ley, Madrid, 2013, p. 519. Entre otros aspectos, desde esta perspectiva, señala que "[...] las personas jurídicas tienen el deber de ir en contra de los factores criminógenos que puedan generar; es decir, tienen el deber de configurar el marco de las condiciones externas en las que se desarrolla su actividad de tal manera que no se conceda ningún espacio al comportamiento delictivo y que se influya a los que actúan por ella en el sentido de un comportamiento adecuado de la norma".

se desarrolla propiamente el mecanismo de "Autodefensa" –anticipada- que incorpora el modelo de gestión de riesgos penales para enfrentar las posibles imputaciones que se promuevan en contra de los administradores –o sus organizaciones- por la conducta ilícita de sus agentes[7]. En este último nivel, entonces, se materializa el modelo de defensa penal a postular.

[7] Un enfoque de administración de riesgos es determinante para la defensa penal de las personas jurídicas y sus gestores. Así, por ejemplo, como señala Martínez Sánchez, Wilson A., *Guía para la gestión del riesgo de corrupción en las empresas*, Ed. Legis, Bogotá, 2020, p. 28: "[...] en caso de que se produzca un acto de corrupción, y que la empresa se vea relacionada o afectada con él, el solo hecho de tener un programa, sistema o plan anticorrupción hace que la responsabilidad de la empresa y de sus colaboradores se vea reducida o incluso llegue a extinguirse". Para advertir la relación entre gestión de riesgos penales de los administradores en Colombia y *compliance*, véase, por ejemplo, Abello Gual, Jorge Arturo, "La responsabilidad penal del representante legal en el derecho penal empresarial", en: Superintendencia de Sociedades, Universidad del Rosario y Colegio de Abogados Comercialistas, *Administradores Societarios*. Bogotá, 2024. pp. 413 y ss.

INTRODUCCIÓN GENERAL

La criminalidad generada en el marco de actividades corporativas constituye un problema político-criminal de primer orden en los distintos Estados. En este contexto, la delincuencia corporativa no distingue entre la calidad de la persona jurídica, sea esta de naturaleza privada (sociedades comerciales, entidades sin ánimo de lucro, etc.) o pública (Administración pública, empresas estatales, etc.), básicamente, porque a todas ellas les identifica una estructura organizativa demarcada por áreas, procesos y posiciones que podrían generar alternativas de acción ilícitas para la obtención de beneficios privativos de diversa índole. Imaginemos, por ejemplo, las posibilidades de lucro ilícito que emergen en torno a la actividad contractual de cualquiera de esas organizaciones. A partir de esta realidad criminológica, una de las preguntas fundamentales que surge desde el punto de vista político-criminal, como se anotó, es qué rol deberían cumplir quienes dirigen dichas organizaciones al más alto nivel (*v. gr.*, su junta directiva, directorio, consejo de administración, etc.). En este trabajo se sustentará, con base en argumentos de orden jurídico, doctrinal y técnico (estándares internacionales), por qué a dicho órgano subyace no sólo un *deber normativo de precaución criminal* frente a los delitos vinculados al giro ordinario de actividades de las organizaciones que presiden, sino también *capacidad técnica de evitabilidad delictiva*. La expansión de los programas de cumplimiento a nivel global, como se demostrará, permiten exigir uno y otro aspecto en la moderna gerencia organizacional. En este sentido, su implementación efectiva a cargo de dichos administradores representaría no sólo una expresión de ambos caracteres directivos, sino además un mecanismo de descargo de responsabilidad penal en caso de materializarse tales hechos delictivos.

El objeto subsecuente que quiere plantearse a partir de esta realidad, en términos generales, radica en establecer por qué y bajo qué condiciones podría un Sistema de Gestión de Riesgos Penales (en adelante, "SGRP"), con independencia de la vigencia o no de un marco formal de responsabilidad penal de personas jurídicas (en lo sucesivo, "RPPJ"), ayudar a dichos administradores en la precaución de los efectos penales asociados al ejercicio ilícito de funciones delegadas.

A partir de esta relación se pregunta, ya en términos específicos, *qué condiciones debería reunir un SGRP no sólo para que cumpla su cometido político-criminal de precaución delictiva, sino además para que, en caso de materializarse un delito en el marco de actividades que han sido objeto de delegación, permita salvar la responsabilidad penal por omisión presunta del órgano de administración y las atribuibles a la propia organización*. Para responder a esta doble cuestión, en síntesis, se planteará como respuesta un modelo de control de riesgos penales que funda dicho deber de evitación en la misma posibilidad que tendrían tales gestores de ejercer un "*dominio situacional*" de doble nivel sobre los *constrictores* del suceso criminal: (i) control del "proceso delegado" (*dominio material*); (ii) control del "líder de proceso" (*dominio personal*). Para tal propósito, el "*top level integrity*" (*integrity at the top / integrity from the top*), se sitúa en la cúspide de dicho modelo y como principio rector de un sistema de gestión de riesgos penales para estructuras organizativas complejas que gravita sobre los postulados éticos integrados normativamente al deber de *diligencia debida* inherente al *rol* de administrar. Las líneas subsiguientes de esta Introducción, entretanto, se dirigen a presentar una *enunciación*, *delimitación* y *justificación* de dicho planteamiento.

1. ENUNCIACIÓN: ¿TIENEN LOS ADMINISTRADORES UN DEBER JURÍDICO DE CONTROLAR LOS DELITOS DE SUS DELEGADOS?

Más allá del sustrato jurídico que se ofrece para soportar la responsabilidad penal del grupo de gestores "*indolentes*" (de *lege lata*), reitérese, el foco de análisis es político-criminal (de *lege ferenda*). Esta visión permite sustentar la imputación penal de los administradores por los delitos que pueden cometerse bajo su ámbito organizativo, puesto que el deber de *diligencia debida* que les cobija les exigiría adoptar una posición activa frente al control de los riesgos que sus organizaciones generan para bienes jurídicos de interés común. Sin embargo, vaya por delante, la sola condición formal de administrador no podría ser suficiente para atribuirles un deber normativo de evitación criminal. A razón de esto, lo primero que corresponde es delimitar el círculo de *garantes*. Se piensa, en concreto, en aquellos administradores con implicación material en las actividades críticas de su organización, incluidos los directores de línea (áreas), entendiendo que su rol directivo presupone la asunción de responsabilidades frente al reconocimiento y gestión de los riesgos delictivos asociados a esas actividades criminalmente sensibles. Se excluyen, en consecuencia, los miembros que sólo trazan las políticas generales de la organización (como los accionistas), salvo que retengan competencias directivas sobre esas actividades críticas o de vigilancia y control. Pues bien, frente a los administradores únicos, ese deber de prognosis (recognoscibilidad) y profilaxis (vigilancia y control) delictiva puede ser pleno (pues no habría otra persona mejor posicionada para cumplir dicho rol). Para los órganos colegiados, habría que ver quiénes tienen una asignación especializada de vigilancia y control, constituyendo una grave omisión de todo el grupo olvidarse de tales deberes.

Para ahondar en garantías, de *lege ferenda*, tal deber de evitabilidad criminal en cabeza del órgano de administración podría también conectarse a los presupuestos y fundamentos de responsabilidad por delitos de las propias personas jurídicas que dirigen. Esto significa que, además del actuar cuidadoso y oportuno que recae sobre sí anclado a su deber connatural de *diligencia debida*, tal exigencia de evitabilidad se anclaría a las medidas de precaución exigidas a la misma organización, al representar los administradores una suerte de "*alter-ego*" del ente ficto. Lo anterior porque, y esto lo corrobora absolutamente todo estándar en *compliance*, es su alta dirección la que tiene el deber de adoptar tales medidas. No está por demás recordar que las reprensiones jurídicas establecidas sobre la misma persona jurídica se soportan en factores como la necesidad de disuadir las conductas ilícitas facilitadas por sus gestores y superar las dificultades de procesamiento de sus cúpulas directivas. Entre tales barreras, justamente, se halla la elusión de responsabilidad que suelen efectuar sus administradores amparados en factores como la rigidez de la teoría del delito y los vacíos del marco jurídico que la desarrolla. Bajo esta perspectiva, por consiguiente, el "defecto de organización" que habilita la imputación de la persona jurídica se conectaría a la propia desorganización de sus administradores (a su omisión de vigilancia y control). En consecuencia, si la implementación de un modelo de gestión de riesgos criminales depende del órgano de dirección –según los estándares-, el deber de evitabilidad criminal que se les atribuye tendría que expresarse en la adopción de una serie de mecanismos que limiten la generación de dicho estado de cosas criminógeno en el contexto de su organización.

Esta conexión del deber de evitabilidad criminal del órgano de administración a la exigencia jurídica de gestión de riesgos delictivos impuesta sobre la persona jurídica que direccionan, al menos, se soporta en tres realidades político-criminales: (i) La función preventivo-general negativa (disuasión) dirigida contra la corporación, indirectamente, se orienta a la intimidación de sus accionistas y administradores[1]. Este argumento descansa sobre uno de los razonamientos que respaldan la responsabilidad penal de las personas jurídicas: las limitantes legales que impiden el castigo de sus directivos. (ii) La adopción de programas de cumplimiento exigida por estos mismos marcos de responsabilidad penal o administrativa contra las corporaciones, materialmente, le corresponde a su órgano de gobierno y alta dirección[2]. Así lo corrobora, sin excepción alguna, todo estándar general y especial aplicable al *criminal-compliance* (UNE 19601 y NTC 6671, por ejemplo)[3]. (iii) La

---

1 Sobre la responsabilidad penal corporativa como "vía indirecta para castigar administradores", véase SILVA SÁNCHEZ, Jesús-M., "Lo real y lo ficticio en la responsabilidad «penal» de las personas jurídicas", en *Revista de responsabilidad penal de personas jurídicas y compliance*, Vol. 1, Abril, 2023, 14-15: "El sistema de responsabilidad penal de las personas jurídicas pretende producir un efecto intimidatorio sobre los administradores y socios de las personas jurídicas, que son los únicos que pueden experimentar un efecto psicológico derivado del anuncio –la amenaza– de que recaiga una pena sobre aquellas. Asimismo, estos son los únicos que pueden tener otras razones para cumplir disposiciones jurídicas, morales o sociales".

2 Ibíd., "Ahora bien, la finalidad de aquella presión intimidatoria –a diferencia de lo que sucede con la pena individual– no es que los dirigentes se abstengan personalmente de la comisión de delitos. Para eso ya están las conminaciones penales que se les dirigen como personas individuales. La pretensión del sistema de responsabilidad corporativa es que administradores y socios impulsen la adopción y mantenimiento de mecanismos que impidan que la estructura organizativa económica –la organización empresarial– favorezca la comisión de delitos individuales".

3 Así, por ejemplo, la UNE 19601 señala que la alta dirección debe, entre otras funciones ejecutivas, "a) garantizar que el sistema de gestión de compliance penal (3.31) se implemente de forma adecuada para conseguir los objetivos de compliance penal (3.19) establecidos en la política de compliance penal (3.24) y afrontar de manera eficaz (3.11) los riesgos penales (3.29) de la organización (3.20);".

materialización de los delitos que afectan la responsabilidad legal de la persona jurídica revierte sus efectos sobre los mismos órganos de gobierno y de administración[4]. En este punto, más allá de las consecuencias colaterales que puedan experimentar tales órganos (reputacionales, financieras, etc.), habría que ver las vías directas de responsabilidad que se activan paralelamente sobre los socios y administradores por los mismos hechos ilícitos (penal, civil, administrativa, etc.). Todo lo anterior implica, visto desde la óptica positiva (desde la perspectiva de los gestores "diligentes"), que la efectiva formulación, implementación y funcionamiento de un modelo de gerenciamiento de riesgos penales por parte de dicho órgano de administración podría terminar beneficiando procesalmente no sólo al cuerpo de directivos que adoptó el SGRP, sino también a la persona jurídica.

Para legitimar jurídicamente esta exigencia de evitabilidad criminal sobre el órgano de administración, como se ahondará, se debe constatar que esa doble condición personal e institucional tenga asiento en el respectivo ordenamiento estatal. Así, con relación a la visión *individual* de dicho deber, debe hallarse no sólo unos deberes de aseguramiento generales de la actividad corporativa anclados a normas de orden constitucional y legal, sino además deberes especiales de precaución criminal (por ejemplo, como sucede en distintos países, con la expresa regulación que recae sobre dicho órgano de gestionar riesgos como lavado de activos o corrupción)[5]. Esto implica que las

---

4 SILVA SÁNCHEZ, Jesús-M., "Lo real y lo ficticio en la responsabilidad «penal» de las personas jurídicas", *Op. cit.*, p. 15: "Así pues, el efecto de prevención general negativa que se ejerce sobre los administradores y socios tiene una finalidad indirecta de prevención especial positiva –resocialización– relativa a la «empresa como riesgo». Por un lado, se pretende incentivar a dichos sujetos para que intenten impedir fácticamente los hechos delictivos que desencadenan el castigo de la persona jurídica. Es decir, para que intensifiquen la introducción de mecanismos de prevención técnica –controles y mecanismos de vigilancia–.".

5 Con relación al fundamento normativo del deber jurídico de precaución criminal de los directivos de la persona jurídica, MARTÍNEZ-BUJÁN PÉREZ, Carlos, *Derecho Penal Económico y de la Empresa. Parte General*, 2ª Ed., Ed. Tirant Lo Blanch, Valencia, 2007, p. 499, habla de la necesidad de constatar que el "hombre de atrás" (director) "[...] se hallaba en una concreta situación de competencia específica que le obligaba a controlar todos los factores de peligro derivados de ella, y, consecuentemente, a evitar la realización de delitos por sus subordinados en la cadena jerárquica de la empresa".

mismas disposiciones normativas que crean dicho marco de deberes prevean cautelas de control a cargo del órgano de administración (incluso, la *lex artis* que deben aplicar). La visión *institucional* del mismo deber, por su parte, implica que la persona jurídica a la que pertenece dicho administrador es susceptible de ser sancionada –administrativa o penalmente- por la misma categoría de tipos penales que debe precaver el primero. Este presupuesto lleva implícito un reproche sobre el gerenciamiento indebido de los riesgos delictivos por parte de su órgano de administración. Bajo este doble nivel de exigibilidad, como consecuencia práctica, el *rol de administrar* llevaría implícito no solo una precomprensión previa por parte del órgano de administración sobre los tipos delictivos de probable ocurrencia (*v. gr.*, la celebración ilícita de contratos por parte de una empresa contratista del Estado o de la misma Administración pública), sino además la aplicación de un modelo idóneo de precaución delictiva[6]. Por la misma razón práctica, si la ley prevé consecuencias punitivas de orden penal o administrativo para la corporación por ciertos delitos, no resulta descabellado establecer un *nexo de no evitación* frente a quienes tienen el deber de precaverlos, bajo el entendido que el mensaje motivador de la norma no puede ser "escuchado" por otro medio distinto a su órga-

---

6 El deber que tienen los órganos de dirección o de administración de controlar los riesgos que de su organización se generen para bienes jurídicos, es otra de las premisas relacionadas en este trabajo y que será determinante para comprender la aludida posibilidad que tienen tales órganos de que les sea imputada por omisión una conducta ilícita de sus subalternos en el marco de las actividades de la organización que presiden. Esta posición se refleja en la referencia que efectúa Robles Planas, Ricardo, "Imputación en la empresa y conductas neutrales", en Silva Sánchez, Jesús M. / Miró Linares, Fernando, (Dirs.), *Teoría del delito en la práctica penal económica*, *Op. cit.*, pp. 452-453, sobre la responsabilidad en el plano vertical de los órganos de dirección en comisión por omisión: "La idea básica que fundamenta la posición de garantía de los órganos de dirección de la empresa reside en que con el establecimiento de la organización *el empresario asume el compromiso de contener aquellos riesgos que de la misma vayan surgiendo para los bienes jurídicos de los demás.* Se trata del *reverso del poder de su organización.* Resulta pacífico que la responsabilidad en comisión por omisión será fundamentable allí donde la empresa pasa a convertirse en un foco evidente de peligros -pese a que inicialmente no lo fuera-". Agrega el autor frente al deber de autoorganización que, "En relación a tales peligros, los órganos de dirección tienen el *deber de establecer los mecanismos organizativos adecuados* para evitar su existencia o, en todo caso, minimizarlos hasta que deriven en riesgos tolerados".

no de administración (único que tiene la real capacidad de *motivarse* normativamente y de desplegar un *actuar* diligente).

Con relación a la *función motivadora de la norma*, de acuerdo con la visión político-criminal que se ha planteado, este refuerzo normativo de la posición de garantía de los administradores fundada en su propio deber inherente de *diligencia debida* y en los deberes de precaución criminal establecidos normativamente sobre las mismas personas jurídicas que dirigen, se instituiría en un recurso para luchar contra la criminalidad corporativa. Bajo el modelo de gestión de riesgos criminales / penales que se propondrá, la responsabilidad legal de la persona jurídica por delitos –sea penal o administrativa- operaría no sólo como mecanismo de lucha contra la impunidad de sus gestores, sino también como refuerzo simbólico-normativo de su posición de garantía (en términos de SILVA, como método de "promoción intrínseca" y de "coacción extrínseca")[7]. En el primer plano, la responsabilidad legal de la persona jurídica actuaría como un mecanismo de creación de conciencia moral de sus gestores en razón de su función preventiva (una suerte de "prevención general positiva"). Es esta la orientación *ética* que se incorpora en este trabajo y que se viene potenciando a nivel global en el plano corporativo bajo un enfoque de "*behavioral compliance*"[8]. En el segundo plano, tal conexión fomentaría también la función preventivo general negativa de la norma sobre los administradores, bajo el entendido que el incremento de la posibilidad de detectar delitos bajo el marco de los programas

---

[7] Sobre estos dos aspectos, véase SILVA SÁNCHEZ, Jesús-M., "Lo real y lo ficticio en la responsabilidad «penal» de las personas jurídicas", *Op. cit.*, pp. 10 y ss. Al respecto, señala el autor que: "Para incentivar que las personas jurídicas adopten medidas de neutralización de la peligrosidad delictiva de las empresas de las que son titulares pueden adoptarse técnicas legislativas distintas. Sin embargo, todas ellas pasan por incrementar la coacción psicológica sobre los administradores de aquellas personas jurídicas".

[8] Sobre la relación entre *compliance*, Criminología y "*behavioral compliance*", véase AGUILERA GORDILLO, Rafael, *Manual de Compliance Penal en España*, Ed. Aranzadi, Navarra, 2022, pp. 253 y ss., concretamente su Capítulo 3, relativo a las "Propuestas para la fundamentación y análisis científico de la responsabilidad penal corporativa y del «compliance»", específicamente su referencia sobre "Persona física y acción social sobre cumplimiento: desde la elección racional (fundamentos criminológicos y socio-legales) hasta el «behavioral compliance»".

de cumplimiento penal presupone un efecto disuasor[9]. Entre otros efectos, esta doble visión deriva en que el juicio de responsabilidad penal de los administradores y, en su caso, de la persona jurídica a la que pertenece, se mida ahora por la adopción –o no- de programas de cumplimiento.

Dado que las organizaciones complejas presentan una estructura diversa en cuanto a factores como su tamaño, activos, volumen de personal, localizaciones, funciones, actividades, entre otras, también resulta preciso establecer por qué sus administradores tendrían ciertamente *capacidad técnica de precaución criminal.* Al menos tres tipos de estructuras organizativas pueden identificarse para advertir tal capacidad. La primera, de estructura menor, en la que su gestor unipersonal se conecta directamente con los procesos de especial exposición delictiva, por lo que resultaría inaceptable su sustracción frente a los delitos que puedan generase alrededor de tales procesos (al tener una implicación directa en la gestión de sus delegados de compras, comercial, contador, etc.). Las segundas, de estructura mediana, en la que su órgano de administración despliega su rol directivo a través de la media gerencia, debiendo aquél órgano, sea unipersonal (gerente general) o colectivo (junta directiva), asegurar el control de las áreas de mayor criticidad. El ejercicio de tal deber de aseguramiento implicaría aquí encargar la dirección de toda dependencia crítica a una jefatura competente y con las cautelas

9 Al respecto, señala SILVA SÁNCHEZ, Jesús-M., "Lo real y lo ficticio en la responsabilidad «penal» de las personas jurídicas", *Op. cit.*, p. 15, que: "Por otro lado, y de modo cumulativo a lo anterior, con la amenaza de pena para la persona jurídica se pretende incentivar a los socios y administradores para que traten de influir comunicativamente sobre las personas físicas que podrían cometer ese hecho –directivos y empleados–, de modo que se abstengan de cometerlo. Es decir, para que, además de una prevención fáctica, se proceda a la adopción de mecanismos de prevención comunicativa interna. En definitiva, se trata de que intenten desactivar fáctica o comunicativamente los estados peligrosos propios, en su caso, de la estructura organizativa de la persona jurídica que pueden redundar en la comisión de delitos por algunos de sus integrantes. Además, como se ha indicado, incentivando la introducción de programas de compliance de detección, se incrementa el índice de certeza del castigo para las personas físicas –los mismos administradores y, también, los directivos y empleados– que cometan delitos en la empresa. Es decir, se refuerza el efecto preventivo general de la amenaza de pena individual para todos ellos".

de vigilancia y control que demandan los riesgos inherentes del área. Y las terceras, de gran estructura, en las que a pesar de la distancia del órgano de administración frente a las múltiples operaciones riesgosas del día a día, también resultaría factible su vigilancia y control. En este contexto estructural, dicho órgano (que suele ser colectivo), no sólo estaría apercibido a especializar dicha función supervisora (por ejemplo, en uno de sus miembros o en un comité), sino además a asegurar que el control y vigilancia de cada una de las áreas que revistan mayor riesgo criminal se ha confiado expresamente a los gerentes y subgerentes sobre sus respectivos delegados.

Estas precisiones serán importantes para comprender el alcance de la figura de la *delegación* y del *principio de confianza* en el contexto de los criterios de atribución de responsabilidad penal por omisión aplicables al órgano de administración, en donde tópicos como *división del trabajo*, *competencia* y *autorresponsabilidad* asociados a la delegación, implicaría la asunción de deberes de *autoorganización*, *autodiagnóstico* y *autocontrol* frente a los riesgos delictivos de su organización. Para el caso de los gestores *indolentes*, confirmaría por qué no podrían ampararse en el *principio de confianza* como criterio excluyente de imputación (objetiva), por cuanto no habrían desplegado lo que la *lex artis* en gestión de riesgos les exigía en razón de su posición de garantes. Y para el caso de los *diligentes*, contrario al anterior, permitirá acreditar que, a pesar de registrarse una desviación ilícita puntual en la cadena jerárquica de delegación, no sólo que el delito no obedeció a un estado de cosas desorganizado conectado a una cultura interna criminógena (*descontrol sistémico*), sino que además se aplicó las cautelas que esa misma *lex artis* demandaba frente al concreto proceso afectado por el delito. En este caso, ciertamente, tendría que operar el *principio de confianza* como criterio negativo de imputación objetiva, al mantenerse dentro de la escala de riesgo permitido. Por ello, por más lejana que sea la línea jerárquica entre el ejecutor del delito y la alta dirección, el estado actual de la técnica permitirá identificar si desde "arriba" se establecieron las directrices y medios necesarios para el control razonable de los procesos críticos de la organización. De ahí, como se irá viendo, la importancia de la matriz de riesgos penales conectada al organigrama de la corporación, al permitir identificar cada una de sus unidades críticas (área-puesto-proceso), sus riesgos delictivos inherentes y los sujetos responsables de aplicar controles en cada una de esas microesferas de competencia.

El modelo de gestión de riesgos penales que será propuesto, por tanto, permite una reformulación del *principio de confianza* en estructuras organizativas complejas. Con la visión político-criminal que se viene planteando, valga anotar, la connotación de este principio en el contexto de las grandes organizaciones tendría que ascender de un "confiar" de grado "simple" a uno "reforzado". En los esquemas corporativos simples (empresa unipersonal, pequeña empresa, etc.), el control de gestión suele ser directo, por lo que los delitos podrían considerarse obra propia (de su gestor). En las complejas, el esquema de control exigible debe regirse por los principios de *materialidad* y de *aproximación basada en riesgos*. Nótese que, si en este tipo de estructuras sus gestores tienen la capacidad de desarrollar esquemas societarios complejos, diseñar modelos financieros inteligentes, aplicar ingeniería de procesos, asignar cargos especializados, fragmentar la toma de decisiones, etc., incluso crear estrategias ilícitas (sociedades pantalla, contabilidades paralelas, cajas "b", etc.), también la tendrán para tecnificar la gestión de los riesgos criminales que emergen de esa complejidad creada. Por ello, bajo este nivel de complejidad el grado de confianza exigible no puede ser simple (menor), sino cualificado (mayor): alinearse con una gestión de riesgos criminales propia de esas estructuras complejas. De lo anterior se deriva que, ante la comisión de un delito en niveles jerárquicos inferiores, el superior podrá apelar al *principio de confianza* como mecanismo para negar la *imputación objetiva* del resultado ilícito o a una ausencia de conocimiento (*imputación subjetiva*), siempre que su *deber de diligencia* hubiera sido el exigido para esquemas corporativos complejos (estándares de conocimiento y de conducta objetiva cualificados) y no bajo unos baremos pensados para estructuras organizativas simples.

La pregunta que surge en este punto es: ¿cómo puede el órgano de administración de una corporación compleja lograr un control efectivo de sus cargos de mayor exposición delictiva? En un modelo de gerenciamiento de riesgos penales, vaya por delante, la creación o incremento de niveles inadmisibles de riesgo criminal en posiciones jerárquicamente lejanas no debe medirse según un conocimiento directo del curso causal lesivo por parte de dicho órgano, sino en la posibilidad que éste tiene de autorregularse a fin de: (i) precaver los defectos organizativos que provocan tales cursos delictivos (*autoorganización*); (ii) reconocer técnicamente los factores que posibitan su generación (*autodiagnóstico*); (iii) ordenar su estructura para reducir esos niveles no tolerables de riesgo (*autocontrol*). Esta triada de deberes, precisamente, la posibilita un modelo de *compliance*. Lo contrario, conduciría a los criterios basilares de omisión directiva que fundamentan su imputación penal: abandono de su posición de garantía y descontrol de las fuentes de peligro de sus esferas de organización.

De acuerdo con lo anterior, no debe sorprender que la ley les exija el debido gerenciamiento del riesgo criminal bajo metodologías idóneas para ello y que los jueces tomen ese mismo baremo para definir su nivel de responsabilidad en caso de asumir un comportamiento contrario a su rol directivo. Ante la omisión de estas cautelas de transferencia del riesgo, su contribución delictiva pasaría de secundaria a esencial, debido a que, como se demostrará bajo las teorías criminológicas y las metodologías de gestión de riesgos a plantear, el no-*control* (no-*compliance*) constituye un constrictor esencial del hecho ilícito. Antes de ello, cabe visualizar a modo de ejercicio comparado en qué normas podría fundarse dicho *deber* y *capacidad* de evitabilidad criminal del órgano de administración.

1.1. Deber normativo de evitación criminal de los administradores

El ordenamiento jurídico colombiano, entonces, sirve de referencia comparada para explorar el deber y capacidad de evitabilidad criminal que pesa sobre los administradores. Así, sin ánimo de realizar un análisis dogmático del instituto de la *comisión por omisión*, sino de entrever en qué normas podría fundarse tal exacción de precaución criminal, sea lo primero indicar que, desde la óptica del Art. 25 del Código Penal en su aplicación a los delitos que pueden enmarcarse bajo la figura de la *delegación*, no se distingue sobre los *deberes primarios de garantía* que ostentan administradores de empresa y directores públicos atendiendo a la naturaleza privada o pública de la corporación regentada. Se verá que, con independencia de la fuente normativa de su deber posicional (de *garantía*), ambos tipos de gestores estarían compelidos al control de ciertos riesgos criminales que sus organizaciones generan. La asunción de tal premisa, a tenor de lo consagrado por el referido precepto penal, obliga a determinar de dónde emerge ese deber de controlar (*asegurar*) fuentes de peligro criminal dentro de su "ámbito de dominio". En este contexto de aseguramiento criminal, el *compliance* se concibe como un mecanismo que posibilita no sólo reducir la probabilidad de materialización de tales sucesos delictivos en el marco de los procesos de delegación, sino además limitar la sanción individual de aquellos órganos directivos *diligentes* (sin perjuicio de las que la ley consagre para la corporación en sus distintos órdenes: administrativas, penales, civiles, etc.). Con la visión técnica que se ha postulado (*risk management*), con todo, no se pretende defender posturas personales frente a la base dogmática de la *omisión impropia*, sino que se busca advertir la simple posibilidad admitida por el ordenamiento jurídico, la jurisprudencia y la doctrina penal de optar por dicho título de imputación.

Antes de entrar en tales previsiones legales, cabe remarcar que el deber de controlar las fuentes de peligro criminal que dimanan de las corporaciones se asienta sobre el hecho irrefutable de que, bajo el marco de tales estructuras, se pueden materializar delitos que atacan el interés común (*ad extra*) o a la propia corporación (*ad intra*). La corrupción en la gestión pública y la corrupción privada, pongamos por caso, constituyen ejemplos de una y otra fenomenología criminal. A propósito de tal potencialidad criminal de las corporaciones y su nexo con su gestión administrativa, la misma jurisprudencia de los Estados da cuenta de tal realidad criminológica. En Colombia, por ejemplo, la Corte Constitucional señaló en su paradigmática Sentencia C-320/1998 con relación a la posibilidad de dar vía libre a la previsión legal de sanciones penales contra las empresas, que "*Las ganancias de las personas jurídicas no pueden perseguirse creando para la comunidad situaciones de peligro*". Se citan en la sentencia, entre otras infracciones, delitos de lavado de dinero, contra el sistema financiero, sobre los consumidores o contra el medio ambiente. Agregó la Corte que, tal deber precautorio, se soportaría no sólo en "*La utilización del esquema societario con móviles penales o de enriquecimiento ilícito...*", sino además en la omisión cautelar por parte de sus "*gestores*". Sobre este último punto, señaló la Corte que "*Corresponde a los administradores gestionar las empresas evitando que al abrigo de su objeto social se violen las normas penales y se generen daños a la sociedad*". Y si bien es cierto que el marco constitucional y legal al que están sujetos empresarios y funcionarios públicos es distinto, cabe reconocer que el *deber de precaución* señalado para los primeros en dicha resolución gozaría de mayor legitimación normativa en cabeza de los dirigentes públicos en virtud del interés general que éstos representan.

Centrados en la dirección empresarial, ese deber positivo de evitación criminal hallaría su base en la previsión que consagra la Constitución Política en su Art. 333, en punto a que "*La empresa, como base del desarrollo, tiene una función social que implica obligaciones*". Entre estas "obligaciones", como se profundizará, se encontraría un sólido soporte legal que exigiría al empresario y a sus representantes el control de los potenciales actos delictivos de quienes asumen por delegación una función de peligro. El mismo Código Civil colombiano, en su Art. 2349, anticipa ese marco general de responsabilidad en los procesos de delegación del empresario y/o de sus gestores, a saber: "*Los empleadores responderán del daño causado por sus trabajadores, con ocasión del servicio prestado por* éstos *a aquéllos*...". Cabe anotar que esta noción de "empleador", de acuerdo con la Sentencia C-1235/2005 de la Corte Constitucional, se extiende –según el Art. 32 del Código Sustantivo de Trabajo- a la de sus "representantes", esto es, "directores", "gerentes" o "administradores". Frente a los "deberes de los administradores", precisamente, el Art. 23 de la Ley 222/1995 establece que éstos "[...] *deben obrar de buena fe, con lealtad y con la diligencia de un buen hombre de negocios*". Agrega este mismo precepto que, en el cumplimiento de su función, los administradores, entre sus deberes, deberán "*Velar por el estricto cumplimiento de las disposiciones legales o estatutarias*". A su turno, refiere el Art. 24 de la misma norma, con respecto a la "responsabilidad de los administradores", que éstos "[...] *responderán solidaria e ilimitadamente de los perjuicios que por dolo o culpa ocasionen a la sociedad, a los socios o a terceros*". Sobre esta base legal, como se ahondará, emergerían los deberes de *autoorganización*, *autodiagnóstico* y *autocontrol* en cabeza de dichos gestores frente a los riesgos de orden criminal que genera su corporación.

En lo que respecta a los gestores públicos, es el Art. 6º de la Carta Magna el que establece que su responsabilidad deviene no sólo por infringir la Constitución y la ley, sino además "[...] *por omisión o extralimitación en el ejercicio de sus funciones*". Frente a esta previsión normativa de responsabilidad por *omisión*, más allá de los distintos preceptos constitucionales que remarcan su deber posicional frente al *diligente* ejercicio de la función pública (Arts. 121, 122, 123, 209, 211, etc.), se verá que el Art. 209 prevé un marco *técnico-jurídico válido para el control criminal bajo la órbita del* Modelo Estándar de Control Interno (MECI), hoy concebido bajo el Modelo Integrado de Planeación y Gestión (MIPG), a saber: "[...] *La administración pública, en todos sus órdenes, tendrá un control interno que se ejercerá en los términos que señale la ley*". Añádase que, el Art. 269 de la misma Carta, prevé la obligatoriedad de dicho mecanismo de control: "*En las entidades públicas, las autoridades correspondientes están obligadas a diseñar y aplicar, según la naturaleza de sus funciones, métodos y procedimientos de control interno...*". La Ley 87/1993 sobre *Control Interno*, precisamente, no deja margen de duda sobre esa exacción de precaución criminal en la Administración pública. Lo propio sucede con la prescripción legal establecida por el Art. 73 de la Ley 1474/2011 sobre los "Programas de Transparencia y Ética Pública" (PTEP), particularmente, tras la modificación introducida por la Ley 2195/2022 sobre los Planes Anticorrupción y de Atención al Ciudadano (PAAC). Como cabe resaltar, este precepto obliga a las entidades públicas a adoptar auténticos sistemas de gestión de riesgos criminales (PTEP). Al igual que sucede con la dirección de las empresas, como se verá, estas normas conferirían una sólida base para afirmar deberes de precaución criminal en cabeza de los gestores públicos.

El ascenso de los programas de cumplimiento en Colombia, volviendo a atrás, permite advertir la estrecha conexión postulada entre el deber de *diligencia debida* inherente a los administradores y el aseguramiento de tales programas en cabeza de la propia persona jurídica. En lo que respecta a dicho deber de *diligencia debida*, por ejemplo, la Circular Externa 220-000006 del 25 de marzo de 2008 de la Superintendencia de Sociedades, contentiva del Régimen de administradores previsto por el Código de Comercio y la Ley 222 de 1995, permite advertir los contornos de dicho principio. Además de consagrar los principios de "buena fe" (actuaciones legítimas, exentas de fraude o cualquier otro vicio) y de "lealtad" (actuar recto y positivo), dicho marco normativo vincula la "diligencia de un buen hombre de negocios" a la actuación "oportuna" y "cuidadosa" conforme con los estatutos de la sociedad y la ley[10]. Lo propio sucede en el sector público[11], en donde el actuar diligente es inherente a los deberes de todo servidor público.

Los programas de cumplimiento penal (o "*criminal compliance programs*" –por su acepción inglesa-), comúnmente vinculados a la RPPJ, se han ido consolidando como instrumento político-criminal que posibilita esa actuación "oportuna" y "cuidadosa" en el seno de las organizaciones por parte de sus gestores. Se trata este de un modelo de *autorregulación* de genealogía *ética*, dirigido a *prevenir*, *detectar* y/o *corregir* situaciones que inducen dinámicas criminógenas sobre tales estructuras. Los "Programas de Transparencia y Ética Empresarial" ("PTEE") originados en la Ley 1778/2016 y generalizados por la Ley 2195/2022, centrados en los deberes del empresario y sus administradores frente la corrupción, constituyen una formulación expresa del *criminal-compliance* en el país. Para los gestores públicos, por su parte, los "Programas de Transparencia y Ética Pública" ("PTEP") incorporados por la misma Ley 2195/2022 para *editar* los "Planes Anticorrupción y de Atención al Ciudadano" establecidos por la Ley 1474/2011 ("PAAC"), cumplirían equiparable función en el ámbito de las entidades públicas. Es bajo este tipo de deberes de autorregulación, como se desarrollará, que se afirma que uno y otro tipo de gestores parten de una base posicional común frente al Derecho penal

---

10 Circular Externa 220-000006 de 25 de marzo de 2008 de la Superintendencia de Sociedades, 2.1.3. "La diligencia de un buen hombre de negocios hace relación a que las actuaciones de los administradores no solo deben encontrarse acompañadas de la prudencia de un buen padre de familia, sino que su diligencia debe ser la que tendría un profesional, un comerciante sobre sus propios asuntos, de manera que su actividad siempre debe ser oportuna y cuidadosa, verificando que la misma esté ajustada a la ley y los estatutos, lo que supone un mayor esfuerzo y una más alta exigencia para los administradores en la conducción de la empresa". Publicada en el DIARIO OFICIAL. AÑO CXLIII N. 46941. 26, MARZO, 2008. PÁG. 12. Disponible en: https://www.suin-juriscol.gov.co/viewDocument.asp?id=4005111

11 Así, por ejemplo, la Ley 1952 de 2019 prevé dentro del Art. 38 relativo a los "Deberes" de todo servidor público, entre otros, "3. Cumplir con diligencia, eficiencia e imparcialidad el servicio que le sea encomendado y abstenerse de cualquier acto u omisión que cause la suspensión o perturbación injusticia de un servicio esencial, o que implique abuso indebido del cargo o función".

que les compele a vigilar y controlar ciertas fuentes de peligro criminal (esto es, a advertir e interrumpir la progresión de cursos causales lesivos para bienes jurídicos cuya fuente de riesgo se sitúa bajo su ámbito de dominio). Empero, son dichas normas, como ya se ha descrito, apenas el género de las fuentes jurídicas de esa *posición de garantía* de la que deriva su *deber de evitación criminal*.

Tal marco normativo, con todo y eso, tan solo representa la base jurídica del deber de evitación criminal que recae sobre dichos gestores conforme a la Constitución y a la ley, pues según el Art. 25 del Código Penal, de tal marco debe desprenderse la obligación de *vigilar* determinadas *fuentes de riesgo (posición de garantía)*[12]. Dicho marco general, por ello, constituye apenas el punto de partida para afirmar la obligación que tienen tales regentes de controlar ciertas fuentes de peligro criminal[13]. Así las cosas, para la aplicación restrictiva de este título de imputación debe sumarse no sólo la exacción expresa que recae sobre esos gestores de controlar determinados riesgos criminales contenida en disposiciones jurídicas de carácter técnico (decretos, circulares, resoluciones, guías, etc.), sino además la condición de "*dominio situacional*" –*material* y *personal*- sobre la causa del resultado lesivo que puede desplegarse a través de la aplicación de los sistemas de autocontrol criminal insertos a tales normativas. En lo que toca al sector empresarial, por ejemplo, normas de aplicación general como la Ley 2195/2022, o de alcance sectorial, como la Circular Externa 100-000011/2021 de la Superintendencia de Sociedades, dirigidas a la gestión de riesgos de corrupción a través de PTEE, prescriben medidas apropiadas para el

---

12 Sobre el instituto de la *comisión por omisión* y su aplicación en los delitos contra la Administración pública, Uribe García, Saúl, *Delitos contra la Administración Pública*, Ed. UNAULA, 3ª Ed., Medellín, 2014, pp. 125-126, señala que: "En los delitos contra la Administración Pública tiene aplicación el artículo 25 del Código Penal, de manera concreta, según lo prescrito por los incisos 1º y 2º…". Agrega el autor frente a los efectos de tal infracción que: "[...] Si de los deberes jurídicos impuestos y exigibles al servidor público se desprende la posibilidad de impedir un resultado, su omisión en impedirlo, pudiendo hacerlo, equivale a producirlo".

13 En torno a los delitos contra la Administración pública, particularmente en lo relativo al servidor público, señala el mismo autor, Ibid., p. 126, lo siguiente: "[...] con respecto al servidor público, se pueden determinar, con facilidad, tres cosas: los deberes jurídicamente exigibles; la posición de garante que en algunos eventos ocupa, y con ello, la obligación de impedir resultados típicos".

autocontrol de eventos criminales propios de tal contexto corporativo[14]. Y en lo que al sector público respecta, los decretos reglamentarios del Art. 73 de la Ley 1474/2011 (Decreto 124/2016), que prescriben la adopción de los PAAC –hoy modificados por la Ley 2195/2022-, y de la Ley 87/1993 (Decreto 943/2014), que regula el control interno, por su lado, prevén un conjunto de cautelas aplicables a la gestión de los riesgos criminales propios de este tipo de instituciones[15].

1.2. Deber normativo de precaución criminal de la persona jurídica

El *deber de garantía* que recae sobre tales gestores, como se anotó, se consolida tras advertir que las mismas organizaciones que presiden, en tanto que "personas" –jurídicas-, también son objeto de deberes de precaución criminal. Tal aserción se funda sobre el hecho de que su sanción por delitos cometidos en el marco de sus dinámicas productivas (afincada en la acción ilícita de sus agentes), presenta un anclaje constitucional que soporta su "propio" deber de autorregulación. Además de las cláusulas generales de responsabilidad previstas en el Art. 333 de la carta política para las empresas y en su Art. 90 para las

---

14 Sobre el instituto de omisión en su subcategoría de *comisión por omisión* desde la perspectiva jurídica del Código Penal colombiano y su amplio desarrollo jurisprudencial nacional, véase Ferré Olivé, Juan C. / Núñez Paz, Miguel A. / Ramírez Barbosa, Paula A., *Derecho Penal Colombiano. Parte General. Principios Fundamentales y Sistema*, 2ª. ed., Ed. Tirant Lo Blanch, Bogotá D.C., 2020, pp. 329-39.

15 Frente a las fuentes normativas del deber de evitación criminal, Uribe García, Saúl, *Delitos contra la Administración Pública*, *Op. cit.*, p. 129, señala que: "La posición de garante para los efectos penales, y de manera concreta con los servidores públicos contra la administración pública, se adquiere desde dos puntos distintos. El primero, cuando la Constitución, la ley, decreto o reglamento, impone obligaciones al jefe de cada entidad o dependencia estatal, acerca de la forma como debe dirigir la actividad administrativa, y de manera especial, el control que debe ejercer en torno a la actividad que desarrollan los subalternos. El segundo, con los fenómenos administrativos de la descentralización, desconcentración y delegación". Frente a dichos mecanismos administrativos, agrega el autor que: "Se puede concluir, con respecto a la desconcentración, descentralización y delegación administrativa, que incumbe al jefe de la entidad, los controles, vigilancia, instrucciones, orientaciones y, en fin, las actuaciones tendientes a evitar que por parte de otras personas, se cometan conductas típicas, siempre, eso sí, que sea conocida o cognoscible y que esté al alcance evitarlas" (Ibid., p. 144).

autoridades públicas, tales deberes de precaución criminal corporativa comenzarían con la misma suscripción estatal de tratados. El campo paradigmático es el de la corrupción. Al respecto, cabe destacar la Convención de las Naciones Unidas contra la Corrupción (UNCAC) y la Convención para combatir el cohecho de servidores públicos extranjeros en transacciones comerciales internacionales de la OCDE. Estos instrumentos, integrados al ordenamiento jurídico, señalan directrices de autoorganización frente a riesgos de tal naturaleza. A modo de ejemplo, refiérase la UNCAC, incorporada al orden legal interno mediante la Ley 970/2005, que postula la responsabilidad penal de las personas jurídicas (Art. 26). Lo propio efectúa la citada Convención Antisoborno de la OCDE, transpuesta mediante la Ley 1573/2012, que conviene la sanción de "personas morales" por la facilitación del soborno de servidores públicos extranjeros. Todo lo anterior, sin perjuicio de normas de terceros Estados de alcance transnacional, como, por ejemplo, la *Foreign Corrupt Practices Act* (FCPA) de Estados Unidos o la *Brivery Act* (UK), cuya cobertura extraterritorial sugeriría su inclusión en el *mapa de riesgos penales* de ciertas corporaciones que operan a nivel local.

Dejando de lado la responsabilidad legal que podría caberle a las entidades públicas por la acción ilícita de sus agentes según las voces del Art. 140 de la Ley 1437/2011, como se postuló, el deber de evitabilidad criminal de los administradores se conectaría al propio deber de precaución de su corporación. Comiéncese por indicar que, si se desciende sobre el plano legal, se advertirá que las empresas pueden sufrir los efectos materiales derivados de actos ilícitos cometidos en su seno por la inacción de sus gestores (legales, operativos, reputacionales, etc.). Así, por ejemplo, el Art. 91 del Código de Procedimiento Penal (Ley 906/2004) prevé la posibilidad de aplicar la "pena de muerte" (cancelación de la personería jurídica) a aquellas corporaciones que se hubieren dedicado parcial o totalmente al desarrollo de actividades delictivas. Además de este tipo de consecuencia penal, el Art. 34 de la Ley 1474/2011 dispone la imposición de sanciones a las personas jurídicas cuando cualquiera de sus funcionarios hubieren sido condenados por delitos cometidos en el marco de sus actividades (contra la Administración pública, el orden económico y social, etc.). En este plano, el no-*compliance* emerge como criterio de conexión entre la responsabilidad de la corporación y la falta de diligencia de sus administradores. Y esto porque, entre los presupuestos de responsabilidad, de acuerdo con el mismo Art. 34, se exige que la persona jurídica hubiere "consentido" o "tolerado" la realización de la conducta punible, por acción o por omisión, "[...] *considerando la aplicación de sus respectivos controles de riesgo*". Pues bien, al ser el órgano de administración el responsable de articular dichos "controles de riesgo" (*compliance*), resulta evidente el vínculo entre la génesis de ese *consentimiento* o *tolerancia* de la corporación y la actividad omisiva de sus gestores (su falta de vigilancia y control).

La posibilidad que tiene la persona jurídica de recibir efectos legales derivados del delito, por tanto, permite establecer un vínculo entre el *estado de cosas* que los genera y la infracción de deber posicional por parte de su órgano de administración. Sobre este punto, valga la acotación, puede inferirse que el efecto jurídico que se impone a nombre propio de la corporación, accesoriamente, se conecta a fallas de sus administradores. En Colombia, por ejemplo, tal accesoriedad puede evidenciarse también en la indicación que efectúa el Art. 34 de la Ley 1474/2011 de aplicar a la persona jurídica las medidas del Art. 91 del Código de Procedimiento Penal en caso de condena a sus administradores o funcionarios por los delitos señalados en el primer precepto. Otra posibilidad, también accesoria, tiene que ver con la facultad estatal de declarar la extinción del derecho de dominio sobre los bienes societarios cuando, entre otras causales previstas por el Art. 16 de la Ley 1708/2014, hubieren "[...] *sido utilizados como medio o instrumento para la ejecución de actividades ilícitas*". A estos tipos de atribución de efectos punitivos se sumaría la responsabilidad civil *derivada* de los delitos cometidos al amparo de la estructura organizativa a la luz del Art. 96 del Código Penal, referido a los "obligados a indemnizar", y del Art. 107 del Código de Procedimiento Penal, relativo al "tercero civilmente responsable"[16]. En ciertos casos, anótese,

---

16 Corte Suprema de Justicia. Sala de Casación Penal. Rad. 35489 (M.P. Augusto J. Ibáñez; mayo 2 de 2012), "[...] la ley presume que por los daños que causen tales personas, deben responder quienes respecto de ellas tenían el deber de ejercer en forma adecuada la vigilancia y control. [...] De manera que la responsabilidad para el civilmente responsable se genera cuando el directamente responsable (trabajador o dependiente) ha causado el daño mientras cumplía una función encomendada, esto es, mientras estaba bajo el cuidado del

el *compliance* podría argüirse como prueba positiva de tal deber de evitabilidad para demostrar aspectos como la *buena fe cualificada*, una *diligencia debida* o una *supervisión efectiva* en los procesos de delegación (el haber contenido el riesgo criminal bajo límites admisibles). Ello porque, si de acuerdo con el Art. 2349 del Código Civil la *culpa* es una *presunción legal* y, como tal, desvirtuable (según la Sentencia C-1235/2005)[17], el "demandado" (la empresa), en tanto que "empleador" –o sus representantes-, podría rebatir tal presunción –legal- probando aquel nivel de control exigible en la *elección*, *vigilancia* y *corrección* del delegado incriminado[18]. En definitiva, visto desde la óptica de los delitos de los subordinados, cualquiera de estos escenarios de responsabilidad corporativa deja entrever la conexión entre la infracción del deber de evitación superior y el hecho criminal que sirve de presupuesto de atribución.

La responsabilidad legal de la persona jurídica por delitos (penal, administrativa, civil, etc.), en síntesis, permite efectuar una conexión entre su propio deber de precaución criminal y la posición de garantía de sus administradores. Por ello, la proliferación de regímenes de responsabilidad penal corporativa a nivel global y de estándares aplicables a la gestión de riesgos penales refuerza esa posición. En

---

empleador. Es, entonces, la subordinación y la vigilancia que este debe tener respecto del primero lo que presume la culpa de aquél".

17 Frente a la admisión de prueba en contrario para desvirtuar la presunción de culpa, señaló la Corte Constitucional de Colombia en Sentencia C-1235 de 2005, M. P. Rodrigo Escobar Gil, que: "Sobre el punto cabe precisar que en el derecho colombiano –por fundarse en la presunción de culpa- todas las hipótesis de responsabilidad por el hecho ajeno admiten prueba en contrario, a diferencia de lo que ocurre en el derecho francés e italiano que, en supuestos específicos y en particular en el de los empleadores y sus dependientes que ahora se examina, vienen estableciendo por vía jurisprudencial regímenes de responsabilidad objetiva –fundada en la teoría del riesgo creado o riesgo beneficio-, esto es, prescindiendo por entero de la culpa como elemento determinante de la responsabilidad".

18 Sobre el "tercero civilmente responsable" y su posibilidad de desvirtuar la culpa, Saray Botero, Nelson, *Incidente de Reparación integran de perjuicios en el proceso penal*, Ed. Leyer, 2ª Ed., Bogotá, p. 131, señala que: "[...] gozará de todas las garantías procesales, en especial aportar y controvertir pruebas, para desvirtuar la presunción legal según la cual los daños que ocasionaron las personas a su cuidado le son imputables por no haber ejercido adecuadamente un control y vigilancia sobre aquéllos...".

Colombia, por ejemplo, penalistas como Bernate han conectado tales deberes de precaución criminal (*compliance*) a la responsabilidad penal de personas jurídicas en sentido material que defiende el autor (a la luz de la cláusula general que establece el citado Art. 34 de la Ley 1474/2011 frente a los delitos contra la Administración pública y aquellos que afectan el patrimonio público)[19]. Esta tesis es importante destacarla, puesto que de ella se derivaría la exigencia de precaución delictiva que recae sobre la propia persona jurídica atada al deber de evitabilidad criminal de su órgano de administración[20]. Con independencia de tal vínculo, *in fine*, lo que interesa resaltar es que la imputación de gestores de empresa y públicos por la materialización de los hechos ilícitos atribuibles a la propia corporación se justifica cuando la ley ordena a la misma persona jurídica aplicar mecanismos de control delictivo. En el campo de las empresas sujetas a adoptar mecanismos de autocontrol criminal, como ya se indicó, reséñese como ejemplo las múltiples disposiciones que les obligan al control del lavado de activos y la corrupción (SARLAFT, SAGRILAFT, SICOF, PTEE, etc.). Para las entidades públicas, como ya se señaló, los sistemas de control interno de rango constitucional y los PTEP creados por la Ley 2195/2022, constituyen mecanismos expresamente diri-

---

19 Frente a la tesis de responsabilidad penal material de las personas jurídicas en Colombia, señala Bernate O., Francisco, "El compliance y la responsabilidad penal de las personas jurídicas en Colombia", *Revista Jurídica Mario Alario D'Filippo. Cartagena (Col.) Vol. X. No. 20: 31-49, 2018*, ISSN 2145-6054., p. 43: "La cuestión a resolver, en este último apartado, es si en Colombia existe o no la responsabilidad penal de las personas jurídicas, pregunta que, en nuestro criterio, debe responderse de forma afirmativa". Agrega el autor con relación a las normas de las que deriva tal tesis, Ibid., p. 44, que diversos preceptos "[...] permiten afirmar que en Colombia sí existe una responsabilidad penal de las personas jurídicas, misma que es, conforme lo ha indicado la Corte Constitucional, autónoma respecto de aquella de las personas naturales que la conforman (C-320, 1998). De manera que, en nuestro criterio en la actualidad sí es posible afirmar la responsabilidad penal de las personas jurídicas, cuando se establecen consecuencias sancionatorias para aquellos eventos en que el ente colectivo ha sido destinado, total o parcialmente, para la comisión de delitos o, cuando la sociedad se haya podido beneficiar de un acto de corrupción".

20 Sobre el deber de evitación criminal y su garantía mediante medidas de control positivas, el mismo autor, Ibid., p. 40, señala: "[...] quien interviene en el sistema jurídico tienen el deber de configurar su propio mundo de manera que no cause daño a otros en su interacción".

gidos al control criminal en el seno de estas corporaciones. El *compliance*, como se pasa a desarrollar, es el instrumento que habrían de adoptar dichos gestores no sólo para el razonable despliegue de su deber legal de *interrumpir* la *convergencia* de aquellos *constrictores criminógenos* que pueden desencadenar esos *cursos causales delictivos*, sino también para la gestión anticipada de los potenciales efectos legales en caso de materialización de tales eventos ilícitos[21].

2. DELIMITACIÓN: COMPLIANCE Y CAPACIDAD DE EVITABILIDAD

Luego de enunciar de dónde emerge el deber jurídico de controlar riesgos criminales por parte de directores privados y públicos, debe indicarse por qué el *compliance* es el mecanismo requerido para el ejercicio idóneo de tal deber. Comiéncese por decir que, el "*criminal-compliance*", alude al control que los regentes de ciertas organizaciones, bajo el marco de su poder directivo, deben efectuar frente a aquellas fuentes de riesgo que podrían lesionar bienes jurídicos con amparo en la ley penal. Dicho instrumento puede definirse, en tal modo, como el conjunto de medidas tendientes a garantizar que en la gestión de esas corporaciones se limiten prácticas proscritas por la ley penal con el objeto de evitar la lesión de bienes jurídicos y, tras ello, limitar la concreción de riesgos asociados a la infracción penal: legales, operativos, financieros, reputacionales, etc.[22]. Por tal razón, como re-

---

21 Con respecto a la correlación entre *compliance* y riesgo permitido, señala el mismo autor, Ibid., p. 44: "[...] no puede generarse responsabilidad alguna, ya sea penal o administrativa para quien se ha mantenido dentro del riesgo permitido, configurando de manera correcta su propio ámbito de acción".

22 Para la comprensión del concepto y sus elementos, se han tomado en esta monografía, entre otros trabajos que han inspirado la evolución del *compliance* penal en Latinoamérica, los siguientes: SILVA SÁNCHEZ, Jesús-M (Dir.) / MONTANER FERNÁNDEZ, Raquel (Coord.), *Criminalidad de empresa y Compliance. Prevención y reacciones corporativas*, Ed. Atelier, Barcelona, 2013; BACIGALUPO ZAPATER, Enrique, *Compliance y Derecho penal*, Ed. Aranzadi, Navarra, 2011; ARROYO ZAPATERO, Luis / NIETO MARTÍN, Adán (Directores), *El Derecho penal económico en la era del Compliance*, Ed. Tirant lo Blanch, Valencia, 2013; KUHLEN, Lothar / MONTIEL, Juan Pablo, ORTIZ DE URBINA G., Íñigo, *Compliance y teoría del Derecho penal*, Ed. Marcial Pons, Barcelona, 2013; NIETO

fiere NIETO, la noción de "*cumplimiento*" designa "actuar conforme a la legalidad"[23]. De ello se colige que, la noción de "*compliance*", como señala SILVA, implica "«auto vigilancia» *(Selbstüberwachung)*"[24]. El *compliance* se vincula, de este modo, a los deberes de *organización*, *diagnóstico* y *control* que recae sobre dichos órganos con el objeto de limitar el surgimiento de cursos causales lesivos de bienes jurídicos, valiéndose para ello de la *lex artis* aplicable al control razonable de riesgos criminales corporativos (UNE 19601, NTC 6671, etc.). Y en tanto que deberes de garantía reglados, centrados en la comisión de delitos que pueden surgir en esos entornos corporativos (particularmente, en plano de la delegación), adoptando la tesis de CARO, dicho instrumento serviría de baremo para establecer si tales gestores desplegaron adecuadamente su deber de evitación criminal dentro de los límites del riesgo permitido –o de seguridad razonable- (manteniendo el grado de exposición bajo límites aceptables), restringiendo así su *imputación objetiva* en caso de materializarse[25].

El *compliance* cobra todo su valor, por ello, en torno a la imputación de delitos cometidos bajo el marco de la *delegación* de funciones. Y aunque no es este el lugar para tratar esta figura, no obstante, cabe postular bajo su *corpus* conceptual una base dogmática que soporte

---

MARTÍN, Adán (Dir.) / LASCURAÍN SÁNCHEZ, Juan Antonio / BLANCO CORDERO, Isidoro / PÉREZ FERNÁNDEZ, Patricia / GARCÍA MORENO, Beatriz, *Manual de Cumplimiento Penal en la Empresa*, Ed. Tirant lo Blanch, Valencia, 2015; Frente al *Compliance* público, NIETO MARTÍN, Adán / MAROTO CALATAYUD, Manuel, *Public Compliance: Prevención de la corrupción en administraciones públicas y partidos políticos*, Ed. Ediciones de Castilla-La Mancha, 2014.

23 NIETO MARTÍN, Adán, "Problemas fundamentales del cumplimiento normativo en el derecho penal", en *Compliance y teoría del Derecho penal*, *Op. cit.*, p. 23.

24 SILVA SÁNCHEZ, Jesús-M., "Deberes de vigilancia y compliance empresarial", *Op. cit.*, p. 100.

25 Con respecto a función del *Compliance* como mecanismo para la valoración del riesgo permitido, CARO CORIA, Dino Carlos, "Imputación objetiva y Compliance penal", en DEMETRIO CRESPO, Eduardo (Dir.), *Derecho Penal Económico y Teoría del Delito*, Ed. Tirant Lo Blanch, Valencia, 2020, p. 398, señala que: "[...] sobre ello consideramos que la imputación objetiva es el espacio natural que conecta al Compliance penal con la teoría jurídica del delito de la persona jurídica, donde se puede afirmar que si una empresa cuenta con un Compliance penal adecuado o idóneo, su actividad se mantendrá dentro del riesgo permitido y, por ende, no podrá imputársele objetivamente el delito cometido".

la capacidad de evitabilidad del delegante. A propósito de cautelas *personales*, partiendo de una postura teórica del deber de precaución criminal que exige no sólo una base legal que fije la posición de garantía del superior-delegante, sino además capacidad de evitabilidad (*v. gr.*, la teoría del *dominio del hecho*), en el modelo de gestión de riesgos penales a postular la precaución del riesgo criminal inicia con la delimitación de cautelas aplicables a quienes podrían iniciar el curso lesivo (*subjetivas*): (i) selección idónea del delegado (*elegir*); (ii) supervisión de la función delegada (*vigilar*); (iii) acciones correctivas (*corregir*). Véase por qué: Frente a la primera cautela (*elección*), como opina LASCURAÍN frente al empresario, porque si éste "[…] opta por cumplir con el deber de seguridad del que es titular a través de la delegación en otra persona, *habrá de proceder, como primera exigencia de operatividad de la misma, a una adecuada selección del delegado*"[26]. Sobre la segunda condición (*vigilancia*), como refiere MONTANER, porque "En un caso estándar de delegación de funciones el delegante mantiene deberes residuales, también denominados de control y vigilancia"[27]. Y con respecto a la tercera (*corrección*), como reseña BOCK, porque "Verificada la contravención de deberes por parte del obligado a la vigilancia […] se debe entonces intervenir y poner remedio"[28]. Y todo ello para afirmar que, la sustracción a tales deberes por parte del delegante, como sostiene SILVA frente a "las consecuencias dogmáticas de la infracción del deber de vigilancia" [29], justificaría la imputación del delito de su delegado. Se piensa aquí, en concreto, en aquel ges-

---

26 LASCURAÍN SÁNCHEZ, Juan A., "Salvar al oficial Ryan (Sobre la responsabilidad penal del oficial de cumplimiento)", en HORTAL, Juan C. / VALIENTE, Vicente (Coords.) / MIR PUIG, Santiago / CORCOY, Mirentxu / GÓMEZ, Víctor, (Dirs.), *Responsabilidad de la empresa y compliance. Programas de prevención, detección y reacción penal*, Ed. B de F, Buenos Aires, 2014, p. 310.

27 MONTANER FERNÁNDEZ., Raquel, "El *criminal compliance* desde la perspectiva de delegación de funciones", en RAGUÉS I VALLÉS, Ramón / ROBLES PLANAS, Ricardo, (Dirs.), *Delito y empresa. Estudios sobre la teoría del delito aplicada al derecho penal económico empresarial*, Ed. Atelier, Barcelona, 2018, p. 77.

28 BOCK, Dennis, "Compliance y deberes de vigilancia en la empresa", en *Compliance y teoría del Derecho penal*, *Op. cit.*, p. 119.

29 SILVA SÁNCHEZ, Jesús-M., "Deberes de vigilancia y compliance empresarial", *Op. cit.*, p. 90, señala: "[…] la infracción del deber de vigilancia da lugar, en caso de producción del resultado lesivo, a una imputación de este al delegante-vigilante a título de autoría en comisión por omisión".

tor –público o de empresa- que no controla la gestión que ejecutan sus subordinados jerárquicos en torno a procesos de alta exposición criminal. Esta "vía de solución" penal, a juicio de MARTÍNEZ-BUJÁN[30], estaría justificada en la *obligación legal* y en la *especial posición* que tiene el gestor para evitar los posibles delitos de sus subalternos.

Para concretar el constructo de "*dominio situacional*" que se propone para representar dicha *capacidad de evitabilidad*, además de la vertiente *subjetiva*, es preciso realizar una *delimitación objetiva* de la *situación de peligro*[31]. Para tal fin, como se desarrollará, se tomará como supuesto criminal el fraude en la contratación pública, teniendo en cuenta que se trata de un riesgo de "doble vía" en el que pueden cruzarse empresa y entidad pública. Desde el plano *objetivo*, entonces, el riesgo puede caracterizarse desde sus aristas *formal* y *material*. Los delitos contra la Administración pública, por un lado, integran un marco *formal* de riesgos susceptibles de omisiones punibles frente a delitos como tráfico de influencias, cohecho o el propio incumplimiento de requisitos contractuales. La consideración *material* de tales procesos, por otro lado, da paso a una visión *circunstancial* de las fuentes de peligro que posibilita su *control situacional*. Para este control, el *criminal-risk* puede caracterizarse según el área organizativa

---

30 Esta posición se lee, por ejemplo, en la postura que adopta frente a la imputación por omisión de los directivos MARTÍNEZ-BUJÁN PÉREZ, Carlos, *Derecho Penal Económico y de la Empresa...*, *Op. cit.*, pp. 498-499. Según el autor: "Dicha vía consiste en acudir a la estructura de la comisión por omisión, con el fin de atribuir una responsabilidad penal por omisión impropia a aquellos órganos directivos, superiores jerárquicos en la organización empresarial que no hubiesen evitado que el hecho delictivo se ejecutase por parte de sus subordinados, siempre que cuando pueda acreditarse que el órgano directivo u «hombre de atrás» se hallaba en el ejercicio de una concreta situación de competencia específica que le obligaba a controlar todos los factores de peligro derivados de ella y, consecuentemente, a evitar la realización de delitos por sus subordinados en la cadena jerárquica de la empresa".

31 Con relación a esta confluencia *objetivo-subjetiva* para el proceso de gestión de riesgos de corrupción en las organizaciones, señala MARTÍNEZ SÁNCHEZ, Wilson A., *Guía para la gestión del riesgo de corrupción en las empresas, Op. cit.*, p. 39, que: "Todos los programas, sistemas o planes anticorrupción deben ser consecuentes con la estructura organizacional y funcional de la empresa. Por esta razón, su diseño debe estar precedido de un estudio centrado en los cargos y en los procesos de la empresa".

en el que emerge, el *puesto de trabajo* que lo alberga y el *proceso* corporativo que lo vehicula. Esta configuración objetiva del suceso típico, sobre todo cuando se entiende que las corporaciones funcionan a partir de procesos delimitables (por sus objetivos, dueños, actividades, controles, etc.), permite anticipar el *dominio material* que puede desplegar dicho gestor sobre la causa de potenciales acciones ilícitas intrínsecas al proceso delegado, en tanto que ese deber residual de vigilancia y control que conserva como delegante, es factible bajo la *lex artis* o *estado de la técnica* que le es exigible (*compliance*)[32].

La concepción "*situacional*" de ese deber de vigilancia y control de fuentes de peligro criminal, más allá de su previsión formal, se sujeta así a la *previsibilidad* y *capacidad de evitabilidad* del riesgo que ha de presidir el *dominio del suceso lesivo* (delito). En Colombia, por ejemplo, señaló la Sala de Casación Penal de la Corte Suprema de Justicia en su Sentencia SP 14547/2016 (Rad. 46604) al abordar la *comisión por omisión*, que la posición de garante no operaría desde un plano general o abstracto, sino que "[...] *independientemente de que se tenga previamente o asuma el rol, es lo cierto que la atribución de responsabilidad penal demanda no solo de conocimiento respecto de la existencia del riesgo específico, sino de posibilidad material de evitación...*". Esa "*posibilidad material de evitación*" de sucesos criminales (capacidad de evitabilidad del resultado o dominio negativo de la situación lesiva), además de servir como límite restrictivo frente a la abstracción de la *omisión impropia*, resultaría exigible cuando el propio ordenamiento pone a disposición de dichos regentes instrumentos que les permiten no sólo obtener dicho *conocimiento (respecto de la existencia del riesgo específico)*, sino además dicha *posibilidad material de evitación*. El constructo de "*dominio situacional*" que se ha postulado, como se irá viendo, facilitaría obtener ese nivel de conocimiento requerido sobre la entidad (nivel) del riesgo y sobre cómo evitar su materialización a través la *doble esfera de control* indicada: (i) control *material* de procesos alta exposición delictiva

32 Sobre la aplicación del *compliance* a la contratación pública, Campos Acuña, Mª Concepción, *Aplicación práctica del compliance en la contratación pública*, Ed. Aranzadi, Madrid, 2019.

(*objective-risk*); (ii) control *personal* de las posiciones criminalmente vulnerables (*subjective-risk*).

La imputación penal de tales gestores por *omisión*, por lo expuesto, se legitima cuando el mismo ordenamiento les marca una *lex artis* que, en clave de *imputación objetiva*, limitaría la creación o aumento de niveles de riesgo inadmisibles. Adviértase que, más allá de la mera *posición de garante*[33], la posibilidad que tienen tales gestores de ordenar recursos para *identificar*, *medir*, *valorar*, *controlar* y *monitorear* los riesgos de los procesos y personal a su cargo, en la lógica de la teoría del "*dominio del hecho*"[34], soportaría la imputación objetiva de resultados lesivos[35]. Esta *posibilidad de evitación* es lo que se ha bautizado aquí como "*dominio situacional*". Tal constructo permitiría advertir cómo, ese deber de evitación criminal, se fundaría en la real posibilidad técnica de efectuar un *control del suceder típico* (de la *situación*), entendido tal *control*, en los términos de MIR PUIG[36], como el "*poder de interrumpir*" la realización del delito (lo que permite atribuirle a tal sujeto la "*pertenencia*" del hecho). Tal "poder de interrupción", bajo dicha categoría dual de control "material" y "personal" (inspirada en la formulación de SCHÜNEMANN), es lo que permite arribar a dicho

33 Sobre la "Posición de garante", MIR PUIG, Santiago, *Derecho penal. Parte General*, 8ª ed., Ed. Reppertor, Barcelona, 2008, p. 318, señala que dicha posición de garantía: "Se da cuando corresponde al sujeto una *específica función de protección del bien jurídico* afectado o una *función personal de control de una fuente de peligro*, en ciertas condiciones".

34 Con respecto al constructo dogmático del "dominio del hecho", según reseña el mismo autor, Ibid., p. 374: "Maurach resume el sentido de la teoría diciendo que es autor, porque tiene el dominio del hecho, quien tiene en sus manos el curso del suceder típico".

35 Sobre los elementos de la comisión por omisión, refiere el mismo autor, Ibid., p. 318: "El tipo de comisión por omisión muestra en su parte objetiva la misma estructura que el de omisión pura: a) situación típica; b) ausencia de la acción determinada; c) capacidad de realizarla; pero completada con la presencia de tres elementos particulares necesarios para la *imputación objetiva* del hecho: la posición de garante, la producción de un resultado y la posibilidad de evitarlo".

36 Frente al constructo "dominio del hecho", opina el mismo Prof. MIR PUIG, Ibid., p. 375, que: "Una posibilidad de concreción del concepto de dominio del hecho es entender que concurre en el sujeto que tiene el *poder de interrumpir* la realización del tipo".

constructo de "*dominio situacional*"[37]: un control que vendría dado no sólo por la facultad de dar instrucciones y de requerir información sobre la función delegada (*personal*)[38], sino además por la posibilidad de intervenir técnicamente sobre los factores de riesgo que propician la *situación criminógena* desde los procesos corporativos: (i) sobre los *estímulos* delictivos que emergen del proceso (*disminuyendo la expectativa real de beneficio ilícito en el delegado*), (ii) sobre la *oportunidad* que permite el curso causal (*limitando el marco decisional ilegal*) y (iii) sobre la percepción de *impunidad* que experimenta el infractor originada en la vulnerabilidad de control del proceso a su cargo (*reduciendo la posibilidad de ocultar el resultado delictivo*).

En tal sentido, la *lex artis* (*compliance*) resulta crucial para evidenciar esa capacidad de evitabilidad del delito por parte del órgano de dirección frente a sus delegados (*dominio situacional*): puesto que la *matriz de riesgos penales* que representa su actividad técnica de aseguramiento sobre tales fuentes de peligro prevería de manera expresa, entre otros elementos que delimitan su ámbito de dominio, las áreas o dependencias expuestas a potenciales eventos criminales, la descripción anticipada de tales sucesos delictivos, los procesos que vehiculizarían dichos eventos potenciales, su probabilidad de materialización, la identificación de sus causas, el impacto que los mismos tendrían en caso de concretarse y los controles requeridos para mitigar dicha posibilidad de ocurrencia[39]. Este planteamiento se compadece con el *enfoque basado en riesgos* que preside la moderna administración.

---

37 Sobre la noción de dominio "material" y "personal" postulada por SCHÜNEMANN, señala MARTÍNEZ-BUJÁN PÉREZ, Carlos, *Derecho Penal Económico y de la Empresa…*, *Op. cit.*, p. 501: "[...] el aludido dominio puede dimanar de un dominio fáctico sobre los elementos o procedimientos peligrosos de la empresa (dominio material) o puede proceder de un dominio sobre el propio comportamiento de los subordinados en la organización jerárquica de la empresa (dominio personal)".

38 Sobre la posición jurídica del *delegado de vigilancia*, SILVA SÁNCHEZ, Jesús-M., "Deberes de vigilancia y compliance empresarial", *Op. cit.*, p. 99, señala que: "[...] quedará configurada de modo general por la concurrencia de dos deberes: por un lado, el deber de obtener conocimiento; y, por otro, el deber de transmitir la información obtenida al superior jerárquico o, en todo caso, a la persona competente para la corrección de la situación defectuosa (deber de denuncia, en suma)".

39 Sobre la matriz de riesgos penales, véase AMÉZQUITA TORO, Jorge A., "Criminología corporativa: premisa metodológica para el control de la corrupción",

Dicho marco de controles (plan de tratamiento), precisamente, es lo que permite examinar las alternativas de conducta positiva, prudente y diligente esperadas de dicho administrador o, en caso de concretarse el delito, establecer un nexo entre la acción omitida y el resultado lesivo. Recuérdese que, como señala Martínez, [...] la existencia de ese programa, sistema o plan es importante al momento de definir la responsabilidad administrativa y/o penal de la empresa, o de sus socios, directivos, administradores o colaboradores"[40]. Por todo lo anterior, es que se sostiene que tales gestores estarían compelidos a adoptar "mecanismos de prevención de hechos delictivos"[41], sin perjuicio de su utilidad en torno a precaver su propia defensa penal y la de la organización que representan (en tanto que expresión positiva de su deber de evitabilidad delictiva)[42].

---

en Ramírez Barbosa, Paula A., *Estrategias globales contra la corrupción y el blanqueo de activos*, Ed. Tirant Lo Blanch, Bogotá, 2022, pp. 395 y ss.

40 Martínez Sánchez, Wilson A., *Guía para la gestión del riesgo de corrupción en las empresas*, *Op. cit.*, p. 34.

41 Sobre el deber de evitación criminal y su garantía mediante medidas de control positivas, Bernate O., Francisco, "El compliance y la responsabilidad penal de las personas jurídicas en Colombia", *Op. cit.*, p. 40, señala: "En materia de derecho penal económico, encontramos entonces que el agente en el circuito económico ha de configurarse internamente de una manera tal que no incurra en conductas consideradas como delictivas, y, adicionalmente, en ciertos escenarios del orden económico ha de tomar medidas efectivas a fin de evitar que sea empleado por terceros para la comisión en ciertos escenarios en los que no basta con la propia organización sino que han de tomarse medidas activas".

42 Sobre los efectos jurídicos por no adoptar medidas de prevención criminal, refiere el mismo autor, Ibid., pp. 36-37: [...] la adopción de consecuencias penales por la no implementación de mecanismos de prevención de hechos delictivos al interior de las sociedades es un suceso relativamente reciente entre nosotros. [...] La cuestión nuclear para los efectos de la discusión penal es el establecimiento de consecuencias penales por la no implementación de mecanismos de prevención de hechos delictivos, misma que ha generado en el derecho comparado, en un primer escenario, consecuencias punitivas para los encargados de su implementación, y, en un segundo momento, la justificación teórica ideal para la responsabilidad penal de los entes colectivos". Relacionado con este aspecto, señalan Ramírez Barbosa, Paula A. / Ferré Olivé, Juan C., *Compliance, derecho penal corporativo y buena gobernanza empresarial*, 2ª ed., Ed. Tirant Lo Blanch, Bogotá, 2021, p. 60: "Lo anterior implica, por parte de los órganos de dirección, la construcción y aplicación de un modelo de cumplimiento, que identifique oportunamente las prácticas desviadas de la ley, los comportamientos

Es por todo esto que, según la tesis postulada por SCHÜNEMANN, el *dominio* efectivo del curso lesivo implica examinar no sólo el tipo de riesgo en su entidad objetiva (sobre los "*procedimientos peligrosos*"), sino además el cargo o posición asociada a las actividades que encarnan tal peligro (el "*comportamiento de los subordinados*")[43]. Lo anterior es convergente, precisamente, con la estructura objetivo-subjetiva implícita a la misma noción de "riesgo penal", pues como reseña CASANOVAS con relación a la actividad de identificación de riesgos penales bajo la norma UNE 19601, "Se trata, en el fondo, de un ejercicio de pronóstico basado en el conocimiento de las actividades de la *organización* y sus *procesos*, así como de sus personas, su historia y su *cultura*"[44]. Bajo esta premisa básica de gestión, la *capacidad de evitabilidad* del gestor se conectaría a las exigencias de *compliance* que recaen sobre su posición (*rol*), pues la experiencia enseña que la corrupción sistémica de los procesos de una organización difícilmente se produce sin la dejadez del deber de vigilancia y control intrínseco a la condición de administrar. A ello se refiere BERNATE con relación al fundamento *material* de la responsabilidad empresarial en Colombia, cuando señala que "[...] quien interviene en el sistema jurídico tiene el deber de configurar su propio mundo de manera que no cause daño a otros en su interacción"[45]. De ahí que, esta mirada *dual* de los procesos de delegación de funciones vinculadas a procesos criminalmente expuestos, posibilite la previsión de un modelo de control en el que se contengan no sólo cautelas *fácticas*

---

opacos en perjuicio del orden económico, así como la implementación de una política corporativa preventiva, disuasiva y de fortalecimiento de la cultura ética en los negocios, con un claro enfoque en la autorregulación corporativa".

43 Así lo hace notar MARTÍNEZ-BUJÁN PÉREZ, Carlos, *Derecho Penal Económico y de la Empresa...*, *Op. cit.*, p. 501, cuando reseña frente al citado penalista que: "Según la tesis elaborada por SCHUNEMANN, la plena equiparación entre la omisión impropia y el comportamiento activo debe apoyarse en la idea de «dominio», o, dicho de modo más explícito, en el dominio que posee el órgano directivo, que se encuentra en posición de garante, «sobre la causa (o el fundamento) del resultado». A través de la teoría del dominio se consigue –en su opinión- una significativa restricción de las situaciones de garante derivadas del pensamiento de la injerencia a supuestos en que pueda acreditarse un auténtico dominio del órgano directivo de la empresa".

44 CASANOVAS YSLA, Alain, "*Compliance* penal normalizado...", *Op. cit.*, p. 155.

45 BERNATE O., Francisco, "El compliance y la responsabilidad penal de las personas jurídicas en Colombia", *Op. cit.*, p. 40.

sobre esos procesos corporativos peligrosos (materiales), sino además medidas de génesis *ética* sobre los cargos conexos (personales)[46]. Es esta doble visión del *compliance*, en definitiva, lo que permite afirmar un *dominio situacional* cierto sobre la fuente de riesgo.

3. JUSTIFICACIÓN: AUTORREGULACIÓN ÉTICA

La pertinencia de establecer un nexo entre *compliance* y delegación efectiva de funciones en torno al control de riesgos criminales corporativos, emerge de la potencial lesión de bienes jurídicos derivada de la inacción de los administradores sobre sus subalternos[47]. Esto

---

46 Frente a la graduación del nivel de vigilancia en razón del perfil del delegado, señala MARTÍNEZ-BUJÁN PÉREZ, Carlos, *Derecho Penal Económico y de la Empresa...*, *Op. cit.*, p. 509: "[...] una de las cuestiones de mayor importancia práctica (y también quizá de las más espinosas) será la consistente en determinar la medida del deber de vigilancia o supervisión, dado que habrá de situarse en un término medio con el fin de evitar que, por exceso, la delegación se convierta en un mero dominio mediato (que anule la ventaja intrínseca de multiplicación de este método y que obstaculice la necesaria expansión de la actividad empresarial) o, por defecto, quede eliminada la posición de garantía del delegante (cfr. LASCURAIN, 1995, p. 222, y 2002, pp. 117 y s., quien con carácter general aclara –en sintonía con la opinión dominante- que la fijación de ese deber de vigilancia dependerá del tipo de actividad y de las características personales del delegado, en el sentido de que cuanto mayor sea el riesgo que se pretende controlar y más difícil su control, más intensa habrá de ser la supervisión del delegante, y que cuanto mayor sea la cualificación y experiencia del delegado, menor podrá ser la actividad de vigilancia). Por lo demás, dicho deber de supervisión lleva aparejado en su caso un deber de *intervención* cuyo contenido puede consistir bien en una actividad de corrección de la actuación del delegado o bien en una actividad de promoción de esa situación".

47 Sobre los efectos lesivos de la corrupción, MALEM SEÑA, Jorge F., *La corrupción. Aspectos éticos, económicos, políticos y jurídicos*, Ed. Gedisa, Barcelona, 2002, pp. 177 y ss., señala: "[...] existe una vinculación probada, tanto en un sentido estadístico como económico, de que altos índices de corrupción degradan las posibilidades de crecimiento económico a largo plazo". En sentido correlativo, sostienen, MARTÍNEZ CÁRDENAS, Edgar E. / RAMÍREZ MORA, Juan M., *La corrupción en la contratación estatal colombiana: una aproximación desde el neoinstitucionalismo*, Ed. Reflexión Política, vol. 8, núm. 15, junio-2006, Universidad Autónoma de Bucaramanga, Bucaramanga, 2006, pp. 148-162: "A partir de su desarrollo se puede concluir que efectivamente los sobornos, como práctica corrupta, se constituyen en un costo que distorsiona la actividad económica al alterar el nivel de los precios, al afectar el crecimiento económico, al contribuir

debe importarle a quien ostenta la calidad de *delegante*, en tanto que podría responder no sólo por las lesiones que sus *dependientes* puedan generar hacia terceros (*ad extra*), sino también contra la misma estructura corporativa (*ad intra*)[48]. En este doble contexto, la *delegación* constituye un aspecto que debe suscitar su atención en razón del deber de garantía que asumen ante el Derecho penal como gestores. En el caso de las empresas, como señala COCA, porque la misma "[...] puede ser vista como una macroestructura de posiciones jurídicas unidas por vínculos de delegación"[49]. Agrega el autor que, "Como en toda delegación, es fundamental que las cúpulas empresariales procedan de forma cuidadosa a la hora de designar a los delegados (trabajadores)"[50]. La misma afirmación puede trasladarse a las entidades públicas, entre otras razones, como refiere NIETO, porque "[...] la administración puede concebirse como una gran empresa y que no tiene por qué existir una gran distancia entre el cumplimiento normativo empresarial y el público"[51]. Y como la complejidad intrínseca de medianas y grandes corporaciones exige que su operación se concrete a través de la delegación, entonces, el deber de aseguramiento que permanece en cabeza del delegante debe ejecutarse a través de un en-

---

a las ineficiencias administrativas o al impedir la redistribución de los recursos". Véase también, sobre los efectos macroeconómicos de la corrupción: MURIEL PATINO, María Victoria, "El fenómeno de la corrupción: consideraciones desde la macroeconomía", en RODRÍGUEZ GARCÍA, Nicolás / FABIÁN CAPARRÓS, Eduardo A., *Corrupción y delincuencia económica* (Coords.), Ed. Grupo Editorial Ibáñez, Universidad Santo Tomás, Bogotá, 2008, pp. 35-52; sobre los efectos sobre el crecimiento y desarrollo, véase VILLORIA MENDIETA, Manuel, *La corrupción política*, Ed. Síntesis, Madrid, 2006, pp. 81-83.

48 Así, para SILVA SÁNCHEZ, Jesús-M., "Deberes de vigilancia y compliance empresarial", *Op. cit.*, p. 91: "Si el resultado no evitado es un resultado para la propia empresa, la fundamentación de la imputación de su no evitación –debida a un déficit de vigilancia- a título de autor parece más sencilla".

49 COCA VILA, Ivo, "¿Programas de cumplimiento como forma de autorregulación regulada?", SILVA SÁNCHEZ, Jesús-M (Dir.) / MONTANER FERNÁNDEZ, Raquel (Coord.), *Criminalidad de empresa y Compliance...*, *Op. cit.*, p. 58.

50 Ibid., p. 58.

51 NIETO MARTÍN, Adán, "De la ética al Public Compliance: Sobre la prevención de la corrupción en las Administraciones públicas", en NIETO MARTÍN, Adán / MAROTO CALATAYUD, Manuel, *Public Compliance...*, *Op. cit.*, p. 20.

foque de gestión que posibilite el control eficaz de riesgos criminales: una *autorregulación de orientación ética*.

La exigencia de *autorregulación* que recae sobre ciertas organizaciones atada a la posición de sus gestores, reitérese, es uno de los presupuestos de su deber de evitabilidad criminal (*aseguramiento*). Los programas de cumplimiento, valga precisar, constituyen una expresión de esa "*autorregulación regulada*"[52]. Una de las tesis que explica la creación de deberes de autorregulación en cabeza de las corporaciones, como se indicó, se origina en el hecho de que su actividad genera riesgos para terceros. Por ello, como apunta FEIJOO, "Ante la incapacidad de controlar la gestión de riesgos mediante las estrategias tradicionales, el Estado deja la gestión primaria de los nuevos riesgos en manos particulares, especialmente de las empresas, y pasa a controlar en un segundo plano dicha gestión primaria"[53]. Tratándose de ilícitos que involucran –en simultánea- a empresas y a entidades estatales, el refuerzo de la posición de garantía de sus *managers* se justificaría bajo una moderna realidad económico-global caracterizada por la intervención de grandes corporaciones económicas sobre los procesos de gestión públicos; una realidad, tal como recuerda COCA, en la que las primeras son "[...] quienes gestionan o controlan la gran mayoría de servicios o funciones públicas (directa o indirectamente)"[54]. El ejemplo paradigmático de esa proyección regulatoria del Estado, son las fuertes exigencias de autocontrol empresarial frente al lavado de activos[55]. Pero cada vez es mayor el campo de cobertura de esa exigencia.

---

52 Frente a las ventajas de la autorregulación, FEIJOO SÁNCHEZ, Bernardo, *Cuestiones actuales de Derecho penal económico*, Ed. B de F, Montevideo – Buenos aires, 2009, p. 54, sostiene que: "A estas alturas ya podemos constatar que la autorregulación no sólo se ha establecido como un instrumento eficaz para controlar los nuevos riesgos sociales derivados de las actividades empresariales, sino en general como un instrumento para conseguir un mayor amoldamiento de las organizaciones empresariales complejas a las exigencias del sistema jurídico".

53 Ibid., p. 53.

54 COCA VILA, Ivo, "*¿Programas de cumplimiento...*", *Op. cit.*, p. 43.

55 Por ejemplo, en el ámbito del Derecho alemán, como recuerda SIEBER, Ulrich, "Programas de compliance en el derecho penal de la empresa. Una nueva concepción para controlar la criminalidad económica", en ARROYO ZAPATERO, Luis / NIETO MARTÍN, Adán (Directores), *El Derecho penal económico en la era del Compliance*, *Op. cit.*, p. 103, "[...] se encuentran obligaciones legales de introdu-

Por esto, como reseña Bacigalupo, espectros como la competencia desleal, la violación a la protección de datos, la protección penal del trabajo, la regulación penal del medio ambiente, la responsabilidad por productos o el mero cumplimiento de las disposiciones que regulan el derecho mercantil contable, "[...] requieren cada vez más de un *sistema de vigilancia de la legalidad* que impone nuevas formas de actuación a las empresas"[56]. Esa incapacidad del Estado frente a la delincuencia en las corporaciones, justamente, es lo que exige reforzar la posición de garantía de su órgano de administración con el fin de asegurar el control de dicha actividad delictiva[57]. Dicho refuerzo, como se irá sustentando, exigiría un modelo de autocontrol criminal que integre la ética *corporativa* como presupuesto de efectividad.

La ontología ética del *compliance*, valga anotar, se alinea con un modelo de gestión de riesgos penales que se extiende a la vertiente *personal* (subjetiva) de los procesos corporativos expuestos a riesgos criminales. La aplicación de cautelas de integridad sobre los cargos críticos, en concreto, se compadece con una visión *preventivo-general positiva* basada en la profusión ética de aquellos sujetos que asumen la gestión de funciones críticas por delegación. Porque, como afirma Silva frente a la "*cultura del compliance*", ésta "[...] se enmarca en la tradición de aquella variante de la prevención general positiva que hunde sus raíces en la doctrina de Welzel sobre el fomento de valores ético-sociales de la acción como vía de protección indirecta de los bienes jurídicos"[58]. Anótese, entretanto, que los esfuerzos para instituir una *cultura ética* puede ser materia de prueba en procesos de respon-

---

cir elementos especiales de *compliance* en los ámbitos ya mencionados del blanqueo de capitales (14 GWG), del sistema crediticio (25ª KWG) y del mercado de valores (§33 WpHG)".

56 Bacigalupo Z., Enrique, *Compliance y Derecho penal*, *Op. cit.*, pp. 27-28.

57 Al respecto, Feijoo Sánchez, Bernardo, *Cuestiones actuales de Derecho penal económico*, *Op. cit.*, p. 53, señala: "Si aceptamos como válido el diagnóstico de que el Estado carece de capacidad para intervenir directamente en las organizaciones empresariales, la única opción que le queda al ordenamiento jurídico parece residir en estimular una correcta autoorganización (una organización conforme a Derecho en la que no sólo se tengan en cuenta los fines lucrativos de la empresa y sus socios)".

58 Silva Sánchez, Jesús-M., "Deberes de vigilancia y compliance empresarial", *Op. cit.*, p. 100.

sabilidad penal adelantados contra empresas y sus directivos como contrapartida de los posibles *defectos organizativos* que soportan su imputación. Bajo esta concepción de la delegación, como se observa, halla cobertura el refuerzo de las posiciones de garantía que subyacen a la *omisión impropia*, al sancionarse penalmente ese *no hacer* que derivó en el *desencadenamiento de sucesos lesivos* en torno a ciertos procesos organizativos. De este modo, como se abundará más adelante, el autocontrol de hechos ilícitos al interior de las organizaciones como base para la gestión de riesgos penales, implicaría considerar la construcción de *culturas corporativas éticas* a partir de la *definición ética de esas posiciones críticas* (*ethical labeling*).

Fue esa necesidad de fijar *cautelas éticas* sobre los directivos como vía de precaución criminal, justamente, lo que potenció el *criminal-compliance* en su "cuna" (Estados Unidos). Al respecto, cabe referir que, si bien escándalos de último siglo como *Enron* o *World Com* afirmaron esa dirección ética del *compliance*, uno de sus puntos de inflexión se sitúa en 1977 tras la aprobación de la *Foreing Corrupt Practices Act* en su objetivo de prevenir el soborno de funcionarios extranjeros bajo estructuras corporativas[59]. Recuérdese que, a partir de esta norma, se potenció no sólo la implantación de controles internos por parte de las organizaciones, sino además su compromiso ético en la precaución de hechos corruptos. El primer aspecto, como reseña Nieto frente a la precitada norma, porque las empresas han ido estableciendo sus respectivos sistemas de control interno orientados a la prevención de prácticas corruptas en su seno[60]. Y el segundo aspecto, como expresa el mismo autor, porque dicho instrumento normativo produjo una profunda transformación en la cultura empresarial norteamericana a partir de la exigencia establecida sobre las corporaciones de intervenir en la prevención de delitos en el marco de su operativa y de promover la ética y el respeto a la legalidad como

59 Para un recuento de múltiples casos de empresas en el ámbito de la criminalidad corporativa, véase Ramírez Barbosa, Paula A. / Ferré Olivé, Juan Carlos, *Compliance, Derecho Penal Corporativo y buena gobernanza empresarial*, Ed. Tirant Lo Blanch, Bogotá D. C., 2019, pp. 19-46. Sobre "la FCPA en Estados Unidos y el soborno transnacional", *Ibid.*, pp. 231-263.

60 Nieto Martín, Adán, "De la ética al Public Compliance…", *Op. cit.*, p. 18.

baluartes esenciales de su gestión[61]. Es así como el control de ilícitos corporativos debe levantarse sobre la base del principio "*top level integrity*" y su traducción sobre quienes ocupan posiciones de especial criticidad criminal, expresado en procedimientos como una *debida diligencia de proyección interna* (*Know Your Employee*).

Este *sustrato ético*, insístase en ello, adquiriría un lugar central en los procesos de responsabilidad penal organizacional. De la revisión de la *US Federal Sentencing Guidelines for Organizations*, en esta línea de profusión de la ética corporativa, se advierte la valía de tal elemento dentro de la estructura del *compliance*[62]. Por esta razón, como puede inferirse de la praxis forense del Departamento de Justicia de los Estados Unidos (en adelante, DOJ, por su sigla en inglés), dicha Guía parametriza la concesión de beneficios punitivos a las organizaciones con base en la adopción de políticas efectivas de ética y cumplimiento. A todo esto, como reseña CASANOVAS, "[...] la *Us Sentencing Comission* señala la necesidad de fijar estándares de conducta como primer elemento de *diligencia debida* en la promoción de una cultura ética y de cumplimiento con las normas"[63]. Sobre dicha esencia, recuerda NIETO que el fomento de esa *cultura ética de la legalidad* en la empresa deviene necesario para que tales programas de cumplimiento funcionen. De tal suerte, según reseña el autor, las *Guidelines* hablan de "*Compliance and Ethics Programs*"[64]. Es por esta razón que, dicho sustrato óntico, en tanto que pilar de efectividad del modelo, es tomado por las *Guidelines* como criterio de valoración de dichos programas en los procesos de responsabilidad penal. Esa profusión de la ética corporativa, como lo recoge también la Ley Antisoborno de Reino Unido (*UK Bribery Act*), justamente, encuentra pleno rendimiento

---

61 NIETO MARTÍN, Adán, *La responsabilidad penal de las personas jurídicas: Un modelo legislativo*, Ed. Iustel, Madrid, 2008, p. 221.

62 Al respecto, véase GÓMEZ-JARA, Carlos, *La responsabilidad penal de las empresas en los EE.UU*, Ed. Ramón Areces, Madrid, 2006, pp. 63-80.

63 CASANOVAS YSLA, Alain, "*Compliance* penal normalizado...", *Op. cit.*, p. 38.

64 NIETO MARTÍN, Adán, "Problemas fundamentales del cumplimiento normativo...", *Op. cit.*, p. 25.

en el objeto de limitar riesgos criminales que surgen en torno a los mismos integrantes de la organización[65].

Estos instrumentos constituyen, de tal manera, un marco de referencia obligado para comprender el refuerzo de deberes precautorios en cabeza de ciertos directivos y justificar la punición de sus omisiones cuando, objetivamente (técnicamente), tal sustracción haya creado o aumentado un riesgo que derivó en la lesión de un bien jurídico. De ahí que, por de pronto, los estándares en *compliance* sirvan de baremo para imputar objetivamente tales omisiones, pues como sostiene Caro, tal imputación "[...] se funda en la violación de ese deber de controlar los riesgos de la empresa, que incluye la actuación de sus órganos, empleados y terceros"[66]. Todo lo anotado justifica, entonces, la exigencia de evitabilidad criminal que recae sobre tales gestores con base en la *lex artis* que aportan los estándares técnicos y las normas estatales dirigidas a su precaución (decretos, circulares, etc.). Dicha *lex artis* será determinante como baremo para medir en retrospectiva la responsabilidad penal de tales directivos, entre otras cosas, porque se reflejará en una matriz de riesgos que incorpora no sólo una anticipación técnica de riesgos sobre los procesos y cargos de mayor exposición delictiva, sino además el estándar de control exigible para mantener dicho riesgo dentro de los límites permitidos. Halla aquí sentido la acotación de Rotsch, en punto a que "El rasgo característico del *Criminal Compliance* reside en este sentido en la necesidad de la anticipación de la responsabilidad penal..."[67]. El modelo que a continuación se bosqueja, precisamente, responde a este postulado de "*anticipación penal*" (*prognosis criminal/penal*).

4. PERSPECTIVA METODOLÓGICA

Los resultados tangibles de este trabajo se concretan en un modelo de *criminal-compliance* que permite gestionar los riesgos de orden

---

65 Sobre la *UK Bribery Act*, Nieto Martín, Adán, "De la ética al Public Compliance...", *Op. cit.*, p. 19.

66 Caro Coria, Dino Carlos, "Imputación objetiva y Compliance penal", *Op. cit.*, pp. 400-401.

67 Rotsch, Thomas, *Criminal Compliance*, InDret, Barcelona, 2012, p. 6.

legal asociados a la actividad de las organizaciones por parte sus gestores a raíz de la acción ilícita de sus dependientes (anticipándose a tales escenarios). Con relación a dicho ejercicio de prognosis (*forecast-legal*), señala ROTSCH que "Quien pretende garantizar que las decisiones empresariales no se corresponden con formas de comportamiento penalmente relevantes se ve obligado a anticipar la responsabilidad penal"[68]. Otras posturas van más allá, como la sostenida por GAYÁ, quien postula un sistema de prueba de "tiempo futuro" que "[...] se anticipa a lo que pueda suceder en caso de que se pueda imputar a una persona jurídica o a los directivos de la empresa un hecho punible..."[69]. Dicha necesidad de "anticiparse" halla pertinencia en el propio afán que tendrían dichos gestores de plantear en su favor –y en el de la corporación que presiden- una "defensa afirmativa" (*affirmative defense*), como reseña SILVA[70] (con relación al "*compliance defense*"), en aquellos casos en los que sus abogados pretendan probar "eximentes afirmativas" (como causas de justificación o causas de exculpación). Es sobre esta necesidad de la prueba, conviene precisar, que se levanta un modelo precautorio soportado en la *lex artis* que suministra una gestión de riesgos y un *compliance* de corte criminológico. En términos prácticos, se trata de advertir cómo, la posibilidad de que dichos gestores sean imputados por los delitos de sus delegados con amparo en un presunto déficit de control dentro de su esfera organizativa, resultaría jurídicamente posible y previsible. Esta posibilidad de procesamiento, por de pronto, se concreta en cinco criterios jurídicos contrastables en distintas proposiciones de naturaleza *legal*, *jurisprudencial* y *doctrinal*:

- Ciertos gestores de empresa y públicos, según su posición, tendrían un deber jurídico de vigilar y controlar determinadas fuentes de riesgo criminal dentro de su ámbito de organización (interrumpir cursos causales lesivos para ciertos bienes jurídicos).

---

68 ROTSCH, Thomas, "Criminal Compliance", *Op. cit.*, p. 6.

69 GAYÁ, Bartolomé O., "La pericial en el Compliance: Un modelo nuevo versus 15 años de prueba pericial en España", en PICÓ I JUNOY, J., *Peritaje y prueba pericial*, Bosch, 2015, p. 580.

70 SILVA SÁNCHEZ, Jesús-M., "El debate sobre la prueba del modelo de compliance: Una breve contribución", InDret, Barcelona, I / 2020, pp. 3-4.

- La materialización de actos delictivos en el giro de actividades corporativas, bajo ciertos presupuestos, conllevaría el riesgo de que se infiera una falta de diligencia en cabeza de dichos gestores e imputarles el resultado lesivo a título de omisión.
- La desvirtuación de tal presunción legal de responsabilidad frente a ciertos delitos ejecutados bajo el marco de la delegación, exigiría acreditar un adecuado proceso de elección y vigilancia sobre el ejecutor del hecho (y de corrección, según el caso).
- El mecanismo de gestión con que cuentan dichos gestores para mitigar la probabilidad de materialización de hechos criminales en el marco de la delegación, se hallaría en los instrumentos de autorregulación que la propia ley les exige.
- La defensa judicial de dichos cargos directivos en el marco de los procedimientos instruidos por virtud de infracciones penales, se fundaría sobre el razonable diseño, implementación y funcionamiento de sus programas de cumplimiento penal.

Concebido el riesgo penal como una situación inherente al rol de administrar, entonces, pueden señalarse al menos tres razones que le confieren *sustento práctico* a ese enfoque de *prognosis jurídico-penal*. La primera tiene que ver con la posibilidad (riesgo) de imputación penal que recae sobre ciertos directivos por los delitos de sus subalternos en el marco de actividades delegadas[71]. Al pronóstico de ese contexto de incertidumbre penal se refiere ROTSCH cuando habla de la necesidad de "anticipar la responsabilidad penal" y la utilidad del

---

[71] Con relación a la "responsabilidad penal del empresario", ESTRADA I CUADRAS, Albert / LLOBET ANGLÍ, Mariona, "Derechos de los trabajadores y deberes del empresario: conflicto en las investigaciones empresariales internas", en *Criminalidad de empresa y Compliance. Prevención y reacciones corporativas*, Ed. Atelier, Barcelona, 2013, p. 203, señalan las razones jurídicas que aquél tiene "para querer evitar que en su compañía se cometan infracciones penales": "[...] primero, para evitar la responsabilidad penal individual de los empresarios o dirigentes; segundo, para evitar la responsabilidad penal de la persona jurídica; tercero para evitar la responsabilidad civil (subsidiaria) derivada del delito". En punto concreto al riesgo penal de directivos y la posibilidad de su imputación por omisión, agregan: "[...] puede concurrir responsabilidad penal individual de los empresarios (o altos cargos) en comisión por omisión por los delitos cometidos por sus trabajadores: tanto, ya se ha indicado, contra personas ajenas a la empresa, como contra otros compañeros de la empresa".

criminal compliance en este propósito[72]. La segunda razón se afinca en la común referencia doctrinal sobre que, la adopción de programas de cumplimiento, constituye una vía apropiada para mitigar el riesgo de sanción penal que recae sobre ciertas personas jurídicas y/o sus directivos[73]. Y la tercera tiene que ver con el hecho de que, si la implementación de tales programas implica un proceso lineal o de ejecución continua (*diacrónico*), sin límite en el tiempo (*indefinido*) y de adaptación permanente (*dinámico*), un administrador no puede darse el lujo de esperar un requerimiento judicial para comenzar a "pensar" en la prueba. A esta necesidad de "anticipar" dicho escenario probatorio se refiere GAYÁ cuando postula la "pericial preventiva" como mecanismo "preconstitutivo" de la prueba de cumplimiento para su aducción en aquellos escenarios procesales propiciados por delitos de base empresarial[74]. Sobre este mismo silogismo, justamente, se soporta la integración del sistema de peritación anticipada de *compliance* a la estructura del modelo preventivo de Derecho penal corporativo que se postulará como producto en este trabajo.

A propósito de esta visión probatoria del modelo, resulta preciso destacar dos aspectos que soportan este enfoque. Lo primero, es que

---

72 Sobre la "aminoración preventiva" o la "evitación de la responsabilidad penal anticipada", ROTSCH, Thomas, "Criminal Compliance", *Op. cit.*, p. 6, señala que: "Quien pretende garantizar que las decisiones empresariales no se corresponden con formas de comportamiento penalmente relevantes se ve obligado a anticipar la responsabilidad penal". Sobre la gestión de riesgos penales a través de programas de compliance, véase: AMÉZQUITA TORO, Jorge A., "Modelos disruptivos de defensa penal de empresas y sus directivos", en RAMÍREZ BARBOSA, Paula A. (Dir.), *Responsabilidad penal empresarial y cumplimiento corporativo*, Ed. Tirant Lo Blanch, Bogotá D.C., 2022, pp. 129 y ss.

73 Sobre el *compliance* como vía de prevención de riesgos penales, ESTRADA I CUADRAS, Albert / LLOBET ANGLÍ, Mariona, "Derechos de los trabajadores y deberes del empresario…", *Op. cit.*, p. 198, reseñan que: "A lo largo de los años ochenta los abogados especialistas defensa penal corporativa aconsejaron sistemáticamente a sus clientes la adopción de programas de cumplimiento […] como instrumento especialmente idóneo para evitar la responsabilidad penal de la persona jurídica…".

74 Con respecto a la denominada "pericial preventiva" o "pericial ex ante" de *Compliance*, GAYÁ, Bartolomé O., "La pericial en el Compliance…, *Op. cit.*, p. 580, describe que ésta: "[…] se basa en un sistema de «tiempo futuro» donde se anticipa a lo que pueda suceder en caso de que se pueda imputar a una persona jurídica o a los directivos de la empresa un hecho punible…".

la "anticipación" de la prueba es inherente a la gestión de riesgos penales. Al menos así lo concibe la norma UNE 19601 en su aplicación especial a Sistemas de Gestión de *Compliance* Penal, la cual incorpora expresamente dicha visión procesal-probatoria del riesgo penal[75]. Y lo segundo, es que no de cualquier forma puede adelantarse ese ejercicio probatorio. En este punto, para ser precisos, entra en juego la noción de "probática" ("arte de saber probar")[76], que aterrizada a la prueba de *compliance*, demandaría la acreditación técnica del *diseño*, *implementación* y *funcionamiento* del respectivo programa de cumplimiento (D+I+F). En razón de dicha visión probática, cabe adelantar, tal sistema de control se desarrollaría bajo la cobertura de los tres criterios de examinación progresiva aplicados por el estándar alemán IDW-AsS 980 (A 11)[77] para la evaluación de *Sistemas de Gestión de Compliance* (*CMS*, por su acrónimo inglés), a saber: (i) diseño ("*Approach to overall design of the CMS*"); (ii) diseño e implementación ("*Design, appropriateness and implementation of the CMS*"); (iii) diseño, implementación y efectividad operativa ("*Design, appropriateness, implementation and effectiveness of the CMS*"). Son estos, además, los mismos criterios de evaluación aplicados por el *U.S. Department of Justice Criminal Division* en su Guía "*Evaluation of Corporate Com-*

---

75 El fundamento de la orientación probática del modelo propuesto se recoge en la norma técnica española UNE 19601 sobre "Sistemas de Gestión de Compliance Penal", según la cual, la organización debe "[...] generar evidencias de cumplimiento en el momento de realizar los controles o revisiones y su gestión propia o por terceros de forma inalterable e íntegra para su posible presentación en futuros procedimientos judiciales que afecten a la organización" (UNE 19601 [6.1]).

76 Este término, como señala Muñoz Sabaté, Luis, "Reflexiones sobre la probática o ciencia de la prueba judicial", *Diario La Ley, Sección Tribuna,* Issue 7128, 2009, p. 3, se refiere al "Arte de probar cualquier supuesto de hecho que contempla la norma jurídica".

77 IDW AsS 980:2011, "*IDW Assurance Standard: Principles for the Proper Performance of Reasonable Assurance Engagements Relating to Compliance Management Systems*", marzo de 2011. Sobre esta norma AsS 980:2011, reseña Casanovas Ysla, Alain, "*Compliance* penal normalizado...", *Op. cit.*, p. 77: "La finalidad de este estándar no es establecer requisitos o directrices para diseñar y mantener sistemas de gestión de compliance, sino regular una metodología para su revisión por parte de un tercero independiente".

pliance Programs"[78], contentiva de "[...] los factores específicos que los fiscales deben considerar al realizar una investigación de una corporación": (i) diseño ("*Is the corporation's compliance program well designed?*"); (ii) implementación ("*Is the program being implemented effectively?*"); (iii) funcionamiento efectivo ("*Does the corporation's compliance program work in practice?*")[79].

Para sustentar la capacidad real de aplicar tal *deber de evitación criminal*, se propone una perspectiva metodológica *cualitativa* alineada con un paradigma epistemológico de corte *interpretativo*[80]. Esta visión responde a la idea de que, para afirmar tal posibilidad de evitación delictiva, resulta necesaria la *perspectiva del sujeto infractor*[81]. Para ello, justamente, resultan útiles los "métodos de investigación criminológica"[82]. Se propone, en concreto, un paradigma teórico que, para el análisis del suceso delictivo, no se pregunta por la etiología individual del delito, como si se buscase una explicación causal y nomotética de sus factores internos (un análisis determinista del acto), sino más bien por las *circunstancias* que suelen posibilitarlo. El paradigma *interpretativo* resulta útil en tal objetivo, puesto que lo que se busca es establecer las condiciones y situaciones que propician el

---

78 Guidance Document / "*U.S. Department of Justice Criminal Division: Evaluation of Corporate Compliance Programs*", abril de 2019.

79 Al respecto, Ramírez Barbosa, Paula A. / Ferré Olivé, Juan C., *Compliance, derecho penal corporativo y buena gobernanza empresarial*, 2ª ed., *Op. Cit.*, p. 79, recuerdan: "Según se describe en los criterios de evaluación de Corporate *Compliance* Programs que realiza periódicamente la División Criminal del Departamento de Justicia de los Estados Unidos, los fiscales deben tener en cuenta la adecuación y efectividad de estos programas cuando se decide la formulación de cargos o la negociación de conformidades (*plea bargaining*). Los fiscales deben decidir atendiendo a tres temáticas fundamentales: ¿Está el Corporate *Compliance* Program correctamente diseñado; ¿El programa se aplica seriamente y de buena fe (se ha implementado eficazmente?), y ¿El programa funciona en la práctica?".

80 El "*interpretativismo*" comprende, según Corbetta, Piergiorgio, *Metodología y técnicas de investigación social*, Ed. McGraw-hill / Interamericana de España, Madrid, 2007, p. 18: "[...] todas las perspectivas teóricas para las que la realidad no puede ser sólo observada, sino que debe ser «interpretada»".

81 En referencia al "*interpretacionismo*", señala Larrauri, Elena, *Introducción a la criminología y al sistema penal*, Ed. Trotta, Madrid, 2015, p. 35., "[...] para entender el comportamiento, hay que situarse en la «perspectiva de quien actúa»".

82 Ibid., p. 33.

delito (comprender la motivación de sus acciones), para lo que hay que situarse, en términos de LARRAURI, "en la perspectiva de quien actúa"[83]. Como apunta CORBETTA, "[...] comprender un acto de un individuo significa hacerse con medios de información suficientes para analizar las motivaciones que lo inspiran"[84]. En este plano resultan apropiados los métodos de investigación *cualitativos*. Así, como afirma LARRAURI, si "[...] estamos interesados en describir un caso, captar su significado y entender los motivos por los que la persona efectúa un determinado comportamiento, los métodos cualitativos serán más efectivos"[85]. El "*método del caso*" se utiliza aquí para tal comprensión, puesto que se trata de un modelo cualitativo de investigación dirigido al análisis sistemático de uno o varios casos con miras a sistematizar un conjunto de datos que permitan soportar una hipótesis de partida y luego postular teorías acerca del tema, tópico o fenómeno investigado. Luego, tal realidad, se extrapola bajo "*tipos ideales*"[86]. En esta monografía, por incorporar expresamente una metodología criminológica orientada a la comprensión del infractor (*actor*), se toma como *caso* de estudio la herramienta "*IntoSAINT/SAINT*"[87]. En lo que sigue, se pasa a describir.

---

83 Ibid., p. 35.

84 CORBETTA, Piergiorgio, *Metodología y técnicas de investigación social*, *Op. cit.*, p. 21.

85 LARRAURI, Elena, *Introducción a la criminología y al sistema penal*, *Op. cit.*, p. 40.

86 El "tipo ideal", según CORBETTA, Piergiorgio, *Metodología...*, *Op. cit.*, p. 56: "[...] es una construcción que, aunque procede de la observación de casos reales, elimina los detalles y accidentes de la realidad para extraer sus características fundamentales, dándoles un nivel de abstracción superior, para utilizar el modelo obtenido como concepto-límite con el que interpretar esa realidad".

87 "IntoSAINT" permite a las Entidades Fiscalizadoras Superiores (EFS) realizar un análisis de riesgos con enfoque en integridad y evaluar el nivel de madurez de sus sistemas de control interno en la materia, a fin de identificar medidas orientadas a fortalecer la gestión de la integridad institucional, lo que se traduce en un fortalecimiento de capacidades institucionales y de la buena gobernanza. Disponible en: https://www.olacefs.com/intosaint/ Para su cita en este trabajo, se usa la traducción al español de la Auditoría Superior de la Federación de México (*). Disponible en: https://www.asf.gob.mx/uploads/53_Presencia_internacional/00_Manual_Moderadores_IntoSAINT_2018.pdf

4.1. *Selección de caso: "IntoSAINT" (*)*

El modelo institucional tomado por *caso de estudio* permitirá sustentar que el órgano de administración puede desplegar un *control situacional razonable* sobre aquellas conductas de sus subalternos que implican la *preordenación ilícita* de los procesos a su cargo, puesto que existen instrumentos para autoevaluar (anticipar) los factores criminógenos que modulan la toma de decisiones: "IntoSAINT/SAINT" es uno de esos mecanismos orientados bajo un enfoque de riesgos de corte criminológico que tiene en cuenta la "mirada del infractor" –potencial- para identificar y gestionar los *constrictores* de la conducta delictiva (sus motivaciones, necesidades, circunstancias, etc.). "SAINT" es el acrónimo inglés de "*Self-assessment of integrity*" (Autoevaluación de Integridad). Es una herramienta desarrollada en Países Bajos para corporaciones públicas y acoplada a la operación de las Entidades Fiscalizadoras Superiores (EFS) a nivel global, la cual permite evaluar la vulnerabilidad y resiliencia de las organizaciones a las violaciones de integridad abarcando un marco de controles de base ética. Dicho marco cubre relevantes estándares internacionales para EFS sobre integridad y requisitos éticos (*v. gr.*, los incluidos en ISSAI 11, 30, 40 y 200). También señala recomendaciones sobre cómo mejorar las políticas de integridad, la gestión interna y la estructura de control. Más allá de los pormenores del caso que se irán trayendo a colación, SAINT permitiría no sólo extraer los "tipos ideales" del modelo de *compliance* de orden criminológico que se propondrá, sino además fundamentar por qué, la aplicación de cautelas de integridad sobre los titulares de funciones sensibles al delito operadas bajo la delegación, posibilitaría el control (*dominio*) de los factores criminógenos concurrentes.

La selección de "tipos ideales" criminológicos constituye, pues, uno de los aspectos que fundamenta la elección del caso IntoSAINT/SAINT como modelo a adaptar para la gestión de riesgos criminales dentro de las corporaciones. Como ya se ha esbozado, la razón estriba en que es la Criminología el campo de estudio que tiene por objeto la comprensión del delito y la formulación de estrategias de control. Por tomar alguna referencia criminológica, como señala el Manual SAINT (*), "*El triángulo del fraude es un modelo creado a partir de una hipótesis de Donald Cressey para explicar los factores que hacen que una persona llegue a cometer fraude laboral*". Añade este documento que, "*Como se* *muestra en el diagrama, este triángulo tiene tres componentes que, juntos, llevan a un comportamiento fraudulento: la oportunidad, la motivación y la racionalización*". La adopción de este tipo de postulados criminológicos, ampliamente conocidos en el campo de la auditoría y el *compliance*, como se desarrollará, resulta importante porque permite reconocer algunos caracteres del delito corporativo que denotan la factibilidad de su control, a saber: (i) es *racional*; (ii) es *circunstancial*; (iii) es *disuasible*. La primera calidad permite advertir que el hecho delictivo de génesis económica responde a factores que conectan la racionalización individual a las situaciones a las que se enfrenta su ejecutor. La segunda condición permite comprender que el delito en las organizaciones suele ser el resultado de la intersección de ciertas condiciones que se producen alrededor de determinados procesos corporativos. Y el tercer elemento permite advertir la importancia de la percepción de control experimentada por potencial infractor para inhibir el inicio, desarrollo y concreción de eventuales sucesos delictivos.

Basados en la aplicación empírica de la herramienta IntoSAINT/SAINT[88], entonces, el modelo de gestión de riesgos penales a proponer parte de estos tres presupuestos criminológicos para afirmar su capacidad precautoria: (i) La decisión de delinquir es *racional*, aunque modulada por la construcción simbólica del individuo (*subjetiva*)[89]. En ciertos contextos corporativos, la persona se enfrentaría a un proceso

---

88 La metodología de autoevaluación integrada por la herramienta IntoSAINT/SAINT, como su denominación lo indica, permite obtener una visión de los riesgos desde la óptica de quienes diariamente se exponen a los mismos. En términos concretos, señala el Manual SAINT que: "La herramienta permite que sean los propios funcionarios de la institución quienes realicen esta autoevaluación, quienes guiados por los moderadores externos detectan brechas de integridad en su organización a partir de sus percepciones a fin de proponer medidas a la Alta Dirección para solventar tales brechas y, de este modo, mejorar la gestión de la integridad institucional".

89 Esta visión subjetiva se refleja en la metodología IntoSAINT/SAINT, por ejemplo, en la orientación ética de los procesos de selección de personal de la organización. Así, de manera concreta, reza el Manual SAINT que: "La organización debe estar atenta a las "manzanas podridas" (es decir, funcionarios deshonestos) durante el proceso de contratación de nuevo personal. La experiencia muestra que el comportamiento inapropiado de una persona induce a un comportamiento similar por parte de otros. Este tipo de personas representan una amenaza seria a la integridad de la organización".

de *percepción-elección* entre diversas *alternativas de acción* (lícitas e ilícitas), mediado por las reglas imperantes en dicho contexto (símbolos del entorno) y las de su propio fuero interno que operarían como *guías para la acción*. La organización se concibe aquí como una "*estructura-cultura*" que provee *constrictores* criminógenos que podrían incorporar sus miembros para *racionalizar* la toma de decisiones. (ii) Las causas del delito corporativo son *circunstanciales*, esto es, que en determinadas organizaciones pueden emerger ciertas fuerzas instigadoras de delitos en función de los objetivos, características y dinámicas de sus distintas unidades organizativas, cuyas áreas, puestos de trabajo y procesos podrían exponer a los integrantes de cada dependencia a alternativas de acción ilícitas[90]. Estos *constrictores ambientales*, concebidos en el modelo a plantear como "tipos ideales" (*estímulo*, *oportunidad* y *vulnerabilidad delictivos*), se verían modulados por la estructura de *compliance*. (iii) La proyección de cursos causales ilícitos es *disuasible*, regulada por la percepción de impunidad experimentada por el actor. Según esta premisa, la toma de la decisión ilícita dependería de los controles establecidos para la *prevención* delictiva, la *detección* de cursos de acción ilícita y la *reacción* aplicada a toda desviación normativa advertida[91]. Bajo esta variable, se afirma que el delito corporativo es *disonante* (presupone ansiedad), concibiéndose el *control* como un agente inhibidor de la *pulsión* criminal (según su doble escala de configuración, esto es, *transversal* y de *proceso*). Para fundamentar la utilidad de estas premisas, por tanto, se procede a su ampliación:

---

90 Esta visión circunstancial se refleja en la diferencia de vulnerabilidad frente al delito que presentan ciertos procesos de la organización con respecto a otros. Así, por ejemplo, señala el Manual SAINT que: "Los procesos en los que hay un contacto intenso con los "clientes" (usuarios, empresas, público en general) son más vulnerables a violaciones de integridad porque hay más oportunidades y tentaciones".

91 Este factor se refleja en la exposición criminal inherente que presentan ciertos procesos dentro de las organizaciones. Al respecto, señala el Manual SAINT que: "Todas las organizaciones son, hasta cierto punto, vulnerables a violaciones de integridad. Sin embargo, ciertas actividades y funciones en el sector público son especialmente vulnerables. Éstas se conocen como vulnerabilidades inherentes y suelen estar relacionadas con el mandato y las tareas específicas de una organización".

4.1.1. El delito es racional

El *delito corporativo complejo* es intrínsecamente *racional* (*propositivo*)[92]. Es este el primero de los tres *caracteres del delito económico* establecidos en el modelo de control a plantear. Tratándose de delitos cometidos en estructuras corporativas, como se esbozó, resulta difícil imaginar una tipología delictiva que no precise de un mínimo espacio de reflexión, proyección o anticipación del resultado final, por ejemplo, los esquemas de defraudación en torno a los procesos de contratación pública[93]. En estos casos, como puede inferirse, el margen de *automatismo* de la decisión criminal es reducido. Esta primera reflexión lleva a evocar aquella reconocida teorización de D. KAHNEMAN sobre los "tipos de pensamiento", quien presenta un modelo cognitivo de ser humano en el que la arquitectura de la *decisión-elección* frente a las distintas situaciones a las que el individuo se enfrenta, dependería de los sistemas "*automático*" o "*reflexivo*". En concreto, como cabe reseñar, al primer sistema se asignan los atributos de rápido, instintivo, emocional, subconsciente y frecuente, mientras al segundo, contrario al anterior, las cualidades de lento, deliberativo, lógico, consciente y diacrónico. Sin temor a equívoco, la preordenación de un esquema de sobornos *de empresa* tendientes a vencer en una licitación pública, volviendo sobre el ejemplo precedente, se compadece esencialmente con el segundo sistema de decisión-acción.

Ahora bien, dicho sistema de pensamiento no se concibe en este modelo de control bajo la perspectiva *individualista-clásica* de la elección racional, esto es, en la que la persona se orienta por la hermética

---

92 A juicio de AGUILERA GORDILLO, Rafael, *Manual de Compliance Penal en España*, *Op. cit.*, p. 258, "el componente racional de la persona física resulta casi indispensable...". Aclara que, Ibid., p. 261: "Las decisiones tomadas en entornos corporativos -delictivas o no- parecen ser terreno propicio para el análisis y aplicación de los principios de la elección racional, pues las conductas de los individuos que conforman las empresas -ya sean administradores, mandos intermedios o empleados- parecen atenerse en la mayoría de los supuestos al principio de maximización de beneficios".

93 Psicológicamente, como refiere Bandura, Albert, Pensamiento y Acción. Fundamentos sociales, Ed. Martínez Roca, Barcelona, 1987, p. 493. " [....] la conducta intencional requiere la representación cognitiva de las metas prospectivas y juicios sobre los medios más adecuados para conseguirlas".

maximización de beneficios con desconexión de su construcción simbólica. Se piensa más bien en aquella perspectiva *institucionalista* de la teoría, en la que el esquema de *pensamiento-elección* del individuo se vincula a su construcción cultural (a su historia) y a las circunstancias a las que este se enfrenta (al momento). Del primero, por un lado, se toman como elementos influyentes en la decisión racional los *sesgos* y *heurísticos* (formación del juicio) que se han integrado en el esquema de pensamiento del individuo en razón de su curso histórico de interacción (metas, gustos, etc.). Y del segundo, por otro lado, se toma la fuerza constrictiva del ambiente para la toma de decisiones según las alternativas de acción concurrentes. Se sostiene, uniendo ambos planos, que los sesgos y los heurísticos forman parte de la misma construcción cultural inseparable del juicio de racionalidad del individuo enfrentado a una situación concreta. Piénsese en aquel kamikaze que se inmola motivado por sus convicciones religiosas, en donde la toma de decisión previa, eminentemente deliberativa, no se entiende sin toda su construcción cultural puesta a prueba ante una situación concreta en términos de tiempo, modo y lugar (su *ambiente*).

4.1.2. El delito es circunstancial

Una afirmación sensata es que dos sujetos pueden racionalizar una decisión en forma distinta en razón de su propia subjetividad, aunque se tenga la misma información externa disponible, provocando que la decisión resultante se base en una amalgama de constructos de orden interno (sesgos, emociones, heurísticos, etc.) y vectores externos que actúan como fuerzas instigadoras del ambiente (situaciones apetitivas y aversivas)[94]. Esta afirmación nos lleva al presupuesto ya anotado, concretamente, que el delito corporativo complejo es *situacional*, esto es, que la toma de decisiones criminales depende de las *circunstancias* de tiempo, modo y lugar a las que se enfrente el respec-

[94] Sobre el "Nuevo institucionalismo de la elección racional" y cómo esta perspectiva permite incluir la influencia o constricciones sociales en la conducta, Aguilera Gordillo, Rafael, *Manual de Compliance Penal en España*, *Op. cit.*, p. 270. Véase también sobre el "Institucionalismo sociológico e histórico", Ibid. p. 275, y su concepción histórica, interactiva y construccionista del individuo.

tivo individuo[95]. Ahora bien, coherente con la visión *institucionalista* de elección racional anotada, la actividad perceptiva de dicho sujeto ante a un determinado marco circunstancial (*situación*), no sólo no podría desconectarse en ese mismo sentido de la condición personal que arrastra la persona de su curso de construcción histórica (*constrictores mediatos*), sino tampoco de su situación concreta (*constrictores inmediatos*)[96]. Ese último contexto casual, acorde con lo anotado *supra*, es el que estaría definido por la convergencia circunstancial de los tres vectores decisionales indicados: uno que se conecta con el *heurístico* humano de la maximización de beneficios (económicos, por ejemplo)[97], otro que depende de las oportunidades con las que se topa el individuo en un momento determinado (alternativas ilícitas, en concreto)[98] y otro que se vincula a la *fuerza aversiva-disonante-disuasiva* del contexto al que se enfrenta la persona (percepción de control). Por todo lo anterior, el enfoque de *behavioral compliance* resulta determinante para el control de la conducta criminal en entornos corporativos, en tanto que los valores compartidos en tales contextos (su *ethos*), condicionarían los campos simbólicos (significados) que se van formando con el tiempo entre las personas que los integran[99].

---

95 Sobre la consideración de las "Constricciones" (culturales, institucionales y culturales) como "reglas o influencias que surgen, precisamente, de esa interacción de individuos", Ibid., pp. 262 y sig. Sobre la incidencia del ambiente en el comportamiento individual, señala Bandura, Albert, Pensamiento y Acción…, Op. cit., pp. 38-39., pp. 38-39, "En la concepción cognitiva social no se considera al individuo gobernado por fuerzas internas ni determinado y controlado por estímulos externos, sino que se explica el funcionamiento humano como un modelo de reciprocidad triádica en el que la conducta, los factores personales, cognitivos y de otro tipo, y los acontecimientos ambientales actúan entre sí como determinantes interactivos".

96 Por medio de la previsión, apunta el mismo autor, Ibid., p. 39, "[…] los individuos se motivan y dirigen sus actos de forma anticipada". Señala asimismo que "Al representar simbólicamente los resultados deseados, el sujeto puede convertir las consecuencias futuras en motivadores y reguladores actuales de la conducta previsora".

97 Sobre el enfoque de la *elección racional* y su axioma teórica de "maximización del beneficio", Aguilera Gordillo, Rafael, *Manual de Compliance Penal en España*, *Op. cit.*, p. 259.

98 Sobre la *teoría de la oportunidad* y su consideración como "una tesis de gran utilidad en el área de la prevención de incumplimientos en contextos corporativos" entendida como "ocasión de maximizar su beneficio", Ibid., p. 264.

99 Con respecto a la cultura ética y su importancia en el fomento colectivo de los valores institucionales (cooperación), Ibid., pp. 222-223.

4.1.3. El delito es disuasible

Constituye una afirmación de Perogrullo que *autocontrol* es un poderoso inhibidor de la decisión criminal. En este modelo, el autocontrol se concibe como la respuesta negativa del individuo frente a los constrictores del ambiente que facilitan la actividad delictiva (un soborno, por ejemplo). Una de las alternativas de acción para quien se enfrenta a este tipo de vectores apetitivos, lógicamente, sería la respuesta negativa (no sucumbe ante el dúo constrictivo *tentación-oportunidad*). Una hipótesis plausible para explicar tal decisión negativa, con independencia de qué fenómenos bio-psíquicos concurran en él, podría construirse bajo una categoría de *autocontrol* en la que convergen al tiempo factores de orden interno (*convicción*) y externo (*coacción*). La primera, en coherencia con los dos anteriores presupuestos, se conectaría al mismo curso constructivo del individuo (a sus sesgos y heurísticos). Y la segunda, en congruencia con la visión ambiental de la decisión-elección, se vincularía a las medidas de control percibidas por el individuo enfrentado a la situación concreta, atendiendo, por supuesto, a la información de la que dispone (su nivel de conocimiento), prestándose especial atención a los controles de previsible aplicación de los procesos organizativos a su cargo. El punto diferencial aquí radica en que, cuando no opera el autocontrol, el actor podrá apelar a la capacidad que ostenta para descifrar y modificar la fuerza aversiva del ambiente que *tensiona* su decisión (*disonancia*). La posibilidad de ser sancionado por la justicia, sometido a escarnio público, rechazado por el grupo, entre otros posibles efectos del actuar ilícito, podría generar en el individuo algún tipo de *tensión* frente a su esquema de creencias, ideas y *status* emotivo (*disuadirlo*). Ahora bien, en vista de que esa fuerza *disuasora-vicaria* del ambiente podría ser transformada por el individuo según su capacidad, habilidad y recursos para intervenir sobre el entorno de control y contrarrestar la fuente generadora de tensión, entonces, la solidez de la cultura corporativa y de los controles de proceso jugaría un papel esencial para mantener su estado de disonancia.

CARACTERES DEL DELITO ECONÓMICO		
Caracteres de delito	**Marcos de Análisis**	**Descripción**
Racional:	Estímulo	Incentivos para disponer ilícitamente de los recursos del proceso.
	Oportunidad	Posibilidad de tomar decisiones en torno a los recursos del proceso.
	Vulnerabilidad	Debilidad del control del proceso que le generan exposición criminal.
Situacional:	**Áreas**	**Ámbitos de organización de mayor exposición a hechos delictivos.**
	Puestos	Lugares de trabajo específicos expuestos a actividades delictivas.
	Procesos	Serie de recursos que facilitan la emergencia de constrictores criminales.
Disuasible:	Nivel Macro	Acciones de control situadas a nivel de la estructura social.
	Nivel Meso	Acciones de control situadas a nivel de la estructura corporativa.
	Nivel Micro	Acciones de control situadas a nivel de la estructura individual.

Tabla # 1: Conjunto de características definidas en el Modelo "Control-C3" para delimitar un grupo general de delitos generados en entornos corporativos, cuya aprehensión y aplicación en torno a la actividad de gestión de riesgos criminales-penales, permitiría soportar la viabilidad o factibilidad de su control eficaz.

4.2. *Hipótesis: capacidad de evitabilidad criminal*

La hipótesis de partida se concreta en que todo administrador puede *autoorganizarse* de modo tal que pueda orientar un *autocontrol* razonable de los *procesos* de mayor criticidad (incluido su "*propietario*"), dado que un enfoque basado en riesgos de corte criminológico posibilita el *autodiagnóstico* técnico de factores delictivos[100]. El Manual SAINT (*), de tal suerte, establece que "*Un análisis de vulnerabilidad implica un análisis sistemático de acciones, procesos y posiciones que están expuestas a posibles violaciones de integridad*". De ahí que, el modelo SAINT, resulte útil en la consideración del *cargo* (*posición*) como factor clave del control *situacional*. Esa concepción criminológica del modelo, anótese, no se quedaría en su sola enunciación *teórica*, sino que integraría una visión *aplicada* a la estructura organizativa (a sus *áreas*, *puestos de trabajo* y *procesos* de conocida exposición), con el fin de comprender cómo, la segmentación adecuada de tal estructura, optimizaría la *anticipación* de situaciones de riesgo y su control[101]. Con soporte en diversas disciplinas del comportamiento (psicología organizacional, sociología de las organizaciones, economía conductual, etc.), dicho modelo se fundamentaría en teorías del crimen de corte *ambiental*, cuyos postulados (*tipos ideales*), puedan reconducirse a la *comprensión práctica* de los factores criminógenos que afectan la toma de decisiones ilícitas y a su

---

100 El aspecto fundamental para sustentar dicha capacidad de evitabilidad en la dirección, es que de su decisión depende ordenar dicho informe de autoevaluación a fin de tomar decisiones consecuentes. Al respecto, señala el Manual SAINT con relación al "Informe ejecutivo a la Alta Dirección / plan de acción" que: "El producto final del Taller de Autoevaluación de la Integridad (IntoSAINT/SAINT) es un informe ejecutivo (acompañado de un plan de acción en el mejor de los casos). Este informe explica a la Alta Dirección de la institución evaluada las medidas que deben tomarse para fortalecer su grado de resistencia organizacional a las violaciones de integridad. El hecho de que el titular de la institución y su consejo de dirección o altos mandos presten atención a los hallazgos y recomendaciones resultantes contribuye a la consolidación de la Política de Integridad Institucional".

101 Con relación a la segmentación organizacional de la evaluación, señala el Manual SAINT que: "Es tal la flexibilidad de la metodología IntoSAINT/SAINT que puede practicarse a nivel general (toda la organización, lo cual se recomienda al realizarse el ejercicio de autoevaluación por primera vez en esa institución), o bien a nivel unidad, dirección general, incluso a nivel departamental o áreas específicas".

compensación profiláctica (control). Por ello, esta profilaxis se concibe mediante un modelo de control metodológicamente dirigido bajo la lógica del *behavioral compliance*, en el que la orientación ética del comportamiento humano constituye la base para la transformación de la cultura organizacional y el cumplimiento legal[102].

La herramienta IntoSAINT/SAINT, justamente, permite a la alta dirección efectuar dicho *autodiagnóstico*, por cuanto su metodología está diseñada para la "autoevaluación" de riesgos de integridad en organizaciones con apoyo de sus propios integrantes y la emisión de un informe de resultados con destino a dicho órgano. Esta actividad de autoevaluación ordenada por la alta dirección, anótese de paso, no sólo se conecta al principio y deber jurídico de *diligencia debida* inherente al *rol de administrar*, sino que también coincide con la metodología ISO 31000 de Gestión del Riesgo en punto a la comprensión del contexto interno de la organización y la consulta con sus partes internas como base para la evaluación de riesgos y la formulación del respectivo plan de tratamiento. El modelo SAINT parte de esa actividad diligente de la alta dirección, instituyéndose en un presupuesto para efectuar el ejercicio de autoevaluación de los riesgos de integridad de su entidad y su respectivo tratamiento. Así, como señala el Manual SAINT (*), "*La presentación de los resultados a la alta dirección debe abarcar las vulnerabilidades, el SCI y el análisis de brechas. La atención debe centrarse en las mejoras y las recomendaciones: el plan de acción*". El modelo

---

102 Con relación a esta visión comportamental del *compliance*, SILVA SÁNCHEZ, Jesús-M., "Lo real y lo ficticio en la responsabilidad «penal» de las personas jurídicas", *Op. cit.*, 12, señala: "Los modelos de prevención y de gestión muestran varias dimensiones. Así, el compliance de prevención de delitos constituye en parte el ejercicio de una actividad de policía preventiva, es decir, coacción física –physischer Zwang – en el sentido de Feuerbach. En esta dimensión, contiene procedimientos de vigilancia y control, a través de los cuales se ejerce coacción directa sobre los integrantes de la empresa. Sin embargo, el favorecimiento de la comisión de delitos en el contexto empresarial tiene lugar fundamentalmente por vías psíquico-morales, más que materiales-instrumentales. Por eso, el compliance de prevención ha tenido que adquirir una dimensión adicional, cada vez más intensa, de naturaleza ética-conductual. En efecto, se está convirtiendo en un mecanismo de formación de la conciencia moral y de generación de hábitos de conducta virtuosa en los empleados y directivos, al menos en lo relativo a la ética de los negocios. Esto es lo que se denomina behavioral Compliance".

de gestión de riesgos criminales corporativos que será propuesto, en consecuencia, se levanta sobre tres pilares tomados de tal herramienta para procurar su control efectivo: (i) Priorización de áreas, puestos y procesos de especial vulnerabilidad delictiva; (ii) orientación criminológica de la evaluación de riesgos; (iii) tratamiento del riesgo bajo un marco de controles de orientación ética. Estos postulados denotarían, como se entra a desarrollar, que la acción de precaución criminal que recae sobre el órgano de administración resulta técnicamente factible:

4.2.1. Segmentación por unidades organizativas: áreas, puestos y procesos

El presente criterio presupone que la alta dirección tiene el deber de reconocer cuáles son las unidades organizativas que presentan mayor vulnerabilidad frente a riesgos de carácter delictivo. *¿Cuáles áreas de mi organización revestirán mayor exposición a la comisión de delitos?*, es la pregunta obligada que debe plantearse todo representante del órgano de administración como expresión del señalado *deber de diligencia*. Sin esta primera reflexión, como puede inferirse, difícilmente se tendrá consciencia de los hechos delictivos con probabilidad de acaecer en el marco de las distintas actividades desarrolladas por la organización. Al respecto, señala el Manual SAINT (*) con relación a la "Evaluación a fondo de vulnerabilidades/riesgos", que "*Algunos procesos y cargos tienen un mayor riesgo de integridad porque ciertas áreas o circunstancias laborales incrementan su vulnerabilidad a violaciones de integridad*". Por esta razón, el primer paso de la metodología de autoevaluación de la herramienta IntoSAINT/SAINT (*), precisamente, implica un "*Análisis e identificación del objeto y procesos clave*". Este *objeto*, concretamente, se identifica con toda la estructura organizacional o bien con una parte de la misma, a saber: "*El objeto puede ser toda la institución (indispensable en el primer ejercicio) o bien una unidad, área o departamento específico (recomendable sólo en etapas subsecuentes)*". Desde el prisma de la metodología ISO 31000, como se desarrollará más adelante, este primer paso se comprende dentro del "análisis del contexto interno" de la organización, lo que constituye un presupuesto del deber de "*autoorganización*" (*deber 1*) del órgano de dirección que incorpora el SGRP a postular.

(i) Áreas:

El establecimiento y conocimiento del organigrama de la corporación constituye, entonces, un presupuesto para el reconocimiento general de las áreas de mayor vulnerabilidad criminal. Al respecto, señala el Manual SAINT (*) que "*Las vulnerabilidades se definen en un nivel más elevado de abstracción, indicando las áreas donde los riesgos son más probables de ocurrir*". Lo anterior implica que el equipo o profesional encargado del proceso de apreciación de riesgos en nombre del órgano de dirección, efectúe una clasificación y reconocimiento de todos y cada uno de los departamentos de la organización en razón de su nivel comparado de exposición delictiva (según su conocimiento técnico y experiencia en el sector de actividad). El resultado de este ejercicio sería la confección de un "mapa de áreas" criminalmente vulnerables. Así, por ejemplo, resulta difícil desconocer que el área implicada en las contrataciones de una entidad de la Administración pública presenta un nivel de criticidad importante frente a fraudes en esta materia. A propósito de riesgos de integridad en este ámbito, el Manual SAINT (*) señala que "*De la investigación, el conocimiento y la experiencia profesional se sabe que algunas áreas y actividades en el sector público implican más riesgos de integridad que otras*". Por consiguiente, la ubicación de tales dependencias en un mapa de calor constituye una técnica obligada para que el órgano de dirección obtenga una impresión, todavía general, de las áreas que registran un grado mayor de vulnerabilidad. A partir de esta clasificación general, como se desarrollará seguidamente, podrá elaborarse el listado de posiciones y de procesos del área que determinan dicho grado de criticidad.

(ii) Puestos:

En las organizaciones existen puestos o cargos –abstractamente considerados- que presentan un mayor grado de exposición criminal que otros en razón del tipo de procesos asociados a ellos. Por esta razón, el Manual SAINT (*) exige una "*Especificación y procedimientos para las actividades y puestos/cargos vulnerables*" con el objeto de prever su protección frente a potenciales eventos delictivos. En concreto, señala dicho instrumento que "*Las organizaciones deben especificar qué actividades y puestos se consideran como relativamente vulnerables y cuáles requieren más protección para prevenir violaciones de integridad*". Este reconocimiento de posiciones especialmente vulnerables a riesgos de integridad resulta determinante cuando se adopta un modelo de gestión de riesgos criminales / penales que tiene en cuenta no sólo la configuración *objetiva* de los potenciales eventos o sucesos delictivos, lo cual se asocia a la estructura material de los procesos organizativos (actividades), sino también su conformación *subjetiva*, definida por el nivel de exposición que le suministra al proceso el tono ético de las personas relacionados con su operación o toma de decisiones ligadas a sus recursos. El Manual SAINT (*) parte de esta correlación entre "posición" y "proceso", a saber: "*Un análisis de vulnerabilidades implica un análisis sistemático de las acciones, procesos y posiciones que están expuestos a posibles violaciones de integridad*". Esta doble visión, por consiguiente, permite formular medidas de protección que recaen no sólo sobre el proceso inherentemente expuesto a eventos delictivos, sino también sobre quienes pueden desviar el curso regular procedimentalmente previsto.

(iii) Procesos:

El mapeo de procesos especialmente vulnerables a faltas de integridad constituye, pues, un paso clave del ejercicio de evaluación de los riesgos criminales que afectan a la organización. La metodología de autoevaluación de la herramienta IntoSAINT/SAINT (*), de manera expresa, señala que "*La identificación de procesos es una parte clave de la metodología de la evaluación*". Puntualiza que, "*La evaluación debe centrarse en los procesos que suelen ser los más vulnerables: los primarios y secundarios*". De tal suerte, el ejercicio de apreciación del riesgo implica la elaboración de un listado de los procesos asociados a las áreas que previamente han surtido la clasificación de vulnerabilidad con el fin de identificar de manera específica los potenciales eventos delictivos que pueden afectarlos. Se entiende así que el Manual SAINT (*) señale que "*Solamente se requiere una lista que indique cuáles son los procesos vitales para la organización (o unidad), por ejemplo, debido a su importancia estratégica o en consideración de la gran cantidad de recursos otorgados a estos procesos*". Identificados, medidos y evaluados los riesgos delictivos susceptibles de materializarse en torno a la operación del respectivo proceso, en consecuencia, la organización podrá formular los procedimientos de control requeridos para que, quienes ocupan las posiciones (puestos / cargos) asociadas al proceso, no se vean "tentados" frente a las "oportunidades" ilícitas que podrían emerger en torno a su operación. Por ello, el mismo Manual señala que "*La administración debería, por ejemplo, diseñar procesos de tal forma que los servidores públicos no estén expuestos a tentaciones*;". En este sentido, la metodología de gestión de riesgos *por procesos* es la clave de éxito del SGRP.

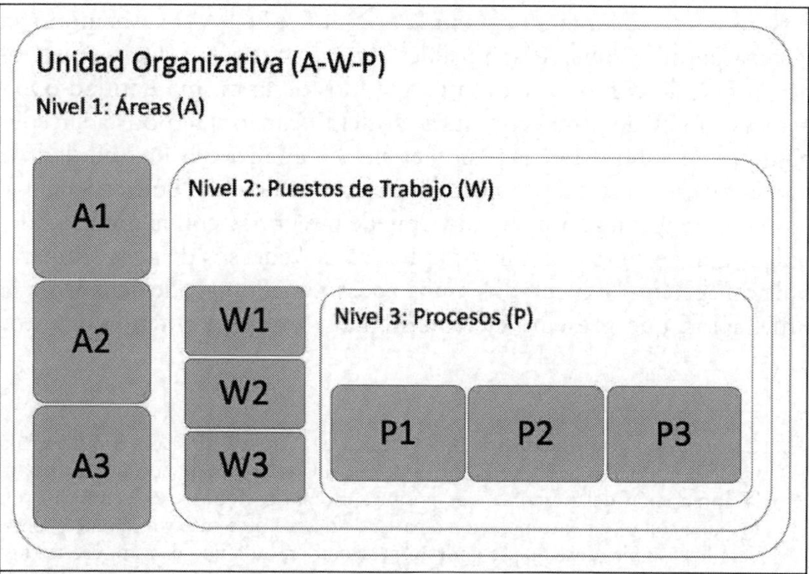

Figura # 1: la figura representa la visión objetivo-subjetiva requerida para la óptima gestión de riesgos penales. Por un lado, el modelo de gestión de riesgos criminales / penales planteado prevé la segmentación de toda la estructura corporativa en *unidades organizativas*, así: (i) la delimitación (descripción) de cada una de las áreas que integran la organización, (ii) el listado de los puestos de trabajo adscritos a cada una de esas áreas y (iii) la especificación de los procesos ligados a la operación de cada uno de esos puestos. Por otro lado, esta última delimitación de las posiciones y procesos implicados permitirá, durante la fase de formulación e implementación del respectivo programa, la asignación de funciones de control (criminal).

Esta triple clasificación de unidades organizativas (área, proceso y posición), por tanto, permite desplegar un ejercicio adecuado de *identificación de riesgos* basado en el pronóstico o anticipación de "escenarios" y "sucesos" delictivos (*prognosis*). Las técnicas de "*análisis de escenarios*"[103] y "*árbol de sucesos*"[104] definidas por la ISO 31010, por ejemplo, posibilitan dicha actividad predictiva. La primera técnica, por una parte, permite anticipar "posibles escenarios futuros" de riesgo criminal, sea por imaginación –experta- o por extrapolación (eventos comparados que permiten advertir hipótesis y efectos posibles), asumiéndose que podrían presentarse como eventos delictivos futuros dentro de una u otra *unidad organizativa*[105]. De este modo, la técnica permite considerar posibles sucesos futuros y sus implicaciones, tomando como base eventos pasados de la misma entidad o extrapolándolos de otras, con miras a identificar lo que podría suceder bajo ciertas circunstancias (situaciones) y analizar la factibilidad de acaecimiento en cada escenario (incluidas las posibles consecuencias). La segunda técnica, por su parte, puede integrarse con la anterior, debido a que permite el análisis predictivo de "sucesos de agravamiento o de mitigación" conectados a un "suceso iniciador", de acuerdo a la ordenación que presente cierto sistema o proceso, entendidos éstos

---

103 Con relación a la descripción de la técnica de "Análisis de escenarios", señala la UNE-EN 31010, Tabla A2 "Atributos de una selección de herramientas para la apreciación del riesgo": "Los posibles escenarios futuros se identifican por imaginación o por extrapolación a partir de riesgos presentes y diferentes, considerados asumiéndose que se podrían presentar en cada uno de estos escenarios. Esto se puede hacer formal o informalmente, cualitativa o cuantitativamente".

104 De acuerdo con la misma Tabla A2 de la UNE-EN 31010, en la técnica de "Árbol de sucesos": "Se aplican razonamientos inductivos para determinar las probabilidades de que se inicien diferentes sucesos con sus posibles efectos".

105 B.10.1 Presentación "El análisis de escenario es el nombre dado al desarrollo de modelos descriptivos de lo que podría ocurrir en el futuro. Se puede utilizar para identificar riesgos mediante la consideración de posibles desarrollos futuros y la exploración de sus implicaciones…". B.10.2 Utilización: "[…] Para la identificación y el análisis, se pueden utilizar conjuntos de escenarios que reflejen (por ejemplo) el mejor caso, el peor caso y el caso 'previsto' con objeto de identificar lo que podría suceder bajo circunstancias particulares y analizar las posibles consecuencias y sus probabilidades en cada escenario". "El análisis de escenario se puede utilizar para anticipar la manera en que se podrían desarrollar tanto las amenazas como las oportunidades, y también se puede utilizar para todos los tipos de riesgo con planteamientos a corto y a largo plazo. Con un planteamiento a corto plazo y con datos fiables, los posibles escenarios se pueden extrapolar a partir del momento presente. Para un planteamiento a largo plazo o con datos poco fiables, el análisis de escenario pasa a ser más imaginativo y se puede mencionar como análisis futuros".

como "secuencias de sucesos"[106]. Su utilidad, como puede advertirse, radica en su aplicación al modelado y clasificación jerárquica de los diferentes "escenarios de accidente" (riesgos) que siguen al "suceso iniciador" (aquí, fuerzas instigadoras criminógenas). Ambas técnicas pueden combinarse con otras que proveen conocimiento experto a las *entradas* de información para la identificación de tales eventos, como el método *DELPHI*, cuyo distintivo es la visión experta del analista de riesgos, o el método *Tormenta de ideas*, el cual permite obtener la mirada de los líderes del proceso.

4.2.2. Evaluación de riesgos penales bajo un esquema criminológico

La metodología de autoevaluación IntoSAINT/SAINT (*), valga reiterar, es expresa en la incorporación de una orientación criminológica para la identificación de los factores de vulnerabilidad de las áreas / posiciones / procesos de la organización y la formulación de las respectivas medidas de control. De manera concreta, como ya se destacó, esta herramienta adopta la reconocida teoría del "triángulo del fraude", a saber: "*En el contexto de la prevención del fraude, un concepto conocido es el llamado triángulo del fraude*". Bajo un concepto amplio de "fraude" aparejado con "faltas a la integridad" institucional (actividades criminales que pueden afectar a la organización), la metodología otorga un enfoque basilar para ese doble propósito. Al respecto, vinculando expresamente el "*triángulo del fraude*" a su metodología, señala el Manual (*) que tal teoría "*Es aplicable a la metodología INTOSAINT/SAINT al tener validez para explicar la comisión de cualquier violación de integridad*". Este enfoque criminológico resulta clave, de acuerdo con lo que preceptúa la misma herramienta, para identificar los "factores que agravan la vulnerabilidad", por un lado, y para "implementar controles compensatorios (de integridad)", por otro lado. Es por ello que, tal visión criminológica, resulta determinante para el modelo de gestión de riesgos criminales

---

[106] Con relación a la técnica de "Análisis del árbol de sucesos (ETA)", señala la UNE-EN 31010, B.1.1 Presentación: "El análisis ETA es una técnica gráfica para la representación de secuencias mutuamente exclusivas de sucesos que siguen a un suceso iniciador de acuerdo con el funcionamiento/no funcionamiento de los diversos sistemas diseñados para mitigar sus consecuencias".

a proponer, pues una premisa lógica fundamental que lo soporta, es que el control de cualquier hecho delictivo demanda un diagnóstico técnico de sus factores y causas a partir de la disciplina que históricamente se ha aplicado al estudio etiológico del delito y a la respectiva formulación de estrategias de control: la *Criminología*. Esta premisa, en suma, se recoge en el SGRP planteado bajo el término "*autodiagnóstico*" (*deber 2*).

Entonces, de acuerdo con este reconocido modelo criminológico, los elementos que lo definen son, en su orden, los siguientes: La "motivación" (M) constituye el primer elemento de la teoría. El Manual SAINT (*) señala al respecto que "*La motivación se relaciona con la tentación o presión percibida para cometer un fraude*". La "oportunidad" (O) es el segundo elemento que reseña la teoría. Frente a este factor, señala el Manual que "*La oportunidad se refiere a la posibilidad de cometer un fraude. Para que ocurra un fraude, debe existir esta posibilidad*". La "racionalización" (R) constituye el tercer componente de este modelo criminológico. Con relación a este elemento, indica el Manual que "*la racionalización es el argumento que ha elaborado un defraudador para justificar su comportamiento bajo las circunstancias dadas*". El modelo criminológico que será planteado incorpora estos tres componentes dentro de su esquema, aunque los reformula en su ubicación con el fin de optimizar el propósito de control criminal. En primer lugar, se conserva en su misma posición los factores "motivo" y "oportunidad". En segundo lugar, se reubica (concibe) el factor "racionalización" de manera transversal (central). Y, en tercer lugar, se le otorga la fuerza que merece el factor "control", ubicándolo en la tercera posición. Para tal cometido, se postula la sustitución de la figura geométrica del triángulo por el "Diagrama de Venn", ubicando los factores motivo, oportunidad y control, respectivamente, en las tres esferas que definen la última figura. El factor "racionalización", acorde con la intersección que incorpora dicho Diagrama, se integra a modo de pieza de "engranaje". Toda esta estructura, dentro de un gran círculo que representa el entorno cultural en el que se interrelacionan las tres esferas constrictoras.

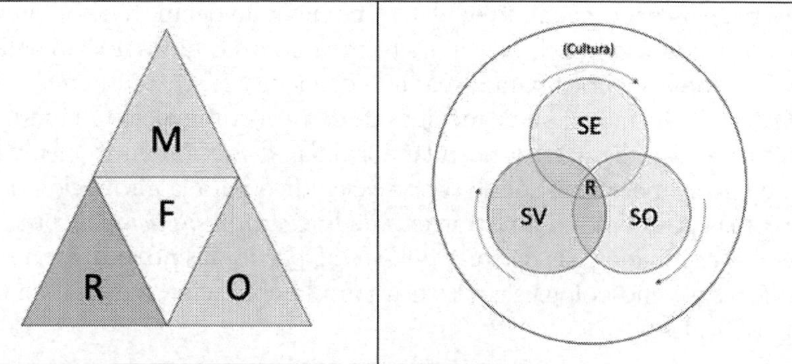

Figura # 2: Según el Manual SAINT: (i) "La oportunidad se refiere a la posibilidad de cometer un fraude. Para que ocurra un fraude, debe existir esta posibilidad"; (ii) "La motivación se relaciona con la tentación o presión percibida para cometer un fraude"; (iii) "la racionalización es el argumento que ha elaborado un defraudador para justificar su comportamiento bajo las circunstancias dadas". A diferencia de la anterior, el Diagrama de Venn no sólo incluye como tercer factor fundamental el elemento "Vulnerabilidad", sino que además sitúa el factor "Racionalización" como elemento transversal a las tres esferas. Toda esta intersección de esferas constrictoras de la voluntad individual, bajo una macroesfera de signo cultural.

Bajo la necesidad de gerenciamiento del *riesgo penal* (posibilidad que tiene una persona jurídica o sus directivos de resistir los efectos legales derivados del delito), en síntesis, se busca que quien opte por adoptar un modelo para su gestión, lleve el foco de análisis a la misma *fuente de peligro* que engendra tal riesgo: el delito (*riesgo criminal*). Para su cabal comprensión, como se anotó, es que se "echa mano" de unos *tipos ideales* criminológicos caracterizados a modo de "dogmas" de base empírica con el propósito pragmático de optimizar el control criminal en las organizaciones. El modelo de control delictivo propuesto, como se acaba de señalar, incorpora los tipos ideales SE/SO/SV como axiomas criminológicos para la comprensión y tratamiento de la delincuencia corporativa. Sin embargo, valga aclarar, la definición de estos *tipos* no significa defender una verdad innegable, indiscutible y obligada de los factores de esta clase de delincuencia, sino que simplemente facilitan el modelado de estrategias de control. Nótese que, a modo de ejemplo, por más críticas que a lo largo de la historia haya recibido el dogma que justifica el Derecho penal como medio de control social del delito, su presunta capacidad intimidatoria fundada en la presupuesta ponderación de costes y beneficios que efectúa el infractor cuando se plantea cometer un delito (función preventivo-general negativa de la pena), sin embargo los Estados no han hallado otro axioma superior para disuadir la delincuencia. De tal suerte, en este proceso de formulación de medidas de control criminal, la Criminología misma estaría llamada a postular fórmulas de acción en la medida en que puede aportar un sólido soporte científico para la afirmación de los axiomas postulados. Las estrategias de *prevención situacional* conexas a teorías criminológicas de corte *ambiental*, por lo mismo, otorgarían una sólida base gnoseológica y práctica para la aplicación material de tales tipos ideales.

4.2.3. Esquema de controles

Determinado el riesgo inherente, bruto o intrínseco de ciertas unidades organizativas (*área-posición-proceso*) (riesgo no permitido o inadmisible jurídicamente para el órgano de administración), el paso consecuente consiste en establecer el marco de controles requeridos para desarrollar esas actividades criminalmente expuestas bajo niveles de riesgo residuales tolerables bajo la óptica del ordenamiento jurídico (riesgo permitido). La propuesta diferencial del esquema de controles postulado en este trabajo se define por la integración del factor "integridad" tanto al compromiso requerido del órgano de dirección frente al SGRP (*top level integrity*), como de quienes operan los procesos especialmente sensibles a faltas de integridad. Con relación a dicho énfasis ético, precisamente, la metodología de autoevaluación de la herramienta IntoSAINT/SAINT (*) prevé que "*Usualmente, una forma más viable para hacer frente a las vulnerabilidades consiste en diseñar e implementar controles compensatorios (de integridad)*". Estos controles "compensatorios" se articularían bajo lo que, conforme con la misma metodología, se denomina como "Sistema de Controles de Integridad (SCI)". La obligación de articular este conjunto de controles compensatorios, por supuesto, le compete al órgano de dirección. Por esta razón, esta exigencia se califica en el modelo de gestión de riesgos criminales corporativos a proponer en este trabajo bajo la categoría "*Autocontrol*" (*deber 3*). Para lograr este autocontrol, entonces, la metodología IntoSAINT/SAINT (*) parte de una clasificación de catorce (14) controles agrupados bajo tres bloques principales: (i) generales; (ii) duros; (iii) suaves. La relación es la siguiente:

"Sistema de Controles de Integridad (SCI)"		
Duros	**Generales**	**Suaves**
	1. Marco de política de integridad	
	2. Análisis de vulnerabilidad / Análisis de riesgos	
3. Responsabilidad		
4. Legislación y regulaciones sobre integridad		
5. Organización administrativa / Control interno		
6. Seguridad		
		7. Valores y normas
		8. Concientización sobre integridad
		9. Actitud del Titular / Alta Dirección
		10. Cultura organizacional
	11. Reclutamiento y selección	
	12. Respuesta a las violaciones de integridad	
	13. Rendición de cuentas y transparencia	
	14. Auditoría y monitoreo	

Tabla # 2: Metodología de autoevaluación IntoSAINT/SAINT (*), "SCI": "*Los controles duros, como el término lo sugiere, se refieren principalmente a regulaciones, procedimientos y sistemas técnicos. Los controles suaves están diseñados para influir en el comportamiento, el ambiente de trabajo y la cultura dentro de la organización. Los grupos en la categoría de controles generales son de mayor alcance o tienen una mezcla de elementos duros y suaves*".

4.3. Selección de "tipos ideales": Modelo "Control-C3"

El modelo "Control-C3" se levanta sobre la premisa de que el "dominio" (*control*) de factores de riesgo criminal al interior de las corporaciones requiere de una *segmentación* por *áreas*, *puestos de trabajo* y *procesos* que permita anticipar potenciales *escenarios criminógenos* (*prognosis*). Este modelo de control parte de la tesis de que múltiples delitos asociados a actividades corporativas están presididos de un acto cognitivo de *percepción-elección* sobre *alternativas de acción* con significación ilícita por parte de quienes se desenvuelven laboral o funcionalmente en una u otra *unidad organizativa* (*área-puesto-proceso*), en vista de que éstas ofrecerían a sus integrantes una mayor o menor exposición a ciertos *constrictores delictivos*. En este modelo, el concepto de "*elección*" se reconduce al proceso mental constitutivo de la intención de actuar ante cierta posibilidad de acción (*conducta previsora*), según el tipo de percepción experimentada por el actor frente a la información que proveen dichos escenarios (*aprehensión sensorial del entorno*). A partir de aquí, el concepto de "*dominio*" se concibe como el poder, capacidad, autoridad, potestad e influencia que se tiene sobre alguien o sobre algo, en este caso, el que podría desplegar el órgano de administración sobre las actividades desarrolladas en las unidades organizativas de mayor exposición delictiva. Esto último, no sólo porque jurídicamente tiene tal obligación en razón de su *posición de garante*, sino además porque puede ordenar recursos de diverso orden (humano, técnico, financiero, etc.), encaminados a la definición de un modelo de gerenciamiento de potenciales eventos delictivos sobre los procesos que pueden generar dichas alternativas de acción. Dicho modelo, el cual refleja dicha capacidad de evitabilidad criminal, se estructura a partir de tres niveles: (i) autoorganización; (ii) autodiagnóstico; y, (iii) autocontrol.

CONTROL O DOMINIO SITUACIONAL				
AUTOORGANIZACIÓN Nivel 1				
Componente (C) / ¡Subcomponente (SC)		**SC-1**	**SC-2**	**SC-3**
C-1	Estructura Orgánica de Control:	1ª Línea D	2ª Línea D	3ª Línea D
C-2	Unidad Organizativa:	Áreas	Puestos	Procesos
C-3	Gestión de Riesgos por Procesos (*BPM*):	Entradas	Actividades	Salidas
AUTODIAGNÓSTICO Nivel 2				
Componente (C) / Subcomponente (SC)		**SC-1**	**SC-2**	**SC-3**
C-1	Temporalidad Análisis Criminológico:	Antes	Durante	Después
C-2	Vectores Criminógenos:	Estímulo	Oportunidad	Vulnerabilidad
C-3	Caracteres del Delito Económico:	Racional	Circunstancial	Disuasible
AUTOCONTROL Nivel 3				
Componente (C) / Subcomponente (SC)		**SC-1**	**SC-2**	**SC-3**
C-1	Objetivos del SGRP:	Prevenir	Detectar	Reaccionar
C-2	Cautelas de Compliance Personales:	Elección	Vigilancia	Corrección
C-3	Rubros de Aseguramiento del SGRP:	Diseño	Implementación	Funcionamiento

Tabla # 3: En la tabla se integran los elementos estructurales del modelo “Control-C3”, en el que la gestión de riesgos penales toma en cuenta la debida configuración de la *estructura corporativa* (N1), la comprensión criminológica de las variables del *riesgo criminal-penal* (N2) y la definición del *modelo de autocontrol* (N3).

Cada *unidad organizativa*, acorde a los anteriores presupuestos, se presentan en el modelo "C3" como "*unidades constrictivas diferenciales*". El último término alude a la *diferente* confluencia multifactorial que puede presentarse en cada dependencia en función de sus atributos (misión, recursos, etc.). Dichos *constrictores*, como se verá, pueden agruparse bajo tres *tipos ideales*: (i) *Situación Estimular* (SE); (ii) *Situación de Oportunidad* (SO); (iii) *Situación de Vulnerabilidad* (SV). Antes de desarrollar cada vector (*constrictores*) y cómo se conectarían con los elementos constitutivos de los escenarios de riesgo identificados en cada *unidad organizativa* (*área-puesto-proceso*), es preciso indicar qué se entiende en este trabajo por "*constrictor*" o "*inductor*". En síntesis, de acuerdo con una de las definiciones del Diccionario de Oxford, el término "inductor" se compadece con aquel factor o circunstancia "*Que influye en una persona para que realice una acción o piense del modo que se desea; especialmente si es con el objetivo de que haga algo malo o perjudicial para otro*". El anterior concepto se compadece con el término "vector", definido por el mismo Diccionario en su acepción psicológica como "*fuerza o elemento que influye en el comportamiento de la persona*". Llevado al terreno de las organizaciones, como se irá describiendo, determinados procesos desarrollados en el marco de su objeto podrían *estimular* su aprovechamiento o uso indebido por parte de su *dueño* para el logro de sus propósitos privativos (SE), generar *oportunidades* para que dicho sujeto pueda emprender la consecución de tales objetivos ilegítimos (SO) o presentar *carencias de control* que le conferirían cierta *seguridad de acción* (confianza) en su actuar a raíz del mayor grado de *vulnerabilidad* que experimentarían los procesos a su cargo (SV). En coherencia con esta misma estructura, como también se irá desarrollando al hilo de cada capítulo, la noción de "dominio" –situacional- postulada se compadece con su expresión sinónima de "control", razón por la que, esta última, se utiliza aquí indistintamente con la primera.

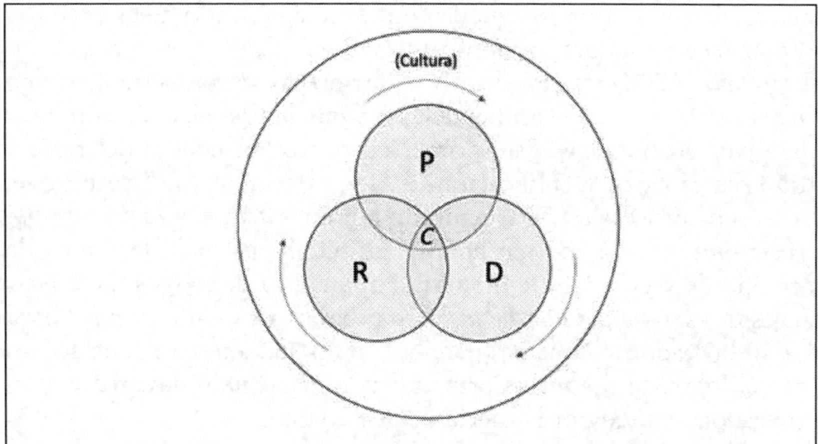

Figura # 3: La caracterización criminológica de cada uno de los tres tipo de constrictores (SE+SO+SV) será fundamental para formular los respectivos controles (P+D+R = C). En concreto, el modelo prevé: (i) controles de orden preventivo (P) orientados a evitar el surgimiento de cursos causales delictivos; (ii) controles de orden detectivo (D) dirigidos a descubrir indicios sobre el inicio o desarrollo de tales procederes ilícitos; (iii) controles de orden reactivo (R) orientados a corregir los factores que propiciaron el suceso delictivo.

4.3.1. Situación Estimular (SE): ¿Genera el proceso incentivos para el delito?

Este *typo* alude a la predisposición relevante que adquiere cada persona (*orientación futura*), en función de su experiencia vital, hacia ciertas preferencias, deseos o metas (utilidad esperada), convirtiéndose tal propensión en *motivador* ante la presencia de alicientes externos inmediatos (tentaciones) que *estimularían* la preordenación de acciones posibles ("*hacer que las cosas sucedan*"). Conceptualmente, el factor "SE" se identifica con una de sus acepciones en el Diccionario de la RAE: "*Cosa que estimula a obrar o funcionar*". Si bien en la toma de decisiones razonadas se implican en general todos los procesos psicológicos básicos (percepción, aprendizaje, lenguaje, pensamiento, atención, memoria, motivación y emoción), este primer agente constrictor está relacionado con la *motivación*. Esto trae como consecuencia que el estímulo exterior (ambiental) inmediato se conecte a la construcción histórica del individuo en lo relativo a las metas, planes u objetivos que le confieren significado a sus acciones y fomente su conducta propositiva (*¿cómo alcanzar las metas?*). En el modelo "C3", estas expectativas intrínsecas se traducirían en una *fuerza instigadora* de la acción delictiva ante la presencia de estímulos apetitivos económicos. Este primer elemento, así concebido, resulta útil en la tarea de identificación de riesgos criminales. Esto porque, como cada proceso está estructurado por unas *actividades* de *entrada*, *procesamiento* y *salida*, un análisis criminológico bajo la óptica de este tipo de vector (SE) le permitiría al analista de riesgos identificar cuáles de esas *actividades de proceso* podrían albergar *estímulos* para que su operador lo conciba (perciba) como una alternativa de acción para el logro de sus metas priorizadas (por ejemplo, favorecer a un proveedor, tentado por la oferta de una coima).

4.3.2. Situación de Oportunidad (SO): ¿Presenta el proceso opciones delictivas?

Este vector alude a la confluencia entre *estímulos externos* inmediatos (provocadores) y *alternativas de acción –delictivas-* que viabilizan el paso de la tentación (deseo, necesidad, etc.) a la acción (*hacer*), ante lo que la persona se vería avocada a un proceso de deliberación (razonado), mediado por un *filtro moral* de doble alcance (interno-externo) y por un *juicio de predictibilidad* de las distintas secuencias de acción requeridas en caso de optar por la opción ilícita. Al igual que el vector anterior, el *typo* "oportunidad" (SO) se compadece con su acepción en el Diccionario de la RAE: "*Momento o circunstancia oportunos o convenientes para algo*". No se alude a una acción del tipo *estímulo-respuesta* activada por la señal ambiental (automatizada), sino a un proceso deliberativo por parte del individuo, iniciado por un evento circunstancial en el que compiten sus reglas internas (sesgos, heurísticas, autocontrol, etc.) y las del entorno (reacción pronosticada sobre la acción anticipada). Psicológicamente, la oportunidad operaría como instrumento mediador (*medio*) entre la expectativa apetitiva experimentada por el individuo (*meta*) y el resultado a alcanzar (*logro*) a modo de *fuerza instigadora*. Llevado al terreno de la organización, podrá advertirse que no todas las áreas integran las mismas alternativas de acción ilícitas. Luego, si se desciende al marco de los procesos, se notará también que no todos ofrecen las mismas alternativas para sacar partido ilegítimo. No presenta el mismo tipo de opciones delictivas, por ejemplo, las actividades encargadas a un auxiliar aplicado a la gestión de la documentación de proveedores que las del subgerente de área. La tarea del analista es identificar esa gama de oportunidades.

4.3.3. Situación de Vulnerabilidad (SV): ¿Qué tan expuesto al delito está el proceso?

Este factor alude a la *fuerza inhibidora* que ejerce el entorno (*signos aversivos del ambiente*) frente al sujeto en posición de delinquir según su facultad previsora (percepción) sobre la incapacidad de resistencia de los controles del proceso a su cargo frente al fenómeno amenazante (*vulnerabilidad*)[107]: debilidad del dúo *activo-control* que puede ser explotada por la amenaza (el *sujeto*). En este modelo, la *pulsión* que emerge en dicho agente entra en una especial interdependencia con la *percepción de seguridad de acción* que provoca tal margen de *vulnerabilidad*. El término "*pulsión*", según su versión psicoanalítica planteada por el Diccionario de Oxford, se define como "*fuerza que impulsa al sujeto a llevar a cabo una acción con el fin de satisfacer una tensión interna*". Y el término "*seguridad*", de acuerdo con el Diccionario de la RAE, se identifica con diversos adjetivos: *1. adj. Libre y exento de riesgo; 2. adj. Cierto, indubitable; 3. adj. Firme o bien sujeto; 4. adj. Que no falla o que ofrece confianza; 5. adj. Dicho de una persona: Que no siente duda. Está segura de ello; 6. m. Seguridad, certeza, confianza; 7. m. Lugar o sitio libre de todo peligro*. Tal condición influiría en el proceso de elección frente a las alternativas de acción ilícitas a que se enfrenta el individuo, en donde la *vulnerabilidad* de los recursos a su cargo, podría situarlo en un estado de *pulsión delictiva* cuando los efectos negativos por él anticipados (percibidos), le generen o no *aversión*[108]. Aquí, la eficacia del entorno

---

107 Con relación a la percepción aversiva (miedo) que puede experimentar el individuo a partir de la observación, señala BANDURA, Albert, *Pensamiento y Acción...*, *Op. cit.*, p. 341, que: "Los miedos persistentes muchas veces no se producen como consecuencia de experiencias personales nocivas, sino a partir de observar que los demás responden temerosamente ante acontecimientos amenazantes, o bien resultan dañados por ellos".

108 Sobre el efecto del castigo sobre la conducta, Ibid., p. 312: "Las personas que han observado que los modelos han sido castigados por violar las prohibiciones

de aplicar el factor aversivo *versus* la capacidad del individuo de limitar tal atributo, se considera condicionante de la acción. En este punto, el *dominio situacional* sobre las causas que propician tal percepción de seguridad resultaría vital, pues un limitante eficaz del delito es el grado de control que se despliega sobre los procesos críticos. En este tercer agente constrictivo se involucran, en esencia, los procesos psicológicos de la *percepción* y la *emoción*, por cuanto la toma de decisiones, en general, suele estar atravesada por la forma en que el individuo percibe los estímulos del ambiente (la cultura de la entidad y su estructura de control) y su particular experiencia vicaria frente a las "defensas" del entorno que teóricamente generan temor en las personas (castigo penal, escarnio público, rechazo social, pérdida económica, etc.)[109]. De ahí que, el órgano de dirección, deba ordenar recursos encaminados no sólo a la aplicación de controles sobre esos procesos de críticos, sino también a promover la conducta prosocial a nivel organizacional (valores)[110], propiciando con ello *conductas evitativas* en sus subalternos. En este vector, la tarea del analista radica en identificar las *actividades inermes* del proceso con miras a potenciar su *fuerza inhibidora.*

4.4. Tesis obtenida: "dominio situacional" como constructo aplicado

La *exigibilidad* de *interrupción de cursos causales lesivos* sobre el órgano de dirección sin que su imputación por omisión como delegante constituya una extralimitación jurídica, como se propuso, debe hallar un límite en la *posibilidad material de evitación* del hecho ilícito (presupuesto del *dominio del suceso lesivo*). Cierto es que, tratándose de delitos de estructura compleja, tal dominio no podría estar referido a un control físico-natural inmediato sobre los actos ejecu-

---

tienen menos tendencia a transgredir que aquellas otras que han observado que éstos han sido recompensados o simplemente ignorados".

109 Ibid., p. 40, "La capacidad de aprender por medio de la observación permite al individuo adquirir las reglas necesarias para generar y regular patrones de conducta sin tener que ir formándolos gradualmente mediante ensayo y error".

110 Ibid., p. 295: "El mejor disuasor de la conducta prohibida es el desarrollo de alternativas prosociales lo suficientemente atractivas como para sustituir a los patrones antisociales".

tivos del delito, sino a la posibilidad de articular *órganos* y *medios* para mantener un *control situacional razonable* sobre los factores de riesgo criminal con potencialidad de liberar al acto delictivo (causas), permitiendo la técnica acreditar ese *nexo no evitativo* entre la conducta omitida y el resultado lesivo. Esta doble esfera de control puede identificarse en la metodología IntoSAINT/SAINT, en la se vincula a dicha capacidad de evitabilidad delictiva la exacción que recae sobre dicho órgano de enlistar los procesos (actividades) y posiciones (cargos) como premisa del control criminal. Frente a dicha posibilidad de control *material* (procesos / actividades) y *personal* (puestos / cargos), en concreto, indica el Manual SAINT (*) la necesidad de plantearse "preguntas clave" como la siguiente: "*¿Hay una especificación sobre las actividades y puestos/cargos vulnerables?*". Es en este sentido, por tanto, que se habla de una *doble vía de autocontrol criminal* vinculada al "proceso" y a su "líder". Al respecto, como se desarrollará, cabe anotar que la matriz de riesgos representativa del respectivo ejercicio de evaluación criminal señala expresamente los "procesos" (objeto del riesgo) y "cargos" (factor de riesgo) delictivamente vulnerables.

4.4.1. Arista 1: Autocontrol material de factores de riesgo (medios / procesos)

Se indicó *supra* que el constructo de *dominio situacional* en su faz *material* que soporta la imputación de conductas omisivas por delegación, se ampararía en la capacidad técnica que tendría el delegante de preordenar recursos encaminados a articular *medios* para precaver los delitos que pudieran generarse al hilo de los procesos que integran su ámbito específico de organización (en general, los *medios* técnicos que establecen los modelos de *criminal-compliance*). En razón del marco legal ya señalado, conviene insistir, dichos gestores estarían en la obligación de articular *procedimientos (medios)* idóneos para el control de los riesgos criminales de la corporación regentada. Para ilustrar esta posibilidad de control material, como se señala en el Manual SAINT (*) frente la identificación y clasificación de los procesos más vulnerables de la organización a riesgos de integridad, "[...] *La pregunta central es qué medidas son las más apropiadas para fortalecer los procesos más vulnerables....*". Esta cautela *material*, metafóricamente concebida, implica que el órgano de dirección no deje librado al azar las "rutas" de su entidad que posibiliten la fácil iniciación, avance y arribada de los cursos causales lesivos que pueden afectar los recursos de mayor exposición delictiva. Por el contrario, estaría jurídicamente apercibido a asegurar que cada vehículo (*proceso*) que recorre tal ruta cuente con la debida protección (*compliance*) y a asegurar salvaguardas específicas (*controles*) en distintos puntos críticos del camino que le permita sortear los obstáculos y los ataques con potencialidad de provocar desviaciones en tal recorrido. De ahí, como se verá, que los *procesos* constituyan parte esencial de la matriz de riesgos.

4.4.2. Arista 2: Autocontrol personal de factores de riesgo (órganos / personas)

Para confirmar el referido *dominio situacional* que ostentan ciertos directivos, cabe relacionar una segunda faz de control que recae ya no sobre los procesos vulnerables a riesgos delictivos, sino propiamente sobre quienes operan dichos procesos (*drivers*). El Manual SAINT (*) es expreso en la consideración del cargo como presupuesto de control. Al respecto, señala que "*Las descripciones claras de los cargos son, por lo tanto, una precondición para la integridad y también dan a la alta dirección de la organización una visión sobre las actividades vulnerables que se llevan a cabo por una persona en particular*". Por esta razón, como se argumentará a lo largo de este trabajo, la asignación de responsabilidades sobre los dueños de los procesos especialmente expuestos es clave para su control. El mismo Manual señala que "*Para incorporar la gestión de la integridad en una organización, deben ser claras las responsabilidades de los distintos cargos y las de sus titulares.*". Para establecer dicha capacidad de "dominio" en torno a sus dependientes, cabe remarcar que distintas normas del ordenamiento prevén expresas indicaciones de aplicar controles que recaen sobre la fiabilidad del recurso humano (debida diligencia sobre cargos críticos, por ejemplo), sin perjuicio del acto de ordenación interno más simple en organizaciones complejas para la gestión de personas, que es la definición del puesto de trabajo (perfil, funciones, responsabilidades, etc.). Volviendo sobre el plano metafórico, esta cautela personal alude a la debida asignación de "*drivers*" competentes a los vehículos (*procesos*) que recorren los caminos más sensibles de la organización con el fin de precaver los peligros de su ruta.

4.5. *Aplicación del Modelo: Gerenciamiento del riesgo penal*

Delineado el anclaje normativo del *deber de evitar delitos*, el paso siguiente consiste en plantear los pilares del modelo de gestión de eventos criminales que permitiría desplegar el control de sus factores. Según se indicó, la premisa basilar de todo sistema de *compliance* es el real compromiso de su órgano de dirección para que sus elementos constitutivos puedan alcanzar una cabal integración a los procesos de la organización (*tone from the top*). El Manual SAINT (*), a propósito de la visión *ética* de este principio (*top level integrity*), parte de la premisa de que "*La propia administración debe dar un buen ejemplo y llevar a cabo activamente una política de integridad integrada*". Una de las expresiones de ese compromiso real, según la mirada *subjetiva* que se ha planteado, sería la articulación de una *política de integridad* a los procedimientos de *elección*, *vigilancia* y *corrección* aplicable a aquellos cargos criminalmente expuestos como cautelas imperativas en torno a los procesos de delegación. A partir de aquí, en síntesis, se integrarían cinco pilares a tal modelo de gerenciamiento bajo esta visión *subjetiva* del riesgo criminal: (i) definición del esquema de *autoorganización* interna (*fase 1*); (ii) formulación del modelo de *autodiagnóstico* criminológico del riesgo penal (*fase* 2); (iii) establecimiento del sistema de *autocontrol* transversal para la gestión profiláctica de los vectores de riesgo (*fase 3*); (iv) diseño y aplicación del programa de *autocontrol* por procesos de especial criticidad delictiva (*fase 4*); (v) sistema de preconstitución de la *prueba* de *compliance* para la *autodefensa* procesal (*fase 5)*. En lo que sigue, entretanto, se enuncia de forma sucinta el contenido de cada etapa del SGRP (a desarrollar en cinco capítulos):

4.5.1. Fase 1: Autoorganización (estructura organizativa del SGRP)

La gestión de riesgos criminales en corporaciones de compleja conformación (gran tamaño, número de procesos, etc.), como se anotó, lo primero que exige es *autoorganizarse* (definición de su *estructura organizativa* y de *control*). El modelo de las "*Tres Líneas de Defensa*" (IIA), como se verá en el Capítulo I, permite una eficaz aplicación de cautelas sobre los procesos-propietarios delegados por la dirección, dado que su control puede apuntalarse desde tres *líneas* distintas. Su pertinencia radica, más allá del rol directivo, en que en sus "áreas" se ancla la *primera* línea de defensa, pues si bien la *segunda* y *tercera* cumplen un papel cardinal en la operación del SGRP (supervisión y aseguramiento, respectivamente), las personas ubicadas en *primera línea* (*área-puesto-proceso*), son quienes se exponen a los tres tipos de *vectores criminógenos* postulados: (i) a la *tentación* o *presiones* de desviar los *procesos* a su cargo hacia un objetivo ilegítimo (*estímulos*); (ii) a la *alternativa ilícita* que requiere la realización de dicho propósito (*oportunidades*); (iii) y al *déficit de vigilancia* sobre tales procesos que requiere / facilita el actuar ilegal (*vulnerabilidad*). Ante tales premisas, resulta lógico que una medida preventiva efectiva en el marco de la delegación sea la debida *selección* de los "propietarios" de esos procesos críticos (deber *in eligendo*), su *vigilancia* proactiva constituya una medida detectiva impeditiva (deber *in vigilando*) y la *reacción* ante toda irregularidad evidenciada una respuesta disuasiva (deber *in corrigendo*). Con la adopción de estas cautelas se propende, *in fine*, controlar la "situación delictiva" en sus etapas vitales: (i) *proyección* (antes); (ii) *ejecución* (durante); (iii) *ocultamiento* (después).

4.5.2. Fase 2: Autodiagnóstico (posiciones y procesos críticos)

Para afirmar el *control situacional* de riesgos criminales corporativos (Capítulo II), el modelo integra en su segunda fase un *autodiagnóstico* criminológico de las *posiciones* y *procesos* de peligrosidad especial. Para tal fin, se parte de una visión cercana a la incorporada por las Normas Internacionales de Auditoría (*v. gr.*, la NIA 240). Se trata de la reseñada teoría del "*triángulo del fraude*" (D. Cressey), valga reiterar, incorporada expresamente por la metodología IntoSAINT/SAINT. Como se anotó, este modelo pone el acento en la convergencia de tres factores de facilitación criminal: (i) que el individuo se halle en una situación o *necesidad* adaptativa (*motivo* o *presión*); (ii) que el delito se le presente como una alternativa de acción (*oportunidad*); (iii) que el sujeto crea que tal proceder está justificado (*racionalización*). SAINT (*), como se anotó, parte de los mismos "tipos ideales" para el análisis de faltas de integridad. Esta estructura se adecúa aquí bajo los postulados de una teoría que reivindica la *prevención situacional* como tesis aplicada: la teoría de las "*actividades rutinarias*" (M. Felson). Se redefine así la teoría como la *convergencia*, en un contexto espacio-temporal específico ligado a ciertas *actividades* *cotidianas*, de tres *situaciones (S)* que operarían como *catalizadores* del delito: (i) persona motivada por el *estímulo* asociado al ilícito potencial (*SE*); (ii) la *oportunidad* que precisa su realización (*SO*); (iii) la percepción de impunidad que podría experimentar el potencial infractor fundada en la *vulnerabilidad* del proceso corporativo (esto es, en la *ausencia de controles eficaces*) *(SV)*. A partir de estos *tipos ideales* se sustenta la visión preventivo-situacional del *compliance* planteada (*dominio situacional*).

4.5.3. Fase 3: Autocontrol General (control transversal del riesgo)

En el Capítulo III se postula propiamente el modelo de *autocontrol* de fuentes de peligro criminal. Más allá de plantear un modelo de gestión de riesgos penales amparado en estándares internacionales que permita intervenir (*prevenir*, *detectar* o *reaccionar*) frente al evento delictivo en sus tres estadios evolutivos (*antes* del suceso, *durante* su ocurrencia y *después* de su concreción), se sustentará bajo un autóctono modelo por qué, los distintos sistemas de autocontrol vigentes tanto en el campo empresarial (SAGRILAFT, PTEE, etc.) como en el sector público (PTEP, MECI, etc.), constituyen herramientas aptas para ejercer en forma debida el mencionado deber de evitabilidad criminal (habida cuenta su aplicación al control de situaciones criminógenas). Este modelo también resultaría aplicable, como deviene lógico, al control del fraude interno (administración desleal, corrupción privada, abuso de confianza, etc.). Bajo la cobertura de distintos estándares en riesgos y *compliance*, se advertirá cómo la adopción de una estructura de control transversal con sus respectivos órganos de supervisión (oficial de cumplimiento, de ética o similar) y de aseguramiento (auditor interno), permitiría ejercer y acreditar el deber de vigilancia y control ínsito a la dirección corporativa. La adopción de tal modelo de gestión permitiría, por consiguiente, revestir de todas las cautelas exigibles por la ley penal a los procesos de delegación interna de funciones críticas. Es esta misma cautela, con todo y lo anterior, la que podría argüirse como instrumento de defensa procesal en caso de infracción penal con soporte en el sistema de ordenación de la prueba que incorpora el modelo de anticipación aquí postulado.

4.5.4. Fase 4: Autocontrol Concreto (control especial del riesgo por procesos)

En coherencia con la estructura jurídica y dogmática *objetivo-subjetiva* del hecho punible, la hipótesis sobre el adecuado control de tales situaciones criminógenas parte de una concepción de *dominio de las causas del suceso delictivo* que integra ese doble plano bajo el concepto "*proceso-dueño*". Ello permite no sólo la identificación, análisis y valoración del riesgo como evento *objetivo* para facilitar su control (*dominio material*), sino además la concreción de los *sujetos* ligados al mismo, a fin de limitar aquellas decisiones ilícitas que podrían emerger en torno a su operación rutinaria (*dominio personal*). Tomando como ejemplo aquellos eventos corruptos vinculados a los procesos de contratación pública, en el Capítulo IV se efectúa una caracterización del riesgo criminal atendiendo al *proceso* y *persona* que lo vehiculan. Con ello se busca afirmar que, la exigibilidad de "dominio del hecho" que suele aplicar la judicatura para la imputación objetiva y subjetiva de la omisión de los administradores de organizaciones, técnicamente resulta factible, no sólo por la razonable posibilidad de controlar los medios organizativos afiliados al proceso (*risk process*), sino además a su propietario (*risk owner*). Se postula aquí como tesis que, la aplicación de cautelas de integridad sobre la *elección*, *vigilancia* y *corrección* del personal delegado (E+V+C), es condición para la efectividad del control aplicable sobre los recursos del respectivo proceso. Esta visión resulta coherente con el citado modelo SAINT y los estándares en *compliance* (*debida diligencia sobre posiciones expuestas*), pues como se indicó en la Fase II, son las personas quienes, al final de cuentas, incrementan la vulnerabilidad de esos procesos críticos.

4.5.5. Fase 5: Autodefensa Jurídica (anticipación de la prueba)

Si el *riesgo penal* se define como la posibilidad de sanción que podría recaer sobre ciertas corporaciones y/o sus directivos a raíz de infracciones criminales generadas en su seno, resulta lógico que la debida precaución de tal riesgo incorpore un instrumento de "prueba" (de *cumplimiento*) para la defensa de sus respectivos intereses en el marco del proceso jurisdiccional en el que dichos castigos legales se imponen. También, por supuesto, para el emprendimiento de acciones penales en caso de fraude interno. La postulación de un instrumento de tal naturaleza resulta coherente con un modelo preventivo de Derecho penal corporativo que se "anticipa" a dicho escenario de riesgo, en el que la efectiva precaución de imposición de sanciones no dependería sólo de la propia contención de los gestores a cometer delitos, sino también de controlar los de sus subalternos. Empero, como ninguna organización está exenta de que estos eventos se produzcan, es en dicho momento en que tales regentes tendrían que salir a probar la implantación real de los mecanismos de *control criminal* previstos por la ley. Y como esta actividad acreditativa no se surte en otro plano distinto al de un proceso regido por el principio de contradicción, desde luego la prueba alcanza una posición cardinal en este modelo de prevención de sanciones. A la luz de tal argumento, se mostrará porqué, si se busca efectividad, la preordenación de la *prueba de compliance* constituye un imperativo de un genuino sistema preventivo de riesgos penales corporativos. Sería tal instrumento de prueba, para cerrar este apartado introductorio, el "producto" resultante del modelo cautelar de gestión de riesgos penales propuesto.

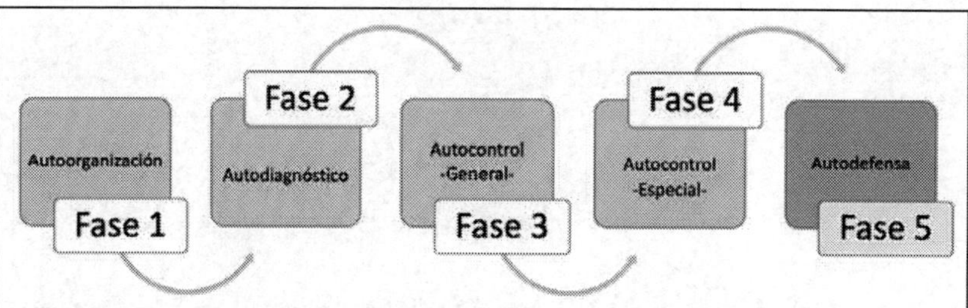

Figura # 4: Si aplicásemos este modelo, por ejemplo, al control del fraude en la contratación pública, la **fase (i)** comprendería la segmentación de su estructura organizativa por áreas (departamentos), puestos de trabajo (posiciones) y procesos de mayor exposición criminal, con el fin de efectuar una localización técnica de los factores de riesgo; la **fase (ii)** partiría de una evaluación criminológica de los puestos de trabajo y procesos de especial criticidad criminal, a fin de priorizar y planificar las medidas de control de sus riesgos intrínsecos; en la **fase (iii)** se dispondría el esquema de control de nivel general para propiciar un ambiente cultural apropiado para el control especial; en la **fase (iv)** se descendería al control de los procesos asociados a esas posiciones de mayor exposición criminal para aplicar el dominio requerido; y la **fase (v)** tendría por objeto la obtención sistemática de evidencia objetiva sobre todo este procedimiento de implementación. Esta última fase allanaría el terreno para establecer una defensa judicial idónea en caso de actividad delictiva.

Capítulo I

AUTOORGANIZACIÓN: ¿CÓMO ORGANIZARSE PARA EVITAR DELITOS?

1. PREFACIO

La primera condición del modelo de gestión de riesgos criminales propuesto, pensado para corporaciones de *estructura compleja*, es la debida organización interna para facilitar su adecuado diseño e implementación. La concreción de *unidades organizativas*, reducto de tal estructura, es presupuesto para advertir la posibilidad técnica que tendría su órgano de administración de desplegar su deber de evitabilidad criminal. A fin de clarificar por qué y cómo dicho órgano podría desarrollar una vigilancia y control razonable de los riesgos criminales dentro de su *ámbito de organización* (capacidad de evitación), justamente, en el presente capítulo se delimitará conceptual y materialmente esta categoría al constituir la base de la estructura interna requerida para el establecimiento del modelo de control planteado. Para estos efectos, se partirá de una premisa que denota la importancia de tal demarcación: las organizaciones de compleja estructura deben delimitarse por *áreas*, *posiciones* y *procesos* para procedimentalizar deberes de precaución criminal (mapa de calor de unidades organizativas criminalmente expuestas). Sobre este punto, los estándares en *compliance* penal y múltiples regulaciones incorporan este deber de *autoorganización* como presupuesto de control (deberes de aseguramiento tecnificados). Este deber de organizarse debidamente con el objeto de precaver actos ilícitos, por demás, es determinante para la construcción de estrategias de defensa penal basadas en la postulación procesal del *principio de confianza* por parte de aquellos gestores imputados por los delitos de sus subalternos jerárquicos. Entran aquí, como se anotó, las tres cautelas personales y presupuestos de la delegación que se han venido afirmando: una adecuada *elección*, *vigilancia* y *corrección*. Para soportar esta afirmación, se tomará como referente algunos extractos jurisprudenciales que expresamente apelan a estas tres cautelas como baluartes de dicho principio. Así se establece, por ejemplo, en la Sentencia SP8292-2016 (Radicación 42930) de la Sala de Casación Penal de la Corte Suprema de Justicia de Colombia, la cual recuerda que, para valerse del *principio de confianza* como "*criterio excluyente de la imputación objetiva*" frente a delitos cometidos en posiciones delegadas, sus superiores tendrían que asegurarse de: (i) *una adecuada selección del personal*; (ii) "*vigilar*" *la correcta realización de los restantes roles*; (iii) *corregir los errores manifiestos de otros*. A la luz de estas cautelas, como se pasa a desarrollar, el modelo de control de riesgos penales propuesto permitiría garantizar su aplicación.

2. UNIDADES ORGANIZATIVAS EN ESTRUCTURAS COMPLEJAS

La caracterización de la categoría "*unidad organizativa*" (UO), como se indicó, es el punto de partida para el control de riesgos criminales en el marco de *estructuras corporativas complejas* (atendiendo a factores como el tamaño de la corporación, su objeto, el tipo de recursos o el volumen de personal). Entre otras propiedades, su segmentación resulta útil en el propósito de afirmar que los directivos de tales organizaciones pueden desplegar un ejercicio apropiado de su deber posicional de evitar delitos dentro de las *unidades* criminalmente expuestas. "Unidad organizativa" es una expresión usada en el ámbito de la informática, reconfigurada en el contexto de este trabajo, para describir la forma de "organizar", "agrupar" y "clasificar" jerárquicamente un número elevado de objetos dentro de un "directorio" con el fin de optimizar su administración (delegar permisos, asignar políticas de seguridad, etc.). Esta expresión resulta de toda relevancia aquí, dado que el deber de evitación criminal que debe desplegarse desde la posición superior de los gestores de grandes corporaciones, lo primero que exige es *autoorganizarse* para precaver la materialización de ciertos delitos de probable ocurrencia (sin que ello integre una pretensión de infalibilidad). Adviértase que si bien ciertas condiciones internas podrían dificultar dicha capacidad de *autoorganización* corporativa (la atomización de procesos, la especialización de funciones, la desconcentración de responsabilidades, etc.), bajo el deber general que recae sobre su órgano de administración de organizarse de modo que no se lesionen bienes jurídicos, la adopción de decisiones como estructurarse a partir de departamentos, puestos de trabajo y procesos, resulta el acto de responsabilidad más simple que se espera de su parte en razón del deber jurídico de *diligencia debida* que cobija el rol de administrar.

Lo anterior debe advertirse como condición del esquema de control situacional propuesto, pues en las organizaciones complejas es posible identificar una estructura en la que se determinen áreas, puestos y procesos, siendo éstos los componentes orgánicos básicos requeridos para delimitar los *ámbitos de competencia* que precisa el control de riesgos criminales en torno a la delegación de funciones y para la respectiva afirmación del *principio de confianza*. Anótese, de paso, que es esta la forma organizativa que predomina en las grandes corporaciones (empresariales y públicas) y que los estándares en gestión de riesgos, *compliance* y auditoría de sistemas de gestión adoptan tal estructura (ISO, por ejemplo). Ese deber de *autoorganizarse*, a propósito de normas técnicas, responde a la exacción de "responsabilidad" intrínseca a la noción de "organización" inserta en dichos estándares. La ISO 37301, por ejemplo, define tal categoría como "*Persona o grupo de personas que tienen sus propias funciones con responsabilidades, autoridades y relaciones para el logro de sus objetivos (3.6)*" (UNE-ISO 37301 [3.1]). De esto resulta que, la concreción de *unidades organizativas*, facilitaría el control de las actividades delegadas mediante la delimitación y regulación de sus puestos de trabajo y procesos. Y esto porque, a pesar de que muchas organizaciones no conciban formalmente su organigrama por *departamentos*, materialmente es posible identificar dependencias de imprescindible conformación. Naturalmente, una organización –real- no se concibe sin *personas* (es intrínseco a ella), por lo que la definición de *puestos de trabajo* –físicos o remotos- es inherente a su existencia misma (*workstations*). Por supuesto, la organización difícilmente encuentra otra forma distinta de "actuar" (operar) a una *gestión por procesos* (*Business Process Management*): ¿quién hace qué?, ¿cuándo?, ¿con qué?, etc.

Es así como tales *unidades organizativas* pueden segmentarse, en su primer nivel, por *áreas*. En un área financiera, pongamos por caso, se integran rubros como planificación financiera, tesorería y control contable (inventarios, costes, registros, balances, etc.). En cuanto a la gestión de personas (RRHH), por su relevancia en la configuración del lugar de trabajo y la selección de sus titulares, destacan los procesos de vinculación (reclutamiento, selección, contratación, inducción, etc.), capacitación (entrenamiento técnico, instrucción normativa, etc.) y control disciplinario (procedimiento de investigación, aplicación de sanciones, etc.). Incluso, la propia dirección general puede concebirse como el área de cabecera para la toma de decisiones (planificación estratégica, definición de la estructura organizativa, gestión de recursos, medición de resultados, etc.). Igual sistematización puede efectuarse con las demás dependencias intrínsecas a toda organización compleja (legal, compras, etc.). Descendiendo en esta segmentación, en un segundo plano, el mismo ejercicio descriptivo puede realizarse con los *puestos de trabajo*. Aquí, la definición de su finalidad (objetivos del puesto), la ordenación de las funciones que lo definen (de ejecución, directivas, etc.), la descripción de las tareas en que estas se concretan, la previsión de las decisiones resultantes, la sistematización de las relaciones entre los puestos (jerárquicas, de funcionamiento, etc.), la anticipación de los requerimientos del perfil (nivel académico, experiencia, etc.) o las condiciones mismas del puesto, permitirían clasificar los riesgos del área. Finalmente, situados ya en un tercer nivel, la *caracterización de procesos* permitiría concretar los "brazos" de esos puestos de trabajo, al poderse delimitar su objetivo, entradas, responsable, requisitos (instructivos, guías, etc.), actividades, controles, resultados, etc.

En este propósito de delimitar *unidades organizativas* en las corporaciones, valga anotar, coadyuvan las normas técnicas emanadas de organizaciones internacionales aplicadas a riesgos, cumplimiento y auditoría (ISO, COSO, IAASB, IA, IDW, etc.). Como se irá viendo, tales normas constituyen una herramienta esencial en la tarea de orientar sus objetivos estratégicos bajo dicha lógica organizativa. Así, por ejemplo, con respecto a la relación intrínseca entre *administración*, *responsabilidad* y *organización*, la NTC 6671 (sobre "Compliance Penal y Ético"), señala que "*La dirección debe ser responsable del compliance penal y ético dentro de su área de responsabilidad*" (NTC 6671 [5.3.3]). Siendo más específicos, la misma norma señala también frente al órgano de dirección que éste debe –como expresión de su "liderazgo y compromiso"- "*asegurar que se incluyen las responsabilidades de compliance penal y ético en las descripciones de los puestos de trabajo*" (NTC 6671 [5.1.1]). Este compromiso, precisamente, opera como premisa para la gestión de riesgos criminales a partir de la delimitación de *ámbitos de competencia*, en la medida en que la primera expresión del deber positivo de evitación criminal que recae sobre tales directivos, se afirmaría en la definición de áreas (*departamentos*), puestos de trabajo (*posiciones*) y procesos (*actividades*). No resulta casual, por esto, que la ISO 37301 señale frente a la *evaluación de los riesgos de compliance*, que "*Las organizaciones deberían identificar las fuentes de los riesgos de compliance dentro de diversos departamentos, funciones y distintos tipos de actividades organizacionales de acuerdo con las responsabilidades del departamento, las responsabilidades del puesto y los distintos tipos de actividades organizacionales*" (UNE-ISO 37301 [A.4.6]). Son estos, como se ahondará, los componentes esenciales de dicho constructo y su nexo con el de *dominio situacional*.

Con relación a este nexo, como señala GAVIRIA sobre el *control interno*, el control y la organización son inescindibles si se busca una administración eficaz[1]. Esto comenzaría con la elaboración del organigrama de la entidad y el establecimiento de responsabilidades en cada nivel de autoridad[2]. En este plano, como se sugirió, las normas técnicas soportarían el ejercicio apropiado de los deberes de vigilancia y control de la *delegación* dentro de ese marco de organización[3]. La misma doctrina aplicada al Derecho penal corporativo viene proponiendo la articulación de tales normas para clarificar responsabilidades en este contexto. Así lo recuerda NIETO cuando apunta que "Las normas ISO han contribuido a aclarar notablemente el sistema de

---

1 GAVIRIA CORREA, Gonzalo, *El control interno*, 1ª ed., Ed. Diké, Medellín,1994, p. 81.

2 En este sentido, el mismo autor, Ibid., pp. 81-82.

3 Al respecto, LASCURAÍN SÁNCHEZ, Juan A., "Salvar al oficial Ryan...", *Op. cit.*, p. 333: "La delegación no sólo genera un deber de seguridad nuevo en el delegado que la acepta, sino que transforma el contenido del deber de seguridad del delegante, que pasa a ser de control y corrección del delegado. Para ello será necesario una selección adecuada del delegado, una asunción libre por parte de éste de las funciones que se le trasladan, y la dotación de los medios necesarios para cumplirlas".

delegación de funciones dentro de la empresa estableciendo responsabilidades precisas…"[4]. Añádase que, los mismos estándares, son los que permiten en el plano penal dotar de contenido a la categoría de "riesgo permitido", figura requerida para examinar la *imputación objetiva* de resultados lesivos producidos en contextos corporativos[5]. Al respecto, a modo de sugerencia, refiérase la serie de normas técnicas aplicables a la gestión de riesgos penales: ISO 31000 (Gestión del Riesgo), ISO 31022 (Gestión del Riesgo Legal), ISO 37001 (Sistemas de Gestión Antisoborno) e ISO 37301 (Sistemas de Gestión de *Compliance*), incluida la UNE 19601 y la NTC 6671, por su aplicación especial a la gestión de riesgos penales. En dicho propósito de *autoorganización* resultaría útil, como se pasa a ver, el modelo de las "*Tres Líneas de Defensa*", dado que cada uno de los roles que consagra serían compatibles con los deberes esperados de las distintas partes que intervienen en la cadena de delegación: los deberes de vigilancia y control que retiene la alta dirección; los deberes que han de asumir los responsables de procesos frente al riesgo (1ª LD); las funciones de supervisión (revisión) que asume el órgano de cumplimiento (2ª LD); y la actividad de aseguramiento en cabeza de la función de auditoría interna (3ª LD)[6].

---

4 Nieto Martín, Adán, "Problemas fundamentales del cumplimiento normativo…", *Op. cit.*, p. 27.

5 En sus términos, Caro Coria, Dino Carlos, "Imputación objetiva y Compliance penal", *Op. cit.*, pp. 399-400, señala: "El binomio libertad/paternalismo que define el riesgo permitido es precisamente el espacio para la intervención del *soft law* [autorregulación empresarial en un contexto de debida diligencia del empresario], de las buenas prácticas corporativas, de los programas de Compliance, de las normas técnicas como la ISO 37001 [sistema de gestión Antisoborno], Norma UNE 19600 [sistemas de gestión de compliance] y Norma UNE 19601 [sistema de gestión de compliance penal]".

6 Sobre la pertinencia de este modelo en la estructuración de sistemas de Compliance penal, Casanovas Ysla, Alain, "*Compliance* penal normalizado…", *Op. cit.*, pp. 151-152, señala: "Siguiendo la teoría de las tres líneas de defensa, de amplia aceptación internacional, corresponde a quienes desarrollan la gestión operativa conocer las exigencias de compliance que afectan a sus actividades y darles cumplimiento (primera línea de defensa). Para brindarles soporte, el órgano de compliance penal se cuida de que existan políticas, procesos y procedimientos que faciliten esta labor, así como controles para contrastar su correcta ejecución (segunda línea de defensa). Una función no vinculada con los cometidos anteriores, y dotada de independencia –normalmente auditoría interna–, se ocupa de brindar asegura-

3. MODELO DE LAS "TRES LÍNEAS DE DEFENSA"

El modelo de las "*Tres Líneas de Defensa*" surgió hace dos décadas en el área de gestión de riesgos financieros (hoy denominado "*Tres líneas*"). En 2013 el Instituto de Auditores Internos (IIA) lo adoptó formalmente mediante el documento "Declaración de Posición: *Las* Tres Líneas de *Defensa en gestión de riesgos y control eficaces*" (**). El modelo tiene por objeto establecer deberes, funciones y responsabilidades al interior de las organizaciones frente a la gestión global de los riesgos que afectan sus objetivos estratégicos y su estructura de control. Su versión original consagró, en su orden, una *primera*, *segunda* y *tercera* líneas de defensa: (i) controles de gerencia de la gestión operativa; (ii) controles de los órganos de gestión de riesgos y de cumplimiento; (iii) auditoría interna[7]. Aclárese que, aunque no se integran propiamente dentro de estas *líneas* el control que ejerce el órgano de gobierno y la alta dirección (*línea estratégica*), el modelo presupone en su nivel superior responsabilidades y funciones dirigidas al establecimiento de los objetivos estratégicos de la organización y a la definición de las políticas de control de riesgos para alcanzar dichos objetivos. Un modelo de administración, como puede inferirse, basado en la expresa definición de *unidades organizativas* para la asignación de roles que hacen factible el control de los riesgos delictivos que podrían limitar el logro de tales objetivos. Bajo las premisas que soportan las estrategias de *prevención situacional* que serán planteadas, como se pasa a desarrollar, esta versión original del modelo se acoplaría al esquema de gestión de riesgos penales propuesto.

---

miento al órgano de gobierno y alta dirección conforme el sistema de gestión de compliance penal opera de manera razonable (tercera línea de defensa)".

7 Instituto de Auditores Internos (IIA), "Declaración de Posición: *Las Tres Líneas de Defensa para una efectiva gestión de riesgos y control eficaces*" (**), 2013, p. 2: "En el modelo de las Tres Líneas de Defensa, el control de la gerencia es la primera línea de defensa en la gestión de riesgos; las varias funciones de supervisión de riesgos, controles y cumplimiento establecidas por la administración, son la segunda línea de defensa; y el aseguramiento independiente es la tercera. Cada una de estas ´líneas´ juega un papel distinto dentro del marco amplio de gobernabilidad de la organización".

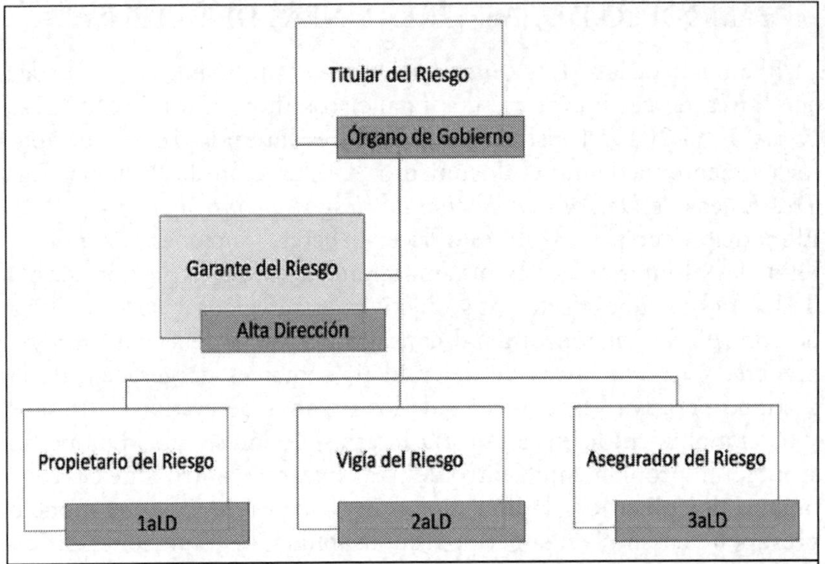

Figura # 5: Modelo orgánico de las "Tres Líneas de Defensa" adaptado para destacar los roles que deben estructurarse desde el punto de vista organizativo para un apropiado gerenciamiento de riesgos penales.

Según la estructura directiva que integra el SGRP, tanto el órgano de gobierno como la alta dirección se instituyen en los máximos garantes del correcto diseño, implementación y funcionamiento del modelo (incluido el sistema de delegaciones). Según reza la citada "Declaración de Posición" del IIA (**), "*El modelo de las Tres Líneas de Defensa se implementa mejor con el apoyo activo y guía de los organismos de gobierno corporativo y la alta dirección de la organización*". Tratándose de la gestión de riesgos penales la conclusión no es distinta. Así, como señala Nieto, "Un programa de cumplimiento técnicamente perfecto sin la implicación de la dirección está llamado al fracaso, mientras que, al contrario, esta implicación puede suplir muchas carencias en la confección del programa"[8]. A la luz de tal exacción, coherente con la exigencia de *cuidado debido* intrínseca al rol de

---

8 Nieto Martín, Adán, "Cumplimiento normativo, criminología y responsabilidad penal de personas jurídicas", en *Manual de Cumplimiento Penal en la Empresa*, *Op. cit.*, pp. 61-62.

administrador, la regulación de las áreas y puestos de trabajo para la asignación de responsabilidades, dentro de este contexto, constituye una expresión de ese compromiso de nivel superior, concretándose en actos esenciales del control interno como la expedición de instructivas y manuales de operación para las distintas dependencias[9]. Frente a la exigencia de regular el lugar de trabajo como expresión de tal compromiso superior, al igual que la NTC 6671, la ISO 37301 es expresa en indicar que tales órganos "[...] *deben asegurar que se incluyan las responsabilidades de compliance en las descripciones de los puestos de trabajo según corresponda*" (UNE-ISO 37301 [5.1.1]). Es en esta posibilidad de segmentación por *ámbitos de competencia* (unidades laborales u organizativas), por tanto, que puede optimizarse el control de los riesgos criminales a partir del poder de regulación comportamental que ello permite.

La segmentación de la estructura organizativa por dependencias, por lo anotado, constituye una expresión intrínseca del *liderazgo situacional directivo* que exige la identificación de los riesgos que cada área incorpora. Esta segmentación espacial, como indica el Manual SAINT (*), es importante debido a que "*Las vulnerabilidades se definen en un nivel más elevado de abstracción, indicando las* áreas *donde los riesgos son más probables de ocurrir*". Esta clasificación macro, bajo la óptica de una *aproximación basada en el riesgo* (a mayor riesgo mayor control), daría paso al ejercicio de anticipación (identificación) de aquellos eventos delictivos que podrían emerger al interior de cada área (*prognosis criminal*), lo que pasaría por determinar los posibles espacios de configuración (*lugar*), las actividades que facilitarían su materialización (*modo*), el momento en que podría producirse (*tiempo*), el círculo de personas que podrían generarlo (*actor*) y el impacto potencial (*daño*). A este respecto, según reza el citado Manual (*), "[...] *los riesgos concretos se definen específicamente como hechos no deseados que se dan en términos del actor, acción, tiempo, lugar y daños causados*". Este daño potencial, naturalmente, incluye los efectos legales derivados del delito. Por ello, nótese que, esta anticipación de *escenarios delictivos* en términos del *actor*, *tiempo*, *modo*, *lugar* y *daño*, se facilitaría cuando se parte de un plano general (orga-

9 En este sentido, Gaviria Correa, Gonzalo, *El control interno*, *Op. cit.*, p. 81.

nigrama), en el que se clasifican y priorizan las áreas de mayor exposición criminal (financiera, compras, etc.), para luego descender hacia los procesos ubicados bajo dichas dependencias. Es así como, insístase en ello, la delimitación de tales *ámbitos de organización* resultaría pertinente para deslindar responsabilidades penales en el marco de eventuales acciones judiciales.

La asunción de un compromiso genuino por parte de la dirección para la prevención del delito, cabe puntualizar, implica una especial exigencia de *recabar información* sobre la gestión de los riesgos que enfrenta la organización por parte de cada uno de los responsables de las *tres líneas de defensa*[10]. Según reseña la citada Declaración de Posición del IIA (**), "*Los organismos de gobierno corporativo y la alta dirección son los principales interesados en ser atendidos por las ´líneas´...*". Esta obligación de informarse reviste especial trascendencia en el marco de la delegación de funciones críticas (primera línea de defensa), pues la sustracción del órgano de dirección a tal exacción, podría conectarlo con el acto ilícito de sus dependientes (*nexo de evitación*). A ello se refiere Lascuraín cuando señala que si quien "[...] comete el delito es un delegado del omitente que actúa en el ámbito de éste y bajo su dependencia, la falta de impedimento del delito del empleado es también obra propia, descontrol de la esfera propia de organización"[11]. La delimitación de "esferas de organización", por el contrario, permitiría desplegar un control localizado razonable sobre tales delegados.

Ese compromiso *superior*, al final, tendría que expresarse en una actividad de control verificable por parte de los gerentes de las dependencias a las que se adscriben los procesos de mayor criticidad (*primera línea*), en una supervisión efectiva de tales unidades por parte

---

10 Instituto de Auditores Internos (IIA), "Declaración de Posición: Las Tres Líneas de Defensa...", *Op. cit.*, p. 3: "La alta dirección y los organismos de gobierno corporativo conjuntamente deben rendir cuentas y son responsables por la fijación de objetivos de la organización, la definición de estrategias para alcanzar dichos objetivos, y el establecimiento de estructuras de gobierno corporativo y procesos para gestionar mejor los riesgos en el cumplimiento de esos objetivos. El modelo de las Tres Líneas de Defensa se implementa mejor con el apoyo activo y guía de los organismos de gobierno corporativo y la alta dirección de la organización".

11 Lascuraín Sánchez, Juan A., "La responsabilidad penal individual por los delitos de empresa", en *Manual de Cumplimiento Penal en la Empresa*, *Op. cit.*, p. 288.

de la función de cumplimiento (*segunda línea*) y en un aseguramiento razonable de tales riesgos por parte de la función de auditoría interna (*tercera línea*). Este triple nivel de control, entretanto, es lo que hace factible la aplicación de técnicas de *prevención situacional* de naturaleza *personal* (ético-normativas) y *material* (fácticas). Entre las primeras, por ejemplo, la descripción del lugar de trabajo, la reglamentación del procedimiento de vinculación de su titular y la regulación de sus atribuciones (responsabilidades, tareas, etc.). Y, entre las segundas, en esencia, la definición de controles sobre los recursos integrados a procesos de especial vulnerabilidad (segregación de funciones, escalas de autorización, etc.). En la tecnificación de su deber de garantía a través de la previsión de controles sobre posiciones de alta criticidad, en suma, es donde se expresaría ese compromiso de la dirección[12].

Antes de describir cómo cada una de las *líneas de defensa* otorgarían una cobertura de seguridad al proceso de *delegación de funciones*, cabe vincular ambas estructuras. Al menos tres razones pueden aducirse para advertir este nexo: La primera tiene que ver con que el órgano de gobierno y la alta dirección son los más interesados en realizar un control efectivo de las actividades delegadas en posiciones inferiores. En este plano, el modelo de las *Tres Líneas de Defensa* les atribuye una posición protagónica frente a la gestión de riesgos[13].

---

12 En el apartado "competencia" (7.2.) de la NTC-ISO 37001:2017, en el subapartado relativo al "Proceso de contratación" (7.2.2), y en particular frente a las "posiciones que están expuestas" (7.2.2.2), establece la Norma que: "En relación con todas las posiciones que están expuestas a más que un riesgo bajo de soborno, según lo determinado en la evaluación del riesgo de soborno, y al cumplimiento de la función antisoborno, la organización debe implementar procedimientos que proporcionen: [...] a) la debida diligencia se lleve a cabo sobre las personas antes de que sean empleadas, y el personal antes de que sea transferido o promovido por la organización, para determinar, en la medida de lo razonable, que es apropiado emplearlos o reubicarlos y que es razonable creer que van a cumplir con los requisitos de la política antisoborno y del sistema de gestión antisoborno".

13 Instituto de Auditores Internos (IIA), "Declaración de Posición: Las Tres Líneas de Defensa...", *Op. cit.*, pp. 2 – 3: "Aunque ni los organismos de gobierno corporativo ni la alta dirección figuran entre las tres "líneas" en este modelo, no hay discusión de que el sistema de gestión de riesgos no estaría completo sin considerar primero las funciones esenciales de los organismos de gobierno corporativo (es decir, los consejos de administración u órganos equivalentes) y de la alta dirección. Los organismos de gobierno corporativo y la alta dirección

La segunda, por su parte, tiene que ver con la concepción misma de dicho modelo como instrumento adecuado para "*delegar y coordinar las tareas esenciales de la gestión de riesgos*" en organizaciones[14]. En el marco de la delegación de funciones críticas, atendiendo a la priorización de su control, debe existir una plena coordinación entre las líneas verticales y horizontales de decisión que definen la estructura organizativa[15]. Esta serie de responsabilidades frente a la gestión de riesgos criminales, como también es propio de la figura de la delegación, precisaría de una adecuada definición de roles y asignación de funciones[16]. Y la tercera, finalmente, tiene que ver con la importancia de la comunicación y el flujo de información hacia la dirección para la toma de decisiones operativas[17]. Destaca en este punto, anótese de pa-

---

son los principales interesados en ser atendidos por las "líneas", y son las partes que mejor están posicionadas para ayudar a asegurar que el modelo de las Tres Líneas Defensa esté reflejado en los procesos de gestión de riesgos y control de la organización".

14 Ibid., p. 2 "[...] están surgiendo buenas prácticas que pueden ayudar a las organizaciones a delegar y coordinar las tareas esenciales de la gestión de riesgos mediante un enfoque sistemático".

15 Frente a la función de coordinación, según establece el mismo documento, Ibid., p. 1: "[...] las responsabilidades relacionadas con la gestión de riesgos y el control están cada vez más distribuidas en múltiples departamentos y divisiones, y las obligaciones deben ser coordinadas cuidadosamente para asegurar que los procesos de riesgo y control funcionen de forma satisfactoria".

16 Sobre los roles y responsabilidades, de acuerdo con el mismo instrumento, Ibid., p. 1: "No es suficiente que existan diversas funciones de riesgo y control – el desafío consiste en asignar roles específicos y coordinar con eficacia y eficiencia estos grupos de manera que no existan "brechas" en la cobertura de los controles ni duplicaciones innecesarias. Deben ser definidas responsabilidades claras, de modo que cada grupo de profesionales de riesgo y control entienda los límites de sus responsabilidades y cómo encaja su rol en la estructura general de riesgo y control de la organización."

17 Ibid., p. 2: "El modelo de las Tres Líneas de Defensa proporciona una manera simple y efectiva para mejorar las comunicaciones en la gestión de riesgos y control mediante la aclaración de las funciones y deberes esenciales relacionados. Este modelo proporciona una mirada nueva a las operaciones, ayudando a asegurar el éxito continuo de las iniciativas de gestión del riesgo, y este modelo es apropiado para cualquier organización – independientemente de su tamaño o complejidad-. Aún en organizaciones donde un marco o sistema de gestión de riesgos formal no existe, el modelo de Las Tres Líneas de Defensa puede aumentar la claridad respecto a los riesgos y los controles y ayudar a mejorar la efectividad de los sistemas de gestión de riesgos".

so, la *obligación de información* de la función de cumplimiento hacia el órgano de dirección (*reporting*). La asunción de una alternativa de conducta opuesta por parte del último órgano a su deber jurídico de vigilancia y control, por el contrario, permitiría estructurar un *nexo de evitación* con los hechos delictivos de sus delegados.

3.1. Primera línea de defensa: "Propietario del riesgo"

La *primera línea de defensa* se conforma, según lo expuesto, por la *gerencia operativa*. A los efectos de delimitar *unidades organizativas*, esta primera línea estaría compuesta por los gerentes de área y los líderes de procesos de especial vulnerabilidad criminal. Como reza el citado documento del IIA (**), "*La gerencia operativa es responsable de mantener un control interno efectivo y de ejecutar procedimientos de control sobre los riesgos de manera constante en el día a día*". A la luz de un control *integrado*, a la media gerencia y a los líderes de procesos le compete controlar los riesgos inherentes de los procesos de su "esfera", atendiendo a los agentes criminógenos con potencialidad de inducir actos delictivos en el marco de su ejecución rutinaria. El Manual SAINT (*), a propósito de la profusión ética que incorpora (*behavioral compliance*), parte de la premisa de que, "*Para incrustar la gestión de la integridad en una organización, las responsabilidades de los diversos cargos y puestos deben ser claras*". La segmentación de la estructura organizativa por áreas, justamente, facilita una óptima apreciación, control y monitoreo de sus riesgos criminales inherentes, al poderse delimitar y clasificar los procesos que integran cada esfera organizativa. A partir de tal división, en concreto, la media gerencia y sus líderes *identifican*, *analizan* y *evalúan* –con apoyo técnico- los riesgos de los procesos que se tienen a cargo –bajo el marco del programa de gestión de riesgos-, aplican los *controles* diseñados para mitigar su probabilidad de ocurrencia, orientan el desarrollo y la implementación de políticas y procedimientos internos para *monitorear* y *mejorar* el sistema de cumplimiento (control de gestión) y *aseguran* que el conjunto de actividades críticas de su área estén alineadas con los objetivos estratégicos globales.

En orden a tal exacción de *integración* de control por procesos, la ISO 31000 establece que "*La alta dirección y los órganos de supervisión, cuando sea aplicable, deberían asegurar que la gestión del riesgo esté integrada en todas las actividades de la organización y de-*

berán demostrar el liderazgo y compromiso" (NTC-ISO 31000 [5.2]). A partir de esa jefatura de primer nivel y bajo la guía de responsabilidades integradas a políticas y procedimientos, entonces, los mandos de nivel medio se encargarían de aplicar controles dirigidos al buen desempeño de los líderes de *procesos de alta sensibilidad criminal.* A propósito de tal integración, como reseña CASANOVAS, "El *compliance penal* no es incumbencia de un número restringido de personas sino de todos los miembros de la organización"[18]. Tratándose de gestión de riesgos de corrupción, por ejemplo, la ISO 37001 indica que "*Los directores en cada nivel deben ser responsables de requerir que los requisitos del sistema de gestión antisoborno se apliquen y se cumplan en su departamento o función*" (NTC-ISO 37001 [5.3.1]). Halla aquí sentido lo expresado por la primera norma con relación a la exigencia de "Integración" (5.3), acerca de que "*El riesgo se gestiona en cada parte de la estructura de la organización. Todos los miembros de la organización tienen la responsabilidad de gestionar el riesgo*". Coherente con esto, ahora sobre la exigencia de "Mejora continua" (5.7.2), se agrega que "*El proceso de la gestión del riesgo debe ser una parte integral de la gestión y de la toma de decisiones y se debería integrar en la estructura, las operaciones y procesos de la organización*". Esta última referencia, adviértase de paso, permite entrever por qué la apropiada *selección* de quienes lideran cada esfera crítica de la organización deviene en una cautela imperativa para afirmar el *principio de confianza* ínsito a la delegación.

Como responsables directos de *esferas de riesgos* espacialmente delimitadas (*ámbito de dominio*), entonces, a la *media* gerencia le competen también *deberes de evitación criminal* (jefes, coordinadores, etc.). Esto implica que, como señala LASCURAÍN, "Los órganos ejecutivos responderán como autores por un delito no evitado en la medida en la que se trate de un ámbito de garantía cuyo control se les haya delegado"[19]. Empero, la atribución de deberes a este nivel ejecutivo no liberaría, en principio, la de su superior funcional, pues como cabe recordar, estos últimos retienen un deber de vigilancia y

---

18 CASANOVAS YSLA, Alain, "*Compliance* penal normalizado...", *Op. cit.*, p. 151.

19 LASCURAÍN SÁNCHEZ, Juan A., "La responsabilidad penal individual por los delitos de empresa", *Op. cit.*, p. 303.

control sobre sus delegados[20]. Reitérese que, mientras el delegado –en primera línea defensiva- adquiere la "cotitularidad" del "deber de seguridad", el delegante transforma el propio (pero sin liberarse)[21]. Por ello, como refiere el mismo autor, la delegación tiene dos efectos principales: por un lado, la generación de un "deber de seguridad" nuevo en el dependiente (tras su aceptación) y, por otro lado, la transformación del contenido del "deber de seguridad" del delegante[22].

A la luz de lo anterior, ese "deber de seguridad" que emerge sobre el delegado debe partir de una descripción expresa de los puestos de trabajo y procesos de cada dependencia, pues como refiere GAVIRIA frente a la obligación de procurar una estructura organizativa adecuada que permita asegurar un control interno efectivo, deviene preciso establecer un documento ("carta organizacional") en el que se fijen tanto los niveles de autoridad como las responsabilidades y obligaciones de cada uno de los empleados[23]. Para tal fin, como anota CASANOVAS, "Los roles, responsabilidades y autoridades pueden recogerse en diferentes soportes documentales: desde un manual de descripción

---

20 Sobre las consecuencias de la indebida vigilancia en la delegación, LASCURAÍN SÁNCHEZ, Juan A., "La delegación como mecanismo de prevención y de generación de deberes penales", en *Manual de Cumplimiento Penal en la Empresa*, *Op. cit.*, p. 166, sostiene que: "Desde el punto de vista penal la delegación tiene trascendencia en dos ámbitos. En el de la responsabilidad individual porque hace que se pueda imputar un resultado de lesión o de peligro al delegado competente que no lo ha evitado, que pasaría así a ser autor del correspondiente delito por omisión. La delegación también supone que ese mismo resultado pueda ser atribuido al delegante, y también a título de autor, aunque lo que debería haber hecho no era impedir directamente el resultado, sino vigilar que lo hiciera el delegado".

21 Con relación a los presupuestos de imputación de la omisión, según indica el mismo autor, Ibid., p. 167: "[...] la delegación es una fuente de deberes penales. Esto significa que el incumplimiento de las funciones delegadas (por parte del delegado) o la falta de control del delegado (por parte del delegante) pueden suponer un delito por el resultado que se deja de evitar, y que al incumplidor lo vamos a calificar como autor de ese delito. Implícito en todo ello es que podemos cometer delitos por omisión y que podemos hacerlo hasta tal punto que lo que se nos reproche no sea una mera pasividad en una función de control —que hemos sido malos policías— sino la existencia del resultado mismo, incluso si el mismo ha sido generado activa y delictivamente por otro. En términos más técnicos: cabe imputar objetivamente resultados no sólo a acciones sino también, y equivalentemente, a omisiones".

22 Ibid., p. 170.

23 GAVIRIA CORREA, Gonzalo, *El control interno*, *Op. cit.*, p. 82.

de lugar de trabajo, a documentos de carácter organizativo o incluso, de forma general, en la misma *Política de compliance penal*"[24]. Esta documentación de funciones asignadas (delegadas), desde la óptica del *principio de confianza* en que se ampara el administrador, resulta clave para acreditar jurídicamente la atribución expresa de tal "deber de seguridad" sobre sus subalternos.

3.2. *Segunda línea de defensa: "Vigía del riesgo"*

La *segunda línea de defensa* está concebida para orientar técnicamente, *supervisar* la gestión, controlar los riesgos que enfrenta la organización en el marco de los procesos operados por la *primera línea* y *vigilar* su desempeño. En la *segunda línea de defensa*, en este contexto, suelen vincularse como órganos principales los responsables de *gestión de riesgos* y de *cumplimiento*, apoyando el diseño, implementación, funcionamiento y monitorización de los controles aplicados por la gerencia operativa (1ª LD). Frente a la función de la segunda línea, como dispone el IIA (**), "*La gerencia establece diversas funciones de gestión de riesgos y cumplimiento para ayudar a crear y/o monitorear los controles de la primera línea de defensa*". Ello no obsta la inclusión en esta línea de otros órganos de control, propios de toda organización compleja, como control financiero, seguridad o calidad. En lo que respecta a la "función de compliance" establecida por la ISO 37301, la norma la define como "*Persona o grupo de personas con responsabilidad y autoridad para la operatividad del sistema de gestión del compliance*" (UNE-ISO 37301 [3.23]). El órgano de cumplimiento, en la misma lógica de *delegaciones*, asumiría una función de vigilancia y control del modelo de gestión por *encargo* del órgano de dirección, quien conserva el deber de seguridad frente a tales procesos. Desde la óptica de una aproximación basada en el riesgo (priorización de los peligros más relevantes de la organización a fin de aplicar un control consecuente con el respectivo nivel de exposición), nótese cómo la dirección puede, a través de este funcionario, priorizar la supervisión de ámbitos internos de mayor criticidad criminal (compras, comercial, etc.). Esta actividad de supervisión, de

---

24 Casanovas Ysla, Alain, "*Compliance* penal normalizado…", *Op. cit.*, p. 152.

ese modo, conduce a la exacción de "vigilancia" ínsita al deber de evitación criminal y a la afirmación del *principio de confianza* como estrategia de defensa penal.

La *segunda línea de defensa* es, pues, la encargada del buen desempeño del sistema de gestión de riesgos en general, entre los que se incluyen los criminales. Le corresponde, entre otras acciones, adoptar un sistema de medidas para determinar si el desempeño de cada área de la organización se alinea con las tareas acordadas para alcanzar los objetivos de la política de cumplimiento. La función de gestión de riesgos, en este plano, se ocupa de supervisar, prestar asistencia técnica y facilitar la aplicación de una gestión eficaz de los riesgos generales de la organización. La función de cumplimiento, por su especialidad, se aplicaría ya a un nivel concreto en la precaución de infracción de leyes, regulaciones, procedimientos y reglamentos aplicables a la gestión de riesgos criminales (lavado de activos, soborno, etc.). Aplicado al espectro concreto de riesgos delictivos en la contratación pública, por ejemplo, esta función permitiría optimizar el control normativo en sus distintas fases. Es por ello que, esta función, se encuentra ligada a una labor de *monitorización* de los riesgos penales de la organización y la gestión de la información que se obtiene por ella de cara a mitigar los eventos lesivos que emergen de cada unidad organizativa y sus efectos (operativos, estratégicos, tecnológicos, financieros, reputacionales, legales, etc.). Por la relevancia de la función de cumplimiento para precaver la infracción de disposiciones penales, según lo dicho, el *compliance officer* debe reportar de forma directa a la alta dirección o, según corresponda, al órgano de gobierno, sobre el razonable diseño, implementación y efectividad del SGRP. De este modo, la dirección podrá esgrimir la vigencia del *principio de confianza* ante las eventuales desviaciones que pueda presentar el acto de delegación.

Se advierte, en razón de lo anterior, cómo encaja esta *segunda línea de defensa* y el mecanismo de la *delegación* en lo atinente al ejercicio especializado de los *deberes de vigilancia y control* que debe asegurar la alta dirección sobre aquellas posiciones que presentan una mayor propensión al delito (atendiendo a los procesos que operan). En este punto conviene subrayar, con relación a la decisión de delegar en un profesional especializado la vigilancia intrínseca a la gestión de riesgos penales empresariales, como señala MONTANER, que pueden ser delegadas no sólo las "competencias mecánicas o técnicas", sino también las "funciones de vigilancia"[25]. La importancia de esta referencia no es menor, pues si bien el delegante no se liberaría *per se* de responsabilidad en caso de concretarse un hecho ilícito a causa de tal delegación especializada[26], no obstante, la adopción de esta cautela representaría en el plano judicial una expresión de su deber *in vigilando*, al constituir tal nominación una exacción para la efectiva gestión de riesgos a la que está obligada la dirección dada su posición de garantía. Dicha responsabilidad y autoridad, sumada a la competencia profesional y los recursos de orden personal, técnicos y financieros que debe tener a su disposición la función de cumplimiento, en suma, es lo que le permite desplegar un ejercicio serio de supervisión sobre los procesos de mayor exposición criminal y asegurar las cautelas asociadas a la delegación de tales procesos (*selección*, *vigilancia* y *corrección*).

La segmentación de *unidades organizativas* por *áreas*, puestos de trabajo y procesos, como se advierte, le permite a dicho *oficial* desplegar un control dirigido como "brazo" de la dirección en delegaciones de especial criticidad. A tono con ese principio de *aproximación basada en el riesgo*, como señala Lascuraín frente a la necesidad de precisar dicho deber de vigilancia atendiendo al tipo de actividad y a las condiciones personales del delegado, cuanto mayor sea el riesgo que se debe controlar y más complejo su control, de mayor intensidad habrá de ser la supervisión que despliegue el delegante[27]. Esta anticipación de posiciones críticas, justamente, permite esa precisión en la vigilancia y aplicación de los controles de proceso bajo un esquema de doble nivel que prioriza los riesgos criminales de previsible materialización, garan-

---

25 Montaner Fernández., Raquel, "El *criminal compliance* desde la perspectiva de delegación de funciones", *Op. cit.*, p. 65.

26 Sobre la factibilidad de considerar una posición de garantía en cabeza del oficial de cumplimiento, reseña la misma autora que, Ibid., p. 71: "[...] también una parte de la doctrina alemana, si bien sobre la base de fundamentaciones diversas, ha entendido que el oficial de cumplimiento puede ostentar una posición de garantía, aunque sea limitada, respecto de la evitación de delitos cometidos a través de la empresa" (p. 74). [...] "Éste sigue siendo el principal responsable en materia de cumplimiento en la empresa, siendo él quien tiene que adoptar y ejecutar con eficacia un modelo de gestión de riesgos penales y, en su caso, evitar los resultados delictivos" (p. 75).

27 Lascuraín Sánchez, Juan A., "Salvar al oficial Ryan...", *Op. cit.*, p. 309.

tizando que la dirección pueda confiar razonablemente en la rectitud de sus dependientes. El Manual SAINT (*), a propósito de niveles de control de diversa intensidad, señala que "*Algunos procesos y cargos tienen un mayor riesgo de integridad porque ciertas* áreas o *circunstancias laborales incrementan su vulnerabilidad a violaciones de integridad*". Esta misma aproximación basada en el riesgo, como se desarrollará, permite que desde la *segunda línea de defensa* se despliegue una actividad de profilaxis delictiva *(criminological self-cleaning)* dirigida a inocuizar esos procesos de especial atracción criminal atendiendo a sus correspondientes factores de riesgo (SE/SO/SV).

3.3. Tercera línea de defensa: "Asegurador del riesgo"

La *tercera línea de defensa*, como se anotó, está orientada por un objetivo de "aseguramiento" del SGRP en cabeza de la función de *auditoría interna*. En términos generales, esta función suministra al órgano de gobierno y a la alta dirección una evaluación objetiva, independiente y fiable acerca de la conformidad o no sobre el gobierno corporativo de la organización, la gestión de los riesgos y los controles internos. Como dispone el citado documento del IIA (**), "*Los auditores internos proveen aseguramiento sobre la efectividad del gobierno corporativo, la gestión de riesgos y el control interno, incluyendo la manera en que la primera y segunda línea de defensa alcanzan sus objetivos de gestión de riesgos y control*". Dicha evaluación, como puede verse, abarca un diagnóstico objetivo sobre el grado en que la primera y la segunda línea de defensa cumplen con los objetivos de gestión de riesgos. El procedimiento de análisis de la *tercera línea de defensa*, en esencia, engloba objetivos como la eficiencia y eficacia de la gestión operativa, la protección de los activos de la organización, la integridad y fiabilidad de la información reportada o el cumplimiento de los distintos espectros normativos y obligaciones aplicables a la misma. Esta actividad de control abarca los distintos elementos de gestión de riesgos y de control interno, como el ambiente de control, la apreciación de riesgos (identificación, análisis, valoración y formulación de controles), información, comunicación y monitorización, lo que resulta de especial valía para afirmar el citado postulado de "corrección" integrado al *principio de confianza* (de aplicar correctivos ante los errores manifiestos de "otros"). Se advierte en este plano la importancia de delimitar *unidades organizativas*, pues como reza la GTC-ISO 19011 (3.5), la auditoría puede integrar bajo su *alcance* "*unidades de la organización*" o sus "*procesos*".

En la misma lógica de análisis referenciada para las *líneas 1ª* y *2ª*, la función de auditoría debe concretarse sobre toda la organización atendiendo a sus distintas divisiones, filiales, unidades de operación, áreas de apoyo (contabilidad, compras, gestión de personas, etc.), procesos de negocio y funciones críticas (ventas, seguridad de la información, producción, contratación, etc.). Dicho aseguramiento, como se describirá luego, recaería tanto sobre los controles de alto nivel (*transversales*) como sobre los aplicables a procesos (*concreto*). Frente al "Contenido de las conclusiones de la auditoría", de acuerdo con la GTC-ISO 19011 (6.4.9.2), éstas deben comprender tanto la adecuación normativa del SGRP como su grado de eficacia. Frente al primer aspecto, establece la norma que las conclusiones de la auditoría deberían tratar aspectos tales como "*el grado de conformidad con los criterios de auditoría y la robustez de sistema de gestión*". Y frente al segundo aspecto, agrega la norma que las conclusiones también han de incluir "*la eficacia del sistema de gestión para cumplir los resultados previstos, la identificación de riesgos y la eficacia de las acciones tomadas por el auditado para tratar los riesgos*". Vista esta *3ª línea* desde la óptica de la delegación en posiciones de especial criticidad criminal y desde un *enfoque a procesos* para la auditoría, valga la acotación, se advierte cómo la dirección puede *asegurar* el control de aquellos riesgos criminales de mayor probabilidad de acaecimiento, si se tiene en cuenta que tal *enfoque* (GTC-ISO 19011 [A2]), de acuerdo con la misma norma, implica que la función de auditar se concrete en un análisis por *procesos*. En razón de tal enfoque especializado (posibilidad de priorizar los procesos de mayor criticidad criminal para su auditoría), en suma, es que puede afirmarse que el *principio de confianza* comporta *"vigilar" la correcta realización de los restantes roles*.

La función de auditoría resulta así importante para el control que debe aplicar el órgano de dirección frente a aquellos procesos que, según la matriz de riesgos penales, registran mayor exposición delictiva. Obsérvese que, como sostiene LASCURAÍN, "El debido control se ejercita también a través de la delegación"[28]. Se trata, en la lógica de la delegación, de un aseguramiento de los procesos de la organización a *doble escala*[29]: En clave de control de funciones delegadas, como sostiene MONTANER, la auditoría podría verse como una manifestación de la "*vigilancia del vigilante*", esto es, como un conjunto de mecanismos de control escalonados, de distinta intensidad y alcance, que confluirían sobre las actividades dirigidas al cumplimiento[30]. El auditor interno, por lo tanto, cumpliría una función del órgano de dirección identificada en el aseguramiento de los procesos internos y la aplicación de los "deberes de salvamento" ínsitos al rol de administrador, orientados a corregir las fallas detectadas o a interrumpir cursos causales lesivos. La importancia de esta función no es menor, pues cuando el control de riesgos criminales se concibe bajo un modelo de doble nivel que opera en forma holística (transversal) y concreta (procesos de especial cuidado), dicha actividad supervisora puede desplegarse en forma focalizada sobre los procesos que registran mayor vulnerabilidad criminal y sobre los encargados de su gestión (*testing*).

La inclusión del *compliance* dentro del alcance de la auditoría, por tanto, es condición para el cabal ejercicio de dicho deber de aseguramiento. La IDW AsS 980, precisamente, permite esta orientación de la auditoría por su aplicación especial a "*Compliance Management Systems*" (CMS), abarcando los siguientes aspectos[31]: *Compliance culture, Compliance objectives, Compliance risk, Compliance program, Compliance organization, Compliance communication* y *Compliance*

---

28 LASCURAÍN SÁNCHEZ, Juan A., "La responsabilidad penal individual por los delitos de empresa", *Op. cit.*, p. 177.

29 Sobre la posibilidad de delegar el deber de control y supervisión, Ibid., p. 178: "Se ha afirmado también que todo delegante mantiene un deber de supervisión y, en su caso, corrección del delegado. Pues bien: ese deber remanente de control podrá ser a su vez delegado en personas especializadas cuya función residirá en controlar al delegado en nombre del delegante".

30 Al respecto, MONTANER FERNÁNDEZ., Raquel, "La estandarización alemana de los sistemas de gestión de cumplimiento", en SILVA SÁNCHEZ, Jesús-M (Dir.) / MONTANER FERNÁNDEZ, Raquel (Coord.), *Criminalidad de empresa y Compliance...*, *Op. cit.*, p. 146, agrega: "[...] el auditor del sistema de gestión de cumplimiento es un "vigilante" de la actividad de aquellos sujetos que, de algún modo, velan por el cumplimiento en la empresa".

31 IDW AsS 980:2011, "*IDW Assurance Standard...*"., *Op. cit.*, p. 5-7.

monitoring and improvement. Nótese cómo, tal alcance, integra la evaluación de la *cultura ética general* (*Compliance culture*). El Manual SAINT (*), justamente, siguiendo una orientación del tipo *behavioral compliance* (relativa al protagonismo del individuo para el control), prevé que "*Las auditorías de integridad son un medio apropiado para que la administración obtenga una idea de la calidad del sistema de control de integridad de la organización*". Además de comprender aspectos de la cultura general, el mismo enfoque exigiría que la auditoría trascienda a un nivel *concreto* que atienda a la *conformación ética* de aquellos empleados de especial exposición. En este mismo nivel de control se asegurará que se ha realizado una *selección* debida de tales cargos críticos antes de su vinculación laboral (*elección*), que se les ha *supervisado* en desarrollo de su quehacer operativo (*vigilancia*) y que se les ha *rectificado* en caso de advertir fallas en el curso de sus actividades (*corrección*).

4. SISTEMA GENERAL DE CONTROL DE RIESGOS CRIMINALES (SG)

Ordenada la estructura organizativa requerida para la gestión de riesgos criminales, el paso siguiente consiste en definir el *esquema general de control* necesario para tal fin. El compromiso de la alta dirección, como cabe reiterar, es lo que permite que se formulen e integren operativamente las políticas y procedimientos que conforman la estructura de cumplimiento y se definan responsabilidades frente a quienes se delega una función de especial criticidad criminal. A todo esto, como apunta NIETO, sin esa implicación real y decidida de los máximos dirigentes de la organización con relación al logro de los objetivos establecidos para el sistema de cumplimiento, éste resulta "papel mojado"[32]. Pues bien, este compromiso de nivel superior es condición para el establecimiento de los *controles generales* (transversales) del modelo orientados *holísticamente* sobre los vectores criminógenos que surgen al interior de la organización, generando un entorno propicio para su *control especial* (por procesos), bajo los criterios exigidos para el diseño, implementa-

32 NIETO MARTÍN, Adán, "De la ética al Public Compliance…", *Op. cit.*, p. 32.

ción y eficacia de los controles de proceso: descripción (alcance), documentación (guía, instructivo, etc.), responsable, tipología (preventivo, detectivo o correctivo), forma (manual, semiautomático o automático), frecuencia (*ad hoc*, eventual, ocasional, etc.), etc. Sobre este doble grado de control, recuerda CASANOVAS que "Son controles de alto nivel aquellos que se proyectan sobre un amplio espectro de riesgos penales, mientras que son específicos los que reducen su alcance a algunos de ellos"[33]. En esta última escala (concreta), bajo el SGRP propuesto se adoptarían una serie de protocolos que reconducirían el control sobre los cargos de mayor criticidad criminal.

Un modelo apuntalado en ese compromiso superior, entonces, responde al sustrato óntico del *compliance* (la ética) y a su enfoque de aplicación (*behavioral compliance*). Bajo esta óptica, el "*top level integrity*" se instituye en correlato básico del "*top level commitment*", si lo que se pretende es demostrar un compromiso *ético* por parte de la dirección desde su deber de evitación criminal. Es más, podría defenderse que la generación de una cultura ética es una vía excelsa para la afirmación del *principio de confianza*, por cuanto parece razonable que pueda *confiarse* más en quien es íntegro. El Manual SAINT (*), con relación a la actitud de gestión de la dirección, establece que "*El estilo de gestión adoptado por una organización influirá en su integridad*". Al respecto, enfatiza este instrumento que "*Si la gerencia no implementa una política de integridad, o lo hace a medias, dará la impresión de que la integridad no goza de alta prioridad*". Desde el enfoque anotado, valga reiterarlo, este compromiso de nivel superior constituiría la base motivacional para el refuerzo de actitudes éticas. Por contra, si la alta dirección ofrece un ejemplo equivocado, reza el mismo Manual (*), "[...] *el personal estará más inclinado a copiar su comportamiento y también será culpable de la falta de integridad*". El "*top level integrity*", de este modo, se enseña como un principio de proyección general indispensable para asegurar la efectividad de los controles internos (a nivel concreto), lo que comienza con la precisa regulación de las áreas de mayor exposición criminal, la descripción de los puestos de trabajo y la caracterización de sus procesos, de modo que se pueda priorizar sus riesgos inherentes y aplicar las respectivas medidas profilácticas.

---

33 CASANOVAS YSLA, Alain, "*Compliance* penal normalizado...", *Op. cit.*, p. 162.

Por todo lo anterior, el compromiso de alto nivel es presupuesto del control penal, entre otras cosas, porque la *planeación* (diseño y formulación previa de políticas, objetivos, metas, programas y controles racionalmente definidos) y la *organización* (diseño y confección técnica de la estructura organizacional que identifique cada una de las dependencias y órganos), son elementos imprescindibles para el cumplimiento. En fin, asegurado el "*cimiento ético*" del modelo de control ("*top level integrity*"), como si se tratase de la construcción de un edificio, el paso siguiente consiste en levantar la "*columnas estructurales*" que resistirán las "fuerzas de gravedad" que podrían agrietar la estructura organizacional (factores de riesgo). Como se especifica en la Tabla 4 (*infra*), tal "construcción" implica fijar los *objetivos* que deben regir el *diseño*, *implementación* y *funcionamiento (efectividad)* del modelo, la *metodología* general que congloba la gestión de los riesgos ínsitos a tal ejercicio constructivo y los *componentes* que habría de integrar para su efectivo levantamiento.

En cuanto a los objetivos (*Nivel I*), por estar directamente vinculados a la pretensión de defensa penal corporativa, se adopta la fórmula P+D+R que incorpora la norma técnica para gestión de riesgos penales UNE 19601, bajo el entendido que ésta ayuda a las organizaciones a "[...] *desarrollar sistemas de gestión de compliance penal con contenidos razonables para prevenir, detectar y gestionar conductas ilícitas generando así la cultura organizativa del cumplimiento de la legalidad que pueda fundamentar, en última instancia, la exoneración de su responsabilidad*" (UNE 19601 [Introducción]). Sobre la metodología de gestión de riesgos acoplada al modelo de control penal (*Nivel II*), por su lado, se incorpora la norma ISO 31000 (*Risk Management Guidelines*). En cuanto a los componentes del modelo de control (*Nivel III*), finalmente, se integra la "estructura de alto nivel" (*High Level Structure)* que incorporan el citado estándar ISO.

ESTRUCTURA GENERAL DEL SGRP				
I	UNE 19601	OBJETIVOS (P+D+R)	Prevenir	Antes (de que suceda el evento ilícito)
			Detectar	Durante (el desarrollo del curso ilícito)
			Reaccionar (gestionar)	Después (de presentarse el evento ilícito)
III	ISO 31000	METODOLOGÍA	Unidad Organizativa (de gestión del riesgo)	Áreas (ámbitos de competencia)
				Puestos de trabajo (personas o posiciones)
				Procesos (actividades)
			Gestión de Riesgos (Ciclo)	Identificación
				Medición
				Valoración
				Control (Plan de Tratamiento)
				Monitoreo
				Mejora continua
IIII	ISO 37301	COMPONENTES (PHVA)	Contexto de la organización	Planificar
			Liderazgo	
			Planificación	
			Elementos de apoyo	Hacer
			Operación	
			Evaluación del desempeño	Verificar
			Mejora	Actuar

Tabla # 4: Esquema de lineamientos generales sobre los que se levantaría la estructura de controles de *compliance* integrados al modelo "C3", orientado a su diseño, implementación y funcionamiento efectivo.

4.1. *Objetivos del SGRP: Fórmula P+D+R*

El modelo "C3" busca conjugar la gestión de riesgos criminales con el principio de integridad superior (*top level integrity*), procedimentalizando la estructura de control a partir de incentivos éticos que modulen la toma de decisiones. La fórmula P+D+R, anótese, puede orientarse bajo el enfoque criminológico propuesto, pues como señala el Manual SAINT (*), es importante que tanto la organización administrativa como los controles internos "[...] *estén diseñados óptimamente para fines de integridad con vistas a la prevención (por ejemplo, eliminar la tentación), la detección (por ejemplo, revelando pérdidas de existencias) y la represión (por ejemplo, identificación de perpetradores)*". Esta integración, precisamente, resulta necesaria cuando el modelo de control recae sobre la delegación, dado que tales objetivos constituyen el correlato de los deberes de *aseguramiento* y *salvamento* ínsitos al *principio de confianza*. El mismo Manual (*), por ello, dispone entre sus premisas que "[...] *la política de integridad debe centrarse en el personal*". El desarrollo de esta política, por lo tanto, exige definir un esquema *general* de control transversal a toda la organización (segmentación de la estructura orgánica por dependencias, promulgación de normas de alto nivel, formación general, divulgación interna y externa, línea ética, etc.), al que luego se vincularán controles de impacto *específico*, posibilitando conjuntamente el dominio de los riesgos priorizados. Este nivel concreto, como se indicó, exige una definición previa y aplicación de cautelas sobre las posiciones criminalmente expuestas. Para asegurar esta vertiente de control *subjetivo*, el cual se integra con la arista *objetiva* del control, como se verá, resultaría útil la previsión de las cautelas *in eligendo*, *in vigilando* e *in corrigendo* (E+V+C) aplicables a los cargos de mayor criticidad.

Bajo tal ontología del *compliance* (*refuerzo ético*), entonces, el modelo "C3" se levanta sobre estos tres *objetivos* de control: la *prevención* de infracciones penales asegurando el cumplimiento interno (*enforcement*), la *detección* de cursos causales lesivos con el fin de interrumpir su avance (*discovery*) y la *reacción* ante desviaciones registradas con el propósito de mantener un entorno de disuasión (*deterrence*). Frente a tales objetivos, por ejemplo, la UNE 19601 postula que "*El sistema de gestión de compliance penal debe incluir medidas diseñadas para evaluar el riesgo penal, prevenirlo, detectarlo y gestionarlo de manera temprana*" (UNE 19601 [4.4]). Con respecto a esta fórmula (P+D+R), reseña CASANOVAS sobre el "objetivo del *compliance* penal" frente a conductas constitutivas de delito, que tal norma "[...] puede operar en entornos donde existe riesgo de que se produzcan, siempre que disponga de medidas para prevenirlas, detectarlas y gestionarlas (reaccionar) adecuadamente"[34]. En definitiva, lo que se pretende con esta definición de objetivos dentro del marco de un modelo de gerenciamiento de riesgos penales, es que el órgano de administración tome conciencia sobre el propósito de las políticas y procedimientos incorporados al respectivo programa de cumplimiento. Por ello, como también señala NIETO, "[...] los programas de cumplimiento no consisten sólo en prevenir irregularidades. La definición más usual de esos sistemas señala que su objetivo es también detectarlas y sancionarlas"[35]. La traducción material de estos objetivos, como lo denotan los dos ítems subsiguientes, es la previsión de una metodología de gestión de riesgos y un modelo de *compliance* que permita su logro.

4.2. *Metodología general para la gestión del riesgo penal: ISO 31000*

De forma meramente esquemática, según se propuso, la arquitectura general del modelo de gestión de riesgos penales se integra por dos niveles de control con impacto general (*holístico*) y concreto (sobre el *proceso*) frente al riesgo criminal. Para arribar a esta definición de controles, dicho modelo debe partir de una metodología que permita la *identificación*, *análisis* y *evaluación* de los factores de vulnerabilidad y riesgos que incorporan los procesos de la organización como base para su *tratamiento*. Como señala NIETO, "La valoración del riesgo es, pues, el primer paso que hay que dar con el fin de desarrollar un sistema de prevención y control"[36]. Para tal fin, se utiliza aquí el esquema definido por la norma ISO 31000: (i) *Comunicación y Consulta*; (ii) *Establecimiento del Contexto* (*externo e interno*); (iii)

---

34 CASANOVAS YSLA, Alain, "*Compliance* penal normalizado...", *Op. cit.*, p. 96.

35 NIETO MARTÍN, Adán, "Problemas fundamentales del cumplimiento normativo...", *Op. cit.*, p. 46.

36 NIETO MARTÍN, Adán, *La responsabilidad penal de las personas jurídicas...*, *Op. cit.*, p. 229.

Evaluación del Riesgo (*identificación, análisis y valoración*); (iv) *Tratamiento del Riesgo*; (v) *Monitoreo y Revisión*. Esta norma ofrece una metodología apropiada para la apreciación de los riesgos penales que integran las organizaciones, atendiendo no sólo a la vulnerabilidad intrínseca de ciertos procesos (*gap analysis*), sino además al grado de exposición introducido por su operador (*factor de riesgo*). Basados en la priorización de riesgos penales, como refiere Nieto, la gestión del riesgo debe ceñirse a "[...] aquellos delitos que pueden aparecer con más frecuencia en el ámbito de la empresa"[37]. Esta evaluación, por lo mismo, implica una comprensión en cascada de la estructura externa e interna de la organización (entorno regulatorio, sector de la industria, naturaleza del negocio, ubicación de operaciones, socios de negocio, etc.), de los riesgos intrínsecos de sus diversas áreas (compras, tesorería, legal, etc.), de los perfiles asignados a los distintos puestos de trabajo que integran esas dependencias de mayor exposición (competencia, experiencia, etc.)[38] y de los procesos conexos a esas posiciones (adquisiciones, pagos, etc.)[39]. A partir de esta evaluación, como indica el mismo autor frente a la adopción de las medidas que precisa la "contención" de riesgos, "Una vez detectados los riegos jurídico-penalmente relevantes, la empresa debe actuar de forma consecuente"[40].

---

37 Ibid., p. 229.

38 Con este proceso, como señala Coca Vila, Ivo, "¿Programas de cumplimiento...?", *Op. cit.*, p. 57: "[...] se alude a la necesidad de llevar a cabo una identificación y evaluación de todos y cada uno de los riesgos que cabe esperar a tenor de la concreta actividad empresarial (*Gap analysis*)".

39 Salvador Lafuente, Albert, "Mapa de riesgos: identificación y análisis de riesgos y controles", en Simón Castellano, Pere / Abadías Selma, Alfredo (Coords.), *Mapa de riesgos penales y prevención del delito en la empresa*, *Op. cit.*, p. 93: "Por lo tanto, una manera eficaz de identificación de riesgos sería hacer un recorrido por todos los procesos de la organización y verificar qué actividades se pueden dar del catálogo de conductas (ANEXO A)." [...] "Una vez identificada la conducta de riesgo, vamos a asignarla a un proceso (o departamento en caso de no disponer de un mapa de procesos)".

40 Sobre la toma de cautelas según el riesgo de cada puesto de trabajo, Coca Vila, Ivo, "¿Programas de cumplimiento...", *Op. cit.*, p. 57, refiere: "Para ello, debe adoptar dos grandes líneas de trabajo. Por un lado, es preciso, conocidos los concretos riesgos de cada puesto de trabajo, seleccionar adecuadamente a la persona que debe ocuparlo. Por el otro, es igualmente necesario que la empresa se dote de un Programa de Cumplimiento, en el que consten todas las medidas

Es aquí, en suma, en donde se plantearía ese doble nivel de control de *compliance* para "vertebrar" el SGRP (CG / CC).

4.2.1. Comunicación y consulta

Este primer elemento del esquema de Gestión de Riesgos establecido por la norma ISO 31000 está referido al establecimiento de *comunicaciones y consultas* eficaces con las partes interesadas, particularmente con los líderes de procesos, para reconocer de manera adecuada el contexto de la organización e identificar oportunamente sus riesgos. De acuerdo con la norma, "*La comunicación busca promover la toma de conciencia y la comprensión del riesgo, mientras que la consulta implica obtener retroalimentación e información para apoyar la toma de decisiones*" (NTC-ISO 31000 [6.2]). En esta primera fase, será la competencia del analista de riesgos (oficial de cumplimiento), la que guíe este proceso de comprensión de la estructura de la organización (sus áreas, puestos de trabajo, procesos, etc.), de modo que le permita direccionar la atención frente a aquellas unidades organizativas de mayor criticidad (compras, comercial, contable, etc.). Para tal comunicación, entre otras herramientas, se suelen utilizar formatos y entrevistas al personal que permitan recopilar información de sus procesos, así como el análisis de documentos que posibiliten conocer la estructura organizativa (organigrama, caracterización de procesos, manual integral, etc.), procedimientos (operativos, de control, de reporte, etc.), responsabilidades, funciones, etc. Esto posibilitará que el analista efectúe una adecuada identificación de los eventos de riesgo, previa segmentación de sus factores (personas, productos, etc.). En suma, es esta fase la que le permitirá al analista, de acuerdo con el modelo desarrollado, reconocer preliminarmente qué constrictores criminógenos podría albergar las distintas unidades organizativas.

---

necesarias para la minimización de los riesgos previsibles bajo el umbral de lo jurídico-penalmente tolerable".

4.2.2. Establecimiento del contexto (interno y externo)

Como señala la ISO 31000, "*Lo contextos externo e interno son el entorno en el cual la organización busca definir y lograr sus objetivos*" (NTC-ISO 31000 [6.3.3]). Acorde con la misma norma, esta comprensión del contexto resulta importante, entre otras razones, porque "*la gestión del riesgo tiene lugar en el contexto de los objetivos y las actividades de la organización*" y "*los factores organizacionales pueden ser una fuente de riesgo*" (NTC-ISO 31000 [6.3.3]). En el plano penal, la norma UNE 19601 indica que "*La organización (3.20) debe determinar los factores externos e internos que son relevantes a sus propósitos y para alcanzar sus objetivos de compliance penal...* "(UNE 19601 [4.1]). Agrega esta norma que ello comprende aspectos como: a) el tamaño y la estructura de la organización; b) las ubicaciones y sectores en los que opera la organización o prevé operar; c) la naturaleza, escala y complejidad de las actividades de la organización y sus operaciones; d) las entidades sobre las cuales ejerce control; e) los miembros de la organización y los socios de negocio; f) la naturaleza y extensión de las relaciones con funcionarios públicos; y g) las obligaciones y compromisos legales, contractuales o profesionales. Todo lo anterior, en síntesis, orientado a la comprensión de sus riesgos penales y los respectivos factores. En el contexto externo, por un lado, se procedería a la identificación del entorno en el que opera la organización y se desempeñará el sistema de gestión de riesgos penales, entre los que caben factores políticos, culturales, económicos, financieros, legales, reglamentarios, etc. En el contexto interno, por otro lado, se tendrían en cuenta aspectos como las políticas y procesos de la organización, las percepciones, valores, cultura, las partes interesadas internas y su estructura (gobierno, funciones, responsabilidades, etc.)

4.2.3. Evaluación del riesgo

Según la ISO 31000, "*La evaluación del riesgo es el proceso global de identificación del riesgo, análisis del riesgo y valoración del riesgo*" (NTC-ISO 31000 [6.4.1]). Como indica la norma en su numeral 4.3.4, los riesgos se pueden apreciar al nivel de la organización, al nivel de un departamento, por proyectos, por actividades o por riesgos específicos. La apreciación del riesgo es la parte de la gestión del riesgo que proporciona un proceso estructurado que identifica la manera en que los objetivos pueden resultar afectados. Al lado de ello, analiza el riesgo en términos de consecuencias y de sus probabilidades antes de decidir si se necesita un tratamiento adicional. A propósito de la implicación de la dirección en esta actividad de apreciación de riesgos y de la pertinencia de aplicar una orientación por *procesos*, sus *dueños* y la *cultura* en que estos se insertan, la norma incorpora entre sus *Principios*, lo siguiente: "*La gestión del riesgo es parte integral de todas las actividades de la organización*" [...] "*El comportamiento humano y la cultura influyen considerablemente en todos los aspectos de la gestión del riesgo en todos los niveles y etapas*" (NTC-ISO 31000 [4]). La UNE 19601, cabe resaltar, integra expresamente la misma metodología de gestión de riesgos, a saber: "*La organización (3.20) debe desarrollar un proceso (3.26) de evaluación que comprende la identificación, el análisis y valoración de los riesgos penales (3.29)...*" (UNE 19601 [6.2.1]). De acuerdo con la misma norma, esta metodología es importante para: a) identificar los riesgos penales que la organización pueda razonablemente anticipar; b) analizar los riesgos penales identificados; c) valorar los riesgos penales identificados. Cabe así ahondar en estas tres subfases:

(i) Identificación

La identificación de riesgos es el proceso mediante el que se descubren, reconocen y registran los riesgos. Se identifican los sucesos o situaciones con potencialidad de afectar el logro de los objetivos del sistema o de la organización. Una vez el riesgo se ha identificado, se procede a determinar los controles aplicados. Este proceso de reconocimiento del riesgo incluye la identificación de sus causas y del origen (sucesos, situaciones o circunstancias que podrían tener impacto sobre los objetivos). De manera literal, reza la ISO 31000 que "*El propósito de la identificación del riesgo es encontrar, reconocer y describir los riesgos que pueden ayudar o impedir a una organización lograr sus objetivos*" (NTC-ISO 31000 [6.4.2]). Entre otros factores a tener en cuenta para tal proceso de identificación, de acuerdo con la misma norma, se deberían considerar "*las causas y los eventos*", "*la naturaleza y el valor de los activos y de los recursos*" y "*los sesgos, los supuestos y las creencias de las personas involucradas*". A propósito de esta dirección *subjetiva* del riesgo (sesgos y creencias), la ISO 31010 establece que en este proceso de identificación de riesgos se debe prestar especial atención a las posibles "*desviaciones de los factores humanos*" (ISO 31010 [5.2]). Por su parte, la UNE 19601 asocia también esta actividad de identificación de riesgos penales a los procesos de debida diligencia, señalando que "*La organización (3.20) debe realizar un análisis con el fin de identificar aquellas actividades en cuyo ámbito puedan materializarse riesgos penales (3.29) que deban ser prevenidos...*" (UNE 19601 [8.2]). Evacuada esta actividad de prognosis, como se indicó *supra*, tal identificación de eventos se plasmará en la matriz y mapa de riesgos penales.

(ii) Análisis del riesgo / Medición

Proceso de medición del riesgo, consistente en determinar la probabilidad de ocurrencia de los sucesos identificados (anticipados) y sus consecuencias (impacto), teniendo en cuenta la presencia –o carencia- y eficacia de los controles para su mitigación. De acuerdo con la ISO 31000, "*El propósito del análisis del riesgo es comprender la naturaleza del riesgo y sus características incluyendo, cuando sea apropiado, el nivel del riesgo*" (NTC-ISO 31000 [6.4.3]). Al respecto, la UNE 19601 señala frente a este punto que "*La organización (3.20) debe analizar los riesgos penales (3.29) considerando las causas y las fuentes de incumplimientos de compliance penal (3.5) y la gravedad de sus consecuencias, así como la probabilidad de que ocurran incumplimientos de compliance penal (3.5) y las consecuencias asociadas*" (UNE 19601 [6.2.2]). La combinación de probabilidades y consecuencias determinarían el nivel de riesgo (*inherente*). Este análisis implica tanto la consideración de las causas y fuentes del riesgo, así como las consecuencias (impacto), en particular, la probabilidad de que tales eventos puedan ocurrir. Seguidamente, se efectúa una apreciación de los controles tendiente a determinar su idoneidad y eficacia. Finalmente, se determina la probabilidad de materialización. Literalmente, indica la ISO 31000 sobre este punto que "*El análisis del riesgo implica una consideración detallada de incertidumbres, fuentes de riesgo, consecuencias, probabilidades, eventos, escenarios, controles y su eficacia*" (NTC-ISO 31000 [6.4.3]). Como se advierte, este proceso de medición implica necesariamente una anticipación de "eventos", "fuentes" y "escenarios" –delictivos-, para lo que resulta pertinente la metodología criminológica propuesta.

(iii) Evaluación / Valoración

La evaluación del riesgo implica una comparación de los niveles estimados del riesgo con los criterios definidos del riesgo cuando se estableció el contexto, a fin de estimar el nivel y el tipo de riesgo. Conforme con la ISO 31000, "*El propósito de la valoración del riesgo es apoyar la toma de decisiones*" (NTC-ISO 31000 [6.4.4]). Sobre este punto, señala la UNE 19601 que "*La organización (3.20) debe establecer criterios para valorar su nivel de riesgo penal (3.29), considerando sus objetivos de compliance penal (3.19)...*". Con relación a esta fase, siendo más concretos, señala la ISO 31000 que "*La valoración del riesgo implica comparar los resultados del análisis del riesgo con los criterios del riesgo establecidos para determinar cuándo se requiere una acción adicional*" (NTC-ISO 31000 [6.4.4]), entre ellas, no hacer nada más, considerar opciones para el tratamiento del riesgo, realizar un análisis adicional y comprender mejor el riesgo, mantener los controles existentes o reconsiderar los objetivos. En síntesis, este conocimiento permite orientar la toma de decisiones futuras con respecto al tratamiento del riesgo y la planificación de acciones (como determinar si el riesgo requiere tratarse o no, la prioridad del tratamiento o el camino a seguir). En este modelo de gestión de riesgos penales se propone el desarrollo de planes de acción por áreas y procesos, con la determinación específica de las tareas a ejecutar y la respectiva asignación de las personas responsables de aplicarlas. Aquí es donde el órgano de dirección debe proponer o adoptar la decisión de desarrollar un sistema de gestión de riesgos penales o programa de cumplimiento que le permita proteger de manera efectiva aquellos procesos de mayor exposición criminal.

4.2.4. Tratamiento del riesgo

Una vez completada la apreciación del riesgo, su priorización y tratamiento (control) implica la selección y el acuerdo para aplicar una o varias opciones pertinentes para cambiar la probabilidad de que los riesgos ocurran, los efectos de los riesgos, o ambas cosas, así como la implantación de estas opciones. Al respecto, señala la ISO 31000 que "*El propósito del tratamiento del riesgo es seleccionar e implementar opciones para abordar el riesgo*" (NTC-ISO 31000 [6.5.1]). Sobre la necesidad de realizar un tratamiento de los riesgos penales en razón de la insuficiencia de controles, señala la UNE 19601 que "*Ante deficiencias identificadas en determinados controles, la organización (3.20) debe tomar medidas para remediarlas, por ejemplo, implantando planes de acción que mitiguen los riesgos (3.28) asociados a los controles deficientes*" (UNE 19601 [6.2.1]). Entre las "opciones para el tratamiento del riesgo" que plantea la norma (NTC-ISO 31000 [6.5.2]), por su aplicación a riesgos penales, se encuentran: evitar el riesgo decidiendo no iniciar o continuar con la actividad que genera el riesgo, eliminar la fuente de riesgo o modificar la probabilidad de ocurrencia. En este modelo, como se ha venido desarrollando, la medida de tratamiento que se propone se concentra en la posibilidad de *eliminar la fuente de riesgo* o en la *modificación de su probabilidad de ocurrencia* a través del *self-cleaning* criminológico propuesto. En concreto, de acuerdo a lo trabajado en precedencia (y se complementará en el presente capítulo), los controles de orden general (holístico) y de proceso en su orientación preventiva, detectiva y reactiva, estarían dirigidos a contrarrestar (*eliminar o modificar*) la fuerza instigadora de los constrictores de la decisión criminal.

4.2.5. Seguimiento y revisión

Proceso consistente en la "fiscalización" de los riesgos y los controles mediante una monitorización y revisión de manera regular con el objetivo de establecer si los objetivos del sistema se vienen cumpliendo y si los criterios de apreciación y control del riesgo siguen siendo válidos o requieren de una actualización o mejora. De acuerdo con la ISO 31000, "*El propósito del seguimiento y la revisión es asegurar y mejorar la calidad y la eficacia del diseño, la implementación y los resultados del proceso*" (NTC-ISO 31000 [6.6]). Sobre la "*Revisión de la evaluación de riesgos penales*", señala la UNE 19601 que la evaluación del riesgo penal debe revisarse: a) de manera regular, de modo que los cambios y la nueva información puedan ser adecuadamente considerados según la frecuencia definida por la organización; b) en caso de cambios significativos en la estructura o actividades de la organización; c) en caso de incumplimientos de *compliance* penal; d) en caso de que aparezca jurisprudencia o se produzcan cambios legislativos relevantes (UNE 19601 [6.2.4]). En el presente modelo, este proceso de seguimiento y revisión se conecta con la actividad de monitoreo del SGRP, esencialmente, a través de tres grandes actividades de control de orden detectivo orientadas a advertir, descubrir o develar cualquier tipo de desviación en torno a la ejecución de esos procesos susceptibles de infracciones ético-normativas. Estas actividades comprenden el desarrollo de medidas de debida diligencia, el establecimiento de canales de denuncia y medidas de supervisión *stricto sensu* (control de gestión, revisión de cumplimiento y auditoría interna). En este punto, entonces, se repetiría el ciclo de gestión del riesgo.

4.3. Componentes del SGRP: Nivel Transversal

Este modelo de control de riesgos penales, conviene reiterar, se levanta sobre la estructura criminológica esbozada (SE/SO/SV). La elección de sus distintos componentes, en tal sentido, responde a los objetivos de *compliance* anotados (prevenir, detectar y reaccionar), apuntando a tres estadios temporales distintos del curso configurativo del evento criminal (*riesgo*): (i) *antes* de que suceda; (ii) *durante* su configuración; (iii) *después* de su materialización. Esta segmentación temporal resulta útil para la prognosis (anticipación) y profilaxis de los *constrictores* de la conducta criminal (a modo de *self-cleaning*), teniendo en cuenta que éstos emergen en tiempos distintos. Por lo tanto, si del estudio criminológico de las diversas unidades organizativas se concluye que sus puestos de trabajo y procesos conexos podrían facilitar la confluencia de los tres tipos de vectores que dinamizan esta tipología de delitos (SE/SO/SV), entonces, los componentes del SGRP se orientarían a su profilaxis general (transversal) y concreta (por procesos), a saber: (I) prevención: (i) *Regulación Interna*, (ii) *Debida Diligencia Interna (KYE)*, (iii) *Cultura Ética*; (II) detección: (i) *Líneas Éticas*, (ii) *Debida Diligencia Externa (KYC)*, (iii) *Evaluación y Monitoreo*; (III) reacción: (i) *Investigaciones Internas*, (ii) *Remediación de Faltas* y (iii) *Gestión Procesal del Riesgo Penal*. Como se observa en la tabla inferior, en suma, el modelo se configura de modo que puede impactar el riesgo criminal tanto a nivel *general* (holístico) como en su grado *concreto*:

ESQUEMA DE CONTROLES DE CUMPLIMIENTO TRANSVERSALES DEL SGRP				
N	Mecanismo General			Protocolo Especial
I	Preventivos	**Regulación Interna**	Normas de Alto nivel	Integración operativa
			Procedimientos Internos (y de Control)	
			Manual de Cumplimiento (y Protocolos)	
		Debida Diligencia (KYE)	Proceso de Vinculación	Estudio de confiabilidad
			Proceso de Conocimiento	
			Medición del Desempeño	
		Cultura Ética	Inducción Ética (*Welcome Pack*)	Culturización ética
			Formación	
			Divulgación ("empujoncitos" éticos)	
II	Detectivos	**Canal de Denuncias**	Política del Canal de Denuncias	Administración del canal
			Política de protección al denunciante	
			Gestión de reportes o denuncias	
		Debida Diligencia (KYC)	Conocimiento de la Contraparte	Administración de terceros
			Entendimiento de la Relación de Negocio	
			Análisis de Operaciones de Riesgo	
		Evaluación / Monitoreo	Seguimiento (Control de Gestión)	Evaluación de la efectividad
			Revisión (Cumplimiento)	
			Aseguramiento (Auditoría Interna)	

ESQUEMA DE CONTROLES DE CUMPLIMIENTO TRANSVERSALES DEL SGRP				
N	**Mecanismo General**			**Protocolo Especial**
III	Reactivos	**Investigación Interna**	Proceso de Investigaciones Internas	Investigaciones internas
			Gestión de Evidencias	
			Presentación de Evidencias	
		Remediación	Acciones Correctivas	Esclarecimiento de ilícitos
			Análisis de Causa (Inmediata y Raíz)	
			Plan de mejora	
		Gestión Procesal del Riesgo	Acción Penal	Gestión de crisis penales
			Protocolo de Pruebas Judiciales	
			Defensa Procesal	

Tabla # 5 Estructura de controles de *compliance-penal* dispuestos en tres niveles de comprensión para la actividad de gestión de riesgos penales y para articular el correspondiente sistema de prueba judicial.

5. CONTROL CONCRETO (CC): ENFOQUE A PROCESOS

La aplicación metodológica previa, entonces, posibilita un mapeo de procesos criminalmente vulnerables. Para la identificación de sus riesgos, lo siguiente es descender a su análisis bajo el enfoque *BPM* representado en modelos como el "*Diagrama SIPOC*". Este acrónimo proviene de cinco componentes que definen la estructura esencial del proceso: (i) Proveedores (*Suppliers*): la fuente de las entradas del proceso; (ii) Entradas (*Inputs*): los recursos requeridos para que el proceso funcione; (iii) Proceso (*Process*): los pasos generales que integran el proceso; (iv) Salidas (*Outputs*): los resultados del proceso; (v) Clientes (*Customers*): las personas que se benefician del proceso o reciben su resultado. Esta caracterización de los procesos de la organización, como se verá en el Capítulo IV, es lo que permite la identificación de los *factores de riesgo* criminal y su respectiva *causa raíz*, para luego proceder al diseño, localización y aplicación de controles en cada una de las etapas. Esta estructura resulta útil, en concreto, porque permite anticipar en cada fase del proceso la potencial afectación ilícita de sus *recursos (activos)* por los vectores criminógenos que interfieren sobre sus propietarios: (i) recursos humanos (*administrador, dueño de proceso, etc.*); (ii) recursos técnicos (*información, procedimientos, estrategias, etc.*); (iii) recursos físicos (*documentos, insumos, periféricos, dinero, etc.*). Son estos recursos, como se ampliará, los susceptibles de albergar los controles ubicados en las distintas fases del proceso, orientados bajo un objetivo de aseguramiento (*self-cleaning*), a saber: *fiabilidad* (del recurso humano), *indemnidad* (de los recursos técnicos) y *seguridad* (de los recursos físicos). A partir de aquí, en suma, tendría mayor factibilidad el control en la toma de decisiones que integra el proceso y la aplicación del procedimiento fijado para el procesamiento de sus recursos.

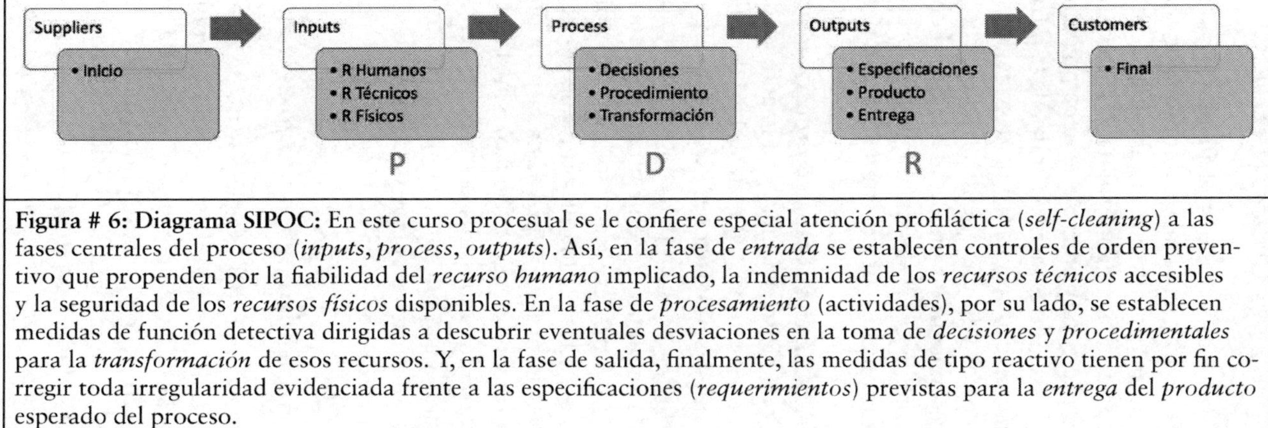

Figura # 6: Diagrama SIPOC: En este curso procesual se le confiere especial atención profiláctica (*self-cleaning*) a las fases centrales del proceso (*inputs*, *process*, *outputs*). Así, en la fase de *entrada* se establecen controles de orden preventivo que propenden por la fiabilidad del *recurso humano* implicado, la indemnidad de los *recursos técnicos* accesibles y la seguridad de los *recursos físicos* disponibles. En la fase de *procesamiento* (actividades), por su lado, se establecen medidas de función detectiva dirigidas a descubrir eventuales desviaciones en la toma de *decisiones* y *procedimentales* para la *transformación* de esos recursos. Y, en la fase de salida, finalmente, las medidas de tipo reactivo tienen por fin corregir toda irregularidad evidenciada frente a las especificaciones (*requerimientos*) previstas para la *entrega* del *producto* esperado del proceso.

5.1. Control de Procesos Críticos (P+D+R)

Sin perjuicio de los aspectos complementarios a trabajar en el Capítulo IV, en aras de lograr una mayor comprensión de esta metodología por procesos desde una orientación criminológica, resulta pertinente indicar cómo se acoplaría la citada fórmula P+D+R a dicha previsión metodológica. Al respecto, lo primero que debe precisarse es que, son los *recursos* integrados a las tres fases centrales de la estructura de proceso, los elementos que pueden ser blanco de desviaciones ilícitas (los recursos humanos, técnicos y físicos que recorren el proceso según sus fases de entrada, procesamiento y salida). Advertida tal condición, lo segundo a precisar es que los controles de orientación preventiva, detectiva o reactiva que se formulen se ubicarían de manera predominante, según su función, a la *entrada* del proceso (tendientes a *evitar* la disposición ilícita de esos recursos), en su etapa de *procesamiento* (dirigidos a *descubrir* brechas y posibles desviaciones en la actividad de interrelación y transformación de tales recursos) o en su fase de *salida* (previstos para *corregir* esas eventuales desviaciones que se hubieren presentado en las fases precedentes). Así, por ejemplo, en un supuesto de contratación, en la fase de *entrada* se podría generar un acto de corrupción sobre uno de los operadores del proceso (recurso humano) por parte de un proponente dirigido a alterar el curso legítimo de la operación, acceder de manera ilegítima a información privilegiada para obtener una ventaja en el proceso contractual (recurso técnico) o falsificar algún documento requerido dentro de los requisitos del proceso (recurso físico). Dicha aplicación criminológica, por tanto, implica caracterizar el respectivo proceso para identificar los recursos susceptibles de activar los *tipos de vectores* caracterizados (SE/SO/SV).

5.1.1. Control preventivo (antes): *Enforcement*

El módulo *preventivo* del SGRP postulado puede definirse, bajo el enfoque criminológico propuesto, como el conjunto de acciones tendientes a precaver, impedir, evitar o mitigar la toma de decisiones ilícitas en el marco de los procesos (actividades) de la organización. De acuerdo con la Guía para la Gestión del Riesgo de Corrupción establecida por el citado Decreto 124/2016, los controles preventivos "[...] *se orientan a eliminar las causas del riesgo para prevenir su ocu-*

rrencia o materialización". Entendido tal objetivo como el proceso de hacer que las personas obedezcan una ley o regla, o hacer que una situación particular suceda o sea aceptada (*enforcement*), esta finalidad preventiva se cierne sobre los recursos que podrían estimular tentaciones sobre los decisores del proceso respectivo para proyectar su aprovechamiento indebido (SE). Por su propia naturaleza temporal (*antes* de que el ilícito suceda), este tipo de controles se ubican a la entrada del proceso para que sus recursos no se desvíen en su fase de ejecución. Las cautelas de base preventiva estarían dirigidas, en su nivel concreto (CC), a la formulación de controles de orden financiero y no financiero que incrementen esa fiabilidad, indemnidad y seguridad de los recursos implicados. Sobre los recursos humanos, por ejemplo, incrementando la confianza (fiabilidad) de los *responsables* del proceso mediante su debida selección. Frente a los recursos de orden técnico, por ejemplo, salvaguardando la *información, procedimientos y estrategias* mediante su acceso restringido. Y con respecto a los recursos de orden físico, asegurando la custodia y disposición de cosas de valor intrínseco como *documentos, insumos, periféricos* o *dinero*.

5.1.2. Control detectivo (durante): *Discovery*

El módulo *detectivo* ocupa el segundo nivel de la estructura del SGRP. En este contexto, "detección" alude al proceso de localizar, revelar o descubrir brechas (*gaps*) o indicadores de actividad criminal en torno a los procesos (actividades) de mayor criticidad (*discovery*). Según la misma Guía citada *supra*, los controles *detectivos* son "*Aquellos que registran un evento después presentado; sirven para descubrir resultados no previstos y alertar sobre la presencia de un riesgo*". Teniendo en cuenta que esos mismos recursos de orden humano, técnico y físico podrían disponerse ilícitamente por parte de quienes pueden decidir sobre ellos (SO), bajo esta lógica detectiva se proponen medidas dirigidas a advertir desviaciones *durante* su fase de *procesamiento* mediante una acción de control dirigido: el *monitoreo apalancado en el control de gestión, revisión y auditorías de procesos*. Desde el plano concreto (CC), entonces, dicha actividad de *monitoreo* se dirigiría a develar brechas y posibles irregularidades en la disposición de tales recursos a partir de la procedimentalización direccionada del control sobre aquellos procesos que presenten un grado mayor de exposición criminal (por ejemplo, con pruebas de control sobre cierta operación de compra). Sobre los recursos humanos, por ejemplo, vigilando que los responsables del proceso se hayan sujetado a los requisitos que lo regulan. Frente a los recursos de orden técnico, por ejemplo, verificando que la *información, procedimientos y estrategias* se aplicaron para los fines normativamente previstos. Y con respecto a los recursos de orden físico, por ejemplo, corroborando que los *documentos, insumos, periféricos o dinero* no se usaron ilícitamente.

5.1.3. Control reactivo (después): *Deterrence*

El módulo *reactivo* del SGRP ocupa el tercer nivel de una estructura de control escalonada, en la que la *respuesta* (*reacción*) frente a las desviaciones del proceso, resultaría fundamental para contrarrestar la percepción de impunidad que debilita la disuasión delictiva (*deterrence*). Según la precitada Guía, los controles correctivos son "*Aquellos que permiten restablecer la actividad, después de detectado el evento no deseado. Permiten modificar las acciones que determinaron su ocurrencia*". En este escalón del modelo, la *vulnerabilidad* de los recursos del proceso (SV) se concibe como otro de los elementos catalizadores de la decisión delictiva que deben ser objeto de respuesta, al conectarse la toma de decisiones ilícitas a la confianza o percepción de impunidad de quienes tienen acceso a tales recursos. Por esta razón, desde el plano concreto (CC), esta vertiente de control se reconduciría a la sanción de eventuales desviaciones ilícitas de procesos y a la remediación de sus causas con miras a que no se generen a futuro esas percepciones de vulnerabilidad de sus recursos. En este plano reactivo, por ejemplo, se aplicarían correctivos sobre los responsables del proceso que se hubieren desviado de la aplicación rigurosa de los requisitos establecidos para su correcto desarrollo (reprensión, suspensión, despido, etc.). Sobre los recursos de orden técnico, por ejemplo, se formularían nuevas medidas de protección sobre la *información, procedimientos y estrategias* que limiten su futura disposición ilícita. Y con respecto a los recursos de orden físico, por ejemplo, se reforzaría la seguridad de aquellos *documentos, insumos, periféricos o dinero* que fueron objeto de ilícita apropiación, uso o disposición.

5.2. Control de Posiciones Críticas (E+V+C)

Constituye un silogismo lógico que si la *teoría del hecho punible* y los sistemas penales se sustentan en la *tipicidad objetiva* y *subjetiva* como presupuestos de la responsabilidad criminal –individual-, el conjunto de disciplinas que intervienen en el tratamiento de las mismas conductas en marco de actividades corporativas (gestión de riesgos, cumplimiento normativo, auditoría interna, etc.), centren también su atención sobre el componente *subjetivo* del riesgo que toman por objeto: el infractor. Es como si tanto el Derecho penal –en sus vertientes sustantiva, probatoria y procesal-, la Criminología o la Criminalística, se preocupasen solamente por establecer las circunstancias fácticas ligadas a la realización objetiva del delito (*objeto*), sin preguntarse por la vertiente personal de la infracción (*sujeto*). Tratándose de actividades delegadas, el "sujeto de la acción" (el sujeto activo), debe pasar a un primer plano, de modo que se pueda comprender los incentivos que subyacen a su accionar y, de esa forma, poder *anticiparse*. Recuérdese que, como refiere LASCURAÍN, el delegante "Incumplirá su deber de garantía si delega mal, si no vigila al delegado o si no le corrige"[41]. No resulta casual, por ello, que una norma técnica como la UNE 19601 (5.3.2) señale frente a la "Delegación de facultades", que en aquellos casos en que la alta dirección delegue la toma de decisiones en ámbitos de riesgo elevado, "[...] *la organización debe establecer y aplicar un procedimiento y un sistema de controles que garanticen que el proceso de decisión y el nivel de autoridad de los decisores sean adecuados*". De ahí que, de acuerdo con el Diagrama SIPOC, la *fiabilidad del recurso humano* sea la clave para el control del proceso.

Bajo esta óptica *dual* del riesgo penal, sintetizando, la delegación sobre las posiciones de mayor criticidad habría de articularse desde dos planos. El primero integra el análisis del "*proceso*" que encarna el riesgo y, el segundo, la conformación ética de su "*propietario*". En el primer plano, como se sustentó, la estructura del proceso puede catalogarse como una "unidad de apreciación del riesgo", cuyo contorno vendría definido por los recursos que se ubican a su *entrada*, las *actividades* que podrían potencialmente liberar la materialización de eventos

41 LASCURAÍN SÁNCHEZ, Juan A., "La responsabilidad penal individual por los delitos de empresa", *Op. cit.*, p. 302.

delictivos sobre tales recursos y los *resultados* de su procesamiento. Para el análisis de este primer rubro de apreciación del riesgo, por tanto, resultaría imprescindible la *caracterización de procesos* (entradas, actividades, salidas, responsable, controles, etc.). En el segundo plano, por su parte, resultaría necesaria una completa *descripción de los puestos de trabajo (posiciones críticas)*, lo que incluye, entre otros elementos, la definición del perfil (sujeto) y cómo proceder a su elección (*iE*), vigilancia (*iV*) y corrección (*iC*). Por ello, en esta lógica *subjetiva*, no resulta casual que organismos como el GAFI indiquen que "[...] *se entiende por amenaza a personas, grupo de personas, objeto, actividad con el potencial suficiente para causar daño...*"[42]. Es así como, esta doble *vía* de intervención, resultaría necesaria en la prueba del *debido control*, pues mientras la vertiente objetiva permite acreditar el control efectivo del proceso afectado con la acción criminal y la aptitud de las medidas establecidas para mitigar su probabilidad de ocurrencia, la vertiente subjetiva permite evaluar la posición de su líder frente al proceso y la posible elusión fraudulenta de sus controles.

El control de posiciones criminalmente expuestas, visto desde una proyección ética, se levanta sobre cautelas de orden *personal* (E+V+C) como una vía excelsa para garantizar la aplicación de la citada fórmula P+D+R. A todo esto, como reseña CASANOVAS, "[...] siempre que estemos frente a un entorno de delegación legítimo y responsable, se establecerán los controles que garanticen las actividades de prevención, detección y gestión de riesgos penales por parte de quien adopte las decisiones..."[43]. La aplicación de esta fórmula posibilitaría que no pueda predicarse judicialmente la falta de diligencia del delegante, pues de ese modo éste habría aplicado las exacciones del *principio de confianza*. Para advertirlo, puede acudirse a las categorías de *culpa* desarrolladas en el ámbito del Derecho de daños. Así, la culpa *in eligendo (iE)*, bajo tal óptica, se entiende como la responsabilidad de una persona por un defecto en la *elección* de sus dependientes. Aterrizada al campo de la delegación, se concretaría en el deber que tiene la dirección de promover la política de *elegir* bien a los responsables de aquellos puestos que,

---

42 FATF Guidance. 2013. National Money Laundering and Terrorist Financing Risk Assessment.

43 CASANOVAS YSLA, Alain, "*Compliance* penal normalizado...", *Op. cit.*, p. 153.

según un análisis técnico del riesgo reflejado en la matriz, tendrían mayor exposición al delito, a fin de reducir su probabilidad de ocurrencia (*prevención*). Por su parte, en lo que respecta a la culpa *in vigilando (iV)*, ésta se asume como la defectuosa *vigilancia* de funciones de alto riesgo conexa a la producción del daño. Desde la perspectiva de la delegación, consiste en la asunción por parte del órgano de dirección de la tarea de *vigilar* a sus subordinados jerárquicos de mayor riesgo para detectar posibles desviaciones en el ejercicio de sus funciones (*detección*). Y, finalmente, la culpa *in corrigendo (iC)*, postulada en este trabajo, se refiere al deber de la dirección de sancionar y corregir, con relación a sus delegados, aquellas desviaciones procedimentales (*reacción*).

Es esta, pues, una forma de procedimentalizar el control al nivel concreto de procesos de mayor criticidad criminal. De tal suerte, si un delito puede ser atribuido a un directivo en virtud de una "indebida delegación", concretamente, por no haber *elegido* a una persona con la competencia suficiente para liderar tales procesos (culpa *in eligendo*), por no haber diseñado controles idóneos para vigilar su cabal ejecución (culpa *in vigilando*) o por no haberla corregido ante las mínimas desviaciones advertidas (culpa *in corrigendo*), entonces resulta lógico que el SGRP incorpore esas cautelas personales. Porque, por más eficaces que sean los controles objetivos sobre el proceso de riesgo, si no se adoptan cautelas sobre sus "propietarios" (factor de riesgo), se elevará exponencialmente la posibilidad de vulneración, precisamente, porque la afirmación del *principio de confianza* exige aplicar tales cautelas. El modelo que aquí se propone, por ello, incorpora estas tres cautelas como vía para la afirmación procesal de dicho principio, fundamentalmente, en torno a la conformación y aplicación de estrategias de defensa penal de directivos imputados por los delitos de sus subalternos. Así, reiterando las cautelas reseñadas en la citada Sentencia SP8292-2016 de la Sala de Casación Penal de la Corte Suprema de Justicia, un defecto en el proceso de trabajo con implicaciones penales no podrá atribuírsele a quien lo lidera cuando éste "*ha precedido una adecuada selección del personal*", el evento ilícito no se ha "*propiciado por ausencia o deficiencia de la vigilancia debida*" y no se trata de "*aquellos eventos en que se deba objetar y, en su caso, corregir los errores manifiestos de otros*". Por esto, puede afirmarse que la formulación de un sistema de *compliance* que acople estas cautelas permitiría probar un control debido:

5.2.1. Deber *in eligendo* (antes de su designación)

Bajo la premisa de que la gestión adecuada del riesgo penal conexo a la delegación está condicionada por la entidad ética de quien lidera el proceso criminalmente expuesto (*líder*), resulta lógico que el *aseguramiento* de la *competencia* del delegado (*recurso humano*) deba concentrarse en su debida *elección*. A esta cautela subyacen los tres mecanismos de control *preventivos* arriba descritos por su impacto en la vinculación de personas, pues parece claro que una apropiada estructura normativa interna (código de ética, política de cumplimiento, descripción del puesto de trabajo, caracterización de procesos, manual de funciones, etc.), la aplicación de medidas de debida diligencia de proyección interna sobre candidatos a cargos especialmente críticos (verificación de referencias laborales, análisis de antecedentes legales, comprobación de certificaciones académicas, etc.) y una actividad de enculturación ética en el marco del proceso de vinculación de tales cargos (inducción laboral inicial, suscripción de la política de cumplimiento, divulgación de valores, etc.), redunden positivamente en el ejercicio apropiado de dicho deber de *elección* (*in eligendo*) y en su consecuente sujeción normativa (*enforcement*). Este deber de elección debida (control *subjetivo*), en cambio, se opone a una aleatoria asignación de personas, extendiéndose a todo un marco de cautelas complementadas con controles aplicables sobre los procesos delegados. Todas estas cautelas, al final, permitirían afirmar un nivel de *confianza* suficiente que permita *fiarse* de quien se verá expuesto a inductores criminales. A partir de una debida *elección*, por de pronto, se lograría la inhibición de los *estímulos (SE)* que regularmente racionaliza el infractor para alcanzar un beneficio privativo de los procesos a su cargo.

5.2.2. Deber *in vigilando* (durante su ejecución)

Si el primer *deber de aseguramiento* (*competencia del delegado*) tiene por objeto buscar que la organización prevenga eficazmente el delito en torno a procesos críticos mediante la *elección* adecuada de las personas que podrían propiciar su materialización, el presente componente personal propende porque a esas mismas personas se les *vigile* adecuadamente, de modo que se les dificulte planificar y desviar el curso regular de esos procesos (deber *in vigilando*). En este modelo, dicha actividad de vigilancia integraría cautelas como la coordinación de la función, la obtención de información sobre su ejecución, el seguimiento de las instrucciones dadas y la medición del desempeño del operador. Conforme se indicó, los subcomponentes de control de orden detectivo de este modelo, permiten realizar una vigilancia razonable sobre los dueños de aquellos procesos expuestos a desviaciones criminales, paradójicamente, porque la afirmación del principio de confianza exige "desconfiar" de quien opera tales procesos. De modo que, por ejemplo, si la dirección ha ordenado una *debida diligencia* sobre las actividades, operaciones, transacciones y terceros ligados a esos procesos críticos, un *control de gestión* rutinario, *revisiones de cumplimiento* selectivas y *auditorías internas* a intervalos planificados, parece razonable concluir que se ha esforzado en vigilar y controlar la sujeción normativa de sus dependientes. Es de esta forma que, de acuerdo con el modelo criminológico propuesto, podría acreditarse que la dirección ha intentado bloquear el aprovechamiento de las *oportunidades (SO)* para el delito mediante la adopción de controles que permiten detectar posibles desviaciones ilícitas (*discovery*).

5.2.3. Deber *in corrigendo* (después de su desviación)

En el modelo de control propuesto, el correcto diseño, implementación y funcionamiento del SGRP no termina con la debida *elección* y *vigilancia* de quienes regentan día a día el proceso de riesgo. La *reacción* frente a las faltas a la integridad que se vayan detectando en el marco su operación o ante las menores desviaciones en la ejecución regular de las actividades delegadas (tras evaluar las *salidas* de su proceso), constituye una medida de *salvamento* imprescindible tanto para generar un ambiente de legalidad como para demostrar la eficacia del modelo de cumplimiento (deber *in corrigendo*). En tal sentido, el modelo propuesto incorpora medidas correctivas aplicables a la delegación que van desde la previsión de un protocolo de investigación interna, la aplicación de acciones de remediación (amonestaciones, despidos, denuncia, etc.) y la gestión judicial del hecho ilícito. La sanción de esos actos irregulares constituye, después de todo, una premisa básica de la disuasión vicaria (*deterrence*), fundada en la generación de entornos de control-ético. Su fundamento criminológico, como se verá, es que los delitos de configuración racional-económica precisan, en cierta medida, de la *percepción de anonimato o de impunidad (SV)* por parte del potencial infractor que le proporcionen algún grado de *seguridad* en su actuar ilícito (*autoeficacia*). Aunque, con independencia de la validez de dicha premisa, lo cierto es que la gran mayoría de sistemas legales de cumplimiento prevén el procesamiento disciplinario y penal (en caso de constituir delito) como criterio de validación del SGRP. Su denuncia, por consiguiente, evidenciará la idoneidad y la efectividad del programa de cumplimiento.

6. BALANCE

El presente capítulo tenía por objeto presentar la estructura organizativa requerida para la formulación del modelo de gestión de riesgos penales propuesto. Como elemento esencial de tal estructura, se delineó la noción de "unidad organizativa" como condición para afirmar la posibilidad técnica que tendrían los administradores de corporaciones complejas de controlar sus áreas de mayor criticidad. El segundo segmento de análisis, por su parte, se ocupó de proponer un esquema o distribución orgánica de roles y responsabilidades requerido para desplegar un control debido de tales unidades críticas. En este propósito, se perfiló el mecanismo de delegación desde la óptica del modelo de las "*Tres Líneas de Defensa*" (IIA). Acto seguido, se presentó la estructura general del SGRP postulado (CG), especificando no sólo la orientación *preventiva*, *detectiva* y *correctiva* del modelo (fórmula P+D+R), sino también cómo los controles de cumplimiento integrados bajo un esquema de orientación concreta (CC), previa definición del *Diagrama SIPOC*, impactarían de manera especial los factores delictivos que albergan ciertos procesos organizativos. Para este propósito, precisamente, se desarrolló la metodología general de gestión de riesgos establecida por el reconocido estándar ISO 31000 como base del SGRP. Planteado este esquema, se pasó a la integración de las cautelas personales de *elección*, *vigilancia* y *corrección* al mecanismo de la delegación, complementando el ciclo profiláctico definido en torno al constructo de *dominio situacional personal*. Y todo este andamiaje organizativo se planteó, precisamente, para desarrollar en el Capítulo IV cómo, en concreto, cada control de *compliance* contribuiría a alcanzar la referida capacidad técnica de alcanzar tal *dominio*.

Capítulo II
AUTODIAGNÓSTICO: ¿CÓMO ANTICIPAR RIESGOS DELICTIVOS?

1. PREFACIO

La comprensión criminológica del *contexto interno* de la organización para la anticipación de sus riesgos delictivos, entonces, es la vía que se propone bajo el modelo de control propuesto para reconocer y procurar un dominio efectivo de sus factores (Fase II). En este segundo pilar del modelo, en esencia, se vincula el "poder de mando" que tiene el empleador sobre quienes ocupan esos lugares de trabajo críticos, de acuerdo con dicha comprensión interna, como premisa del diagnóstico y control situacional de los *constrictores* delictivos que afectan tales posiciones en razón de la especial exposición delictiva de los procesos vinculados. Esta visión *situacional* del control se inspira en la aludida postura restrictiva de la *omisión impropia* planteada por SCHÜNEMANN, según la cual, la imputación del superior jerárquico en *comisión por omisión* por delitos ejecutados por sus subalternos (delegados), exigiría en el delegante, más allá de un *deber jurídico de garantía*, haber estado en *posición de dominio –material* o *personal-* frente al suceso lesivo. Y aunque en el plano corporativo difícilmente puede exigirse un control físico-natural del proceso que vehicula el curso causal ilícito o de su ejecutor, como se anotó, desde la Criminología puede postularse un concepto análogo que permita evidenciar que el *dominio personal razonable* de *situaciones criminógenas* en estructuras corporativas complejas resulta factible. En particular, se sustentará que la Criminología, al postular la forma en que la "*situación*" incide sobre la decisión criminal, técnicamente admite la *posibilidad de dominio (control)* de sus factores cuando se caracteriza el *puesto de trabajo* como "lugar peligroso". Curiosamente, entre los sinónimos de "*situación*", figuran "cargo", "empleo", "puesto" y "colocación". Así, la correcta definición de su finalidad (objetivos del puesto), la descripción de las funciones que lo definen (de ejecución, directivas, etc.), el detalle de las tareas en que tales funciones se concretan, la previsión de las decisiones resultantes de la ejecución de dichas tareas, la explicación de las relaciones entre los distintos puestos (jerárquicas, de funcionamiento, etc.), la anticipación de los requerimientos del perfil (nivel académico, grado de experiencia, etc.), entre otros aspectos a regular en el respectivo protocolo, permitirían afirmar esa posibilidad de control. Partiendo de la premisa de que el control del delito inicia con su comprensión etiológica ("situación de riesgo"), este Capítulo tendrá por objeto sustentar que, el *autocontrol* criminal, halla su base en la *posibilidad técnica* que ostenta dicho gestor de anticipar (*autodiagnóstico*), en el marco de su poder directivo, los tres tipos de constrictores que pueden emerger en torno a los puestos de trabajo: SE/SO/SV (*situación criminógena*).

2. CRIMINOLOGÍA, PREVENCIÓN SITUACIONAL Y COMPLIANCE

Un análisis criminológico segmentado por *unidades organizativas* constituye, pues, el punto de partida para afirmar que el control técnico de riesgos criminales corporativos resulta factible. Esta segmentación es la que posibilita que un administrador pueda aplicar su poder disciplinar sobre sus subalternos a través de instrucciones y órdenes dirigidas a su vigilancia y control, limitando así las dinámicas criminógenas que pudieran emerger en torno a los puestos de trabajo. Porque, como indica SILVA con relación al fundamento de tal deber de vigilancia, "Una explicación que se enuncia aquí a título de mera hipótesis es la potencialidad criminógena de ciertas dinámicas de grupo..."[1]. Y al hablar de "dinámicas criminógenas", podrá advertirse que la Criminología puede aportar al *compliance* métodos para la comprensión y control de sus factores[2]. Clarividente resulta

---

1 SILVA SÁNCHEZ, Jesús-M., "Deberes de vigilancia y compliance empresarial", *Op. cit.*, p 87.

2 Sobre la relación entre puestos de trabajo y delito, señala AGUSTINA, José R., "Fenomenología del employee crime: Bases para definir estrategias de prevención del delito intraempresarial", Política Criminal, Vol. 5, Nº 10 (Diciembre 2010), p. 366: "En base a esta teoría criminológica, el contexto laboral es susceptible, en

la apreciación de Nieto en este sentido: "Si los *compliance programs* hubieran sido estudiados y definidos por los criminólogos, sin duda, los hubieran designado como medios de control social, cuya finalidad es impedir conductas desviadas dentro de una organización"[3]. A la luz de tal enfoque, se plantea que, para el eficiente control de riesgos criminales asociados a cada posición de trabajo y sus procesos conexos, pueden integrarse postulados criminológicos a los métodos de gestión de riesgos[4]. A todo esto, refiere el mismo autor con relación al *risk management* que, trasladada su mecánica al lenguaje de la Criminología en su aplicación a los delitos originados en la empresa, equivaldría a descubrir sus *factores etiológicos*[5]. La caracterización criminológica del lugar de trabajo, de ese modo, soportaría el constructo de *dominio situacional* de cursos delictivos asociados a cada posición crítica, pues los elementos que definen dicho "lugar", pueden agruparse bajo el constructo ideal de "*situación*".

---

ese sentido, de albergar situaciones y oportunidades que favorezcan la comisión de delitos por parte de los trabajadores. Para detectar tales situaciones y prevenir la generación de ocasiones, se requiere comprender las raíces de la conducta delictiva en el lugar de trabajo, a fin de establecer las estrategias preventivas adecuadas. Conviene, por tanto, investigar los patrones delictivos del *employee crime*: la relación existente entre los diferentes *puestos de trabajo o tipos de trabajo* y la correlativa inclinación a la delincuencia o *tipos de delitos* asociados a los mismos".

3 Al respecto, señala Nieto Martín, Adán, "Problemas fundamentales del cumplimiento normativo...", *Op. cit.*, p. 29: "La función de prevenir y detectar hechos delictivos ha sido tradicionalmente uno de los objetivos de la criminología. La estrategia de prevención de los programas de cumplimiento tiene bastantes puntos en común con algunas teorías de la criminalidad como la prevención comunitaria (reforzar los valores éticos, la cultura de cumplimiento de la comunidad-empresa, asumir una actitud activa frente al delito, denunciándolo, buscar liderazgo en esta tarea [*tone from the top*] o las técnicas de neutralización".

4 Sobre la visión multidisciplinar que exige el control del delito corporativo, señala Sieber, Ulrich, "Programas de compliance en el derecho penal de la empresa...", *Op. cit.*, p. 76: "Corresponde al estudio basado en la Administración de empresas, la Criminología y el Derecho penal, el determinar (incluso de manera específica para cada sector o para la empresa) y evaluar en qué medida estos elementos de prevención de la criminalidad de los programas de *Compliance* pueden ser complementados por otros componentes y con qué garantías jurídicas deben ser limitados".

5 Nieto Martín, Adán, "Problemas fundamentales del cumplimiento normativo...", p. 29.

El *control situacional* de riesgos criminales asociados a la delegación, por tanto, parte de una visión criminológica del puesto de trabajo y sus procesos conexos como "lugar peligroso", lo que permite vincular tal poder de mando (dar órdenes, impartir instrucciones, trazar directivas, etc.) a los programas de cumplimiento bajo el mismo propósito de control (ejercicio de la autoridad, poder disciplinario, etc.)[6]. Es esta visión *locativa* la que permite sostener la naturaleza *preventivo-situacional* del *criminal-compliance*, pues como refiere AGUSTINA, "[...] buena parte del comportamiento humano tiene un componente situacional: el comportamiento de la persona depende en parte de quién está presente, dónde y cuándo"[7]. Y si, como reseña NIETO, la función del cumplimiento tiene por objeto asegurar la sujeción a la legalidad dentro de la empresa, especialmente de cara a prevenir y descubrir las conductas ilícitas que puedan realizar sus directivos y empleados, en ese mismo sentido, tal objetivo conectaría el diseño y ejecución de los respectivos programas de cumplimiento con la Criminología, cuyo objeto se ha enfocado tradicionalmente en el estudio de las causas que inducen la conducta delictiva y, por efecto de ello, en proponer estrategias de prevención[8]. Se suscribe, de tal suerte, su afirmación sobre que "[...] de toda la *gesamte Strafrechtswissenschaft* es la criminología la que más debe implicarse en la confección de los

---

6 Sobre la conjunción entre Criminología, Derecho penal y Gestión de Riesgos, NIETO MARTÍN, Adán, "Código ético, evaluación de riesgos y formación", en *Manual de Cumplimiento Penal en la Empresa*, *Op. cit.*, p. 154, refiere: "El análisis de riesgos forma parte del control interno (Lección I, 3.3.5). Por ello la metodología y la estructura del análisis de riesgos en materia penal debe partir de las bases que se han desarrollado en el marco del control interno. Ahora bien, para esta actividad resulta necesario el punto de vista del derecho penal y de la criminología. La función del experto en derecho penal consiste en señalar en relación a cada delito las formas en que éste puede aparecer en el tráfico de la empresa a la vista de la práctica. Las teorías de la criminalidad son las que aportan el conocimiento sobre los distintos factores que pueden desencadenar las conductas delictivas. El análisis de riesgos es por ello necesariamente una actividad multidisciplinar".

7 AGUSTINA, José R., "Fenomenología del employee crime...", *Op. cit.*, p. 366.

8 NIETO MARTÍN, Adán, "Cumplimiento normativo, criminología y responsabilidad penal de personas jurídicas", en *Manual de Cumplimiento Penal en la Empresa*, *Op. cit.*, p. 50.

sistemas de cumplimiento"[9]. Esta comprensión criminológica de los puestos de trabajo y de sus procesos vinculados, en línea con el *enfoque probático* del mismo modelo, se integraría luego a la *lex artis* requerida para medir la efectividad del *compliance*[10] (para evaluar tanto los factores criminógenos como la capacidad profiláctica de los respectivos controles)[11].

Esta visión criminológica, de ese modo, soportaría técnicamente el *control situacional* de comportamientos ilícitos en las corporaciones, particularmente, cuando tal constructo se revisa desde tres presupuestos: El primero tiene que ver con que, si el *control localizado* de fuerzas criminógenas en las organizaciones resulta técnicamente posible si se delimitan sus *unidades de trabajo*, tal posibilidad de evitación debe apoyarse en un instrumento de control construido sobre el dogma de que *el hecho ilícito es circunstancial* (en este caso, de *prevención situacional*)[12]. El segundo está relacionado con que, si este enfoque puede aplicarse al control de dinámicas criminógenas en entornos

---

9 Nieto Martín, Adán, "Problemas fundamentales del cumplimiento normativo...", p. 30.

10 Sobre el papel de la Criminología para evaluar la efectividad del *Compliance*, señala Nieto Martín, Adán, "Cumplimiento normativo, criminología y responsabilidad penal...", *Op. cit.*, p. 61: "Uno de los principales problemas prácticos de un programa de cumplimiento es determinar su grado de eficacia. Hasta el momento ni la jurisprudencia, ni la doctrina han encontrado criterios claros acerca de qué características debe tener un programa de comportamiento eficaz. La profundización de la relación entre teorías de la criminalidad y cumplimiento dotaría de base empírica y científica a su construcción y por tanto serviría para encontrar más criterios objetivos a la hora de medir su eficacia. Las teorías de la criminalidad nos sirven también para comprobar en qué medida resulta acertada la configuración de los programas de cumplimiento actuales y qué aspectos resultan más relevantes".

11 Sobre la relación entre análisis criminológico de factores delictivos y formulación de controles, como recuerda el mismo autor, Ibid., p. 85: "Mediante el análisis de riesgos la empresa determina, dentro de su capacidad de autorregulación, el nivel de riesgos y para ello evalúa tanto los factores criminógenos (situación del mercado, historial de la empresa...) como los controles existentes".

12 Agustina, José R., "Fenomenología del employee crime...", *Op. cit.*, pp. 365 – 366. Sobre el paradigma *racional* de orientación criminológico, opina Silva Sánchez, Jesús M., "Eficiencia y Derecho Penal", ADPCP, 1996, p. 99, que "Son, en definitiva, factores situacionales, o de confluencia de motivaciones favorables y contrarias, los que dan lugar o no a la comisión del hecho delictivo".

corporativos, es porque tiene un *nexo* con el *criminal-compliance*. Por esto, como sostiene BERMEJO, los Programas de Cumplimiento (*Compliance Programs*), concebidos desde las técnicas de *prevención situacional*, ocupan hoy un lugar esencial en la política criminal orientada a la prevención de la delincuencia empresarial[13]. Y la tercera tiene que ver con que, si una política de tal tipo se ubica dentro de las estrategias de *prevención situacional*, es porque se puede incidir sobre el *espacio físico* en el que tiene lugar el acontecer irregular. Bajo estas premisas, en consecuencia, la gestión de tales riesgos delictivos se conecta con las teorías criminológicas de la "*oportunidad*".

La *prevención situacional* se levanta, precisamente, sobre la idea de reducir las "oportunidades" para el delito que surgen en torno a ciertos *lugares* físicos en los que podrían converger personas con cierta propensión criminal. En términos de CID y LARRAURI, estas estrategias se erigen sobre la premisa de que aun cuando no se pueda alterar el número de personas motivadas a delinquir, "[...] podemos disminuir el número de *oportunidades* para evitar su realización influyendo sobre el espacio físico que rodea a la persona y en donde desarrolla sus actividades"[14]. Las actividades laborales, en tanto que se enmarcan regularmente bajo un espacio físico en el que se procesan recursos de valor de distinto orden (financieros, información, documentos, etc.), pueden concebirse como "estructuras de oportunidad" que proveen opciones delictivas (*alternativas de acción*). Por esta razón, como sostiene NIETO, analizar los diversos procedimientos de la empresa y sus actividades con el objetivo de descubrir las oportunidades delictivas que pueden integrar, resulta esencial para desarrollar el *mapa de riesgos penales*[15]. La facultad del empleador de especificar los lugares de trabajo, definir sus atributos y dar órdenes sobre el mo-

---

13 BERMEJO, Mateo G., "Elección racional, oportunidad para delinquir y prevención situacional...", *Op. cit.*, p. 305: "Las técnicas de prevención situacional han ido tomando interés en los últimos años a partir del novedoso tópico de la organización de la empresa con la finalidad de cumplir la ley penal (*Criminal Compliance*), por medio del desarrollo de los, así denominados, Programas de Cumplimiento".

14 CID MOLINÉ, José / LARRAURI PIJOAN, Elena, *Teorías criminológicas. Explicación y prevención de la delincuencia*, Ed. Bosch, Barcelona, 2001, p. 48.

15 NIETO MARTÍN, Adán, "Cumplimiento normativo, criminología y responsabilidad penal...", *Op. cit.*, p. 63.

do, tiempo y lugar de prestación del servicio, por consiguiente, es lo que le permitiría configurar su control situacional.

La concepción criminológica del *criminal-compliance*, valga profundizar, permite adaptar medidas de *prevención situacional* concebidas para delitos de apropiación física al control de ilícitos asociados al puesto de trabajo (a las actividades, funciones y decisiones ligadas a él). A juicio de BERMEJO, los programas de cumplimiento constituyen una forma evolucionada de la *prevención situacional* debido a que adoptan sus técnicas y las reconducen sobre un programa común[16]. Es así que, tal adaptación preventivo-situacional del *compliance*, parte de una visión del delito en términos de "*oportunidad*", por un lado, y del infractor como individuo "*racional*" que sopesa los pros y contras de sus actos (*agente causal y propositivo*), por otro. En los términos del autor, dichas medidas constituyen un "[...] instrumento de política criminal relacionado con las oportunidades para delinquir que son aprovechadas por los delincuentes racionales"[17]. Esta acepción del *corporate crime* en clave de *racionalidad*, especialmente de aquellos delitos que no se entienden sin un acto previo de anticipación cognitiva y planificación de acciones, permite correlacionar los tres *tipos ideales criminológicos* que se han planteado como "constrictores" de las decisiones criminales.

Para establecer tal correlación, las palancas motivacionales que convergen en torno al delito a modo de *constrictores* se aterrizan sobre los postulados de un grupo de teorías del crimen que conciben la "*oportunidad*" como agente criminógeno[18]. Se alude aquí a la simbiosis formada entre la teoría de las "actividades rutinarias" (*routine activities*)[19] y el enfoque –institucionalista- de la "elección

---

16 BERMEJO, Mateo G., "Elección racional, oportunidad para delinquir...", *Op. cit.*, p. 306.

17 Ibid., p. 306.

18 Un ejemplo de esta tesis lo constituye el análisis realizado por BLANCO C., Isidoro, "La corrupción desde una perspectiva criminológica: un estudio de sus causas desde las teorías de las actividades rutinarias y de la elección racional", en SERTA, *In memoriam Alexandri Baratta* (PÉREZ ÁLVAREZ, Fernando [ed.]), Ediciones Universidad de Salamanca, Salamanca, 2004, pp. 267 y ss.

19 COHEN, Lawrense E. / FELSON, Marcus, "Social Change and Crime Rate Trends: A Routine Activity Approach", en American Sociology Review, vol. 44, University of Illinois, Urbana, 1979, p. 589. Dicho modelo, correlacionado con las políticas de prevención situacional, se basa en que un acto criminal se produce como

racional" (*rational choice*)[20]. Llevada esta visión al puesto de trabajo, como señala AGUSTINA, "En base a esta teoría criminológica, el contexto laboral es susceptible, en ese sentido, de albergar situaciones y oportunidades que favorezcan la comisión de delitos por parte de los trabajadores"[21]. Bajo tales postulados, entonces, esa estructura de *oportunidad (SO)* se conecta con el acto de racionalización que puede efectuar el potencial infractor respecto del delito como medio válido para satisfacer su *estímulo* criminal *(SE)*. Asimismo, la *vulnerabilidad (SV)* de los procesos a su cargo puede concebirse como un activador de su curso decisional ilícito en razón de la percepción de impunidad que experimenta. Son estos, pues, los tres *tipos ideales* utilizados para identificar *situaciones criminógenas* y el poder de control que el gestor puede ejercer sobre éstas.

La visión antropológica de la *prevención situacional*, cabe precisar, es la de un ser "racional" que concibe el delito como alternativa de acción[22]. Piénsese, por ejemplo, en aquel empresario que adopta el soborno por estrategia. A todo esto, como señala BERMEJO, además de haber resultado útil en los estudios sobre la disuasión, la teoría de la *elección racional* ha soportado diversas medidas político-criminales en el área de la *prevención situacional* del delito (grupo de técnicas

---

resultado de la convergencia de tres elementos: 1) un delincuente motivado, 2) un objetivo adecuado, 3) una falta de tutela (control y supervisión).

20 Al respecto, véase, entre otros, BECKER, Gary, "Crime and Punishment: An Economic Approach", Journal of Political Economy, 76, 1968, pp. 169-217; CLARKE, Ronald, "Situational crime prevention", *Crime and Justice*, Vol. 19, Building a Safer Society: Strategic Approaches to Crime Prevention, Chicago, 1995; CORNISH, Derek / CLARKE, Ronald (eds.), *The Reasoning Criminal: Rational Choice Perspectives on Offending*, Springer-Verlag, New York, 1986.

21 AGUSTINA, José R., "Fenomenología del employee crime...", *Op. cit.*, p. 366.

22 Frente a la concepción del delito como *elección racional* formulada por Wilson y Herrnstein (1985), manifiestan GARRIDO, Vicente / STANGELAND, Per / REDONDO, Santiago, *Principios de Criminología*, 3ª ed., Ed. Tirant lo Blanch, Valencia, 2006, pp. 189-190: "Estos autores parten de la misma concepción de la acción humana que fue empleada por la escuela clásica y que, con diversa nomenclatura, se halla presente en distintas áreas del conocimiento: el *hedonismo* o *utilitarismo* mencionados en la filosofía, el *valor* o *utilidad*, en terminología económica, o el *reforzamiento* o *recompensa* en el lenguaje psicológico".

diseñadas para reducir las oportunidades para delinquir)[23]. La visión racional del delito y su concepción en términos de oportunidad, en tal modo, permite anclar la posibilidad de control de los actos de delegación a la base preventivo-situacional del *compliance*. Lo anterior porque, como arguye CIGÜELA, "El *compliance* es, en el caso de las organizaciones formales y especialmente en las complejas, una herramienta cuyo presupuesto lógico es la capacidad de control y modificación de ese contexto de interacción..."[24]. En el modelo de control "C3", por ello, esa "racionalidad" (*r*) constituye un elemento común que conecta los *vectores* del acto criminal (*r*E+*r*O+*r*V).

Volviendo sobre la delegación, en este plano, el administrador estaría compelido a neutralizar (controlar) los focos de riesgo que pudieran incidir sobre el actuar de sus dependientes (a modificar los *vectores* criminógenos de la decisión)[25]. A todo esto, como indica SILVA frente a la adopción de programas de cumplimiento como "deber jurídico-penalmente reforzado" orientado a personas físicas, tal deber de acción tendría por objeto neutralizar aquellos "estados de cosas defectuosos" (defectos de organización) presentes en el seno de la corporación que favorecerían hechos ilícitos de sus integrantes, sustituyéndolos progresivamente por "estados de cosas favorables al complimiento del

---

23 BERMEJO, Mateo G., "Elección racional, oportunidad para delinquir...", *Op. cit.*, p. 311.

24 Al respecto, reseña CIGÜELA SOLA, Javier, "*Compliance* más allá de la ciencia penal. Aportaciones de la sociología de las organizaciones al análisis de la criminalidad corporativa y de la imputación jurídico-penal", InDret, Barcelona, 2019, p. 7: "[...] esto es: la posibilidad de diseñar los procesos organizativos de cara a que su relación con la criminalidad sea la prevención y no el fomento".

25 Con relación al deber de controlar a los subordinados, BOCK, Dennis, "Compliance y deberes de vigilancia en la empresa", *Op. cit.*, p. 114, señala que: "El empresario debe organizar su empresa de tal forma que el aparato de control intraempresarial se corresponda con la diligencia necesaria en el tráfico jurídico del correspondiente giro empresarial. El deber de supervisión queda caracterizado en la empresa por una dirección que controla a los empleados dependientes de él en las actuaciones a favor de aquélla. Cuando el control tiene por objeto comportamientos de los empleados jurídico-penalmente relevantes en un sentido amplio, entonces se revela el criminal compliance como la responsabilidad del personal en la distribución del trabajo mediante la delegación".

derecho"[26]. La identificación de esos factores "favorecedores" de delitos al interior de la organización, en razón de lo anterior, debe anteceder la aplicación misma de medidas de *compliance* dirigidas a compensar tales "estados de cosas defectuosos". La concreción de los tres caracteres del delito económico anotados, como se pasa a desarrollar, facilitaría la identificación de tales constrictores circunstanciales del hecho delictivo (*factores*) y su control localizado (*situacional*):

3. COMPRENSIÓN CRIMINOLÓGICA DEL RIESGO PENAL

El control situacional del delito, volviendo atrás, está presidido por la comprensión de los factores circunstanciales que motivan al infractor (*vectores*). La reconocida teoría del "*triángulo del fraude*" de D. CRESSEY, como se anotó, parte de la referida lógica situacional. Según la teoría, leída en clave organizacional, la producción de delitos dependería de la confluencia de tres elementos: (i) *incentivos o elementos de presión*; (ii) *oportunidad*; (iii) *actitudes y racionalización de la decisión*. Por *incentivo* se entiende, en el contexto de los ilícitos corporativos, aquella circunstancia emotiva que induce la búsqueda o aprovechamiento de opciones ilícitas asociadas al ejercicio de algún cargo o función que posibilitan la obtención de ciertos beneficios (normalmente, de tipo económico). La *oportunidad*, por su parte, se concibe como la estructura de medios que el individuo tiene al alcance para acceder a tal beneficio (en este caso, el puesto de trabajo o la posición). Y la *racionalización*, finalmente, se entiende como el conjunto de argumentos a los que apela el infractor para *justificar* el apartamiento normativo, lo que, psicológicamente, le permitiría vencer la disonancia cognitiva que le generaría el actuar criminal. El Manual SAINT (*), como se reseñó, parte del presupuesto de que "*En el contexto de la prevención del fraude, un concepto bien conocido es el llamado triángulo del fraude*". Y para ser aún más acertados en el uso de estas teorías como instrumento empíricamente contrastable, cabe re-

---

26 SILVA SÁNCHEZ, Jesús-M., "Deberes de vigilancia y compliance empresarial", *Op. cit.*, p. 101.

cordar que las Normas Internacionales de Auditoría tienen un anclaje expreso en la misma: "[...] *están presentes cuando existe fraude: la existencia de un incentivo o elemento de presión para cometer fraude; la percepción de una oportunidad para cometer fraude; y la capacidad de racionalizar la acción fraudulenta*" (NIA–ES 240: [A25]).

Los anteriores *tipos* criminológicos ofrecen una base mínima para afirmar que la *evitación de delitos* corporativos resulta técnicamente factible cuando los puestos de trabajo se conciben como *sitios (lugares)* en los que pueden converger tales vectores. Partiendo de tal tesis, se propone un modelo de control situacional que se ancla sobre tres *tipos ideales* (esferas constrictoras): (i) *Situación Estimular (SE)*; (ii) *Situación de Oportunidad (SO)*; (iii) *Situación de Vulnerabilidad (SV)*. El elemento "*racionalización*" *(r)* se ubicaría en este modelo como componente *transversal* de la toma de decisión. La consideración de cada *esfera constrictora* en términos de "situación" concuerda, por un lado, con su propia acepción semántica, entendida, según el Diccionario de la RAE, como "*Conjunto de las realidades o circunstancias que se producen en un momento determinado y que determinan la existencia de las personas o de las cosas*", y por otro, con su sinónimo de "puesto". Al constituir el *lugar* de trabajo un vehículo para toma de decisiones, su control razonable impediría el surgimiento de tales factores, pues es en dicho lugar donde convergen aquellos campos simbólicos que permean la decisión criminal de quienes allí se desenvuelven: (i) *marco sociocultural*: conjunto de representaciones instituidas en su ámbito de socialización externa (social); (ii) *marco grupal*: sistema de valores del entorno de interacción laboral (organizacional); (iii) *marco interno*: precompresiones significativas frente al delito (individual). El poder de mando y control del empleador, como se desarrollará, le permitiría intervenir desde los puestos de trabajo sobre el segundo campo simbólico en los tres momentos de progresión del *íter* del delito ya anotados: (i) antes (*prevención*); (ii) durante (*detección*); (iii) después (*reacción*).

A tenor de este triple plano, refiere CIGÜELA que las organizaciones constituyen un "espacio de interacción" en el que pueden "localizarse" los "factores criminógenos" que allí confluyen[27]. Evocando

---

[27] En relación a las corporaciones como contexto de interacción de sus integrantes, señala CIGÜELA SOLA, Javier, "*Compliance* más allá de la ciencia penal...", *Op.*

los postulados de SUTHERLAND, sostiene que "[...] en el ámbito de la criminalidad corporativa las «definiciones favorables al crimen» pueden hallarse en los siguientes niveles": (i) Nivel macro (entorno socio-normativo o «externo»); (ii) Nivel meso (organización); (iii) Nivel micro (individuos de la organización o entorno «interno»). El primero estaría integrado por "condicionantes estructurales"[28]. El segundo, por su parte, definido por las propias fuerzas criminógenas que genera la organización[29]. Y el tercero, finalmente, determinado por los constructos que configuran el código moral del individuo[30]. La posibilidad de intervenir sobre esta confluencia de constrictores mediante la regulación del puesto de trabajo, por lo indicado, es lo que posibilitaría su control.

El poder de mando que ostenta el administrador, centrados en el nivel "meso", le permitiría implementar cautelas sobre los tres estadios de configuración del riesgo criminal: *antes* de que emerja, *durante* su curso

---

cit., p. 6: "El presupuesto es que todas ellas, en medidas diversas, proporcionan el contexto de actuación e interacción a las personas individuales que las componen, y dicho contexto está muy lejos de ser social o éticamente neutro: los valores, objetivos, procesos y normas que constituyan el «espacio de interacción» influirán de un modo intenso en las decisiones individuales y colectivas de sus miembros".

28 Sobre el nivel "macro", de acuerdo con el mismo autor, Ibid., p. 7: "[...] en él se integran determinados condicionantes estructurales radicados más allá de la organización singular, habitualmente en el sector o mercado específico en el que esta opera, como también en un sentido más genérico en la propia sociedad o economía en su conjunto".

29 Con respecto al nivel "meso" u organizacional de interacción, aduce el autor, Ibid., p. 7: "[...] en él se integran aquellos factores criminógenos que radican en la propia organización en cuyo seno se habría cometido el delito, y tienen que ver en su mayoría con déficits en el desarrollo de su estructura organizativa o de su cultura corporativa, ya sean disfunciones en los sistemas de información y comunicación, déficits en la delimitación de las responsabilidades o la existencia de presiones e incentivos perversos hacia los empleados (la composición más detallada de este nivel será analizada más adelante)".

30 Con relación al nivel "micro" o individual, según reseña el mismo autor, Ibid., p. 8, estará: "[...] más centrado en el aspecto individual, en este nivel encontramos todos aquellos factores que afectan más directamente a cómo piensan, eligen y actúan los miembros de la organización, tales como el narcisismo o la inmoralidad de los directivos, el exceso de codicia de determinados empleados, o cualquier otro motivo individualizable que explique la tendencia a delinquir entre quienes trabajan en la empresa".

configurativo y *tras* su advenimiento. El deber y facultad de *vigilancia* que acompaña en forma permanente dicho poder de mando, conviene remarcar, podrían limitar (modificar) a lo largo de ese curso evolutivo la convergencia de los constrictores que dinamizan el delito (vectores), pues dicho poder directivo le confiere a dicho gestor la facultad de especificar la estructura de las unidades ocupacionales, definir las atribuciones de sus titulares e impartir órdenes sobre el modo, tiempo y lugar de prestación del servicio. En definitiva, como se pasa a describir, el órgano de dirección de la organización podría desplegar un dominio cierto de situaciones criminógenas en su seno, si logra conciliar los planos social, grupal e individual en su acción de *autodiagnóstico*.

3.1. Plano social (macro)

Como se irá detallando a lo largo de los ítems subsiguientes, la teoría criminológica, fundamentalmente la de corte sociológico y psico-socioconstruccionista, ha demostrado que la racionalización de conductas delictivas dentro de las organizaciones parte procesos mentales en los que, la expresión delictiva, no se reduce a un simple procesamiento de información por parte del individuo enfrentado a una situación concreta en términos de tiempo, modo y lugar, sino que, esa situación especial estaría influenciada por las vivencias del individuo (su construcción histórico-simbólica). Lo cual significa, entonces, que la organización es un módulo espacio-temporal en el que converge el complejo simbólico que arrastra el individuo de su curso de socialización primaria (familia, escuela, amigos de la infancia, etc.), secundaria (universitaria, laboral, *mass media*, etc.) y su propio campo de representaciones interiores consolidadas (deseos, emociones, temores, sesgos, valores, heurísticos, etc.). Si el clima organizacional está alineado con esas construcciones simbólicas sociales nocivas que terminan fijándose en el individuo, la posibilidad de que su comportamiento se desvíe de las reglas idealmente concebidas por el ordenamiento jurídico será mayor. Este contexto macrosocial (externo), anótese, es importante tenerlo en cuenta en el objetivo de administración de riesgos criminales corporativos, pues la metodología de gestión de riesgos comienza, justamente, por la valoración del *contexto externo* en el que opera la organización (social, cultural, legal, ambiental, etc.). Luego, este contexto externo, proveerá un conjunto de significados a las personas que interactúan al interior de las organizaciones que operan en aquél. En este punto se conecta con el *contexto interno*.

3.2. Plano grupal (meso)

El control delictivo en las organizaciones, acorde con lo anterior, está condicionado por el entorno cultural en el que interactúan sus integrantes. Por consiguiente, resulta difícil que un sistema de *compliance* pueda funcionar si no existe un clima organizacional que favorezca el cumplimiento normativo. Este clima se opone a un "estado desorganizado de cosas" (criminógeno) en el que se justifican –explícita o implícitamente- procederes ilícitos. Por esta razón, no resulta casual que los estándares en *compliance* –general y penal-, sitúen lo cultural como medio y fin de los respectivos modelos de cumplimiento. Así, por ejemplo, la UNE 19601 señala que la norma ayuda a las organizaciones a desarrollar sistemas de gestión de *compliance* penal [...] *con contenidos razonables para prevenir, detectar y gestionar conductas ilícitas generando así la cultura (3.8) organizativa del cumplimiento de la legalidad que pueda fundamentar, en última instancia, la exoneración de su responsabilidad*" (UNE 19601). Este nivel "cultural" se caracteriza por el conjunto de símbolos, actitudes y lenguaje que permiten proscribir o justificar comportamientos desviados al interior de las organizaciones por parte de sus miembros. De los elementos estructurantes de la mencionada teoría de la *asociación diferencial* de SUTHERLAND, no por casualidad, pueden extraerse los argumentos para sustentar por qué la cultura organizativa es el aspecto fundamental para lograr niveles óptimos en la gestión de riesgos criminales. Como se describe en la tabla subsiguiente, cada uno de los seis postulados (dogmas) esenciales la citada teoría permite extraer conclusiones determinantes para advertir la esencialidad de la cultura organizacional como base del cumplimiento normativo y de la consecuente gestión de riesgos criminales / penales.

TEORÍA DE LA ASOCIACIÓN DIFERENCIAL -TAD-		
	TAD	**Criterios de conexión cultural**
1	«El comportamiento criminal se aprende»[31].	Postulado relacionado con el constructo de "*Cognición*": Definida como la capacidad del ser humano de obtener y procesar información, dicha cualidad natural del individuo le otorga la posibilidad de "conocer" y "aprehender" los significados de su entorno.
2	«Se aprende en interacción con otras personas mediante un proceso de comunicación»[32].	Postulado relacionado con el concepto de "*Interacción*": Entendida como la acción que se ejerce recíprocamente entre dos o más objetos, personas, energías o entes, esta categoría designa la capacidad de influencia de los códigos del entorno sobre la psique del individuo.
3	«La parte principal del aprendizaje de la conducta delictiva se produce dentro de grupos personales íntimos»[33].	Postulado relacionado con la noción de "*Comunicación*": Entendida como el flujo e intercambio de información entre dos o más participantes, tal categoría designa la posibilidad y capacidad del individuo de transmitir o recibir los códigos de su contexto de interacción.
4	«Cuando se aprende la conducta delictiva, el aprendizaje incluye (a) técnicas para cometer el delito, que a veces son muy complicadas, a veces muy simples; (b) la dirección específica de motivos, impulsos, racionalizaciones y actitudes»[34].	Postulado relacionado con la noción de "*Instrucción*": Definida como el caudal de conocimientos adquiridos por un individuo, esta categoría designa la posibilidad humana de incorporar métodos de acción no convencionales de su entorno de interacción.

---

31 Sutherland, Edwin H. / Cressey Donald R., *Principles of Criminology*, 5ª ed., Ed. J. B. Lippincott Company, Chicago, 1955, p. 77: «Criminal behavior is learned».

32 Ibid, p. 77: «Criminal behavior is learned in interaction with other persons in a process of communication. This communication is verbal in many respects but includes also "the communication of gestures"».

33 Ibid, p. 78: «The principal part of the learning of criminal behavior occurs within intimate personal groups».

34 Ibid, p 78: «When criminal behavior is learned, the learning includes (a) techniques of committing the crime, which are sometimes very complicated, sometimes very simple; (b) the specific direction of motives, drives, rationalizations, and attitudes».

TEORÍA DE LA ASOCIACIÓN DIFERENCIAL -TAD-		
	TAD	**Criterios de conexión cultural**
5	«La dirección específica de los motivos e impulsos se aprende de las definiciones de los códigos legales como favorables o desfavorables»[35].	Postulado relacionado con el constructo de "*Motivación*": Entendida como la determinación voluntaria que impulsa a la persona a emprender ciertas acciones para alcanzar un objetivo, este elemento designa la facultad de extraer del entorno de interacción los motivos del obrar desviado.
6	«Una persona se convierte en delincuente a causa de un exceso de definiciones favorables a la violación de la ley sobre las definiciones desfavorables a la violación de misma»[36].	Postulado relacionado con la noción de "*Racionalización*": Entendida como un mecanismo de justificación de las propias acciones, esta cualidad designa la tendencia humana a asimilar los valores y códigos predominantes en su círculo de interacción según la definición colectivamente dominante.

Tabla # 6: Postulados centrales de la teoría de la Asociación Diferencial de Edwin Sutherland, conectados a seis categorías conceptuales que permiten advertir su nexo con los símbolos de la cultura organizacional.

---

35 Ibid, p. 78: «The specific direction of motives and drives is learned from definitions of the legal codes as favorable or unfavorable. In some societies an individual is surrounded by persons who invariably define the legal codes as rules to be observed, while in others he is surrounded by persons whose definitions are favorable to the violation of the legal codes».

36 Ibid, p. 78: «A person becomes delinquent because of an excess of definitions favorable to violation of law over definitions unfavorable to violation of law. This is the principle of differential association. It refers to both criminal and anti-criminal associations and has to do with counteracting forces.

Como podrá advertirse del ejercicio comparado propuesto en la tabla anterior, la cultura organizacional –defectuosa o no- se convierte en un poderoso campo significativo de socialización humana (grupos), al intersecarse al menos con un número de seis aspectos que participan de la construcción simbólica del individuo: (i) la conexión entre el contexto cultural y la aprehensión natural de información por parte de los seres humanos (*cognición*); (ii) la reciprocidad de dicho intercambio de códigos entre el individuo y su grupo de referencia (*interacción*); (iii) el intercambio inherente de información en los procesos de socialización (*comunicación*); (iv) la accesibilidad rutinaria del individuo al conocimiento (*instrucción*); (v); su posibilidad de verse impulsado a emprender acciones voluntarias para satisfacer un objetivo (*motivación*) (vi); su capacidad natural de justificar las dinámicas que perviven en su particular entorno (*racionalización*). Esos símbolos, actitudes y lenguaje que definen la cultura organizativa (según los mismos estándares en *compliance*), como puede inferirse de la lectura de los seis vectores asociados a los seis postulados básicos de la teoría de la *asociación diferencial* concebida por SUTHERLAND para el estudio del denominado "delito de cuello blanco", permiten apreciar el poder de la cultura como mecanismo constrictor del comportamiento humano. Por la misma razón, dicho *ethos* constituye la base del control comportamental orientado al cumplimiento normativo (*behavioral compliance*). Vistos en su conexión con los constrictores de la conducta individual que se desarrollan en el ítem subsiguiente, los incentivos de la conducta criminal (SE), la oportunidad que la misma requiere para su ejecución (SO) y las debilidades de control que la posibilitan (SV), interaccionan constantemente a través de tales vectores con los símbolos del ambiente.

Antes de entrar en la descripción criminológica de cada uno de estos tipos de constrictores, cabe imaginar algún supuesto para advertir tal interrelación. Así, por ejemplo, con relación a los incentivos de tipo económico asociados a la corrupción en la contratación pública (factor SE), la misma experiencia de las organizaciones permite comprobar que la petición o recibo de sobornos para resultar favorecido en un proceso contractual (en una licitación pública, por ejemplo), normalmente se produce bajo un contexto de aprobaciones que proceden desde la alta dirección hasta los funcionarios con capacidad de decisión. La oportunidad para proceder de tal forma (factor SO), a su turno, no se entiende sin un ejercicio colectivo en el que se valida que un proceso corporativo de tal magnitud permite esa satisfacción de intereses privativos. La vulnerabilidad de los controles de ese proceso (factor SV), precisamente, posibilita que ese grupo de personas perciba que su proceder ilícito tendría gran posibilidad de quedar impune. Y así sucede con múltiples hechos ilícitos prototípicos en las organizaciones. Pues bien, como se indicó, a muchos de esos procederes ilícitos les identifica -vistos en retrospectiva- un contexto en el que sus participantes han conocido que los procesos a su cargo resultan idóneos para su aprovechamiento privado (*cognición*), han establecido contactos de confianza para emprender el conjunto de acciones requeridas (*interacción*), han forjado lazos con personas cercanas a su labor que posibilitan su ilícito emprendimiento (*comunicación*), han adquirido el conocimiento necesario para desviar el curso regular del proceso que desarrolla el accionar delictivo (*instrucción*), han definido los objetivos privativos que impulsan su proceder (*motivación*) y han neutralizado las razones que teórica y formalmente proscriben el acto desviado (*racionalización*).

3.3. *Plano individual (micro)*

El plano individual, finalmente, representa la concreción de los planos social y organizacional. Como se ha venido sustentando, el comportamiento jurídico-penalmente desviado dentro de las organizaciones suele presentar un anclaje a los constructos simbólicos que arrastra el individuo de su curso de construcción histórica y los que aprehende en el seno de los grupos de los que va formando parte en ese mismo curso continuo de construcción psíquica. De aquí que, en el acto de asignación de un individuo en una posición crítica (de riesgo), se deba anticipar (*prognosis*) el conjunto de circunstancias que aquél tendría para lucrarse del puesto (SE), aprovecharse de su posición como medio (atajo) para acometer tal fin (SO) y percibir que su actuación quedaría impune a raíz de la vulnerabilidad de los procesos a su cargo (SV). Esta triple definición, como se pasa a ver, es la que permite, en un ejercicio técnico de evaluación de riesgos criminales, identificar su *causa raíz* (principal o básica): las razones por las que se puede concretar el acto ilícito. Para tal fin, justamente, es que resultan útiles los tres *tipos* criminológicos esbozados, pues como se verá en los siguientes subapartados, el suceder típico en delitos de estructura compleja se describe por una *situación de ordenación diacrónica (rutinaria)*, en la que los gestores de la organización, más allá del deber formal de evitar delitos, ostentarían además la posibilidad técnica de aplicar un control *holista* y *direccionado* tendiente a procurar el "*dominio conjunto del acontecer típico*". De ello se deduciría, invocando palabras del insigne MIR PUIG, el "*poder de interrumpir* la realización de tipo"[37]. A continuación se sustentará, entonces, por qué estos *tipos ideales* permiten afirmar un dominio (control) subjetivo (personal) del acontecer delictivo (su posibilidad de evitación), tomando como base de realización de los objetivos de control criminal propuestos (*enforcement, discovery, deterrence*), las tres cautelas personales indicadas aplicables a la *delegación* funcional: (i) *selección*; (ii) *vigilancia*; (iii) *corrección*.

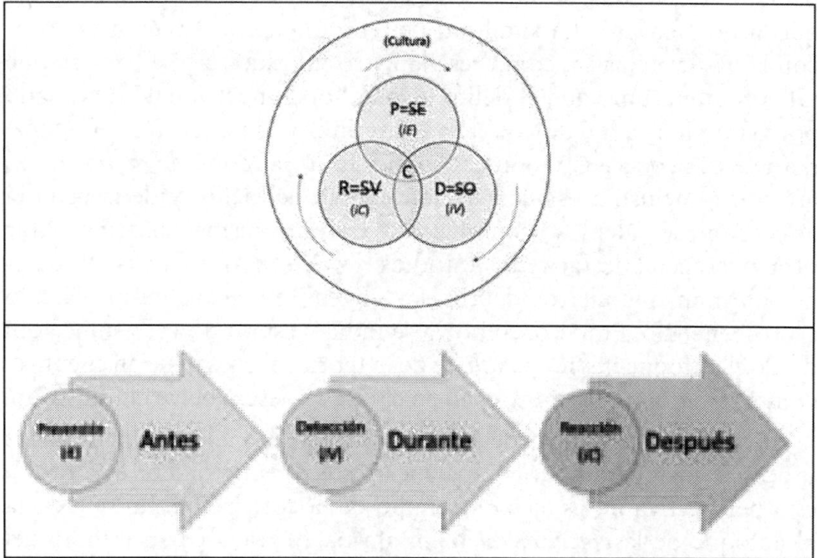

Figura 7: El modelo criminológico planteado bajo el Diagrama de Venn permite integrar bajo una misma línea temporal de control situacional (Antes / Durante / Después) los objetivos de Prevención (P), Detección (D) y Reacción (R) con las cautelas personales de Elección (*iE*), Vigilancia (*iV*) y Corrección (*iC*)[38].

---

37 MIR PUIG, Santiago, *Derecho penal. Parte General*, *Op. cit.*, p. 318.

38 Sobre este modelo y sus elementos, véase AMÉZQUITA TORO, Jorge A., "Criminología corporativa: premisa metodológica para el control de la corrupción", *Op. cit.*, pp. 395 y ss.

3.3.1. Vector criminológico 1: Situación Estimular (SE)

Poca discusión ofrece que muchos delitos generados en entornos corporativos, visto desde una perspectiva *ex post*, vienen inducidos por un *móvil* económico *(SE)*. El soborno, por ejemplo, se identifica incluso con el incentivo mismo. En la teoría del *triángulo del fraude*, dicho factor se concreta en el motivo que induce el delito, normalmente de tipo monetario, que operaría como *estímulo*. El Manual SAINT (*), al respecto, declara que "*La motivación está relacionada con la tentación o la presión percibida para cometer fraude*". Es esta la misma lógica que adoptan diversas teorías del enfoque criminológico de la *elección racional*, ancladas a las premisas filosóficas del delito y de la pena de la *escuela clásica* de Derecho penal: la búsqueda de "placer". La similitud del enfoque de la elección racional con la escuela clásica, como reseñan Cid y Larrauri, se basa en que tal enfoque asume que el delito es una "opción racional" modulado por la maximización de ganancias y minimización de costes[39]. Becker, desde esta neoclásica visión economicista de la *teoría de la disuasión*, atribuiría incluso a esa concepción clásica del delito y de la pena la aplicación de cálculos económicos[40]. En esta misma línea, por citar otra referencia, destacan los estudios de Cornish y Clarke[41], quienes afirman que ciertos delitos se "eligen" en razón de un cálculo costo-beneficio. Empero, como ya se indicó, esta visión se asume aquí desde el enfoque *institucionalista* de la teoría, el cual tiene en cuenta el contexto *cultural-circunstancial* en el que se desenvuelve el individuo.

Los beneficios que puede asociar un individuo a los *recursos* de los procesos que opera podrían apalancar este constrictor. Por esta razón, esta perspectiva no es ajena al campo de la corrupción. En referencia al enfoque de la *elección racional*, afirma Blanco en su estudio del fenómeno que "[...] según esta teoría las personas actúan en función de

---

39 Cid Moliné, José / Larrauri Pijoan, Elena, *Teorías criminológicas...*, *Op. cit.*, p. 44.

40 Becker, Gary, "Crime and Punishment...", *Op. cit.*, pp. 169-217.

41 Véase Clarke, Ronald / Cornish, Derek, "Modeling Offenders' Decisions: A framework for research and Policy", en Tonry, Michael / Morris, Norval (eds.), *Crime and Justice. An Annual Review of research*, The University of Chicago Press, vol. 6, Chicago, 1985; Cornish, Derek / Clarke, Ronald (eds.), *The Reasoning Criminal: Rational Choice Perspectives on Offending*, Springer-Verlag, NY, 1985.

las expectativas de beneficio que puedan obtener. En esa relación entre recompensas y riesgos, el sujeto optará por cometer un delito cuando los beneficios calculados sean mayores que los riesgos generados"[42]. Remarca el autor frente a este agente *causal*, de forma aún más directa, que "[...] la motivación que mueve al corrupto y al corruptor suele ser simple: la obtención de beneficios personales"[43]. La misma experiencia de las corporaciones permite validar que la *necesidad* monetaria de sus miembros suele estar en la fuente de la conducta criminal. Incluso, como señala el Manual SAINT (*) sobre los inductores de naturaleza personal, "[...] *las circunstancias individuales que no están directamente relacionadas con la organización (por ejemplo, el estilo de vida personal o las adicciones) pueden proporcionar un incentivo para las violaciones de la integridad*". La pregunta que puede formularse ya en este punto, en clave de identificación de riesgos criminales, es qué *incentivos* podrían albergar ciertos puestos de trabajo, teniendo en cuenta que los recursos asociados a los procesos asignados a sus titulares podrían ser susceptibles de despertar ese interés para éstos.

Ahora bien, acorde con tal enfoque *institucionalista*, la cultura organizacional también podría suministrar incentivos que estimularían el inicio de esos cursos causales ilícitos (presiones, comisiones por resultados, etc.). A la vista de la evidencia empírica, puede admitirse que ese nivel de "diálogo interno" del individuo (*micro*) sobre los "beneficios" del delito se conectaría a los criterios *simbólico-normativos* que coexisten tanto a nivel social (*macro*) como corporativo (*meso*). En la primera esfera, porque el individuo puede arrastrar una línea de "justificaciones" que le permiten racionalizar (*r*) su indebido proceder. Y en la segunda, porque las voces de aliento a delinquir suelen venir del entorno inmediato del sujeto (socios, contratistas, proveedores, etc.)[44]. Es así que, como sostiene Agustina, "El lugar de trabajo es, en

---

42 Blanco C., Isidoro, "La corrupción desde una perspectiva criminológica...", *Op. cit.*, p. 274.

43 Ibid., 276.

44 Frente a esta doble "dimensión", Agustina, José R., "Fenomenología del employee crime..., *Op. cit.*, p. 368, señala: "Su punto de partida se fundamenta en el postulado según el cual *todas las culturas pueden valorarse y clasificarse de acuerdo con dos dimensiones* (individual y grupal). La primera dimensión la denomina *'grid dimensión'*, refiriéndose al modo en que todas las culturas imponen

este sentido, un significativo *medio de socialización* y de interiorización de códigos de conducta"[45]. En este particular campo simbólico, como lo han reseñado SYKES y MATZA[46], el individuo se expondría a distintas "*técnicas de neutralización*" que le permitirían justificar su obrar desviado (*v. gr.*, "*todo el mundo lo hace*", "*los negocios son los negocios*", etc.), esto es, proveerían a la persona de cierto "contexto de justificación"[47].

---

unas determinadas categorías sociales sobre el conjunto de la población, estableciendo el comportamiento adecuado del individuo, así como el comportamiento del resto de ciudadanos hacia el individuo. Tal categoría social definida por la sociedad *encerraría al sujeto* conforme a la categoría social a la que pertenece –*'grid'* podría traducirse como *cuadrícula* o *reja*-". [...] La segunda dimensión se construye en función del *grado de influencia del grupo* (*group dimension*). La cultura dominante puede minimizar o maximizar el control sobre los individuos por parte del grupo, fortaleciendo o debilitando los vínculos. La importancia preponderante del grupo sobre el individuo puede ser mayor o menor en función del tipo de sociedad".

45 AGUSTINA, José R., "Fenomenología del employee crime..., *Op. cit.*, p. 358.

46 Véase, SYKES, Gresham M. / MATZA, David, "Techniques of neutralization: A theory of Delinquency", en American Sociological Review, Vol. XXII, 1957, pp. 664-670. GARRIDO, Vicente / STANGELAND, Per / REDONDO, Santiago, *Principios de Criminología*, *Op. cit.*, p. 222, señalan: "Los mecanismos de neutralización funcionan asiduamente en nuestra vida diaria. Todos los utilizamos para dar consistencia a nuestra conducta y los delincuentes también los pueden usar para justificar sus acciones ilegales". En similar sentido, TAYLOR, Ian / WALTON, Paul / YOUNG, Jock, *La nueva criminología. Contribución a una teoría social de la conducta desviada*, 3ª ed., Ed. Amorrortu Editores, Buenos Aires, 2007, p. 206, refieren: "Las tecnicas de neutralización son similares a los «vocabularios de motivos» de C. Wright Mills [1943]. Son frases o expresiones linguisticas que el desviado emplea para justificar su accion. Su importancia radica en el hecho de que no son simplemente excusas o racionalizaciones *ex post facto* inventadas para que las oigan las autoridades, sino frases que realmente facilitan o motivan la comision de actos desviados neutralizando una limitación normativa preexistente. Así, una conocida neutralización para robar una gran empresa o compañía es que «nadie resulta perjuidicado» o que «el seguro paga»...".

47 Desde la visión criminológica aportada por Sutherland, NIETO MARTÍN, Adán, "De la ética al Public Compliance...", *Op. cit.*, p. 21, reseña que: "[...] como desde hace años viene enseñando la criminología, uno de los factores detonantes de la aparición de conductas delictivas en cualquier organización es la aparición de técnicas de neutralización, que proporcionan a sus miembros un contexto de justificación, que les lleva a la realización de conductas delictivas, al contrarrestar los valores de respeto a la legalidad, que el sujeto adquirió en su proceso de socialización. Como ya explicara Sutherland, mediante su teoría de la asociación

Dichos esquemas provendrían, de un lado, del curso de socialización del individuo (*macro*). Bajo las premisas del *Interaccionismo Simbólico*, la Psicología Cultural ha mostrado cómo la *psique* se cimienta a partir del contexto cultural en el que la persona se ha construido simbólicamente[48]. De ahí que, distintos estudios, sitúen la socialización en "culturas de corrupción" como fuente de motivación criminal[49]. Es en este contexto social, a propósito de estímulos (SE), en donde se cimentaría la necesidad de *símbolos de estatus* (ostentar riqueza, presumir relaciones, etc.)[50]. Empero, de otro lado, como lo sustentó SUTHERLAND en su *White-collar crime*[51], la "*definición de los códigos legales como favorables o desfavorables*" suele consolidarse al interior de las corporaciones (*meso*)[52]. Al respecto, recuerda

---

diferencial, el sujeto aprende estos nuevos valores en el seno de la organización a través del contacto con el resto de sus miembros".

48 GARCÍA-BORÉS, José M, "Paisajes de la Psicología Cultural", Anuario de Psicología, Vol. 31, n°. 4, 9-25, Universidad de Barcelona, Facultad de Psicología, Barcelona, 2000, p. 20, la Psicología Cultural tendría como objeto de estudio "[...] la influencia de la cultura en la vida psicológica".

49 Así, por ejemplo, FERNÁNDEZ RÍOS, Luis, *Psicología de la corrupción y los corruptos*, Ed. Grupo Editorial Universitario, Santiago de Compostela, 1999, p. 190, señala que: "[...] la socialización de los miembros más pequeños de una sociedad en tal cultura de la corrupción sólo puede generar a su vez ciudadanos claramente motivados para llevar a cabo comportamientos corruptos".

50 DE BOTTON, Alain, *Ansiedad por el estatus* (Trad. Jesús de Cuellar), Ed. Taurus, 2004, p. 7, define la noción como: "[...] el valor e importancia que uno tiene ante los ojos del mundo".

51 Discurso publicado bajo el título "White-Collar Criminality" en: *American Sociológical review*, febrero 1940, pp. 1-12. Sobre el concepto, SUTHERLAND, Edwin H. / CRESSEY Donald R., *Principles of Criminology*, *Op. cit.*, p. 78, refieren: "*The specific direction of motives and drives is learned from definitions of the legal codes as favorable or unfavorable. In some societies an individual is surrounded by persons who invariably define the legal codes as rules to be observed, while in others he is surrounded by persons whose definitions are favorable to the violation of the legal codes*".

52 Sobre el aprendizaje de los criterios de justificación, a modo de supuestos, SUTHERLAND, Edwin H., *El delito de cuello blanco*, (Trad. Rosa del Olmo), Ediciones de la Piqueta, Madrid, 1999, p. 283: "En muchos casos el gerente le ordena hacer cosas que él considera antiéticas o ilegales, mientras que en otros casos aprende cómo triunfar de aquellos que tienen el mismo rango que él. Aprende técnicas específicas de violar la ley junto con definiciones de situaciones en las que se usan estas técnicas. También, desarrolla una ideología general. Esta ideología se alimenta, en parte, de las prácticas específicas y pertenece a la categoría

Agustina que "[...] la teoría de la asociación diferencial" (*differential association*) puso de relieve el influjo que ejerce el contacto con determinados entornos y la asociación en determinados grupos sociales en la adquisición y mantenimiento de comportamientos delictivos"[53]. A propósito de esta teorización de Sutherland sobre el aprendizaje de la conducta delictiva en entornos corporativos, reseñan Garrido, Stangeland y Redondo que en tal proceso estarían implicados todos los mecanismos de aprendizaje[54]: la "asociación de estímulos" y la "imitación de modelos". Es así como se formarían las "reglas de conducta" (observando a los demás), a juicio de Bandura[55], que luego servirían como "guía para la acción".

Todo lo anterior resulta crucial para ilustrar la posibilidad que tendría el empleador de limitar posibles defectos organizativos desde los puestos de trabajo, entre otras cosas, porque su poder de mando le facultaría para definir la relación entre sus distintos procesos y condicionar las dinámicas –criminógenas- que emergen de la conexión y cooperación entre sus titulares. Remárquese que, una defectuosa cultura corporativa, como refiere Cigüela, comprende "[...] todo lo que tiene que ver con las políticas, los valores, creencias y hábitos criminógenos, con las actitudes y creencias grupales y las dinámicas colectivas que han ido emergiendo de la interacción"[56]. La adopción de un estricto procedimiento de *selección* de cargos vulnerables, por tal razón, constituye una política de *enforcement* clave vinculada a la regulación de esos lugares de trabajo. A todo esto, como señala Casanovas, "[...] la adecuada selección, contratación y promoción de empleados y directivos

---

de las generalizaciones de experiencias concretas, pero en parte es transmitida como una generalización —por frases como «no estamos en los negocios por nuestra salud», «el negocio es el negocio», o «ningún negocio se construyó en las beatitudes». Estas generalizaciones de experiencias concretas, ya sean transmitidas como tales o en forma abstracta, ayudan al novato en los negocios a aceptar las prácticas ilegales y suministrarle justificaciones".

53 Agustina, José R., "Fenomenología del employee crime..., *Op. cit.*, p. 369.

54 Garrido, Vicente / Stangeland, Per / Redondo, Santiago, *Principios...*, *Op. cit.*, p. 361.

55 En los términos de Bandura, Albert, *Pensamiento y Acción...*, *Op. cit.*, p. 68: "Observando a los demás formamos las reglas de conducta, y esta información codificada sirve en ocasiones futuras de guía para la acción".

56 Cigüela Sola, Javier, "*Compliance* más allá de la ciencia penal...", *Op. cit.*, p. 11.

es clave para desarrollar los cometidos de prevención que se esperan del *sistema de gestión de compliance penal*"[57]. De ello se sigue que, el *control personal de fuentes de peligro*, comenzaría por fijar una estricta política de recursos humanos (*job description*), con especial atención sobre los cargos de mayor exposición, que comprenda tanto la etapa inicial de vinculación (reclutamiento, selección, inducción, etc.), así como la fase de desempeño laboral (compensaciones, evaluación, promoción, etc.), última impactada por la cultura global.

La clasificación de cargos según su nivel de exposición criminal es, pues, una condición para su control situacional. Este grupo se identifica, como refiere el autor, con "[…] aquellas personas que participen en *procesos* vinculados con algún *riesgo penal* superior a bajo…"[58]. Centrados en la delegación, dicho *control personal* se concretaría en una *debida diligencia* que inicia con la *selección* del subordinado y se extiende a su vida laboral como vía para limitar la explotación ilícita del cargo. Se comprende, de este modo, la afirmación de TIEDEMANN sobre cómo evitar tal "defecto de organización", en el sentido que esto podría procurarse "contratando a una persona idónea y confiable"[59]. Esta cautela, precisamente, no sólo conecta la potencialidad criminal del individuo con la cultura organizacional, sino que es un requisito de la delegación, pues como recuerda LASCURAÍN, si el gestor de la corporación se vale de tal mecanismo deberá garantizar, como condición primaria de operatividad de la misma, a una apropiada selección del delegado[60]. Para ser más gráficos en la pertinencia de esta cautela, utilizando la terminología literal del Manual SAINT (*), "*La organización debe evitar tomar ´manzanas podridas´ o personal deshonesto cuando emplee personal nuevo*". De tal suerte, si el gestor

---

57 CASANOVAS YSLA, Alain, "*Compliance* penal normalizado…", *Op. cit.*, p. 177.

58 Ibid., p. 180.

59 TIEDEMANN, Klaus, *Manual de Derecho Penal Económico. Parte General y Especial*, Ed. Tirant Lo Blanch, Valencia, 2010, p. 181: "[…] una violación del deber de vigilancia puede consistir también en un defecto de organización, o sea cuando el titular de la empresa o cualquier otro obligado a efectuar el control omitiesen «asegurar el cumplimiento de los deberes empresariales, que él mismo no estuviera en condiciones de realizar, contratando a una persona idónea y confiable…»".

60 LASCURAÍN SÁNCHEZ, Juan A., "La delegación como mecanismo de prevención…", *Op. cit.*, p. 172.

no adoptó dichas cautelas en torno a la *elección* del infractor, sea por su conducta descuidada o indiferente, podría decirse que realizó una *contribución omisiva* a la situación criminógena que desató el respectivo suceso delictivo.

El *deber positivo de evitación criminal* implica, de ese modo, una acción de la dirección a nivel *individual* y *colectiva*. En el primer espectro (*micro*), mediante la regulación apropiada del puesto de trabajo, de manera que permita una selección adecuada de perfiles para posiciones de alta sensibilidad criminal y la aplicación de cautelas de *debida diligencia* como condición de la delegación (*KYE*). Por el nivel de riesgo que entrañan ciertos cargos, como señala Nieto, es que los procesos de selección deben tener especial atención[61]. Siendo específicos en torno a los riesgos que encarna la delegación, como refiere Bock con respecto a dicha "*selección cuidadosa*", "[...] se debe encontrar para los puestos de trabajo que se desean cubrir empleados que entrañen un riesgo lo suficientemente bajo"[62]. El control de la *situación estimular* a partir de esta cautela, atendiendo al *diseño* de esas unidades laborales como técnica preventivo-situacional, demandaría la evaluación apropiada de aspectos como las características del área y subsecciones a las que se integra el puesto de trabajo, la posición dentro del organigrama y jerarquía del mismo (gerencial, operativo, etc.), los procesos y tareas asociadas a su titular (habituales, ocasionales, etc.), el alcance de sus funciones (obligaciones, capacidad de decisión, etc.), las gratificaciones (salario, comisiones, bonos de desempeño, etc.) y el perfil de su titular (formación, destrezas, experiencia, etc.). La posición opuesta, por el contrario, contribuiría a la generación de "defectos de organización".

En el plano colectivo (*meso*), destáquese, refulge el *compliance*, pues como también refiere Nieto, "Los programas de cumplimiento tendrían como objetivo, precisamente, compensar los factores criminógenos que proceden de la corporación"[63]. El Manual SAINT (*), al

---

61 Nieto Martín, Adán, "Cumplimiento normativo, criminología y responsabilidad penal...", *Op. cit.*, p. 62.

62 Bock, Dennis, "Compliance y deberes de vigilancia en la empresa", *Op. cit.*, p. 116.

63 Nieto Martín, Adán, "Cumplimiento normativo, criminología y responsabilidad penal...", *Op. cit.*, p. 50.

respecto, indica que la organización "[...] *debe hacer todo lo posible para eliminar las tentaciones que podrían inducir a los funcionarios a actuar inapropiadamente (prevención)*". La facultad que tiene el empleador de interferir sobre este tipo de incentivos a través de medidas que impactan la motivación humana a nivel *holístico* (códigos de ética, formación, divulgación, canales de denuncia, etc.) y *concreto* (seguimiento de las directivas del puesto de trabajo, exigencia de responsabilidades, etc.), allanarían su *capacidad de dominio –personal*- sobre la primera *esfera constrictora* (SE) de la *situación criminógena* que induce el suceso típico. Por ello, el control posicional anclado a la cultura organizacional reduciría la tentación del individuo ante las alternativas de acción delictivas que podrían aparecer en su contacto con ciertos recursos. Es de esta forma que el superior podría acreditar que aplicó la *lex artis* sobre tal esfera criminógena y que actuó dentro de los límites del riesgo permitido. Esta misma cautela personal, con el tiempo, es lo que le permitiría probar uno de los pilares esenciales de su deber de evitación criminal: deber *in eligendo (iE)*[64]. En caso contrario, de no haberlo hecho, lo que podría afirmarse sería su *contribución omisiva* sobre el curso delictivo.

3.3.2. Vector criminológico 2: Situación de Oportunidad (SO)

Si de lo que se trata es de sustentar la base empírica del constructo de *control situacional*, como ninguno, este *tipo ideal* permite advertir su funcionalidad. Por ello, precisamente, son diversas las teorías criminológicas que parten de la premisa de que ciertos delitos no pueden cometerse si no se tiene al alcance una *oportunidad*. En el Manual SAINT (*), a propósito de la teoría del *triángulo del fraude*, se indica que "*La oportunidad se refiere a la posibilidad de cometer fraude*". El popular refrán "*La ocasión hace al ladrón*", anótese de paso, condensa clara-

---

64 En este sentido, AGUSTINA, José R., "Fenomenología del employee crime...", *Op. cit.*, p. 390, señala: "No cabe duda a este respecto que, en caso de que el empresario haya establecido ciertas medidas positivas de carácter rutinario –a fin de recabar aquella información del candidato–, será más difícil inculpar al empresario por contratación negligente".

mente la tesis central de las teorías criminológicas de la *oportunidad*[65]. La teoría de las *actividades rutinarias* o *cotidianas* es una de las más representativas. COHEN y FELSON, al respecto, ponen de manifiesto que la tendencia a delinquir aumentaría tras concurrir (convergencia), en el curso cotidiano de actividades ligadas a un contexto espacio-temporal determinado (actividades rutinarias), tres factores interdependientes: (i) una persona predispuesta por los *beneficios* asociados al delito; (ii) la *oportunidad* que precisa su realización efectiva; (iii) la *ausencia de protectores eficaces*. Para esta teoría, "La mayoría de los delitos requieren la convergencia en el tiempo y en el espacio de delincuentes potenciales, objetos apropiados / víctimas propicias y la ausencia de guardianes idóneos"[66]. Nótese que, en buena medida, los delitos de corrupción no se entienden sin este factor circunstancial[67]: Así, como afirma BLANCO, "Normalmente un delito, y en particular la corrupción, no se puede llevar a cabo si no existe una oportunidad"[68]. Y si, como apunta AGUSTINA, las *oportunidades criminógenas* "[...] describen los patrones

---

65 FELSON, Marcus y CLARKE, Ronald V., *La ocasión hace al ladrón. Teoría práctica para la prevención del delito*, (Trad. Maite Díaz i Pont y David Felip i Saborit del original "Opportunity Makes the Thief. Practical theory for crime prevention". Police Research Series, Paper 98. Home Office, Policing and Reducing Crime Unit, Londres 1998).

66 COHEN, Lawrense E. / FELSON, Marcus, "Social Change and Crime Rate Trends...", p. 588: "*Most criminal acts require convergence in space and time of likely offenders, suitable targets and the absence af capable guardians against crime*".

67 Dicha teoría no es ajena al estudio empírico de las causas de la corrupción. Al respecto, GRABOSKI, Peter / LARMOUR, Peter, "Public Sector Corruption and its Control", Australian Institute of Criminology, Trends & Issues, In crime and criminal justice, No. 143, enero 2000, pp. 1-6, p. 2: "*One need only look to the common criminological theory of routine activities for a basic understanding of the problem. Corruption, like other forms of crime, has three essential ingredients: motivation, opportunity, and the absence of a capable guardian*".

68 BLANCO C., Isidoro, "La corrupción desde una perspectiva criminológica...", *Op. cit.*, p. 269. Frente a la teoría de las *actividades rutinarias*, señala el autor, Ibid., pp. 270-271: "Con ella se pretende explicar cómo la *organización espacio-temporal de las actividades sociales en la vida moderna* favorece que las personas con inclinaciones delictivas pasen al acto [...] la convergencia de tres factores interdependientes en el espacio y en el tiempo es lo que explica el aumento de la delincuencia: la existencia de delincuentes motivados para cometer delitos, la existencia de objetivos (*targets*) o víctimas apropiadas y la ausencia de protectores eficaces (*capable guardians*) contra el delito".

delictivos asociados al contexto, en este caso, el lugar de trabajo y la posición que en él se ocupa"[69], entonces, en lógica de identificación de riesgos, debe determinarse qué oportunidades criminales podrían emerger en torno a la operación de los procesos ligados al puesto de trabajo en razón de los recursos que podrían desviarse por parte de su titular o de quienes puedan decidir sobre ellos.

La *oportunidad* se identifica, dicho esto, con una *situación* en la que la comisión de delitos se presenta como una *alternativa de acción*[70]. La génesis de este factor, al igual que se plateó frente al primer *tipo* criminológico, puede rastrearse en el mismo curso social del individuo (nivel *macro*). Es lo que sucede con quienes buscan el éxito económico como *fin* personal supremo sin reparar en los *medios* de realización. MERTON puso de presente esta correlación, al situar la profusión del éxito en el centro de la motivación delictiva[71]. Para MERTON, como recuerda LARRAURI, "Las personas que mantienen sus aspiraciones de éxito económico intactas mientras se les mantiene restringido el acceso a los medios que permiten satisfacerlas, tienden a buscar y encontrar medios ilegales alternativos de cubrirlas"[72]. El denominado "sueño americano" permite representar dicha aspiración material (realización del individuo a partir de le exhibición de *símbolos de estatus* materiales). Este ideal, como sostienen TAYLOR, WALTON y YOUNG, se refleja en la búsqueda de objetivos monetarios de éxito y en la profusión social de la ambición material[73]. De ahí, como apunta AGUSTINA, "[...] lo impredecible de la libertad humana y la desigualdad de los antecedentes que cada persona trae consigo *hasta el momento de la oportunidad delictiva*"[74]. Una oportunidad de lucrarse ilícitamente, conviene resaltar, que se vincularía a la posición que se ocupa.

---

69 AGUSTINA, José R., "Fenomenología del employee crime...", *Op. cit.*, p. 373.

70 Como sostienen frente a la oportunidad delictiva FELSON, Marcus y CLARKE, Ronald V., *La ocasión hace al ladrón...*", *Op. cit.*, p. 194, " [...] no puede darse delito alguno sin las oportunidades físicas para llevarlo a cabo. Las oportunidades delictivas son condiciones necesarias para que el delito suceda, cosa que las convierte en causas en un sentido fuerte de la palabra".

71 MERTON, Robert K., *Teoría y Estructuras Sociales*, Ed. FCE, México, 1976, p. 92 y ss.

72 LARRAURI, Elena, *Introducción a la criminología y al sistema penal*, *Op. cit.*, pp. 69-70.

73 TAYLOR, Ian / WALTON, Paul / YOUNG, Jock, *La nueva criminología...*, *Op. cit.*, p. 117.

74 AGUSTINA, José R., "Fenomenología del employee crime...", *Op. cit.*, p. 393.

Este factor circunstancial, a propósito de oportunidades delictivas, halla plena aplicación en el control de riesgos criminales laborales cuando el puesto de trabajo puede verse como *medio* de realización de ese "sueño" (preferencias, deseos o metas genéricamente anticipadas por las personas). Porque, como reseña NIETO sobre la teoría de la *anomia* –en su versión "mertoniana"-, para dichas teorías la conducta delictiva sería consecuencia de un conflicto entre *medios* y *fines*, esto es, como una forma de alcanzar objetivos legítimos (éxito económico, reconocimiento social, etc.) a través de vías no legítimas[75]. La visión del puesto de trabajo y sus procesos asociados como *medio para el delito*, acorde con la concepción "*rutinaria*" del factor *oportunidad*, resultaría vital para su evitabilidad en el marco de la delegación, pues si el desempeño en el cargo se traduce en una serie de actos concatenados en el tiempo (como una "secuencia de oportunidades")[76], el dominio material y personal de la situación criminógena resultaría factible en razón de que tal diacronía permitiría realizar un control de gestión también *rutinario* y una revisión dirigida (pruebas de control) de las tareas encargadas. Se advierte aquí la importancia de describir las funciones del puesto de trabajo, pues es ello lo que permite anticipar las decisiones ilícitas que podrían emerger en torno a su ejecución y proceder a ciertos requerimientos de información para su control.

La factibilidad del *dominio personal holístico* de fuerzas instigadoras delictivas, a su turno, parte de considerar el contexto interno de la organización como una "subcultura" en la que los "contactos diferenciales" inmersos en ella podrían determinar la existencia de las oportunidades para el delito[77]. Como sostuvo SUTHERLAND[78], porque el

---

75 NIETO MARTÍN, Adán, "Cumplimiento normativo, criminología y responsabilidad penal...", *Op. cit.*, p. 60.

76 GIMÉNEZ-SALINAS FRAMIS, Andrea, "La prevención situacional y la criminalidad organizada", en *Crimen, oportunidad y vida diaria*, *Op. cit.*, p. 331.

77 Como recuerda BARATTA, Alessandro, *Criminología Crítica y Crítica del Derecho Penal*, 8ª ed., Ed. Siglo XXI Editores, México D.F., 2004, p. 68: "Edwin H. Sutherland ha contribuido a la teoría de las subculturales criminales sobre todo con el análisis de las formas de aprendizaje del comportamiento criminal y de la dependencia de este aprendizaje de los diversos contactos diferenciales que tiene el individuo con otros individuos o grupos".

78 SUTHERLAND, Edwin H. / CRESSEY Donald R., *Principles of Criminology*, *Op. cit.*, pp. 77-78.

delito suele presentarse en interacción con otras personas mediante un proceso de comunicación en grupos de íntima relación personal (nivel *meso*), la cultura organizacional puede facilitar la validación de "definiciones favorables" al delito. Desde la teoría psicológica, como sostiene BANDURA, "Si una persona experimenta demasiadas consecuencias en el seno de un grupo, los resultados observados pueden influir sobre la conducta de la totalidad del mismo"[79]. Remarca el mismo autor que, incluso, "[...] la simple observación de actos modelados, por sí misma, pueden inducir a los observadores a la realización de actividades similares (Bandura, 1962; Kaplan, 1972; Phillips, 1968)"[80]. Se trata, en últimas, de ver cómo un "estado de cosas desorganizado" generado por factores como la falta de liderazgo ético desde el órgano de dirección o la ausencia de control, termina enseñando las *vías* hacia el delito.

Se justifica, en esta lógica, que el órgano de dirección deba adoptar cautelas dirigidas a contrarrestar dicha "organización diferencial" –diría SUTHERLAND-. En alusión a los postulados de la ética empírica, señala NIETO[81] que el comportamiento de los individuos en el seno un grupo se puede ver modificado por los valores que imperan en éste. Precisa que, por la misma razón, tales postulados conectan bien con teorías criminológicas como la *asociación diferencial*, en las que el grupo es clave para explicar la conducta criminal. Es por ello que, el poder directivo sobre esta esfera criminógena (SO), demandaría la priorización de las áreas internas sensibles al delito, la descripción de los puestos de trabajo afiliados a ellas, la caracterización de los procesos vulnerables asociados a tales puestos y el control de las funciones implicadas[82]. A partir de aquí, conforme a las exigencias de la

---

79 BANDURA, Albert, *Pensamiento y Acción....*, *Op. cit.*, p. 308.

80 Ibid., p. 307.

81 NIETO MARTÍN, Adán, "Cumplimiento normativo, criminología y responsabilidad penal...", *Op. cit.*, p. 43.

82 Sobre la imperatividad normativa de este tipo de cautela, reseña NIETO MARTÍN, Adán, "De la ética al Public Compliance...", *Op. cit.*, p. 26: "La necesidad de introducir controles específicos en cada administración, además de normas y principios éticos, se deriva también del Convenio de Naciones Unidas contra la corrupción. En su artículo 7.2 establece los requisitos que han de cumplir los procedimientos de contratación del personal, necesidad de que exista formación específica y una selección específica para aquellos funcionarios públicos que trabajen un área de riesgo etc.".

delegación, el gestor deberá acompañar dicha ordenación mediante la adopción de los medios de control que la *lex artis* en la materia sugieren para la *vigilancia* apropiada de dichas funciones (debida diligencia, canales de denuncia, auditorías de cumplimiento, etc.). Es de esta forma que se afirma la posibilidad de lograr un control razonable de la oportunidad delictiva.

A tenor de lo anterior, la *oportunidad criminal* presentaría una especial dependencia con las funciones desarrolladas bajo el marco *rutinario* de los puestos de trabajo. Al respecto, como apunta AGUSTINA, "Según la ´teoría de la actividad rutinaria´, función, situación y oportunidad son, en este sentido, realidades interconectadas"[83]. En torno a la delegación de funciones asociadas a procesos susceptibles de desviaciones ilícitas, para concretar mejor estas cautelas, el factor de *oportunidad* estaría ligado al *grado de libertad* que tenga el delegado para la toma de decisiones alrededor de esos procesos (falta de *vigilancia*). En referencia al "Soborno al personal de la organización", para ser más gráficos, la ISO 37001 señala que "*Es más probable que ocurra el soborno al personal de la organización en relación con el personal que es capaz de tomar o influir en las decisiones en nombre de la organización*" (NTC-ISO 37001 [A.8.4.2]). Por esta razón, según el Manual SAINT (*), "*Las organizaciones deben especificar qué actividades y puestos se consideran relativamente vulnerables y que requieren más protección para evitar violaciones de la integridad*". De modo tal que, si el poder decisional se integra a la estructura de oportunidad vinculada al ejercicio de la función delegada, el control del dependiente debe atender a la toma de decisiones. Apréciese que, como sostiene AGUSTINA, "Reducir las oportunidades delictivas significa restringir la *libertad-para-el-delito*, acotar el campo de posibilidades en el obrar desviado"[84]. En cualquier caso, dicha restricción del margen de actuar ilícito del lugar de trabajo tendría como presupuesto la organización general.

Establecida como una *constante* la existencia de individuos dispuestos a beneficiarse de su posición (nivel *micro*), las técnicas de *prevención situacional* cumplirían aquí la función de bloquear las *alternativas de acción ilícitas* que se configuran rutinariamente en el

---

83 AGUSTINA, José R., "Fenomenología del employee crime..., *Op. cit.*, p. 365.

84 Ibid., p. 366.

marco de actividades delegadas provocando *excesos de dificultad* en el actuar desviado. Recuérdese que, como indica BERMEJO, la empresa es un contexto (organizacional) que suministra oportunidades para cometer delitos (*hot spots*)[85]. Esta posibilidad técnica de control de la función, conviene subrayar, se afincaría en la facultad directiva que ostenta el empleador derivada de su poder jerárquico y del deber de obediencia que tiene el delegado en razón de la relación de dependencia. De ahí que, según autor, la empresa tiene la responsabilidad de establecer medidas orientadas a "reducir las oportunidades" para cometer delitos (incrementar el riesgo de delinquir)[86]. Bajo tal mirada, las teorías de la oportunidad soportarían dicha posibilidad de control, pues como señala NIETO frente a la teoría de las *actividades rutinarias*, "Más allá de este punto, la teoría de la oportunidad suministra una metodología correcta a la hora de diseñar mecanismos preventivos dentro de la entidad"[87]. Esta posibilidad de control de la *situación de oportunidad (SO)*, con todo y lo anterior, se advierte cuando se concibe la corporación por precisas *esferas de organización* debidamente mapeadas (*área-puesto-proceso*), bajo una matriz de riesgos que permita delimitar y priorizar los procesos organizativos que presentan una especial exposición a actos delictivos.

La posibilidad de "diseñar" el puesto de trabajo y de estructurar el perfil del cargo a partir de la definición de funciones, tareas, relaciones y marco de decisiones, allanaría la ruta para su control situacional, en tanto que tales puestos revisten las características de *espacios físicos*. Como reseña BERMEJO, el control criminal puede orientarse a reducir las oportunidades para delinquir a partir del "diseño de personas", del "diseño de lugares" y del "diseño de objetos"[88]. Y si "*La oportunidad es clave porque puede llevar a tentaciones*", según IntoSAINT (*), la gestión de riesgos implica evaluar el nivel de "oportunidad" para el delito que integra el puesto de trabajo y los procesos vinculados a

---

85 BERMEJO, Mateo G., "Elección racional, oportunidad para delinquir…", *Op. cit.*, p. 320.

86 Ibid., p. 320.

87 NIETO MARTÍN, Adán, "Cumplimiento normativo, criminología y responsabilidad penal…", *Op. cit.*, p. 59.

88 BERMEJO, Mateo G., "Elección racional, oportunidad para delinquir…", *Op. cit.*, pp. 318-319.

aquéllos. A todo esto, postula CIGÜELA que "Es así como ha de entenderse el *compliance* penal, como también la discutida responsabilidad penal de las personas jurídicas: en ambos casos estamos ante elementos inspirados por la idea de reforzar la prevención penal incidiendo en el aspecto organizativo de la interacción humana"[89]. Esta posibilidad precautoria, visto desde esta perspectiva *institucionalista* de la elección racional, parte de la adecuada comprensión de los cargos que podrían ser blanco de ilícita aplicación, a fin de reducir el ámbito de discrecionalidad en la toma de las decisiones por parte de sus titulares (restringir las opciones delictivas)[90].

Lo anterior supone un control "ambiental" del sitio de trabajo[91], por tanto, con atención *especial* sobre los puestos y procesos conexos de mayor criticidad. Esto integraría, como reseña BERMEJO, "[...] medidas dirigidas a formas delictivas específicas que suponen el control, organización, diseño y manipulación del entorno inmediato, de la forma más sistemática y permanente posible"[92]. Puntualiza el autor que se trata de contrarrestar las circunstancias que proveen *oportunidades* para la comisión de delitos y de incrementar los riesgos asociados al actuar criminal de acuerdo a la forma en que tales riesgos son percibidos por los potenciales infractores[93]. A esta posibilidad de control situacional se refiere el Manual SAINT (*), en concreto, cuando propone que "[...] *eliminar la oportunidad es una medida preventiva*

---

89 CIGÜELA SOLA, Javier, "*Compliance* más allá de la ciencia penal...", *Op. cit.*, p. 5.

90 Sobre la relación entre *modus operandi* y *oportunidad*, señalan FELSON, Marcus y CLARKE, Ronald V., *La ocasión hace al ladrón*, *Op. cit.*, p. 202: "[...] el modus operandi es una preocupación central de la teoría de la elección racional en Criminología. Esta teoría y este tipo de investigación están estrechamente vinculados a la prevención situacional de delito, la cual está explícitamente diseñada para reducir las oportunidades para delinquir".

91 CLARKE, Ronald, "Situational crime prevention", *Crime and Justice*, *Op. cit.*, pp. 91-150.

92 Como recuerda BERMEJO, Mateo G., "Elección racional, oportunidad para delinquir...", *Op. cit.*, pp. 314-315: "Clarke clasifica estas técnicas de prevención en cuatro grupos: *Técnicas orientadas a aumentar el esfuerzo del infractor (real o percibido"); Técnicas orientadas a aumentar el riesgo para el infractor (real o percibido); Técnicas orientadas a reducir la ganancia del delito; Técnicas que pretenden incrementar los costes morales y reputacionales de la conducta delictiva: Técnicas que pretenden establecer, explicar o clarificar reglas o normas de conducta*".

93 Ibid., p. 313.

sólida". Esa *eliminación*, atendiendo a la regulación de los puestos de trabajo, se procuraría no sólo a través del diseño de controles *detectivos* aplicables a los procesos afiliados al puesto (controles financieros y no financieros sobre los recursos accesibles), de modo que dichos procesos no puedan verse por parte de su operador como un *medio* para la realización de sus expectativas económicas, sino además a partir de un entorno cultural que provea un ambiente favorable para la aplicación de los controles.

Bajo esta óptica, en resumen, la viabilidad técnica que tendría el gestor para restringir la capacidad decisional de sus subalternos a nivel general (holístico) y concreto, constituiría un segundo pilar de control (*discovery*), aplicable ahora a la *segunda esfera criminógena* (SO). Tal *dominio situacional* resultaría factible mediante los mecanismos de *detección* que prevén los estándares en *compliance* aplicables a nivel de toda la organización (*general*) y de los procesos criminalmente vulnerables (*concreto*). A todo esto, como apunta CIGÜELA, "Si el compliance tiene como objetivo fomentar que la organización se mantenga en un estado ética y jurídicamente adecuado, debe incorporar formas de detección de las dinámicas criminógenas y los sesgos aquí expuestos..."[94]. Centrados en las actividades de delegación, las técnicas de *control situacional* facilitarían dicha posibilidad de dominio en tanto que, como refiere AGUSTINA, se puede vincular la "capacidad del garante de evitar el resultado lesivo", a su posibilidad de "remover al trabajador peligroso del punto de encuentro con la oportunidad delictiva"[95]. Por ende, como señala BOCK, una vez el trabajador ha sido seleccionado e instruido debe ser supervisado, esto es, que después de haberse cubierto en forma adecuada el puesto laboral

---

94 CIGÜELA SOLA, Javier, "*Compliance* más allá de la ciencia penal...", *Op. cit.*, p. 27.

95 En este sentido, AGUSTINA, José R., *El Delito en la Empresa: Estrategias de prevención de la criminalidad intra-empresarial y deberes de control del empresario*, Ed. Atelier, Barcelona, 2010, p. 178, señala: "[...] existiendo un riesgo *objetivo* y *previsible* de que un trabajador cometa de forma dolosa o imprudente un delito en la esfera de dominio de la empresa, el garante tiene un *deber positivo* de intervenir. Y el hecho de estar en su poder de disposición remover al trabajador peligroso del punto de encuentro con la oportunidad delictiva –es decir, el hecho de tener capacidad de evitar el resultado lesivo– le podría llegar a convertir en autor o partícipe del delito de su subordinado, cuando menos en empresas cuya actividad es *manifiestamente peligrosa*".

(competencia y fiabilidad de su titular), el empleador debe asegurar que sus instrucciones son obedecidas y ejecutadas[96]. Esa misma posibilidad de intervención, es lo que soporta la imputación omisiva de aquel directivo que no cumple con su deber de vigilancia y control de la actividad delegada y del delegado mismo que la ejecuta[97] (control material y personal). Tal juicio de atribución sería admisible, como indica LASCURAÍN, en la medida en que se identifique con una "indebida no contención de un curso de riesgo que se concretó en el resultado..."[98]; "indebida", remarca el autor, cuando es contraria a un deber especial de evitación de resultados criminales[99]. Es de esta manera que, en definitiva, se puede predicar un segundo pilar del bloque de contención del conjunto criminógeno y, por efecto de ello, un ejercicio correcto de ese deber *in vigilando (iV)*[100].

3.3.3. Vector criminológico 3: Situación de Vulnerabilidad (SV)

Una "*atmosfera de anonimato*" marcada por la ausencia de control, tomando esta diciente expresión de AGUSTINA, define la tercera *esfera constrictora* (SV)[101]. En la teoría de las *actividades rutinarias*, por ende, el factor "protección" adquiere un lugar especial en la motivación delictiva, bajo el entendido que la ausencia de un "guardián" que custodie los objetos vulnerables determinaría el paso a la acción[102]. En referencia a la corrupción, describe BLANCO que "[...] conforme a

---

96 BOCK, Dennis, "Compliance y deberes de vigilancia en la empresa", *Op. cit.*, p. 118.

97 LASCURAÍN SÁNCHEZ, Juan A., "La delegación como mecanismo de prevención...", *Op. cit.*, p. 171: "La precisión de este deber de vigilancia habrá de fijarse en atención al tipo de actividad y a las características personales del delegado. Cuanto mayor sea el riesgo que se pretende controlar y más difícil su control, más intensa habrá de ser la supervisión del delegante".

98 Ibid., p. 168.

99 Ibid., p. 168.

100 BERMEJO, Mateo G., "Elección racional, oportunidad para delinquir...", *Op. cit.*, pp. 314-315: "[...] las técnicas de prevención situacional persiguen la reducción de las oportunidades o medios disponibles para cometer el delito, por medio de una modificación del entorno en que éste puede suceder, aumentando los costes esperados y/o disminuyendo las ganancias esperadas del delito, de modo tal que los beneficios netos disminuyan o dejen de existir".

101 AGUSTINA, José R., "Fenomenología del employee crime...", *Op. cit.*, p. 355.

102 Ibid., p. 355.

la teoría de las actividades rutinarias, son tres los elementos esenciales que desempeñan un papel trascendental en la comisión de delitos de corrupción: la motivación, la oportunidad y la ausencia de protectores o controles eficaces"[103]. Desde la teoría de la elección racional, afirma el autor, "[...] la corrupción es una infracción que se basa en cálculos racionales de expectativas de beneficio realizados por los infractores, que se produce en una situación de ausencia de un protector eficaz"[104]. Y si tal premisa se sostiene, en clave de identificación de riesgos, también podrá afirmarse que la ausencia de un "ambiente de control" (general) y la desprotección de los procesos criminalmente expuestos (concreto), constituiría un poderoso agente causal al alimentar la *percepción de impunidad* que le genera confianza al individuo en su plan y actuar ilícito.

Desde las clásicas teorías de la pena de orden *preventivo-general negativa*, hasta los modernos planteamientos de la *disuasión* soportados en las teorías de la *elección racional* y de la *oportunidad*, el castigo ocupa un lugar fundamental como estrategia de control criminal (*deterrence*)[105]. Por esta razón, según el Manual SAINT (*), "[...] *la organización debe tomar medidas si su personal actúa de manera inapropiada (represión)*". A propósito de la "*falta de controles adecuados*" en el ámbito de la corrupción, señala Blanco que "*el riesgo a ser descubierto*" es uno de los elementos centrales que influyen en la decisión de delinquir: "Una de las variables principales que influyen en el mercado de la corrupción es el *riesgo de ser descubierto*, como consecuencia de la existencia de guardianes o controles eficaces"[106]. Agrega que, el control de comportamientos corruptos, puede ser de

---

103 Blanco C., Isidoro, "La corrupción desde una perspectiva criminológica...", *Op. cit.*, p. 275.

104 Ibid., p. 277.

105 Agustina, José R., "Fenomenología del employee crime...", *Op. cit.*, p. 394: "La «teoría de la actividad rutinaria» tuvo su origen como explicación de los delitos depredatorios (Cohen y Felson, 1979). Partía de la base de que para que tales delitos tengan lugar se requiere la convergencia en el tiempo de tres elementos esenciales –ya anteriormente mencionados–: un posible delincuente (en una situación determinada), un objetivo apropiado y la ausencia de una vigilancia adecuada (de acuerdo con un concepto natural de vigilancia)....".

106 Blanco C., Isidoro, "La corrupción desde una perspectiva criminológica...", *Op. cit.*, p. 282.

índole formal o informal[107]. Esto es relevante puesto que, más allá del control formal (penal, administrativo, etc.), el poder directivo del empleador permite limitar dicho *entorno de anonimato* mediante la aplicación de incentivos de orden *negativo* (amonestación, suspensión, despido, etc.) y *positivo* (sensibilización, etc.), posibilitando un contexto interno de disuasión y un entorno cultural ético que operarían como *fuerzas inhibidoras* de comportamientos delictivos.

Bajo tal óptica, la diligencia del empleador estaría aquí marcada por la adopción de medidas *disuasoras* eficaces. Y esto porque, recordando a Beccaria, "La certeza de un castigo, aunque este sea moderado, hará siempre mayor impresión que el temor de otro más terrible, pero unido a la esperanza de impunidad" [108]. A todo esto, señala Bandura que "[...] el efecto disuasor de las sanciones legales se basa en las creencias sobre la probabilidad de ser detenido y castigado por los actos ilegales"[109]. En referencia a la fuerza suasoria de la pena predicada por las perspectivas criminológicas indicadas, con todo, afirma Silva que incluso aquellos autores opuestos a las tesis del *delincuente racional* terminan reconociendo que los incrementos o disminuciones del grado de probabilidad de aprehensión y sanción sí incidirían sobre el potencial infractor[110]. El enfoque del *análisis económico del Derecho* parte de las mismas inferencias utilitaristas[111]. En opinión de Silva, dicha corriente parte del presupuesto de que "[...] los destinatarios de éste son sujetos racionales, que, también en su actuación delictiva, obran siguiendo consideraciones de eficiencia"[112]. De ahí que, los delitos de corrupción, siguiendo a Villoria, suelan definirse como un acto "[...] realizado por agentes que actúan racionalmente considerando el beneficio a obtener, las posibilidades de ser capturados y las sanciones correspondientes, en

---

107 Ibid., p. 284.

108 Beccaria, Cesare, *Dei delitti e delle pene* (1764), *De los delitos y de las penas*, Ed. Aguilar S.A. Ediciones, Madrid, 1969, p. 132.

109 Bandura, Albert, *Pensamiento y Acción...*, *Op. cit.*, p. 304.

110 Silva Sánchez, Jesús M., "Eficiencia y Derecho Penal", *Op. cit.*, p. 103.

111 Ibid., p. 96: "[...] no cabe duda de que el análisis económico del Derecho se sitúa en el marco general de las corrientes utilitaristas".

112 Ibid., p. 98.

entornos aislados donde hay lagunas de regulación o control"[113]. Pero, esas sanciones, también podrían ser de orden ético para evitar el "modelado" de definiciones favorables al delito[114], pues como enfatiza NIETO con relación a la teoría de la *asociación diferencial*, "Cuando los argumentos favorables a la infracción superan a los desfavorables puede aparecer el comportamiento delictivo"[115]. La combinación de medidas de sensibilización ética (códigos de conducta, actividades de formación, acciones de divulgación, etc.) y de otras utilizadas para la generación de entornos éticos que fomentan una percepción o "ambiente de control"[116], por lo dicho, permitirían limitar el *entorno de impunidad* que operaría como palanca de motivación.

La *posibilidad de evitabilidad* criminal en el marco de la delegación de funciones a partir del poder de mando del empleador, de este modo, halla aquí otro pilar de apoyo en su finalidad de establecer cautelas de integridad de orden correctivo (reactivas) para limitar el surgimiento de cursos causales criminales. La ISO 37001, por todo esto, propone la aplicación de acciones correctivas "[...] *para eliminar la causa de una no conformidad y evitar que vuelva a ocurrir*" (NTC-ISO 37001[3.23]). El Manual SAINT (*), conforme con lo anotado, parte de esta combinación de enfoques: "*Un sistema de integridad debe con-*

---

113 VILLORIA MENDIETA, Manuel, "Hacia una comprensión de la corrupción en España", TransJus, Institut de Recerca, Facultat de Dret, Universitat de Barcelona, Working Paper 1/2014, p. 14.

114 SILVA SÁNCHEZ, Jesús M., "Eficiencia...", *Op. Cit.*, pp. 113-114: "[...] por razones obvias, junto a la gravedad de la pena entra en juego el factor de la probabilidad de que la pena se haga efectiva, factor este que depende de la configuración del sistema policial, procesal (e incluso social)...".

115 NIETO MARTÍN, Adán (Dir.), *Manual de Cumplimiento Penal en la Empresa*, *Op. cit.*, p. 51.

116 Frente a las "técnicas de prevención situacional", BERMEJO, Mateo G., "Elección racional, oportunidad para delinquir...", *Op. cit.*, pp. 314-315: "Con estas técnicas se busca evitar la indefinición o ambigüedad normativa característica de algunos contextos. Evitar ambigüedades en las normas que deben cumplir los empleados favorece la atribución individual de responsabilidad y, por ello, aumenta el coste moral y reputacional de dichas conductas infractoras. [...]. Esta estrategia de intervención ha tomado una destacable relevancia en el ámbito empresarial, donde los códigos de conducta internos pretenden aclarar los deberes de los directivos y empleados en relación con ciertos delitos y evitar que éstos se cometan bajo el amparo de la aparente neutralidad de las conductas (técnicas de neutralización)".

tener componentes preventivos y represivos". El componente reactivo es necesario porque, como se describe en el multirreferido Manual, "*Si una violación de la integridad queda sin castigo, provocará una pérdida de motivación entre los miembros voluntarios del personal de la organización*". Esta política se encuadra, de acuerdo con el Manual, bajo una estrategia que combina "estímulos" de tipo ético y técnicas de "cumplimiento" basadas en la coacción. Frente a la necesidad de que la organización estimule positivamente la integridad interna, según recomienda el Manual (*), "*La estrategia de estímulo está dirigida a fomentar la conciencia y la responsabilidad de la integridad entre el personal (competencia moral)*". Aquí resulta evidente la perspectiva de *behavioral compliance*, en la que la amenaza de castigo pasa a un segundo plano, priorizando el refuerzo ético. Y con respecto a la estrategia de cumplimiento, ésta "[...] *se basa en reglas y, como tal, está dirigida a la imposición de regulaciones, pautas y procedimientos desde arriba y al control y castigo del comportamiento inaceptable*". Como se colige, la regulación del lugar de trabajo es presupuesto del poder disciplinario que despliega el empleador sobre su subalterno.

La falta de *control moral* del personal en las organizaciones, justamente, constituye una de las situaciones catalogadas por los expertos en corrupción como factor, tanto por la falta de autorepresión individual como por el déficit de reacción grupal. En el fondo, como postula el mismo Manual, lo ideal es un equilibrio entre las dos perspectivas (positiva y negativa). Y en este punto es donde resultaría decisivo el pasado ético que arrastra el individuo (nivel *macro*) y el entorno cultural que se encuentra al momento de su integración a contextos institucionales (nivel *meso*), pues como refieren TAYLOR, WALTON y YOUNG, "[...] la motivación de la conducta delictiva procede de una acentuación de los valores dominantes, junto con las técnicas de neutralización que liberan al individuo del control social"[117]. La familia, la escuela, las experiencias laborales, entre otros grupos de interacción humana, participarían de esta acentuación simbólica. Pues bien, bajo ese poder directivo del empleador, habría de procurarse que las medidas de control se alineen con la auto-reprensión moral del individuo. Como apunta AGUSTINA desde un plano criminológico, "[...] el concepto de *identidad*

---

117 TAYLOR, Ian / WALTON, Paul / YOUNG, Jock, *La nueva criminología...*, *Op. cit.*, p. 208.

corporativa (*corporate identity*) representa una estrategia efectiva de prevención del delito. Por el contrario, una atmósfera de anonimato y el distanciamiento del trabajador respecto de la organización aumentan las probabilidades de que emerjan comportamientos delictivos"[118]. En esta lógica, la actividad de supervisión de la dirección debe ir en la línea de propiciar una suerte de "panóptico ético" que integra la aplicación de correctivos frente a las desviaciones evidenciadas en torno a los diversos puestos de trabajo, lo que, al final, emergería como señal del ejercicio debido de su deber *in corrigendo (iC)*.

La construcción de este "panóptico ético", acorde con lo dicho, podría sustentarse en la faz positiva de la teoría del *labeling approach*. Este enfoque parte de la premisa de que, como señala BARATTA, la criminalidad no es "[...] una cualidad ontológica, sino un estatus social que es atribuido a través de procesos (informales y formales) de definición y mecanismos (informales y formales) de reacción"[119]. En otros términos, el comportamiento se interpretará como "desviado" si el colectivo lo define como "desviado". Esto significa, llevado al plano de la construcción de una cultura corporativa ética que conmine toda conducta irregular, que el órgano de dirección debe valerse de su poder de mando para propender que toda actitud o hecho ilícito se "defina" en términos negativos y se "etiquete" análogamente a su autor, a fin de que dicho *tono* ético modifique actitudes nocivas en sentido positivo. Esto podría lograrse, siguiendo a BERGER y LUCKMANN, a

---

118 AGUSTINA, José R., "Fenomenología del employee crime...", *Op. cit.*, p. 382.

119 BARATTA, Alessandro, *Criminología Crítica...*, *Op. cit.*, p. 121. El enfoque del *etiquetamiento* destaca cómo, la definición de ciertas situaciones como desviadas, es requisito para asegurar una respuesta social (*reacción*). Al respecto, apunta BERGALLI, Roberto, "Perspectiva sociológica: estructura social", en BERGALLI, Roberto / BUSTOS RAMÍREZ, Juan / MIRALLES, Teresa, *El Pensamiento Criminológico I. Un análisis Crítico*, Ed. Temis, Bogotá, 1983, p. 151: "[...] para Becker, asumen importancia los mecanismos a través de los cuales se selecciona y define el comportamiento, puesto que entonces la conducta desviada es el resultado de un proceso de interacción que tiene lugar entre la acción que se cuestiona y la reacción de otros individuos. Desde este punto de vista –subraya Becker (1963, p. 9) con una expresión ya famosa- la desviación no es una cualidad del acto en sí que la persona realiza, sino más bien una consecuencia de la aplicación por otra(s) de reglas y sanciones a un ´transgresor´. El desviado es alguien a quien la etiqueta le ha sido aplicada con éxito: comportamiento desviado es el que la gente etiqueta como tal".

partir de un proceso de aprendizaje constante y de "habituación"[120]. Desde una visión psicológica, señala BANDURA que "El etiquetado social de las personas puede modificar sus autopercepciones de modo que llegue a comportarse de acuerdo con dichas etiquetas"[121]. Por ello, por ejemplo, los regalos, agasajos o atenciones que suelen condicionar la toma de decisiones en torno a ciertas negociaciones vienen etiquetándose como estrategias con poder corruptor[122]. Como ya se anotó, este etiquetamiento negativo de actitudes reprensibles comienza con la desestimación del lenguaje que banalice conductas deshonestas al interior de la organización (*técnicas de neutralización*)[123], entre otras cosas, dado que el elemento "*racionalización*" (*r*) es el *conector* de los factores criminógenos que inducen el acto ilícito.

Una forma eficaz de advertir irregularidades en el marco del desempeño del cargo y aplicar los respectivos correctivos, es a partir de la definición de las funciones delegadas. Esta cautela permite establecer, según la naturaleza directiva (planificación, organización, dirección, control, etc.) o ejecutiva de la función (contratación de empleados, selección de proveedores, etc.), no sólo las decisiones ilícitas que eventualmente podría adoptar el empleado en torno a su ejecución (tipo, alcance, etc.), sino además las medidas correctivas en caso de infracción (remoción del cargo, traslado del puesto de trabajo, etc.). Es por esto

---

120 BERGER, Peter L. / LUCKMANN, Thomas, *La construcción social de la realidad*, Ed. Amorrortu Editores, Buenos Aires–Madrid, 2011, p. 72.

121 BANDURA, Albert, *Pensamiento y Acción…*, *Op. cit.*, p. 293.

122 Como señala ROSE-ACKERMAN, Susan, *La corrupción y los gobiernos. Causas, consecuencias, y reforma*, (Trad. Alfonso Colodrón Gómez), Ed. Siglo Veintiuno Editores de España, Madrid, 2001, pp. 151-152, "La definición de sobornos y regalos es un asunto cultural, pero la ´cultura´ es dinámica y está constantemente cambiando. Si la conducta etiquetada como ´corrupta´ por algunos observadores es, sin embargo, considerada como una entrega aceptable de regalos o propinas dentro de un país, simplemente será legalizada y comunicada".

123 Sobre el fraude de etiquetas y la utilización de eufemismos, refiere BANDURA, Albert, *Pensamiento y Acción…*, *Op. cit.*, p. 403, "En un esclarecedor análisis del lenguaje de la no responsabilidad, Gambino (1973) identifica las distintas variedades de eufemismos. Una de ellas, la de expresiones paliativas, se utiliza sobre todo para convertir en respetable la conducta reprensible. A través de las palabras higiénicas, incluso el asesinato de un ser humano pierde gran parte de su repugnancia. Los soldados ´debilitan al enemigo´, no lo matan; los operativos de la CIA ´terminan con los perjuicios extremos´...".

que, como reseña CASANOVAS, "Ante una no conformidad se analizarán los motivos que la han propiciado para adoptar las medidas que eviten que se reproduzca"[124]. Dicha respuesta es inherente al mismo instituto de la delegación, pues como señala BOCK, "Verificada la contravención de deberes por parte del obligado a la vigilancia –o un trabajador al que aquel le ha encargado la vigilancia- se debe entonces intervenir y poner remedio"[125]. La NTC-ISO 37001 (3.23), en línea con lo anterior, plantea que desde los mismos planes de formación se advierta sobre las consecuencias de incurrir en infracciones[126]. Esta actividad reactiva se vincula al deber de garantía que tiene el empleador sobre sus delegados, lo cual incluye, como refiere el último autor, respuestas como revocar la delegación, la sanción disciplinaria o el despido. Esta respuesta, por supuesto, redunda positivamente en la cultura ética.

En contra de lo anterior, la falta de control posibilitaría esa suerte de "esperanza de impunidad" que reduciría la aversión que presupone la amenaza de castigo, propiciando en el potencial infractor un control cognitivo del acto que le otorgaría seguridad en su actuar ilícito (*percepción de autocapacidad*)[127]. Por ello, como sostiene BANDURA, "Un sentido fuerte de capacidad de control hace que las situaciones sean menos intimidantes y reduce por tanto respuestas de estrés ante las interacciones atemorizantes"[128]. La *vulnerabilidad* del proceso (SV), por tanto, podría desencadenar el proceder ilícito al reducir la aversión al castigo potencial traduciéndose en un instigador de la acción (*pulsión*). Dicha *situación pulsiva*, cuya carga negativa encuentra incluso un nexo con estados apremiantes análogos como las sensacio-

---

124 CASANOVAS YSLA, Alain, "*Compliance* penal normalizado...", *Op. cit.*, p. 221.

125 BOCK, Dennis, "Compliance y deberes de vigilancia en la empresa", *Op. cit.*, p. 119.

126 NTC-ISO 37001(7.3): La respuesta debe incluir además una "Toma de conciencia y formación", en la que "*La organización debe facilitar la toma de conciencia y la formación antisoborno adecuada y apropiada para el personal, que integre, entre otras acciones...: g) las implicaciones y potenciales consecuencias del incumplimiento de los requisitos del sistema de gestión antisoborno*".

127 SILVA SÁNCHEZ, Jesús M., "Eficiencia...", *Op. cit.*, p. 114: "[...] parece -y eso lo reconocen incluso quienes rechazan el modelo del delincuente racional- que si hay algo que motiva al delincuente potencial es la elevada probabilidad de ser descubierto y sancionado, más que la sanción en sí".

128 BANDURA, Albert, *Pensamiento y Acción....*, *Op. cit.*, p. 467.

nes "compulsivas" (necesidad irrefrenable de realizar ciertos actos) e "impulsivas" (reacción frecuente guiada por estímulos inmediatos), se opone justamente a la *situación de aversión* que debe potenciarse como vía para restringir dicho constrictor. Por ende, ante el advenimiento de la falta, la dirección debe proceder al análisis de su *causa raíz* examinando aspectos como el alcance de la conducta delictiva, el número empleados involucrados, su nivel jerárquico dentro de la organización, la duración y frecuencia de la conducta irregular, los fallos en las medidas de supervisión, de modo que los correctivos aplicados posibiliten tal percepción aversiva (medidas disciplinarias, acción penal contra el infractor, etc.).

Entonces, si una "atmósfera de anonimato" genera en el potencial infractor una percepción de seguridad que le permite disminuir su grado de aversión hacia las posibles consecuencias negativas de su acto, puede afirmarse que, si el gestor de una organización se sustrae a la adopción de medidas tendientes a contrarrestar tal percepción en sus subordinados, en ese sentido contribuiría con su omisión a sus infracciones. Lo anterior, en virtud del postulado de aprendizaje por observación (*vicario*)[129]. El Manual SAINT (*), en coherencia con lo anterior, parte del presupuesto de que "*La política de sanciones muestra al personal la seriedad con la que la gerencia toma la integridad*"; políticas que deben estar dirigidas a la autorepresión del individuo, pues como anota el mismo BANDURA, "[...] las acciones delictivas resultan disuadidas por la autocondenación anticipatoria del individuo

129 Así, por ejemplo, BANDURA, Albert, *Pensamiento y Acción...*, *Op. cit.*, p. 89: "Los resultados observados influye en la ejecución de la conducta modelada casi siempre de la misma forma. Entre las innumerables conductas que pueden adquirirse por observación, las que parecen resultar más eficaces a los demás son preferidas a las que se ha observado que producen consecuencias negativas". Sobre este mismo aspecto, puntualiza el autor, Ibid., p. 306, que: "Las personas no viven aisladas en su propio mundo particular sino que, como seres sociales que son, observan la conducta de los demás y las ocasiones en que éstos son recompensados, ignorados o castigados, pudiendo sacar provecho, por tanto, de los éxitos y fracasos de otras personas así como de los suyos propios. [...] Esta misma capacidad simbólica permite al individuo regular sus actos de forma ventajosa, basándose en el conocimiento, adquirido vicariamente, de los beneficios y riesgos más probables de cada pauta determinada de actuación".

por comportarse de forma inadecuada"[130]. La falta de aplicación ética, por ello, no sólo aumentaría la proyección de actitudes venales, sino también reduciría la disonancia cognitiva que produce enfrentarse a la tentación y oportunidad delictiva. A lo anterior se agrega que, la manipulación que pueda realizar el infractor sobre los controles de proceso (simulando soportes documentales, suplantando autorizaciones, etc.) y las trazas del delito (maquillando registros, comprando conciencias, etc.), facilitaría la asunción cognitiva del riesgo (reduciría la aversión). Es decir, como lo demostró BANDURA a través de sus investigaciones, el "poder de controlar las amenazas potenciales puede disminuir el grado de activación fisiológica"[131]. La facultad que tiene el empleador de interferir sobre dicha "atmósfera de anonimato" bajo el marco de su poder de mando y facultad disciplinar (amonestaciones, suspensiones, multas, etc.), por tanto, representa un tercer pilar que confirma su posibilidad de dominio del suceso típico y, con ello, demostrar judicialmente el ejercicio apropiado de su deber *in corrigendo (iC)*.

Volviendo sobre la discutible afirmación de que en *organizaciones complejas* factores como el tamaño, la desagrupación locativa, la atomización procesos, la desconcentración de funciones, entre otro tanto de causas, imposibilitan que un director general pueda tener el control de los delitos asociados a su objeto, la perspectiva criminológica planteada permite poner en entredicho tal aseveración. Recuérdese que, el fundamento de responsabilidad del *superior* no debe buscarse

---

130 Ibid., p. 297. Sobre la aptitud disuasora del castigo, observa el mismo autor, Ibid., p. 304: "[...] el efecto disuasor de las sanciones legales se basa en las creencias sobre la probabilidad de ser detenido y castigado por los actos ilegales. La ventaja de este mecanismo psicológico de control es que el alto riesgo percibido ayuda a mantener la legalidad de la conducta a pesar de lo bajo del riesgo real de ser detenido". Con relación a la percepción de la amenaza de sanción, señala lo siguiente, Ibid., p. 296: "Las personas que no suelen infringir las leyes tienen todas ellas una percepción distorsionada de las amenazas legales, de modo que sobreestiman en gran medida el riesgo de ser detenidos y castigados por cometer actos ilegales".

131 Ibid., p. 467: "El poder de controlar las amenazas potenciales puede disminuir el grado de activación fisiológica ya que puede utilizarse esta capacidad para reducir o prevenir las experiencias dolorosas". En sentido contrario, sostiene el mismo autor, Ibid., p. 345: "La falta de exactitud sobre el momento y el lugar en el que pueden producirse las amenazas origina anticipaciones perceptivas de ansiedad".

en la exigencia de conocimiento directo de la conducta criminal en cuestión, sino en *no organizarse* debidamente para reconocer sus factores (*autodiagnóstico*) y *autocontrolarlas* (fundamento de la comisión por omisión en delitos corporativos). Nótese que, además, si se revisa la estructura orgánica de esas corporaciones complejas, se podrán evidenciar directores y subdirectores que representan esa dirección general. De la gerencia general se esperará que ordene una debida regulación de cada área y que designe a personas de su confianza para que no pueda predicarse esa actitud descuidada (lo que implica prever un proceso de selección debida, un mecanismo de vigilancia apropiado y la previsión de medidas correctivas aplicables ante mínimas desviaciones). Lo propio deberá realizar aguas abajo la media gerencia frente a sus subalternos (líderes de procesos). Adviértase, finalmente, que la misma configuración compleja de esas organizaciones implica contar con órganos profesionales de vigilancia y control (gestión de riesgos, cumplimiento, auditoría, etc.). Si este esquema tan simple se aplica por parte de un director o administrador general, ante la materialización de un delito en esos niveles inferiores, podrá invocar con tranquilidad el *principio de confianza*. De lo contrario, lo que podrá afirmarse es el incumplimiento grave de su deber de garante.

4. BALANCE

El presente capítulo responde al *segundo pilar* del modelo de gestión de riesgos penales propuesto. Más allá de establecer los presupuestos criminológicos que permiten fundamentar el constructo de "dominio situacional" de fuentes de peligro criminal, en esta sección se postuló un esquema teórico apropiado para comprender cómo los puestos de trabajo podrían constringir delictivamente a sus operadores, a efectos de postular mecanismos efectivos de *autocontrol* de orden preventivo (*enforcement*), detectivo (*discovery*) y reactivo (*deterrence*). Dentro de esta formulación, se planteó cómo la adaptación de las estrategias de *prevención situacional* a los sistemas de cumplimiento desde una perspectiva del comportamiento social (*macro*), organizacional (*meso*) e individual (*micro*), permitirían una aplicación de dicho constructo de "dominio situacional", no sólo con el fin de procurar un mejor control de los ilícitos que tienen lugar en torno a cada puesto laboral, sino además de justificar la imputación de aquellos gestores que se sustraen a su deber de controlar las referidas fuentes de peligro. Visto este fundamento desde su plano positivo, el mismo análisis ha permitido observar que aquellos gerentes de alto y medio nivel que ostentan un deber posicional en estructuras organizativas complejas, pueden apelar al referido modelo en aras de realizar un control razonable sobre el comportamiento de sus subalternos en el marco de ejecución de actividades delegadas. En este sentido, se sustentó que, el referido control situacional, se concretaba en tres tipos de cautelas que condensaban los deberes asociados al instituto de la delegación (*elegir*, *vigilar* y *corregir*) como controles personales para asegurar los objetivos generales de cumplimiento: *prevenir*, *detectar* y *reaccionar.*

Capítulo III

AUTOCONTROL: ¿CÓMO GENERAR UN CONTROL TRANSVERSAL?

1. PREFACIO

El modelo de gestión de riesgos penales propuesto parte de una fase de *diseño* representada en una *formulación* documentada (*proyecto de compliance*) de sus componentes como presupuesto de su *implementación* y *funcionamiento*. Dicha etapa de *diseño*, en primer lugar, incorporaría una serie mínima de instrumentos, formulados a modo de plan, para la integración del sistema en la operación de la respectiva organización: código de ética, políticas, manual, protocolos, procedimientos, planes, formatos, etc. Los anteriores instrumentos estarían orientados a facilitar la implementación de los elementos generales del SGRP y los controles de proceso que finalmente incidirán sobre las causas de los riesgos priorizados. La fase de *implementación*, en segundo lugar, precisaría de una serie de adecuaciones a nivel estructural, sin lo que el sistema no tendría ninguna posibilidad de lograr sus objetivos (*efectividad*): segmentación de áreas, definición de puestos de trabajos, caracterización de procesos, etc. Estas adecuaciones estructurales permitirían establecer las condiciones orgánicas que precisa el sistema para integrar a la operación aquéllos instrumentos. Por contra, será poco probable que pueda desarrollarse una correcta actividad de gestión del riesgo criminal / penal cuando no existe previamente una identificación del *área* o dependencia en la que emerge, del *puesto de trabajo* que lo alberga y del *proceso* corporativo que lo vehicula. A partir de aquí, el desarrollo de dichos instrumentos de diseño y tal adecuación orgánica permitiría caminar hacia un *funcionamiento* efectivo del modelo de acuerdo a los objetivos de control propuestos. Corresponde en este capítulo, entonces, describir cómo los componentes transversales de este modelo coadyuvarían en el control situacional de los agentes favorecedores de orden circunstancial que propician el acto ilícito. En particular, se describirá la forma en que dichos elementos permitirían lograr un control apropiado sobre los encargados (cargos) y procesos delegados sensibles al delito, con el objetivo de mitigar su probabilidad de materialización. De acuerdo con la estructura planteada en la Tabla 5 del Capítulo I, el esquema de controles se ordena en dos niveles de distinto alcance: (i) general (transversales u holísticos); (ii) concreto (específicos o de proceso). En este capítulo, se determina cómo la categoría de controles de nivel general permitiría asegurar los deberes *in eligendo*, *in vigilando* e *in corrigendo* requeridos para efectuar y acreditar una debida delegación de funciones. Evacuado este nivel general, se procederá en el Capítulo IV a desarrollar los controles de alcance concreto (de proceso).

2. MATRIZ DE RIESGOS PENALES: PUNTO DE PARTIDA

El resultado del ejercicio de evaluación de riesgos se ve representado en la *matriz de riesgos penales*. En el contexto de la gestión de este tipo de riesgos, dicha herramienta resultaría crucial al momento de dirimir eventuales responsabilidades jurídicas por delitos originados en presuntas omisiones de vigilancia o control atribuidas al órgano de dirección. En primer lugar, porque la matriz de riesgos, metodológicamente concebida, obliga a incluir los distintos elementos de lo que, en el contexto del Derecho penal corporativo, suele referenciarse como ámbitos de "competencia" u "organización". La matriz de riesgos permite en este punto, en concreto, objetivar dicho concepto bajo el constructo análogo de "unidad organizativa". Esto obliga, previa determinación de los factores de riesgo (entre los que se incluyen las contrapartes internas), a clasificar las áreas de la organización atendiendo a su nivel histórico o comparado de exposición criminal y a segmentar sus distintos procesos según su grado de vulnerabilidad delictiva. En segundo lugar, dado que esa misma configuración metodológica exige determinar no sólo los eventos delictivos con potencialidad de materializarse atendiendo a esas áreas y procesos, sino además su probabilidad de ocurrencia y nivel de impacto (*riesgo inherente*)[1]. Esto sería determinante en el

---

1 Simón Castellano, Pere, "Responsabilidad penal de las personas jurídicas, mapa de riesgos y cumplimiento en la empresa", en Simón Castellano, Pere / Aba-

plano probatorio, por cuanto la misma matriz deberá consignar el umbral de riesgo que puede o no asumir dicho órgano de dirección (*apetito al riesgo*), resultando técnicamente factible cuantificar el nivel de riesgo permitido y el no admisible frente al potencial peligro criminal (*evento ilícito*), esto es, el riesgo que puede permitirse o no la cúpula directiva. Y, en tercer lugar, por cuanto dicha herramienta considera los *controles* que técnicamente se sugieren a la dirección de cara a reducir dicha probabilidad de materialización[2]. Este último aspecto resulta concluyente para dirimir la infracción del deber de diligencia en este plano, dado que la evidencia objetiva que se recabe dentro del proceso judicial permitiría determinar si dicho directivo cumplió o no con su deber de control atendiendo al plan de *tratamiento* de riesgos reflejado en la misma matriz. Bajo esta triple óptica, en definitiva, la matriz de riesgos penales reduciría la subjetividad que podría concurrir en el proceso de valoración judicial sobre los *límites del riesgo permitido* y su infracción o no por parte del encausado. De ahí que, como se verá en el Capítulo V, la pericial en *compliance* resulte fundamental en la valoración judicial de estos tres planos de gestión del riesgo criminal.

La matriz de riesgos penales, por tanto, se instituye en la herramienta esencial para la administración del riesgo penal dentro de los límites normativos permitidos. En este contexto, dicha herramienta se convierte en el instrumento para aprehender técnicamente los

---

DÍAS SELMA, Alfredo (Coords.), *Mapa de riesgos penales y prevención del delito en la empresa*, Ed. Wolters Kluwer España, Madrid, 2020, p. 42: "La finalidad de la identificación del riesgo consiste en proporcionar evidencias basadas en distintos métodos para el descubrimiento de las amenazas y los escenarios de riesgo dentro de la organización, y en función de esto tomar decisiones informadas que a la postre deberían contribuir a minimizar o mitigar el nivel del riesgo".

2 Ibid., p. 45: "La última fase del proceso de gestión de riesgos es el tratamiento para minimizar o mitigar sus efectos. El objetivo de tratar los riesgos es disminuir su nivel de exposición con medidas de control que permitan reducir la probabilidad y/o impacto de que estos se materialicen. El riesgo inherente se puede tratar con el objetivo de reducir o mitigar el mismo, en función de la medida que se adopte, hasta situar el riesgo residual en un nivel que se considere razonable. El riesgo residual será el resultado de reducir el nivel de riesgo inherente en función de la eficacia de los controles activos que se calcula, entre otros, teniendo en cuenta el porcentaje de vulnerabilidad de estos".

criterios objetivo-normativos requeridos para valorar los *niveles de riesgo permitido*, de un lado, y para determinar la *relación de riesgo* entre la conducta omitida y el resultado delictivo, de otro. El *riesgo permitido* (jurídicamente concebido), de acuerdo con los elementos incorporados a la matriz de riesgos, técnicamente se identificaría con el *riesgo residual*, esto es, con aquella esfera jurídicamente admisible tras aplicar los controles exigidos por la técnica (estándares) frente al *riesgo inherente* o propio de la actividad corporativa. Desde esta mirada técnica, entonces, el *riesgo no permitido* sería aquel valor no adecuado normativamente en su ámbito operativo según las escalas de medida que incorpora la matriz de riesgos (por ejemplo: Muy alto, Alto, Medio, Bajo, Muy Bajo), equivalente al *riesgo inherente* de la actividad corporativa (sin controles del riesgo). Es la ley, justamente, la que establece las condiciones bajo las que sería admisible, siendo la matriz la que posibilite establecer los niveles de riesgo permitidos bajo los cuales puede desarrollarse la actividad peligrosa (*riesgo residual*) y si el órgano responsable de *controlarla* hizo o no lo exigible para alejarla de esa esfera no permitida.

Además de permitir determinar el riesgo permitido y el no permitido, la matriz cumple otra función determinante para la valoración judicial de la *imputación objetiva*: la comprobación técnica del *principio de confianza*. En concreto, si este principio constituye la base eximente de imputaciones de posiciones directivas cuando se invoca en su defensa una responsabilidad exclusiva y no consentida de sus subordinados jerárquicos (delegados), su aducción tendría mejor resultado cuando dicho director puede acreditar que podía confiar en la responsabilidad de su delegado. Sin embargo, la matriz de riesgos permite advertir o anticipar el trabajo no responsable del "otro" (negación del principio de confianza), pues si la imprevisibilidad de la conducta irregular de ese "otro" afirma este principio, entonces el riesgo inherente de la actividad delegada anulará tal imprevisión en tanto que el potencial evento ilícito se habría previsto (esperable, probable o factible). Se trata esta de una previsibilidad basada en las reglas de la experiencia, identificable en una *lex artis* en gestión de riesgos que permite identificar el evento potencial, su probabilidad de ocurrencia y los controles requeridos para reducir su nivel de exposición inherente (*riesgo residual*)[3]. La confianza (previsión) de que "otros" se conducirán respetando las reglas, de tal modo, estaría dada por el establecimiento de los controles que exige la *lex artis* en la materia[4].

Con el propósito de contar con un SGRP que responda en forma efectiva al objeto, las características, las actividades y el nivel de exposición propio de cada organización, como se indicó, se parte de un análisis general bajo la cobertura del citado estándar internacional ISO 31000: (i) Comunicación y Consulta; (ii) Establecimiento del Contexto (externo e interno); (iii) Evaluación del Riesgo (identificación, análisis y valoración); (iv) Tratamiento del Riesgo; (v) Monitoreo y Revisión. Previamente, según se describió, se revisa el "Liderazgo y Compromiso" del Órgano de Gobierno y la Alta Dirección de la corporación frente a los riesgos de sus áreas críticas, teniendo en cuenta las directrices trazadas en el Código de Ética y la Política de Cumplimiento. A partir de aquí, se comienza con la fase de Comunicación y Consulta con las partes interesadas internas, con el fin de comprender los factores de riesgo que afectan la consecución de sus objetivos. Seguidamente, se tiene en cuenta el "Contexto Externo e Interno" en el que opera la misma, en particular, su entorno regulatorio, el contexto social, cultural y económico y las partes interesadas. Dicho análisis del contexto toma como presupuesto la Misión, la Visión y los Objetivos Estratégicos de la organización, priorizando no sólo los procesos con mayor exposición criminal, sino además las posiciones ligadas a sus recursos con el objeto de efectuar una óptima identificación de sus riesgos. Evacuado este análisis preliminar, se avanzará

---

3 Relacionado con este aspecto, refiere AGUSTINA, José R., "Fenomenología del employee crime...", *Op. cit.*, p. 354: "Un conocimiento en profundidad de las particularidades propias del *employee crime*, de las relaciones entre perfiles laborales y perfiles criminológicos, así como de los condicionantes situacionales que pueden facilitar la aparición de conductas ilícitas en la empresa, constituye la premisa básica que debe tenerse en consideración para definir adecuadas estrategias de prevención y control por parte del empresario".

4 El principio de confianza podría invocarse convincentemente por parte del garante superior siempre que: i) se haya comportado correctamente (anticipando y controlando), de modo que pueda ciertamente confiar en que los demás lo harán (su delegado); ii) no haya previsibilidad de comportamiento incorrecto (motivos para desconfiar); iii) medie un deber negativo que le exija desconfiar (o lo que es lo mismo, visto en clave positiva, de vigilar, supervisar y controlar).

a la fase de "Evaluación de Riesgos" (arriba descrita), debiéndose reflejar en la respectiva matriz al menos los elementos que se enlistan a continuación con miras a determinar los niveles de riesgo indicados:

- **Código del Riesgo:** Está referido al código o numerador con el que se identifica cada riesgo asociado al SGRP dentro de la matriz. Es útil para clasificar y rastrear el curso evolutivo de cada uno de los potenciales eventos de riesgo a lo largo del tiempo.
- **Factor de riesgo:** Son las fuentes generadoras del riesgo. Así, por ejemplo, Procesos (actividades), Contrapartes (clientes, proveedores, socios, empleados, contratistas, etc.), Productos (bienes y servicios), Canales de Distribución, Jurisdicciones, etc.
- **Proceso Asociado:** En este campo se identifica el proceso de la organización al que se encuentra vinculado tanto el riesgo como los controles requeridos. El mismo proceso se asocia al ámbito de actuación del responsable o "dueño" del riesgo / control.
- **Objetivo del Proceso:** Categoría referida al propósito misional del proceso, el cual resulta útil para la identificación de las actividades requeridas para su ejecución y su relación con el potencial evento delictivo que pone en peligro dicho objetivo.
- **Actividades:** Referidas al conjunto de subprocesos mediante los que se desarrolla el proceso. Son útiles para identificar las causas de los riesgos que afectarían el proceso de acuerdo con sus subfases de "entrada", "procesamiento" y "salida" (SIPOC).
- **Departamento o Área Responsable:** Categoría identificada con la unidad operativa o de apoyo (área) de la organización a la que se adscribe el proceso de riesgo evaluado, sus responsables y las contrapartes asociadas a sus recursos críticos.
- **Riesgo / Evento:** Identificación del evento potencial, suceso posible o hecho hipotético delictivo ya codificado. En este punto se anticipa la materialidad futura de los mismos para su posterior análisis (medición), evaluación, control y monitoreo.
- **Causa Inmediata:** Circunstancias bajo las cuales se presenta el riesgo, pero no constituyen la causa principal o base para que el mismo se presente. Desde la metodología planteada para el SGRP, se identificarían las circunstancias-tipo SE/SO/SV.

- **Causas Raíz:** La causa raíz se identifica con la causa principal o básica, esto es, las razones por la cuales se puede presentar el riesgo. Es el evento (acción u omisión) que, en caso de presentarse, generaría en forma directa el efecto dañoso (delito).
- **Riesgos Asociados:** Clasificación de los tipos de efectos negativos vinculados a cada evento identificado, con el fin de establecer posteriormente el impacto inherente del mismo, esencialmente, de orden Legal, Operativo, Reputacional y de Contagio.
- **Probabilidad:** Posibilidad de ocurrencia del riesgo. Estará asociada a la exposición al riesgo del proceso / actividad que se esté analizando. La probabilidad inherente será el número de veces que se pasa por el punto de riesgo en el periodo de un (1) año.
- **Impacto:** Efectos o situaciones resultantes de la materialización del riesgo que impactan en el proceso, la entidad, sus grupos de valor y demás partes interesadas, destacando, para el caso, la significación jurídico-penal de este tipo de efectos.
- **Riesgo Inherente:** Está referido al nivel de riesgo propio de la actividad. El resultado de combinar la probabilidad con el impacto permite determinar el nivel del riesgo inherente, dentro de unas escalas de severidad (Alto, Medio, Bajo, por ejemplo).

APRECIACIÓN DEL RIESGO													
Identificación										Medición			Valoración
Cod.	Dep.	Factor	Pro.	Obj.	Act.	Riesgo	CI	CR	RA	Prob.	Imp.	RI	Tratamiento
										5	5	MA	Evitar
					aX		SE	crX	L	4	4	A	Reducir
R1	dX	Cargo	pX	oX	aX	rX	SO	crX	O	3	3	M	Mitigar
					aX		SV	crX	R	2	2	B	Transferir
									C	1	1	MB	Nada

Tabla # 7: Matriz de Riesgos Penales (Inherente): Representación de algunos de los elementos esenciales para establecer el riesgo inherente (RI) de actividad delictiva (no tolerable) que presentan ciertos procesos y las opciones de tratamiento que podrían aplicarse para su control efectivo.

Hasta este punto, nótese cómo una reconocida metodología universal de gestión de riesgos permite *identificar*, *analizar (medir)* y *valorar* técnicamente los potenciales eventos ilícitos que pueden producirse en torno a ciertas *áreas-procesos-posiciones* de la entidad. La combinación de la *probabilidad* de materialización por el *impacto* es lo que posibilita conocer el *riesgo inherente* de la actividad especialmente expuesta a tales sucesos delictivos, siendo este nivel de valoración -técnica- la escala de *riesgo no permitido* normativamente (al estar desprovisto de controles). En este punto, precisamente, debe efectuarse una valoración de cada uno de esos potenciales sucesos y su nivel criticidad inherente con el propósito de diseñar, implementar y garantizar el funcionamiento de los controles requeridos para reducir tal nivel inherente a un grado de *riesgo permitido (riesgo residual)*. En lo que sigue, se señalan algunos requerimientos imprescindibles para asegurar este control exigido:

- **Tratamiento:** Escala de valoración del riesgo en la que el analista establece el manejo que debe darle al potencial evento irregular calificado de probable y susceptible de controlar. Las opciones de control serían, por ejemplo, *evitar*, *reducir* o *mitigar*.
- **Código del Control:** Número o indicador alfanumérico asignado a cada uno de los controles del SGRC que permite su identificación, asociación al proceso, aplicación y seguimiento con el fin de efectuar a *posteriori* un estudio de su curso evolutivo.
- **Descripción del Control:** Se refiere a la enunciación y definición del control. Una vez determinado el riesgo inherente de un determinado proceso (actividad), se evalúa la forma en que el control actúa sobre tal proceso reduciendo el riesgo no permitido.
- **Clasificación del Control:** Se refiere a la tipología de control según su funcionalidad. Para realizar la valoración de los controles existentes, resulta necesario recordar que éstos se clasifican en tres tipos: (i) Preventivos; (ii) Detectivos; (iii) Correctivos.
- **Forma del Control:** Se refiere al modo en que se ejecuta el control. Se comprenden tres tipologías: (i) Manuales (persona física); Semiautomáticos (persona física con apoyo de herramienta técnica); (iii) Automáticos (aplicación, máquina o sistema).
- **Frecuencia del Control:** Indica la periodicidad con la que se ejecuta el control. Según el tipo, se establecen frecuencias co-

mo: anual, semestral, trimestral, mensual, quincenal, semanal, diario, aleatoria y *ad hoc* (cada que se ejecuta el proceso).

- **Responsable:** Persona asignada para ejecutar el respectivo control sobre los procesos a su cargo de conformidad con los aspectos señalados en los segmentos precedentes. El profesional de riesgos o cumplimiento deberá asegurar para ello lo siguiente: (i) Diseño (formulación del control concebida para la máxima efectividad en la prevención y detección de irregularidades); (ii) Implementación (aplicación integrada del control formulado); (iii) Efectividad (funcionamiento esperado).
- **Riesgo Residual:** Es el resultado de aplicar la efectividad de los controles al riesgo inherente. Este riesgo residual, en términos de la valoración judicial, equivaldría al riesgo permitido, de manera que, si el evento se concreta, no habría reproche.

EVALUACIÓN DE CONTROLES									VALORACIÓN DEL RIESGO RESIDUAL			
Cód.	Desc.	Clase	Forma	Frec.	Dis.	Imp.	Efec.	Total	PR	IR	**RR**	Zona
C1	dX	P/D/R	M/A/S	fX	dX	iX	eX	=X	5	5	MA	
									4	4	A	
									3	3	M	
									2	2	B	
									1	1	MB	

Tabla # 8: Matriz de Riesgos Penales (Residual): Nivel equivalente a “Riesgo Penal Tolerable”.

Como puede inferirse, la apropiada aplicación de los anteriores criterios de control determinan los niveles de riesgo normativamente admisibles, de modo que si el garante primario de la organización administra los procesos especialmente expuestos a eventos delictivos bajo una metodología como la precedente, tendrá mayores argumentos para afirmar en el marco del proceso penal o administrativo-sancionador que hizo lo exigido para manejarse dentro de los límites de riesgo permitido (para *confiar* en la responsabilidad de sus delegados y en la recta gestión de sus procesos). En ausencia de tal metodología, por el contrario, lo que podría considerarse sería el descuido de su posición de garante.

3. ESTRUCTURA DE CONTROL HOLÍSTICA

Asumiendo que el riesgo criminal en las corporaciones está mediado por factores circunstanciales inmediatos que constringen la voluntad de sus integrantes[5], la matriz de riesgos sería la base para la aplicación de estrategias de control situacional que impacten el lugar de trabajo ("*diseño de lugares*"), a quienes lo ocupan ("*diseño de personas*") y los procesos a su cargo ("*diseño de objetos*") al condensar estos elementos (en su mismo orden, la áreas evaluadas, las personas como factor de riesgo y los procesos que albergan el potencial evento ilícito). El modelo presentado, por ello, está pensado para el control de "situaciones criminógenas" desde un plano general (holístico) y específico que se concreta en cautelas de orden *material* y *personal*. El plano subjetivo (personal), por un lado, atendería al perfil de quienes ocupan la posición crítica (*factor de riesgo*). En este plano, según una concepción *preventivo-situacional* del *criminal-compliance*, como señala Bermejo, "[...] resulta relevante el diseño de personas que, en este contexto, consiste en el diseño de sistemas

---

5 Sobre la convergencia de circunstancias inmediatas que condicionan la actividad delictiva y motivación criminal, Redondo Illescas, Santiago / Martínez-Catena, Ana, "El concepto criminológico de oportunidad", en *Crimen, oportunidad y vida diaria...*, *Op. cit.*, p. 137, señalan: "Desde los planteamientos situacionales, la premisa de partida es que la criminalidad sería prioritariamente el resultado de la influencia de las circunstancias o situaciones inmediatas, con relativa independencia de la motivación criminal del agente del delito (Serrano Maíllo, 2009)".

de gestión de empresas orientados a la reducción del delito"[6]. Y el plano material, por otro lado, alcanzaría el control de los procesos laborales de mayor exposición criminal. Tal control podría procurarse combinando técnicas afiliadas al "diseño de lugares" y al "diseño de objetos", pues como refiere el mismo autor, "También el diseño de lugares puede resultar de interés si se considera como el ´lugar´ no a la calle o al barrio sino a la organización empresarial, que es donde deberán aplicarse las técnicas de prevención situacional"[7]. Uno y otro tipo de control, como reseña el autor, tendrían por objetivo la compensación de los "efectos criminógenos" resultantes de los factores organizativos que fomentan la conducta delictiva[8]. Esto trae consigo que, dicho control situacional, parta de una correlación entre los constrictores que genera el lugar de trabajo y los asociados al perfil de su titular[9].

El análisis de riesgos penales en las corporaciones, según dicha lógica situacional, se orienta a identificar esos factores favorecedores de criminalidad que tal "lugar" puede generar sobre sus integrantes (SE/SO/SV). Dicho "lugar", acorde a lo señalado en el Capítulo I, puede delimitarse por ámbitos de competencia demarcados por las áreas, puestos de trabajo y procesos de mayor criticidad criminal (*unidades organizativas*), con el objetivo de desarrollar una apropiada actividad

---

6 Bermejo, Mateo G., "Elección racional, oportunidad para delinquir…", *Op. cit.*, p. 319.

7 Ibid., p. 319.

8 De acuerdo con el mismo autor, Ibid., p. 320: "Como paradigma de la prevención situacional en este ámbito aparecen los Compliance Programs. Estos verdaderos *códigos de prevención* tienen como finalidad esencial compensar los efectos criminógenos característicos de las organizaciones empresariales, tales como la difusión de información, de la responsabilidad, de la jerarquía y de la competencia, que operan como condición de posibilidad para la neutralización del desvalor de la conducta individual, impidiendo autorreproche (costes morales) así como el reproche de los otros miembros de la organización (costes reputacionales) y dificultando la imposición de sanciones formales (administrativas, penales)".

9 Agustina, José R., "Fenomenología del employee crime…", *Op. cit.*, p. 394: "En este sentido, de conformidad con el análisis adelantado por Gerald Mars (*vid. supra*), se podría tratar de aplicar esta perspectiva situacional a los distintos perfiles laborales de los trabajadores. De esta forma, se podría trazar una estrategia preventiva particularizada en función de los factores criminógenos, tanto *generales* –de cada tipo de trabajador y sus funciones en la empresa–, como *situacionales* –de acuerdo con la ubicación de los posibles *objetivos* y las carencias concretas en la *vigilancia*–".

de identificación de peligros que permita luego una localización dirigida de los procedimientos de control. En suma, ya sea que se trate de una corporación pública o privada, como señala Nieto, "No pueden acabar de perfilarse los comportamientos prohibidos en materia de corrupción, si cada ente no tiene claro en qué actividades pueden aparecer"[10]. Es a partir de la identificación de esos potenciales eventos ilícitos que pueden diseñarse los procedimientos de control dentro de la fase de tratamiento del riesgo. En este modelo de anticipación, por lo visto, la previsión de potenciales eventos criminales constituye la base de partida para la aplicación de controles de impacto general (CG) y concreto (CC) dirigidos a compensar la afluencia de tales factores de peligro, teniendo en cuenta los incentivos que modulan la conducta ilícita, las oportunidades que precisa su ejecución y las condiciones de vulnerabilidad que facilitan la decisión ilícita. A nivel general, por un lado, se buscaría impactar a todos los miembros de la corporación, al operar en forma holística o transversal sobre toda la estructura organizacional. Y a nivel concreto, por su lado, se orientaría la aplicación específica de las mismas medidas de *compliance* al control especializado de aquellos procesos de alta vulnerabilidad delictiva.

La definición de este esquema de control, conviene reiterar, presupone la voluntad real de enfrentar el riesgo criminal por parte del órgano de dirección (compromiso absoluto para la implementación del SGRP). De ahí que, como reseña Casanovas, "Un adecuado liderazgo determina el éxito del sistema de gestión"[11]. El esquema de control situado en el primer nivel (CG), en este sentido, se proyecta como un parasol de cobertura *general* requerido para la aplicación efectiva de los controles de proceso priorizados en la matriz de riesgos (lograr un contexto cultural apropiado para la eficacia de controles de alcance *especial*). De conformidad con la Tabla 5, el nivel de control holístico se configura de la siguiente forma: (i) **Control Preventivo**: *a) Regulación Interna; b) Debida Diligencia de Proyección Interna (KYE); c) Cultura Ética*. (ii) **Control Detectivo**: *a) Línea Ética; b) Debida Diligencia de Proyección Externa (KYC); c) Evaluación/Monitoreo*. (iii) **Control Reactivo**: *a) Investigaciones Internas; b) Remediación de Faltas; c) Gestión Procesal*

---

10 Nieto Martín, Adán, "De la ética al Public Compliance…", *Op. cit.*, p. 24.

11 Casanovas Ysla, Alain, "*Compliance* penal normalizado…", *Op. cit.*, p. 119.

del Riesgo Penal. Definido el nivel General del sistema de controles (CG), lo siguiente que corresponde es determinar bajo cada uno de esos tipos genéricos una serie de medidas de *integración* (protocolos) facilitadoras del control concreto (CC), de modo que los controles internos establecidos para los procesos de mayor exposición criminal (financieros y no financieros), puedan desplegar una profilaxis efectiva sobre los agentes criminógenos que emergen en torno a los recursos del proceso. Por efecto de ello, también potenciaría las cautelas de *selección*, *vigilancia* y *corrección* requeridas en el marco de los procesos de delegación de funciones críticas. A continuación se desarrollan, entonces, cada uno de estos niveles de control *holístico*.

SISTEMA DE GESTIÓN DE RIESGOS PENALES (SGRP)				
MECANISMO DE CONTROL			PROTOCOLO DE APLICACIÓN	
Función	**Mecanismo General de Compliance**		**Propósito de Control**	**Medio de Aplicación**
PREVENTIVA R	**Regulación Interna**	Normas de Alto nivel	Integración operativa	a. Creación del instrumento
		Procedimientos Internos		b. Accesibilidad al contenido
		Manual de Cumplimiento (Protocolos)		c. Suscripción individual
	Debida Diligencia (KYE)	Proceso de Vinculación	Estudio de confiabilidad	a. Obtención de información
		Proceso de Conocimiento		b. Verificación de información
		Medición del Desempeño		c. Evaluación de información
	Cultura Ética	Inducción Ética (*Welcome Pack*)	Culturización ética	a. Planificación (plan de cultura)
		Formación		b. Ejecución del programa
		Divulgación		c. Medición del grado de cultura
DETECTIVA D	**Canal de Denuncias**	Política del Canal de Denuncias	Administración del canal	a. Diseño (técnico)
		Política de protección al denunciante		b. Garantías (normativas)
		Gestión de reportes o denuncias		c. Divulgación (comunicación)
	Debida Diligencia (KYC)	Conocimiento de la Contraparte	Administración de terceros	a. Conocimiento de la contraparte
		Entendimiento de la Relación de Negocio		b. Segmentación de factores
		Análisis de Operaciones de Riesgo Especial		c. Monitoreo de la relación
	Evaluación / Monitoreo	Seguimiento (Control de Gestión)	Evaluación de la efectividad	a. Programa de supervisión
		Revisión (Cumplimiento)		b. Informes de cumplimiento
		Aseguramiento (Auditoría Interna)		c. Reportes internos
REACTIVA P	**Investigación Interna**	Política de Investigaciones Internas	Investigaciones internas	a. Programa metodológico
		Gestión de Evidencias		b. Ejecución
		Presentación de Evidencias		c. Informes ejecutivos
	Remediación	Acciones Correctivas	Esclarecimiento de irregularidades	a. Régimen de faltas y sanciones
		Análisis de Causa Raíz		b. Procedimiento disciplinario
		Plan de mejora		c. Remediación
	Gestión Procesal del Riesgo	Acción Penal	Gestión de crisis penales	a. Plan de gestión de riesgos penales
		Protocolo de Pruebas Judiciales		b. Designación de responsables
		Defensa Procesal		c. Gestión de la prueba

Tabla # 9: Sistema de Gestión de Riesgos Penales. El SGRP planteado se estructura a partir de "mecanismos de control" agrupados y orientados por los tres grandes objetivos de gestión del riesgo planteados para el modelo (función P+D+R) y un "protocolo de aplicación" que propende por su ejecución efectiva.

3.1. Control Genérico Prevención (CG-P)

Poca controversia ofrece la afirmación de que uno de los fines esenciales de un SGRP es la **prevención** de delitos. La referida "Guía para la Gestión del Riesgo de Corrupción", como se citó, establece que los controles preventivos "[...] *se orientan a eliminar las causas del riesgo para prevenir su ocurrencia o materialización*". Esta función profiláctica-preventiva que repercute sobre la *Situación Estimular*, conviene remarcar, estaría dirigida a limitar las "tentaciones" a apropiarse, disponer o desviar ilícitamente ciertos recursos asociados a la operación de determinados procesos de la organización por parte de sus titulares. Como indica el Manual SAINT (*) frente al tratamiento del riesgo de integridad, "*Al considerar una violación como ´sucumbir a la tentación´, está claro que la dirección debería tomar las medidas preventivas*". Para tal fin, como se reseñó, se propone un esquema de tres tipos de *medidas de control* de alcance general dirigidas a generar un impacto precautorio de carácter holístico: *a) Regulación Interna; b) Debida Diligencia de Proyección Interna (KYE); c) Cultura Ética*. Su aplicación tendría por objeto, a la postre, limitar esas "tentaciones" que suelen emerger a nivel de los procesos, apuntalándose en el refuerzo normativo (*enforcement*). A todo esto, el mismo instrumento establece que, "*En gran medida, las violaciones se pueden evitar si se eliminan las tentaciones*". La suma de estos tres mecanismos de primer nivel, además de su misión material, cumplirían una función específica sobre la delegación: la debida *elección* de los cargos críticos encargados de tomar decisiones frente a tales procesos. Lo anterior, dado que los protocolos de control agrupados bajo cada una de las categorías buscarían una asignación correcta de perfiles laborales sensibles a tales tentaciones (deber *in eligendo*).

De acuerdo con el esquema criminológico propuesto, la aplicación de cautelas preventivas sobre la *selección* de personal permitiría precaver la configuración de la *Situación Estimular* fomentada por la aparición de constrictores inmediatos (necesidades, metas, etc.) e interrumpir cursos decisionales ilícitos, al potenciarse bajo esa selección debida que el delegado aplique los controles definidos para sus procesos. De forma indicativa, la *Regulación Interna (a)* tendría por objeto definir los instrumentos normativos requeridos para delimitar (regular) responsabilidades, obligaciones y tareas que conduzcan a una debida aplicación de tales controles. Para tal fin, se integran tres submecanismos reguladores (*enforcement*): (ai); Normas de Alto Nivel; (aii) Procedimientos Internos (operativos, de control, etc.); (aiii) Manual de Cumplimiento (Protocolos del SGRP). En segundo lugar, la *Debida Diligencia de Proyección Interna (b)*, tendría por objeto el establecimiento de cautelas frente al reclutamiento e ingreso de personal aplicado a puestos sensibles. Este mecanismo de *compliance*, igualmente, se procuraría a partir de tres medidas de nivel especial: (bi) Proceso de Vinculación; (bii) Proceso de Conocimiento; (biii) Medición del Desempeño. Y, en tercer lugar, el establecimiento de una sólida *Cultura Ética (c)* tendría por objeto potenciar la neutralización de tentaciones criminales (limitar "definiciones favorables" al delito). Para procurar este propósito, en línea con la finalidad óntica del *compliance*, se postularían tres tipos de medidas de primer grado: (ci) Inducción Ética; (cii) Formación / Capacitación; (ciii) Divulgación Interna y Externa. El diseño e implementación de cada uno de los tres grupos de medidas, entonces, se sujetaría a pautas como las que se indicarán seguidamente:

31.1. Regulación Interna

Parece claro, pues, que una debida gestión de riesgos criminales al interior de una organización comienza por la definición de las normas que determinan la actitud de las personas que la integran. Sólo a partir de un marco normativo comandado por el código de ética y la políticas de *compliance* a él ancladas (LAFT, Antisoborno, etc.), es que pueden delimitarse los contornos de competencia que precisa la debida la gestión de procesos y sus controles. Como señala CASANOVAS sobre esta especial sujeción normativa, "En el contexto de un sistema ordenado de normas internas, las políticas de *compliance*, como otras políticas de la *organización*, desarrollan aspectos normalmente contemplados a alto nivel en su norma principal de valores y parámetros de conducta básicos: su Código Ético..."[12]. Al respecto, señala el Manual SAINT (*) que "*Si el personal se enfrenta a un problema de integridad, el código debería ayudarles a ejercer su propio juicio y llegar a una decisión bien fundada*". Más allá de la importancia del código de ética, como señala el autor, "La *Política de compliance penal* es un pilar esencial

12 CASANOVAS YSLA, Alain, "*Compliance* penal normalizado...", *Op. cit.*, p. 79

del *sistema de gestión de compliance penal*"[13]. La concreción de su finalidad, actividades y personas afectadas, parámetros de conducta, medidas organizativas, comunicación de conductas, consecuencias del incumplimiento, según advierte el autor, constituyen la esencia de dicho instrumento al fijar la voluntad de la organización de ajustarse a la legalidad y a la ética en el marco de su actividad productiva. Como medida de control general (CG), acorde con lo anterior, estas regulaciones pueden clasificarse en tres categorías normativas de distinto alcance, a saber: (i) Normas de Alto nivel; (ii) Procedimientos Internos (Procesos); (iii) Manual de Cumplimiento (Protocolos SGRP).

Las *Normas de Alto Nivel*, acorde con lo anterior, se ubicarían en la cúspide del SGRP. El Código de Ética, la Política de Cumplimiento y las Políticas Especiales del SGRP (Política Antisoborno, Política AML/CFT, etc.), constituirían la base de partida de este sistema de regulación interno. Los *Procedimientos Internos* (operativos, de control, etc.), por su lado, tendrían por misión operativizar y asegurar los procesos de mayor criticidad delictiva (compras, comercial, etc.), lo que conecta con aspectos como la regulación de los puestos de trabajo (funciones, responsabilidades, etc.), la caracterización de procesos (responsable, descripción, objetivo, procedimientos, etc.), incluyendo aquí la descripción de controles bajo los parámetros técnicos de diseño exigidos (tipo, forma, responsable, frecuencia, etc.). El *Manual de Cumplimiento*, finalmente, estaría integrado con los protocolos que precisa el SGRP para su implementación razonable (divulgación, formación, debida diligencia, canal de denuncias, investigación interna, documentación, etc.). Ahora bien, como estas tres categorías son presupuesto de control a nivel concreto (CC), cada instrumento deberá operativizarse mediante un protocolo que permita su *integración operativa*, la aplicación de los controles de proceso y la generación de evidencia tras su ejecución. Este protocolo comprendería tres actividades dirigidas a su real *integración* y al *control* efectivo de esos procesos críticos: (i) *creación* (diseño, aprobación, participación de las unidades de negocio, etc.); (ii) *accesibilidad* (divulgación general, capacitación, frecuencia de las comunicaciones, etc.); (iii) *suscripción individual* (contratos de trabajo, aceptación de las políticas, etc.).

---

13 Ibid., p. 137.

3.1.2. Debida Diligencia de Proyección Interna (KYE)

Desde un plano general, como reseña Bock, "El empresario debe organizar su empresa de tal forma que el aparato de control intraempresarial se corresponda con la diligencia necesaria en el tráfico del correspondiente giro empresarial"[14]. Empero, como se ha sostenido, esa ordenación debe comenzar por el propio factor humano. En este propósito de control interno, en los términos de Casanovas, esa *diligencia debida* debe alcanzar a los mismos *miembros de la organización*. En sus propias palabras, "[...] los *procesos* de *diligencia debida* consisten en verificar que aquellas personas que se vinculan con la *organización* tienen un perfil y, por lo tanto, unas capacidades alineadas con las exigencias de la organización, plasmadas en su *Política de compliance penal*"[15]. Especial relevancia adquiere en esa exacción de diligencia (autocuidado), como se indicó *supra*, el personal que ocupa posiciones especialmente expuestas a riesgos criminales (según la matriz de cargos críticos)[16]. En el modelo propuesto, atendiendo a esa especial intensidad, esta actividad de *debida diligencia de proyección interna* comprendería tres clases de cautelas tendientes a limitar el surgimiento de incentivos para el delito: (i) Proceso de Vinculación; (ii) Proceso de Conocimiento *(KYE)*; (iii) Medición del Desempeño. La primera cautela está referida a las medidas que deben desplegarse sobre ese personal crítico en su fase de vinculación, tendientes a garantizar la selección de un perfil apropiado (reclutamiento, entrevista, selección, contratación, inducción, etc.)[17]. La segunda medida, por su parte, se refiere al cuida-

---

14 Bock Dennis, "*Compliance* y deberes de vigilancia en la empresa", *Op. cit.*, p. 114.

15 Casanovas Ysla, Alain, "*Compliance* penal normalizado...", *Op. cit.*, p. 175.

16 Con respecto al delegante y la posición de garantía de este último tras la delegación, señala Silva Sánchez, Jesús-M., "Deberes de vigilancia y compliance empresarial", p. 81: "Al delegante ya no le compete el deber de control directo de los focos de riesgo que se hallan en el ámbito de competencia del delegado. Pero sí le incumben una serie de deberes con objeto diverso: la correcta selección, formación –si fuera precisa– e información del delegado; la dotación a este con los medios necesarios para el cumplimiento de sus funciones; la coordinación de la actuación de los diversos delegados; y sobre todo –al menos eso es lo que suele indicarse– el deber de vigilancia".

17 Al respecto, Santana V., Dulce M., "El delito corporativo de incumplimiento en la prevención de sobornos (Bribery Act 2010)", en *Revista Electrónica de Ciencia Penal y Criminología*, 2015, p. 25, indica: "[...] podría ser conveniente

do que debe tenerse sobre la información, documentos y situación jurídica requerida para obtener el mínimo nivel de confianza sobre la idoneidad y fiabilidad del personal a contratar (veracidad y exactitud de certificaciones, verificaciones de referencias, chequeo de antecedentes judiciales, etc.). Y la tercera cautela, finalmente, está dirigida al examen continuo (a intervalos planificados), análisis y medición del desempeño del respectivo colaborador con el objeto de evaluar su sujeción a las directrices del puesto de trabajo (ascensos, cambios de puesto, objetivos o metas de rendimiento, bonificaciones por desempeño, bonus, etc.).

Este tipo de cautelas deben aplicarse tanto a personal interno como externo que sirve a la organización. La debida diligencia *ad intra*, por un lado, recaería sobre el personal empleado de ocupación exclusiva. En el nivel externo (debida diligencia *ad extra*), por su parte, entraría aquel personal no vinculado que participa de los procesos internos de la corporación (abogados, contadores, agentes comerciales, etc.). Lo importante aquí, con independencia de la forma contractual adoptada, es perfilar qué posiciones presentarían mayor exposición criminal, a fin de intensificar las cautelas en su proceso de selección. De hecho, como señala NIETO, "La vigilancia empresarial podría incluir incluso técnicas de *risk profiling*, de manera que se haga una especie de ´perfil criminal´ de determinados empleados o aspirantes a puestos directivos, estableciendo un índice de riesgo delictivo"[18]. De ahí que, como dispone la ISO 37001 con relación a aquellas posiciones que están expuestas a más que un riesgo bajo de soborno, la organización debe procurar, entre otras cautelas, que "*la debida diligencia se lleve a cabo sobre las personas antes de que sean empleadas, y al personal*

la evaluación y monitoreo continuo de las personas 'vinculadas' contratadas o empleadas, proporcionales a los riesgos identificados. En consecuencia, la debida diligencia puede implicar solicitudes directas de información sobre los antecedentes, conocimientos y experiencia en los negocios, de las personas que se estimen pertinentes. La Ley Antisoborno presume que los empleados de una organización comercial son personas "vinculadas" con la organización a los efectos de la Ley. Por lo tanto, la organización podrá incorporar en sus procedimientos de contratación de recursos humanos un nivel adecuado de debida diligencia para mitigar los riesgos de soborno de los empleados, proporcional al riesgo asociado con el puesto en cuestión".

18 NIETO MARTÍN, Adán, "Problemas fundamentales del cumplimiento normativo...", *Op. cit.*, p. 33.

antes de que sea transferido o promovido por la organización" (NTC-ISO 37001 (7.2.2.2]). Este aspecto, como puede advertirse, resulta crucial en los actos de delegación de funciones enmarcadas dentro de aquellas dependencias sensibles al delito[19], lo que tiene como presupuesto la identificación y priorización de los procesos corporativos que registran mayor vulnerabilidad o exposición delictiva frente a los factores criminógenos ya señalados.

Lo anterior implica asumir el deber de *selección* de posiciones críticas como política preventiva (*KYE*). A todo esto, refiere Casanovas con relación al contenido de la *debida diligencia de proyección interna* que "Ejercer la *diligencia debida* supone una cuidada selección del personal, una adecuada formalización de la relación jurídica y un seguimiento continuado de la misma, manteniendo o incrementando sus capacidades en el ámbito del *compliance penal*"[20]. Se trata este de un control transversal de la organización, pero cuyo impacto puede orientarse sobre ciertos individuos (en últimas, con impacto especial sobre determinados procesos). A juicio de Agustina, se trata de una medida de "prevención especial" en la que el empresario debe ejercer un "*nivel de diligencia razonable*" en el conocimiento personal previo de sus trabajadores "[...] de forma que puedan evitarse aquellos riesgos objetivamente previsibles que se deriven de sus condiciones personales en relación con el tipo de trabajo que se le va a requerir –antecedentes, predisposiciones, perfil psicológico–"[21]. La aplicación de esta cautela permite que el gestor de la organización pueda intervenir técnica y anticipadamente sobre los posibles incentivos que podrían albergar los procesos anexos a puestos laborales de especial criticidad (contratos, concesión de licencias, etc.), esencialmente, porque esta

---

19 Nieto Martín, Adán, "De la ética al Public Compliance...", *Op. cit.*, p. 25: "Podrían darse múltiples ejemplos de en qué pueden consistir este tipo de controles. En materia de contratación de personal, cada ente público, según el nivel de riesgo, debería perfilar normas internas sobre la forma de composición de los tribunales de selección de personal con el fin de que respeten de manera escrupulosa el principio de profesionalización y especialización que el EBEP impone".

20 Casanovas Ysla, Alain, "*Compliance* penal normalizado...", *Op. cit.*, *Op. cit.*, p. 176.

21 Agustina, José R., "Fenomenología del employee crime..., *Op. cit.*, p. 389.

debida asignación del puesto propicia las condiciones requeridas para que su propietario aplique los controles previstos para sus procesos.

Este mecanismo, por tanto, permite desplegar un control especial de los procesos más vulnerables comenzando por uno de los elementos clave que debe integrar el diseño de todo control: la asignación de su *responsable*. Al respecto, como sostiene AGUSTINA, "[...] parece razonable que el empresario deba realizar un examen objetivo de adecuación de sus trabajadores, tratando de prevenir los riesgos previsiblemente más frecuentes derivados de la prestación laboral que se va a encomendar a cada empleado"[22]. Agrega el autor frente a la información requerida por el empresario para el examen objetivo de adecuación del trabajador, que tal análisis "[...] se dirigiría a garantizar la ausencia de una indebida propensión criminal del candidato o, en el caso de haberla, asegurar que se suplirán los posibles déficits riesgosos con las oportunas medidas adicionales"[23]. IntoSAINT (*), por tal razón, parte de la premisa de que "*La selección del nuevo personal debería considerar no solo las cualidades profesionales, como la educación y la experiencia laboral, sino también la confiabilidad de los nuevos miembros del personal*". En la aplicación de esta medida resulta fundamental la matriz de riesgos, al mostrar qué cargos (*factor*) requieren una diligencia especial en razón del nivel elevado de riesgo *inherente* que revisten los procesos que le serán asignados.

Este "especial cuidado" que demandan ciertos puestos[24], ubicados en un nivel de mayor concreción (CC), puede procedimentalizarse mediante un protocolo para el *estudio de confiabilidad* de esas posiciones críticas. Este protocolo estaría integrado por tres cautelas que tendrían por objeto asegurar *información* veraz sobre la fiabilidad

---

22 Ibid., p. 389.

23 Ibid., p. 389.

24 NIETO MARTÍN, Adán (Dir.), "La prevención de la corrupción", en *Manual de Cumplimiento Penal en la Empresa*, *Op. cit.*, p. 355: "Un mecanismo de prevención de la corrupción que guarda estrecha relación con los costes morales es el que atañe a los procesos de selección. Los costes morales evidentemente son diversos en cada persona. En las técnicas de selección de personal se tienen en cuenta desde hace tiempo factores como el grado de riesgo que está dispuesto a correr otra persona u otros factores de su personalidad. Son preguntas claves en las entrevistas de candidatos a puestos de "riesgo" las relaciones con la integridad en sentido amplio y, en concreto, con la corrupción".

del candidato que procuren su debida *elección*[25]: (i) *obtención*; (ii) *verificación*; (iii) *evaluación*. En forma concreta, la primera cautela propendería por *obtener* información suficiente sobre el postulante que permita compaginar las exigencias del puesto de trabajo y el perfil evaluado (certificaciones académicas, experiencias laborares, referencias personales, etc.). La segunda se dirigiría a *contrastar* esa información mediante fuentes directas y fiables de cara a establecer su veracidad (registros *on line*, peticiones interinstitucionales, comprobaciones telefónicas, etc.). Y la tercera cautela concluiría con una *evaluación* en la que se ponderaría la información obtenida y verificada con relación a los factores criminógenos preestablecidos para el lugar de trabajo (aspiraciones, adicciones, deudas, conflictos de interés, etc.). Bajo estas cautelas, en definitiva, podría afirmarse una debida *elección* del potencial responsable de los controles previstos para aquellos procesos que presentan mayor grado de exposición criminal.

3.1.3. Cultura Ética

La *cultura de cumplimiento* constituye la piedra angular para la prevención de ilícitos al interior de las organizaciones. La UNE 19601 define "Cultura" como "*valores, ética y creencias que existen en una organización para producir normas de comportamiento…*" (UNE 19601 [3.8]). Como refiere Coca, "[…] es *conditio sine qua non* el que en la empresa reine una cultura de cumplimiento (*Compliance-Culture*)…"[26]. La construcción de esa cultura interna (ética), precisamente, se vincula a las pautas trazadas en el Código de Ética de la organización como norma superior del SGRP. Como señala Navas, "[…] en opinión de la literatura más reciente los códigos de conducta

25 Sobre los procesos de selección de personal basados en perfiles éticos, Nieto Martín, Adán, "Cumplimiento normativo, criminología y responsabilidad penal…", *Op. cit.*, p. 62, apunta: "En general debe ponerse mucha más atención a los procesos de selección de personal, de promoción y a la política de remuneraciones dentro de los programas de cumplimiento, generando estímulos para que sean los mejores desde el punto de vista de los valores éticos quienes accedan a la empresa".

26 Coca Vila, Ivo, "¿Programas de cumplimiento…", *Op. cit.*, p. 56.

constituyen el corazón de todo programa de cumplimiento…"[27]. En sentido análogo, según apunta Bacigalupo, los *códigos de conducta* se presentan como "[…] la piedra fundamental en la construcción de un sistema de compliance"[28]. Criminológicamente, la institución de una cultura ética estaría dirigida a neutralizar las definiciones colectivas que banalizan el recurso al delito[29]. Y ello porque, dichos códigos, como refiere Nieto, cumplirían la finalidad de reforzar la cultura de cumplimiento[30]. El Manual SAINT (*), a propósito de esa función de refuerzo comportamental, indica que "*La cultura organizacional determina la forma en que el personal de la organización se trata entre sí (interno) y con terceros (externo)*". Reitérese que, desde un plano procesal (prueba), la ética podría trascender al mismo proceso penal, dado que la "cultura ética" tendría cabida como *tema de prueba* en este escenario en contrapartida de los criterios que suelen valorarse para soportar la "culpabilidad" de las corporaciones y la implicación

---

27 Navas M., Iván, "Los Códigos de conducta y el Derecho penal económico", en *Criminalidad de empresa y Compliance…*, *Op. cit.*, p. 122.

28 Bacigalupo, Enrique, *Compliance y Derecho penal*, *Op. cit.*, pp. 114-115

29 Nieto Martín, Adán, "Cumplimiento normativo, criminología y responsabilidad penal…", *Op. cit.*, p. 51, sostiene: "Sutherland, mediante la teoría de la asociación diferencial, ofreció la primera explicación del delito corporativo: la conducta delictiva se aprende cuando una persona se asocia con aquellos que defienden la conveniencia de este comportamiento y se aleja de aquellos que lo definen desfavorablemente. Cuando los argumentos favorables a la infracción superan a los desfavorables puede aparecer el comportamiento delictivo. En el ámbito de una empresa, la existencia de un código de valores y objetivos, con argumentos favorables a la comisión de una infracción, iría desplazando paulatinamente a los argumentos negativos".

30 Según refiere Nieto Martín, Adán, *La responsabilidad penal de las personas jurídicas…*, *Op. cit.*, pp. 240-241, existen dos concepciones diferenciadas sobre el significado o la función de los códigos de conducta: "La primera, la más «laica», lo identifica con un conjunto de disposiciones que tienen como finalidad reforzar los mandatos que se contienen en un texto legal". Según el autor, es precisamente este modelo el que se conoce con el nombre de "*Compliance*". Sin embargo, afirma el autor, existe otra postura, según la cual, el fin principal del código de conducta "debe ser promover una cultura dentro de la organización que más allá de asegurar el cumplimiento de la ley, anime a que la actividad en general de la empresa se corresponda con determinados patrones éticos".

penal de sus directivos ("defectos organizativos", "cultura defectuosa", entre otros)[31].

La institución de esta cultura dependería de mecanismos tendientes a propiciar la interiorización colectiva de modelos de conducta íntegra: (i) Inducción Ética ("*welcome pack*"); (ii) Formación; (iii) Divulgación. En cuanto al primero, como refiere CASANOVAS, "El paquete de bienvenida o «*welcome pack*» está formado por documentación relevante acerca de la *organización* que, normalmente, se facilita a las nuevas incorporaciones para su conocimiento"[32]. Habría que añadir que, más allá de la importancia de la fase de inducción para la inmersión en las normas internas (funciones, procedimientos, etc.), es esta la primera oportunidad para su accesibilidad a las normas de alto nivel (código de ética, políticas, etc.). La actividad de *formación*, en esta misma línea, suministraría un conocimiento que abarcaría tanto los procesos y controles a cargo de cada empleado, así como los diversos protocolos del SGRP. Y las actividades de *divulgación* (concienciación), por su lado, permitirían consolidar gradualmente esas dinámicas culturales al interior de la organización (charlas, salvapantallas, mensajes electrónicos, carteles fijados en locaciones físicas, comunicados internos, etc.). A propósito de la relación entre formación, divulgación y cultura ética, como afirma el mismo autor, "La formación y concienciación son herramientas básicas para establecer, mantener y mejorar una *cultura* de *compliance*"[33]. La integración de estos tres componentes al desarrollo diario de los procesos de la organización, descendiendo a un nivel concreto de control (CC), se produciría mediante un *protocolo de culturización ética*, en el que se *planifique*, *ejecute* y *mida* el impacto del clima cultural sobre los cargos críticos.

La (i) *planificación* (plan de cultura), (ii) *ejecución* y (iii) *medición*, a nivel concreto, permitirían caminar hacia la institución de un entorno ético que genere las condiciones para la asunción efectiva de

---

31 NAVAS M., Iván, "Los Códigos de conducta y el Derecho penal económico", *Op. cit.*, p. 112: "En los últimos años el incremento en la adopción de los códigos de conducta por parte de empresas, sobre todo las multinacionales ha sido enorme, y las causas de esta proliferación abarcan desde una forma de mejorar su reputación hasta evitar ser responsables por la comisión de algún delito".

32 CASANOVAS YSLA, Alain, "*Compliance* penal normalizado...", *Op. cit.*, p. 178.

33 Ibid., p. 181.

responsabilidades de control sobre dichos procesos. El primer componente, como punto de partida, integraría los aspectos inherentes a todo proyecto (objetivos, tareas, cronograma, responsables, medios de comunicación, recursos, etc.). El segundo, por su parte, propendería por la realización efectiva del plan concebido (talleres, seminarios, conferencias, etc.). Y el tercero, finalmente, tendría por objeto la medición del clima cultural (métricas, encuestas al personal, observación, número de personas formadas, de actos de divulgación, de sanciones aplicadas, etc.). En su conjunto, estos mecanismos propenderían por generar entornos éticos a partir del *desmonte situacional* de "definiciones favorables" al delito, pues como señala Bermejo "[...] una implicación de las técnicas de prevención situacional consiste en deslegitimar las técnicas de neutralización vigentes en el ámbito empresarial, es decir, volverlas inaceptables"[34]. Y todo lo anterior, como se anotó, alcanza su rendimiento en la gestión de riesgos penales. Así, como señala Casanovas con relación al ámbito del *compliance penal*, "[...] la finalidad última pretendida es la consecución de los *objetivos de compliance penal* que, no olvidemos, atraviesan por la tolerancia cero a los *riesgos penales* como manifestación de una *cultura* ética y de respeto a la Ley"[35]. En este sentido, entonces, se afirma la profusión de la ética como medida preventivo-situacional, al impactar el código moral de quienes finalmente deben aplicar los controles de proceso.

3.2. Control Genérico Detección (CG-D)

Las medidas de prevención, como resulta lógico, no son infalibles en su propósito de evitar delitos al interior de la organización. Por ende, la orientación *detectiva* del modelo de control resulta imprescindible en la eficiente configuración de las cadenas de delegación. Como cabe remarcar, la multicitada "Guía para la Gestión del Riesgo de Corrupción" define los controles detectivos como "*Aquellos que registran un evento después de presentado; sirven para descubrir resultados no previstos y alertar sobre la presencia de un riesgo*". En el

---

34 Bermejo, Mateo G., "Elección racional, oportunidad para delinquir...", *Op. cit.*, p. 323.

35 Casanovas Ysla, Alain, "*Compliance* penal normalizado...", *Op. cit.*, p. 108.

modelo propuesto, las medidas detectivas cumplirían la función de restringir la *Situación de Oportunidad* mediante el descubrimiento de las *brechas* que suelen facilitar el inicio de cursos ilícitos o *indicios* sobre su producción (*señales de alerta*). Las medidas detectivas de espectro general (CG), bajo la óptica de la delegación, estarían orientadas a obtener información sobre la ejecución de la función delegada, el seguimiento de las instrucciones dadas por el delegante y la medición del desempeño del delegado, a fin de descubrir eventuales desviaciones asociadas a los procesos a su cargo (*discovery*). La función detectiva encuentra relación, de esta forma, con el deber *in vigilando* que se conecta a los tres objetivos del SGRP (P+D+R). A todo esto, como señala KUHLEN, "Se denominan *Compliance* las medidas mediante las cuales las empresas pretenden asegurarse de que sean cumplidas las reglas vigentes para ellas y sus personas, que las infracciones se descubran y que eventualmente se sancionen"[36]. La previsión de controles detectivos al nivel de procesos (CC), por su lado, permitirían *vigilar* y *descubrir* las eventuales desviaciones que estos pudieran aquejar.

La adopción de medidas de *vigilancia* sobre el responsable de esos procesos críticos y de sus respectivos controles, desde el plano criminológico, aumentaría la posibilidad de descubrir cursos causales lesivos ligados al uso indebido del cargo, pues como se verá en el Capítulo IV, los delitos corporativos presentan una estructura *sistémica*, *posicional* y *diacrónica*. Así, la *Línea Ética (a)* tiene por fin servir de canal para denunciar aquellas faltas vinculadas a los procesos de alta criticidad. Para tal efecto, se integran tres medidas de nivel general (CG): (ai) Política del Canal de Denuncias; (aii) Política de Protección al Denunciante; (aiii) Gestión de Reportes. En segundo lugar, la *Debida Diligencia de Proyección Externa (b)* tendría por objeto la verificación del ajuste normativo de los procesos internos en el marco de relacionamiento con terceros. Este tercer control estructural detectivo puede recaer sobre tres espectros tendientes a advertir las oportunidades de materialización de riesgos criminales: (bi) Conocimiento de la Contraparte (*KYC*); (bii) Entendimiento de la Relación de Negocio; (biii) Análisis de Operaciones de Riesgo Especial. Este control, como

---

36 KUHLEN, Lothar, "Cuestiones fundamentales de Compliance y Derecho Penal", en *Compliance y teoría del Derecho penal*, *Op. cit.*, p. 51.

puede advertirse, es de aplicación continua (*ad hoc*). Y, en tercer lugar, los procedimientos de *Evaluación / Monitoreo (c)* tendrían por objeto la *detección especializada (dirigida)* de faltas éticas o irregularidades en torno a la ejecución de los mismos procesos críticos. Este control estructural podría enmarcarse bajo tres tipologías de distinto alcance: (ci) Seguimiento; (cii) Revisión; (ciii) Auditoría Interna (de cumplimiento e integridad). Toda esta batería de medidas detectivas, sumadas, se orientarían a la profilaxis de la *oportunidad delictiva*.

3.2.1. Línea Ética / Canal de Denuncias

La implementación de sistemas de denuncia de irregularidades y hechos ilícitos (*whistleblowing*), como se ha esbozado, se instituye en uno de los baluartes de un eficaz programa de *compliance penal* anclado al desarrollo del código de ética[37]. Atendiendo a su función detectiva, como reseña RAGUÉS, su importancia radica en que "[...] estos *sistemas facilitan el descubrimiento y la prevención de los hechos ilícitos* que puedan llevarse a cabo en el marco de la actividad empresarial..."[38]. Además de esta misión detectiva, desde un plano criminológico, este mecanismo tendría incidencia en la limitación de la percepción de anonimato ínsita a la decisión criminal. Reséñese que, la ISO 37002, prevé dentro de los "Objetivos del sistema de gestión de la denuncia de irregularidades", a propósito de esta doble funcionalidad, que dichos sistemas tienen por misión "*h) asegurar la detección temprana y la prevención de irregularidades*" (UNE 37002 [6.2]). Su función criminológica, por tanto, se concreta en su capacidad de detección, al permitir canalizar reportes desde cualquier área de la organización, incluso desde su exterior (proveedores, clientes, asesores, etc.), hacia los "vigías" del SGRP. Como recuerda NIETO, en países como Estados Unidos, Gran Bretaña o Australia, "[...] buena parte de los delitos económicos se descubren merced a denuncias internas de empleados o de otras personas que se sitúan dentro de

---

37 BACIGALUPO, Enrique, *Compliance y Derecho penal*, *Op. cit.*, p. 115.

38 RAGUÉS I VALLÈS, Ramón, "Los procedimientos internos de denuncia como medida de prevención de delitos en la empresa", en SILVA SÁNCHEZ, Jesús-M (Dir.) / MONTANER FERNÁNDEZ, Raquel (Coord.), *Criminalidad de empresa y Compliance...*, *Op. cit.*, p. 161.

la organización"[39]. Al estar al alcance de cualquier persona, por lo anotado, constituye un *control holístico*, pero que puede permitir el descubrimiento de desviaciones situadas al nivel de los procesos.

En razón de lo anterior, el aseguramiento de su función detectiva precisa de la procedimentalización de condiciones que motiven el uso efectivo del canal. En esta misma línea, dispone el Manual SAINT (*) que "[...] *deben existir procedimientos para denunciar la conducta indebida y proteger a los funcionarios que denuncian dicha conducta indebida a la atención de la gerencia*". Es así como, el diseño e implementación apropiado de este instrumento, potenciaría su capacidad detectiva (su funcionamiento efectivo), lo que incluiría la afirmación de tres medidas básicas: (i) la adopción de una Política del Canal (tipos de canales, modo de uso, clase de conductas, receptor de la denuncia, procedimiento de gestión de reportes, etc.); (ii) la adopción de la Política de Protección al Denunciante (*whistleblowing policy*) (garantías de confidencialidad, anonimato, no represalias, protección, etc.); (iii) la eficaz Gestión de Reportes (recepción de la comunicación, procedimiento de investigación, resultados, medidas, etc.). Este mecanismo es consustancial a la gestión de riesgos penales, pues como señala Casanovas con relación a la Norma UNE 19601, ésta "[...] contempla la existencia de canales de comunicación a través de los cuales se pueda informar sobre hechos que entrañen *riesgo penal* o debilidades del *sistema de gestión de compliance penal*"[40]. La ISO 37002 sobre "Sistemas de Gestión de los Canales de Denuncia", por su naturaleza y aplicación especial a tales canales, permite armonizar este instrumento con el SGRP.

El canal de denuncias o línea ética, centrados en la delegación, se instituye de ese modo en un instrumento preventivo-situacional propicio para que el órgano de dirección pueda desplegar un ejercicio debido de su deber de *vigilancia*. Así, como señala Bock, "En la dirección de la vigilancia conforme a Derecho supone un avance, en primer lugar, la implementación de un sistema de *whistleblowing*, y en segundo, la imposición del deber a los trabajadores de canalizar a través de este

---

[39] Nieto Martín, Adán, *La responsabilidad penal de las personas jurídicas...*, *Op. cit.*, p. 255,

[40] Casanovas Ysla, Alain, "*Compliance* penal normalizado...", *Op. cit.*, p. 203.

sistema las infracciones que puedan llegar a conocer"[41]. La línea ética, en tal sentido, conjuga el deber *in vigilando* ínsito a la delegación y que surte su efecto en el bloqueo de la oportunidad delictiva[42], entendiendo que el marco de discreción que precisa la concreción del acto ilícito, forma parte de dicha estructura de oportunidad[43]. Para tal efecto, se prevén tres cautelas orientadas a la vigilancia de procesos críticos bajo un *protocolo de denuncias* que propende por la efectividad del canal: (i) *diseño* (técnico); (ii) *garantías* (normativas); (iii) *divulgación*. El *diseño técnico del canal*, como condición de su puesta en marcha, contemplaría aspectos tendientes a garantizar el flujo bidireccional de comunicaciones (formulario electrónico, mensajería instantánea, receptor de la denuncia, mecanismo de investigación, etc.). La institución de *garantías (normativas)*, por su parte, buscaría generar una percepción de seguridad (confianza) en el potencial denunciante (confidencialidad, anonimato, protección laboral, no represalias, etc.). Y su *divulgación*, finalmente, conectaría no sólo con su regulación interna (código de ética, política de cumplimiento, etc.), sino además con las condiciones que se requieren para generar un clima cultural propicio para la denuncia (incentivos positivos, comunicación de sanciones, etc.)[44]. Visto desde

---

41 Bock Dennis, "*Compliance* y deberes de vigilancia en la empresa", *Op. cit.*, p. 115.

42 Nieto Martín, Adán, "*La privatización de la lucha contra la corrupción*", en Arroyo Zapatero, Luis / Nieto Martín, Adán (Dirs.), *El Derecho penal económico en la era del Compliance*, *Op. cit.*, p. 205, "Para el descubrimiento de la corrupción es esencial contar con un buen sistema de denuncias internas". Véase, también, Ragués i Vallès, Ramón, "Los procedimientos internos de denuncia como medida de prevención de delitos en la empresa", *Op. cit.*, pp. 161 y ss. De manera concreta, señala Ragués i Vallès, Ramón, "¿Héroes o traidores? La protección de los informantes internos (whistleblowers) como estrategia político-criminal", InDret Penal 3/2006, p. 4: "[...] la creciente complejidad de las organizaciones empresariales y administrativas hace que cada vez resulte más difícil la prevención de las conductas ilícitas que se cometen en su seno. Ante estas dificultades, un buen medio de prevención puede consistir en que el Estado preste atención a posibles informaciones de sujetos dispuestos a desvelar los delitos cometidos dentro de su organización".

43 Malem Seña, Jorge F., *Globalización, comercio internacional y corrupción*, Ed. Gedisa, Barcelona, 2000, p. 32.

44 Sobre las estrategias para promover la denuncia al interior de la organización por parte de sus integrantes, Malem Seña, Jorge F., *La corrupción...*, *Op. cit.*, p. 83, señala que: "Hay que incentivar que aquellos funcionarios honestos puedan presentar todas las alegaciones posibles en la denuncia de un caso de corrupción

un nivel concreto (CC), entonces, la aplicación efectiva de tales cautelas facilitaría que las desviaciones evidenciadas en desarrollo de procesos críticos por parte de otras personas asociadas al mismo puedan ser comunicadas a través de dicho canal.

3.2.2. Debida Diligencia de Proyección Externa (KYC)

La Debida Diligencia es una herramienta intrínseca a la administración de riesgos criminales (lavado de activos, soborno, etc.), que tiene pleno rendimiento en el campo de la detección de ilícitos penales en el marco de la delegación de funciones, debido a que puede concretarse sobre el análisis de relaciones comerciales entre agentes, operaciones, transacciones o actividades específicas (como, por ejemplo, un expediente contractual). Es este un proceso mediante el cual una organización adopta medidas para el conocimiento de sus *stakeholders* (proveedores, clientes, etc.), de su negocio, operaciones, jurisdicciones, productos, canales de distribución y el volumen de transacciones. La UNE 19601 define el mecanismo como "*Proceso operativo que pretende obtener y evaluar la información para contribuir a la evaluación del riesgo penal*" (UNE 19601 [3.10]). Además de su objetivo de prevención, como ya se indicó, la debida diligencia constituye un potente mecanismo detectivo. Así, por ejemplo, como señala la ISO 37001 con relación a los objetivos de la Debida Diligencia, entre otros, "*También tiene el objetivo de actuar como un control específico adicional en la prevención y detección del riesgo de soborno...*" (NTC-ISO 37001 [A.10]). Aterrizada sobre las *unidades organizativas*, esta actividad de diligencia debida permitiría realizar una vigilancia apropiada de los procesos criminalmente expuestos vinculados a tales unidades y a suministrarle a la organización los elementos de juicio necesarios para identificar y evaluar

---

que conozcan en virtud de su trabajo. Para lograr ese objetivo es necesario arbitrar al menos dos medidas imprescindibles. La primera es generar un conducto fácil para encauzar la denuncia. En ocasiones, un intrincado sistema de conductos jerárquicamente establecidos entorpecen objetivamente la tramitación de una denuncia con su correspondiente investigación. Hay que permitir un acceso económico y directo a las altas instancias administrativas. La segunda consiste en diseñar un sistema que garantice la confidencialidad, así como también que eviten posibles represalias futuras al denunciante por su acción".

los riesgos criminales relacionados con tales procesos. Esa actividad podría concretarse sobre tres marcos generales de precaución (CG): (i) Conocimiento de la Contraparte; (ii) Entendimiento de la Relación de Negocio; (iii) Análisis de Operaciones de Riesgo.

De acuerdo con lo anterior, el *conocimiento de la contraparte* es el paso inicial. Entrarían aquí, por ejemplo, contratistas, proveedores, clientes, etc., aplicándose medidas tendientes a su identificación (incluidos sus beneficiarios finales), competencia, reputación, ubicación, reportes negativos en listas restrictivas, etc. Tratándose de *personas jurídicas*, se deberá conocer aspectos como la estructura de propiedad, identidad de accionistas, documentos de registro, certificaciones, análisis de su estructura (para determinar si se trata, por ejemplo, de sociedades fachada, empresas no operativas, proveedores ficticios, etc.). Lo siguiente es la *comprensión de la relación* mediante averiguaciones tendientes a asimilar el propósito y naturaleza del vínculo comercial. Ciertas *operaciones*, finalmente, deben ser objeto de análisis intensificado, lo que comporta aspectos como revisar el cumplimiento de requisitos, la veracidad de soportes documentales, advertir bienes sin valor real, identificar posibles testaferros, etc. Descendiendo en su análisis (CC), la identificación de *red flags* en estos tres escenarios se definiría bajo un *protocolo de administración de terceros (third parties)* que integre las distintas tareas técnicas afiliadas a este propósito: (i) *conocimiento de la contraparte* (formulario de vinculación, soportes de identificación, evidencia de consulta en listas de control, análisis, etc.); (ii) *segmentación* (tipo de contraparte, tamaño, volumen de activos, topes de transacción, etc.); (iii) *monitoreo de la relación* (actualización periódica de consulta en listas, cambios en la estructura accionarial, etc.) Como se advierte, la debida diligencia se muestra como una medida de *vigilancia* preventivo-situacional, al impactar sobre los procesos que vehiculizan la denominada *oportunidad criminal*, incidiendo en forma directa sobre el conjunto de controles establecidos para limitar su aprovechamiento indebido.

3.2.3. Supervisión / Monitoreo

El proceso de supervisión de riesgos criminales corporativos se vincula a la posibilidad de interrumpir las dinámicas que configuran la *oportunidad* para el delito (las alternativas de acción ilícitas), afectando la función disuasiva del SGRP (*deterrence*). A todo esto, sostiene Casanovas que "Dentro de las actividades de supervisión del funcionamiento del sistema de gestión de compliance penal se desarrollan diferentes actividades por parte de distintas instancias en la organización"[45]. Es así que, el *control de gestión* de los procesos de riesgo, dado que se ejecutan en forma continua (regular), sería competencia de sus líderes. Como se refiere en la actualización 2020 del Modelo de las *Tres Líneas de Defensa* del IIA, la primera línea "*Establece y mantiene estructuras y procesos adecuados para la gestión de operaciones y riesgos (incluyendo el control interno)*" y "*Garantiza el cumplimiento de las expectativas legales, reglamentarias y éticas*". Luego, los procesos de *revisión*, por su aplicación periódica, se vincularían a la actividad de la *función de cumplimiento* en ejercicio de sus labores de supervisión. El mismo documento señala en su asignación de roles que la segunda línea "*Proporciona conocimientos especializados complementarios, apoyo, vigilancia y cuestionamientos relacionados con la gestión del riesgo*". Y *auditoría interna*, según el mismo documento del IIA, "*Comunica el aseguramiento y asesoramiento independientes y objetivos a la dirección y al órgano de gobierno sobre la adecuación y eficacia de la gobernanza y la gestión de riesgos (incluyendo el control interno)*". De esta suerte, la supervisión cumple una auténtica función detectiva de espectro holístico, pero que presiona o induce la aplicación de controles a nivel concreto por parte de los responsables de los procesos de alta vulnerabilidad delictiva.

La supervisión se instituye, por lo indicado, en un procedimiento obligado en los procesos de delegación, vinculado al deber del delegante de obtener información con relación a las instrucciones dadas a sus subalternos. De acuerdo con la anterior trilogía de medidas, el Control de Gestión (i), la Revisión (ii) y la Auditoría Interna (iii) se instituyen en mecanismos de control obligados en organizaciones complejas. Así, el *Control de Gestión* es una expresión del control interno que se identifica con un proceso de orden administrativo desarrollado regularmente para establecer el grado en que se cumplen sus objetivos, concretándose dicho control sobre los procesos de mayor criticidad. Como reza el

---

45 Casanovas Ysla, Alain, "*Compliance* penal normalizado...", *Op. cit.*, pp. 217-218.

Manual SAINT (*), "*La organización administrativa y los controles internos están diseñados para controlar procesos y generar información confiable (completa, precisa y válida) sobre ellos*". Suelen aplicarse aquí controles de orden financiero (segregación de funciones, circuitos de aprobación, sistema de doble firma para ciertos pagos, etc.) y no financiero (razonabilidad de comisiones, proporcionalidad de honorarios, soporte documental de operaciones, supervisión de alto nivel en transacciones de mayor valor, etc.). La *Revisión*, entre otras actividades de evaluación desplegadas por el órgano de cumplimiento en forma rutinaria y periódica a nivel general (selección de personal, formación, gestión de reportes a la línea ética, aplicación de sanciones disciplinarias, etc.), puede recaer sobre la aplicación y medición de eficacia de esos mismos controles de proceso tendientes a verificar la gestión de los recursos implicados (cumplimiento de requisitos, escalas de autorización, soportes documentales, etc.), lo que, de plano, permite restringir alternativas de acción ilícitas.

El mecanismo de *Auditoría Interna*, finalmente, ocupa un lugar especial por cuanto se concentra en el aseguramiento de la conformidad de los procesos corporativos. Por un lado, porque permite evaluar el diseño, implementación y funcionamiento de su esquema de controles (documentación, forma, responsable, frecuencia, efectividad, etc.), determinando el adecuado desarrollo de las fases esenciales del proceso evaluado (*inputs-process-outputs*). Por otro lado, porque la auditoría de cumplimiento, como especie de la interna, permite determinar la conformidad –o no- de los "criterios de la auditoría" utilizados para evaluar los procesos críticos vinculados al concreto sistema de gestión de riesgos penales (GTC-ISO 19011 [3]), como lo sería, por ejemplo, los requisitos contenidos en la ISO 37301, la ISO 37001 o la NTC 6671 (políticas, procedimientos, responsabilidades, formación, controles, etc.). Incluso, en un modelo de control de riesgos penales de base ética (NTC 6671), la auditoría de integridad también estaría llamada a operar (IDW PS 980), cuyo alcance comprendería aspectos como la cultura interna y aquellos afectos al desempeño de los cargos de mayor vulnerabilidad. Así, tal como propende el Manual SAINT (*), "*Las auditorías de integridad son un medio apropiado para que la administración obtenga una idea de la calidad del sistema de control de integridad de la organización*". Entre otros aspectos de orden personal vinculados al riesgo de integridad, se hallaría el comportamiento anómalo de tales operadores de cara a detectar situaciones que pudieran dinamizar actitudes criminales (drogadicción, alcoholismo, ludopatías, costoso estilo de vida, etc.). De este modo, la auditoría interna se instituye en un poderoso mecanismo de control situacional directo de procesos y de personas (CC), al poderse direccionar sobre posibles eventos ilícitos identificados en la matriz de riesgos.

Las actividades de *control de gestión*, *revisión* y *auditoría interna*, como se observa, revisten una importancia capital en el modelo criminológico planteado, dada su funcionalidad en el bloqueo de las estructuras de oportunidad criminal al generar *excesos de dificultad* sobre la toma de decisiones ilícitas por el potencial infractor. La supervisión aplicada al control detectivo de riesgos criminales, por lo expuesto, se vincula a los procesos de delegación, por cuanto comprendería procedimientos técnicos dirigidos a la obtención y análisis de información sobre el cumplimiento de las instrucciones dadas desde las posiciones jerárquicas superiores hacia quienes ocupan cargos de especial vulnerabilidad delictiva. Tres serían los mecanismos de *evaluación* en este propósito de vigilancia de procesos priorizados mediante su protocolo de supervisión (CC): (i) *programa de supervisión*; (ii) *informes de cumplimiento*; (iii) *reportes internos*. En cuanto al primer componente, es intrínseco a la actividad de vigilancia contar un *plan* para cada mecanismo de supervisión (periodos, frecuencia, responsable, competencia, metodologías, etc.). Sobre el segundo aspecto, en línea con la misión de la actividad de supervisión, los *informes* de cumplimiento en sus distintas clases (informes de gestión de las áreas, informes del oficial de cumplimiento, informes de auditoría interna de cumplimiento, etc.), devienen en una consecuencia intrínseca a la aplicación del mecanismo. Y frente al tercer elemento, en la misma línea indicada para los dos componentes precedentes, el *reporte* a la dirección resulta consustancial a su deber original de vigilancia sobre posiciones críticas. Es en este sentido que se asevera, pues, que la actividad de *supervisión* es una cautela esencial para afirmar y acreditar el ejercicio del deber *in vigilando* en el contexto de los procesos de delegación.

3.3. Control Genérico Reacción (CG-R)

El *control reactivo* se identifica con la adopción de medidas correctivas frente a incumplimientos para procurar que no se repitan eventos similares. Como reza la precitada "Guía para la Gestión del Riesgo de Corrupción", los controles correctivos son "*Aquellos que permiten restablecer la actividad, después de detectado el evento no deseado*". Desde meras desatenciones en la ejecución de las funciones hasta procederes ilícitos, deben ser objeto de corrección. En torno a la gestión interna, esta reacción se enmarca en una función sancionatoria, pues como sostiene COCA, "[...] toda adecuada organización en Compliance precisa de la configuración de un sistema de supervisión y sanción"[46]. Agrega que "La infracción de una norma no queda solventada con la detección del infractor y su sanción, sino que, además, es obligada la revisión del sistema hasta detectar el error y establecer las medidas oportunas para solventarlo". El Manual SAINT (*), por su lado, prevé un trámite de *Apertura cuando se trata de violaciones de integridad.* Y es que, según dicha política, "*Un aspecto importante de la cultura de una organización es su respuesta consistente a las violaciones de integridad*". Se enfatiza que "*No hacer nada o responder a medias es una señal para el personal de que la organización no valora la integridad*". La investigación interna de reportes, la remediación de la falta y la gestión penal de la infracción, por ello, son necesarios para precaver actos del mismo tipo (*deterrent function*) y para probar el deber de *corrección* ínsito a la delegación. Tal reacción, en suma, es imperativa dado que la percepción de impunidad que experimenta el potencial infractor motivada en la vulnerabilidad de los procesos a su cargo operaría como *fuerza constrictora* al otorgarse confianza en su proceder delictivo.

La reacción corporativa frente a toda irregularidad se vincula, por lo expuesto, a la necesidad de reducir la fuerza criminógena asociada a la inacción (o, lo que es lo mismo, a acción constrictiva de la percepción de anonimato). Pero, la reacción también se vincula al *riesgo penal*. Porque, al ser de tipo *legal*, la organización debe articular un modelo de defensa que necesariamente bascula sobre la prueba de su respuesta frente a la infracción, ya sea para la denuncia del infractor

---

46 COCA VILA, Ivo, "¿Programas de cumplimiento...", *Op. cit.*, p. 59.

o bien para procurar su propia defensa y la de sus directivos. Así, la *Investigación Interna (a)* tendría por objeto el esclarecimiento de las irregularidades descubiertas con el propósito de sustentar probatoriamente la acción legal que corresponda. Este control integraría actividades técnicas como: (ai) Proceso de Investigaciones; (aii) Gestión de Evidencias; (aiii) Presentación de Evidencias. En segundo lugar, la *Actividad de Remediación (b)* tendría por objeto corregir toda conducta irregular, a fin de precaver su reiteración. Este mecanismo de segundo nivel integraría aspectos como los siguientes: (bi) Acciones Correctivas; (bii) Análisis de Causa Raíz; (biii) Plan de Mejora. Y, en tercer lugar, la *Gestión Procesal del Riesgo Penal (c)* bajo un Plan de Defensa Penal Preventivo, en caso de que dicha falta revista los caracteres de delito. Más allá de las acciones penales que incorpora el procedimiento correctivo, este último componente sería determinante para el control –procesal- del riesgo penal (de sanción), a saber: (ci); Acción Penal; (cii); Protocolo de Pruebas Judiciales; (ciii) Defensa Procesal. En esta última fase, entonces, se concreta el modelo anticipatorio de riesgos penales propuesto, al poder reunir la evidencia de diseño, implementación y funcionamiento del SGRP y generar la capacidad de acreditarlas.

3.3.1. Investigaciones internas

La aplicación de correctivos tiene como premisa el desarrollo de *investigaciones internas*, constituyéndose en un elemento esencial del SGRP y correlato de varios de sus componentes. Por esto, como señala Nieto, "Las investigaciones internas constituyen parte esencial de cualquier programa de cumplimiento"[47]. Para ser más exactos en tal integración, como indica Casanovas, "Las investigaciones son una pieza clave para el adecuado funcionamiento del canal de denuncias y del sistema de gestión de compliance penal"[48]. La investigación es consustancial, por ello, a la función *preventiva*, *detectiva* y *correctiva* del SGRP, pues como refiere Moosmayer, "Para los expertos en *com-*

47 Nieto Martín, Adán, "Las investigaciones internas", en *Manual de Cumplimiento...*, *Op. cit.*, p. 231.

48 Casanovas Ysla, Alain, "*Compliance* penal normalizado...", *Op. cit.*, p. 204.

pliance resulta igualmente claro que las investigaciones internas representan una parte esencial de cualquier programa de cumplimiento efectivo, que además de las funciones de prevención debe investigar y sancionar los comportamientos irregulares"[49]. El esclarecimiento de las infracciones, a razón de lo anterior, resultaría necesario para fijar responsabilidades por incumplimientos. A propósito de la delegación, como sostiene SAHAN, son múltiples las empresas que promueven procesos internos de investigación dirigidos a aclarar las irregularidades que les son endilgadas y al establecimiento de responsabilidades[50]. Por esta razón, la investigación interna constituye un presupuesto del aludido deber correctivo, por cuanto la aplicación de sanciones precisa de un procedimiento dotado de garantías probatorias.

En el marco de los estándares aplicables a la gestión del riesgo de corrupción, en esta línea, la investigación interna constituye un componente esencial. La ISO 37001, por ejemplo, es expresa en señalar frente al deber de "Investigar y abordar el soborno" que la organización debe implementar procedimientos para: "*a) requerir una evaluación y, cuando sea apropiado, la investigación de cualquier soborno, o el incumplimiento de la política antisoborno o el sistema de gestión antisoborno, que haya sido informado, detectado o bajo razonable sospecha...*" (NTC-ISO 37001 [8.10]). Las investigaciones internas, por ello, cumplirían un doble propósito en torno a la delegación. Como refiere MONTIEL, las investigaciones internas resultan útiles tanto para identificar a los responsables de los ilícitos dentro de la empresa como para otros fines asociados a su comprensión y control[51]. Según el modelo criminológico propuesto, uno de sus objetivos sería restringir el esquema de oportunidades que se estructura alrededor de ciertos procesos corporativos, pues como indica el autor, "Estudios avalan que junto a los *motivos* que llevan a incurrir en actividades ilícitas y a las *oportunidades* que favorecen este tipo de conductas, también el escaso o deficiente control puede favorecer la comisión de

---

49 MOOSMAYER, Klaus, "Las investigaciones internas...", *Op. cit.*, p. 138.

50 SAHAN, Oliver, "Investigaciones empresariales internas desde la perspectiva del abogado", en *Compliance y teoría del Derecho penal*, *Op. cit.*, p. 245.

51 MONTIEL, Juan Pablo, "Autolimpieza empresarial: *Compliance programs*, investigaciones internas y neutralización de riesgos penales", en *Compliance y teoría del Derecho penal*, p. 222.

delitos empresariales"[52]. De ahí la necesidad de que se investiguen las malas prácticas, entre otras cosas, porque permite identificar las *causas raíz* de los eventos ilícitos que se van presentando y proceder a su remediación respectiva.

Bajo el ropaje de Derecho constitucional, laboral y procesal penal, vaya por delante, la investigación tendría por objeto identificar, recolectar y asegurar información sobre ilícitos acaecidos. Para lograr la efectividad del mecanismo, a nivel general (CG), la investigación se concretaría en tres instrumentos: (i) Proceso de Investigaciones (internas); (ii) Gestión de Evidencias (indagación penal); (iii) Presentación de Evidencias (judicial). El primer componente se explica en la respuesta natural que debe tener el acaecimiento de hechos ilícitos de compleja configuración, lo que integra diversas exigencias (recursos, profesionales cualificados, etc.). El segundo mecanismo es una garantía propia de la investigación criminal para que la evidencia recabada cumpla con los criterios legales de admisión procesal (identificación, documentación, recolección, rotulado, almacenamiento, etc.). Y la presentación de la evidencia, en este caso en el plano judicial, debe atender a las reglas definidas para estos cometidos (informes ejecutivos, informes periciales, etc.). A tono con lo anterior, no ha de perderse de vista que los regímenes de responsabilidad penal o administrativa de personas jurídicas establecen efectos prácticos asociados a la investigación interna. Uno de ellos tiene que ver con la denuncia oficial del hecho como atenuante para la organización y/o sus directivos. Para supuestos como el anterior, la misma naturaleza compleja del delito corporativo podría obligar a que, para denunciar la infracción, se tenga que desplegar un proceso de investigación profesional (investigadores, peritos, etc.). Y otra tiene que ver con la necesidad de establecer y probar si, en ciertos supuestos de infracción, el autor del delito eludió fraudulentamente los controles internos, de modo que resulte viable la aplicación de una causal que exonere de responsabilidad.

El protocolo del proceso de investigaciones integraría tres cautelas que permiten su accionamiento concreto sobre las posibles desviaciones ilícitas de los procesos críticos (CC): (i) *programa metodológico*; (ii) *ejecución*; (iii) *informes ejecutivos*. El Manual SAINT (*), a este

52 Ibid., p. 223.

respecto, establece que "*Se debe implementar un protocolo o procedimiento para investigar los informes de posibles faltas de conducta*". El *programa* integraría aspectos como la definición del objetivo de la investigación, hipótesis (en sus planos fáctico, jurídico y probatorio), designación del líder y del equipo de investigación o la previsión de fuentes de información (testimonial, documental, digital, etc.). Luego, en su fase de *ejecución*, se procuraría una aplicación de dicho programa tendiente a asegurar evidencias bajo los cánones legales requeridos para afirmar su validez (identificación, adquisición, fijación, rotulado, cadena de custodia, etc.). Finalmente, esta actividad investigativa deberá concretarse en los respectivos *informes ejecutivos* soportados en evidencias, incluso, en periciales (informáticas, contables, documentales, etc.). Estos informes, con el tiempo, constituirían la base para el reporte y la toma de decisiones internas, para el inicio de acciones legales o bien para enfrentar una eventual acción penal en contra de la organización y/o sus directivos. Añádase a esto que, medidas investigativas como entrevistas, análisis de datos digitales o la verificación de documentos, servirían como base del informe pericial en *compliance* que incorporaría el modelo de gestión de riesgos penales para acreditarlo ante autoridades, siendo dicho informe el instrumento que permite correlacionar los hallazgos de la investigación y los componentes del SGRP. Es de este modo que el perito podrá sustentar que, más que una falencia del sistema de gestión, es justamente lo contrario: prueba de su efectividad para sancionar incumplimientos y, por lo mismo, evidencia del citado deber *in corrigendo*.

3.3.2. Remediación

La respuesta normativa frente a faltas constituye, pues, un elemento central de control situacional. Frente a dicha *respuesta*, establece el Manual SAINT (*) que "*La sanción (reacción) de violaciones de integridad debe basarse en una política de sanciones que establece los criterios que se utilizan para decidir cómo se castigará una violación de integridad*". Se trata ésta de una medida de orden correctiva intrínseca a la delegación de funciones. Así, como ya se señaló, la delegación, además de generar un "deber de seguridad" en el delegado que la asume, transformaría el alcance del deber de seguridad del delegante, en este caso, de "control y corrección del delegado"[53]. En este punto se advierte la importancia de la descripción del puesto de trabajo, en punto a vigilar el acatamiento de instrucciones por parte del subalterno y medir su desempeño. En caso de advertir faltas, resulta necesario compatibilizar el derecho laboral con el protocolo de investigación, pues como afirma Bock, "La dirección empresarial está obligada a imponer juridicidad mediante los mecanismos permitidos por el Derecho laboral"[54]. En el modelo propuesto, esta juridicidad se procuraría a partir de tres medidas que conjuntamente propenderían por *sancionar* la falta, *analizar* sus causas y *mejorar* a partir la experiencia: (i) Acciones Correctivas; (ii) Análisis de Causa Raíz; (iii) Plan de Mejora (Acciones de Mejora). Este control reactivo, aunque presente un impacto general al tener resonancia en el entorno de control (nivel *holístico*), sin embargo, tendría también la capacidad de restringir la percepción de impunidad que podría experimentar el potencial infractor a raíz de la desprotección de los procesos a su cargo (nivel *concreto*).

La función suasoria de la acción disciplinaria (correctiva), como señala Agustina, se identifica con la función preventivo-general de la sanción. En relación al ejercicio del poder disciplinario, señala el autor que ello precisa de un listado de infracciones y sanciones que, "[...] a efectos intimidatorios, pueda garantizar un nivel de eficacia preventiva suficiente, eficacia que será progresivamente mayor en proporción al nivel de *certeza* y *rapidez* con que se adopten las medidas disciplinarias como respuesta reactiva"[55]. Este tipo de respuesta deberá formar parte del código de ética, las políticas, el reglamento interno de trabajo y los contratos laborales, expresado en un protocolo que regule el procedimiento sancionatorio. Entre las consecuencias que podrían aplicarse se hallaría la amonestación, suspensión del cargo, despido por justa causa, entre otros, además de la remediación de la falta (análisis de la causa raíz, actualización de controles, retroalimentación colectiva, etc.). Es este un elemento común en las guías de cumplimiento. Así, con relación a los "Procesos de empleo", señala la NTC 6671 con relación al personal de la organización que ésta debe desarrollar, establecer y

---

53 Lascuraín Sánchez, Juan A., "Salvar al oficial Ryan", *Op. cit.*, p. 331.

54 Bock Dennis, "*Compliance* y deberes de vigilancia en la empresa", *Op. cit.*, p. 120.

55 Agustina, José R., "Fenomenología del employee crime..., *Op. cit.*, p. 388.

mantener procesos de manera que "*Se tomen las acciones disciplinarias adecuadas contra el personal que infrinja las obligaciones, las políticas, los procesos y los procedimientos de compliance penal y ético de la organización*" (NTC 6671: 7.2.2). Es en este sentido que, estas medidas correctivas, operarían como mecanismo preventivo-situacional, al restringir el ambiente de tolerancia en el que suelen emerger proyecciones criminales al interior de las organizaciones y la sensación de confianza que suele presidir la conducta infractora.

La *sanción* de la indisciplina, el *análisis* de sus causas subyacentes y la *mejora* del SGRP constituyen, pues, medidas propias del control situacional. Lo anterior, porque ello está relacionado con la función de disuasión vicaria (de acuerdo a la perspectiva criminológica de la *elección racional*)[56]. Ello obliga, como reseña CASANOVAS, a "Adoptar medidas frente a los *miembros de la organización* que incumplan lo establecido en la *Política de compliance penal*..."[57]. Por un lado, está la reacción formal, que implica la sanción legal de infracciones al código de ética de cara a prevenir la institucionalización de técnicas de neutralización[58]. Por otro lado, resulta importante la reprensión no-formal (rechazo). Esto se lograría, como apunta BERMEJO, buscando que personas cercanas al infractor como sus colegas, amigos y

---

56 Sobre la teoría de la elección racional y su relación con la ponderación de costes y beneficios predicada por la Escuela Clásica de Derecho penal, NIETO MARTÍN, Adán (Dir.), "Cumplimiento normativo, criminología y responsabilidad penal...", *Op. cit.*, p. 55, reseña: "Desde la Ilustración una forma de entender el comportamiento delictivo es presentarlo como un comportamiento racional, guiado por la búsqueda de la máxima utilidad para el infractor. Para la teoría de la elección racional, el infractor lejos de ser alguien irracional, frustrado, con problemas psíquicos o marginado, sería un actor racional. Esta imagen del infractor, que procede de Bentham, coincide con la que el análisis económico del derecho viene propugnado desde finales de los años 60. La decisión de delinquir sería una decisión racional fruto de la ponderación entre los costes y los beneficios que previsiblemente le aportará el comportamiento infractor. La elección del comportamiento delictivo o no delictivo depende de la valoración que el individuo haga de la relación entre recompensas y castigos de uno u otro comportamiento (utilidad esperada)".

57 CASANOVAS YSLA, Alain, "*Compliance* penal normalizado...", *Op. cit.*, p. 177.

58 NIETO MARTÍN, Adán (Dir.), "Cumplimiento normativo, criminología y responsabilidad penal...", *Op. cit.*, p. 61.

familiares desaprueben su actuar delictivo[59]. Refiere el mismo autor que, en referencia a las mismas teorías, entre las *técnicas de prevención situacional* se hallan aquellas "*que pretenden incrementar los costes morales y reputacionales de la conducta delictiva*", especialmente las "*técnicas que pretenden establecer, explicar o clarificar reglas o normas de conducta*"[60]. Por el contrario, como establece el Manual SAINT (*), "*Si una violación de la integridad queda sin castigo, provocará una pérdida de motivación entre los miembros voluntarios del personal de la organización*". Es así como la sanción se vincula al deber de corrección de la dirección sobre sus delegados. Por ello, como sostiene Bock, "[...] Esta debe formar a sus empleados suficientemente, controlarlos y, dado el caso (según la existencia y extensión de las sanciones estatales), sancionarlos". Esta actividad correctiva, vista desde un nivel concreto que impacte la buena conducción de procesos críticos (CC), habría de desarrollarse bajo un protocolo de *gestión malas prácticas* en la ejecución de los mismos, en el que se contemplen, al menos, tres cautelas: (i) *régimen de faltas y sanciones* (despido, amonestación, suspensión, traslado de puesto, etc.); (ii) *procedimiento disciplinario* (indagación, formulación de cargos, descargos, decisión, etc.); (iii) *responsabilidad* (análisis causal, medidas correctivas, acciones de mejora del proceso, etc.). Es así como estas acciones legales constituirán, en ese contexto procesal del riesgo, prueba del deber *in corrigendo* exigible en torno a la delegación[61].

3.3.3. Gestión procesal del riesgo penal

Tanto la *acción penal* –en cuanto mecanismo correctivo- como la *defensa penal*, según se indicó, son consustanciales al deber de evitación criminal por parte de la dirección de la corporación. Sobre la utilidad de un *compliance programs* tras la materialización del delito (*compliance-defense*), estima Martínez que "[...] el solo hecho de tener un programa, sistema o plan anticorrupción hace que la responsa-

---

59 Bermejo, Mateo G., "Elección racional, oportunidad para delinquir y prevención situacional..., *Op. cit.*, p. 297.

60 Ibid., p. 315.

61 La NTC-ISO 37001:2017 (3.23) define "Acción correctiva" como "*Acción para eliminar la causa de una no conformidad y evitar que vuelva a ocurrir*".

bilidad de la empresa y de sus colaboradores se vea reducida o incluso llegue a extinguirse"[62]. Tratándose de una infracción criminal cometida bajo el marco de la delegación, en concreto, la denuncia penal formaría parte del deber de *corrección*. Señálese aquí que la detección de ilícitos y su denuncia es indicio de eficacia del SGRP acorde con los estándares en *compliance*. Sea con el fin de que la dirección tome la iniciativa de denunciar los ilícitos que se van detectando o bien que se tenga que dar explicaciones sobre este tipo de eventos en el marco de una investigación penal, como ya se postuló, se deberá desplegar una "*affirmative defense*", a fin de acreditar que se actuó bajo los límites del "riesgo permitido". En este sentido, se habla aquí de "Gestión procesal del riesgo penal" bajo tres mecanismos que redundarían en la Defensa Procesal (gestión de crisis penales): (i) Denuncia Penal del infractor tras la investigación del hecho ilícito (acción penal); (ii) Protocolo de Pruebas Judiciales (que permita soportar en evidencia objetiva los intereses jurídicos de la organización y/o de sus directivos); (iii) Plan de Defensa Penal Preventivo (para articular los dos planos anteriores y aplicarlos en el campo judicial).

A razón de lo anterior, la investigación interna se vincula a esta actividad defensiva en el plano procesal. Al respecto, no debe perderse de vista que el proceso de investigación está estrictamente relacionado con el jurídico. Como señala Moosmayer, además de los especialistas en la materia, los abogados desempeñan aquí un papel central dado que las investigaciones internas son, en todo caso, procesos jurídicos[63]. En referencia a los "abogados externos", estima el mismo autor que la actividad de estos se concreta no sólo en la representación judicial de la empresa, sino incluso durante la misma investigación, con el objetivo de reducir los riesgos que provienen de la propia la investigación[64]. Con este propósito, desde el mismo inicio de la fase de indagación de cara a la etapa procesal, tal asistencia permitirá asegurar el respeto de derechos y garantías de los investigados (derecho a la intimidad, derecho a no autoincriminarse, etc.). Desde

---

62 Martínez Sánchez, Wilson A., *Guía para la gestión del riesgo de corrupción en las empresas*, *Op. cit.*, p. 28.

63 Moosmayer, Klaus, "Las investigaciones internas...", *Op. cit.*, p. 142.

64 Ibid., p. 142.

esta óptica, la investigación emerge como presupuesto de la prueba de eficacia del SGRP. Así, con relación a la importancia que otorga la FCPA a los programas *compliance* como mecanismo de defensa, reseña CASANOVAS que la norma "Indica expresamente que ante casos de soborno o cohecho la defensa de las organizaciones radica en demostrar que disponían de procedimientos adecuados que fueron diseñados para evitar este tipo de conductas"[65]. Esta cita, volviendo sobre la tesis central, permite sustentar que la gestión del riesgo penal implica anticipar este posible escenario jurisdiccional, a fin de proyectar una estrategia de defensa óptima.

Esta fase de reacción penal cobra importancia, pues, tras la detección del acto ilícito. Evidenciada la infracción penal, sus dirigentes deben promover la defensa judicial activa de la organización y la propia con miras a asignar responsabilidades y, de esta forma, evitar la imposición de sanciones. Como señala SILVA, demostrar la existencia de un programa de cumplimiento eficaz podría tener efectos tanto sobre las personas jurídicas como sobre las personas individuales que la integran[66]. En esta misma línea, como refiere SIEBER con relación a los beneficios de los programas de cumplimiento, las medidas dirigidas a impedir la criminalidad en el marco de las organizaciones "[...] no solamente atenúan los riesgos de punibilidad individual de los trabajadores de la empresa, sino sobre todo también el riesgo y la magnitud de la sanción de la responsabilidad empresarial"[67]. Ante tal alternativa de descargos, surge la necesidad de disponer de mecanismos de defensa jurídica tendientes a acreditar que la organización contaba con un SGRP idóneo y efectivo. La prueba de esta doble condición, cabe insistir, se establecería mediante la debida acreditación de las tres cautelas afiliadas a la delegación: deberes de *elección*, *vigilancia* y *corrección*. Una forma eficaz de probar tales deberes de evitación, como se abordará en el último capítulo, sería mediante un modelo preconstitutivo de evidencias (de la prueba) sobre el diseño, implementación y efectividad de los controles del SGRP para *prevenir*, *detectar* o *corregir* factores

---

65 CASANOVAS YSLA, Alain, "*Compliance* penal normalizado...", *Op. cit.*, Cita 34, p. 47.

66 SILVA SÁNCHEZ, Jesús-M., "Deberes de vigilancia y compliance empresarial", *Op. cit.*, p. 102.

67 SIEBER, Ulrich, "Programas de compliance en el derecho penal de la empresa", *Op. cit.*, p. 95.

de peligro criminal. Lo anterior, por supuesto, bajo una metodología de evaluación del sistema a intervalos (auditoría de cumplimiento) que posibilite luego su traslado a la pericial.

Tanto la *acción penal* como la generación de estrategias de *defensa*, de tal suerte, comporta la definición previa de un plan de gestión procesal de riesgos penales que integre previsiones como la gestión de un repositorio de evidencias del SGRP, los resultados de las investigaciones internas (procesos afectados, sujetos implicados, controles vulnerados, etc.), el aporte de pruebas (documental, testifical, pericial, etc.) y la representación procesal (letrada) de la organización. Por ello, como lo recuerdan Estrada y Llobet, en la década de los años ochenta los abogados especialistas en defensa penal corporativa aconsejaron de forma sistemática a sus clientes la adopción de programas de cumplimiento como excelso mecanismo para mitigar el riesgo de sanción penal de la persona jurídica[68]. En esta misma línea, como plantean estos mismos autores con relación a la responsabilidad penal de la empresa, existirían por lo menos tres tipos de razones de orden jurídico para querer limitar que en el seno de la organización se cometan delitos (lo que integraría otra razón–jurídica- subyacente de investigar las faltas o ilícitos cometidos), a saber: "[...] primero, para evitar la responsabilidad penal individual de los empresarios o dirigentes; segundo, para evitar la responsabilidad penal de la persona jurídica; tercero para evitar la responsabilidad civil (subsidiaria) derivada del delito"[69]. Y como esa responsabilidad no se entiende sin un proceso en el que la prueba condiciona el sentido de aquélla, un modelo de anticipación de responsabilidad penal debe apuntar hacia la estructuración continua de un sistema de recolección y registro de evidencias que permita reducir dicha posibilidad de sanción.

A esta última fase del modelo anticipatorio de riesgos penales se conecta, recapitulando, el modelo preconstitutivo de la prueba de *compliance* que se ha postulado aquí como producto. Recuérdese que, si se es coherente con la visión de "anticipación de responsabilidad penal" de las organizaciones y de sus directivos, la prueba sobre

---

68 Estrada i Cuadras, Albert / Llobet Anglí, Mariona, "Derechos de los trabajadores...", *Op. cit.*, p. 198.

69 Ibid., p. 203.

la implantación razonable del programa de cumplimiento, por fuerza, resulta ineludible para precaver una declaratoria de responsabilidad penal (en sede procesal). Desde esta óptica, conviene insistir, resulta lógico que los "especialistas en defensa penal corporativa", en los términos de los últimos autores, dispongan de un instrumento preconstitutivo de la prueba para vincularlo a su estrategia defensiva. En punto a lograr un eficiente mecanismo de gestión del riesgo penal tras la materialización de un evento criminal, el modelo propuesto incorpora un protocolo de *gestión de crisis penales* en el que se regulan tres aspectos: (i) *plan de gestión de eventos penales* (atención de sucesos delictivos, comprensión de vías procesales, etc.); (ii) *designación de responsables* (letrados, investigadores, peritos, etc.); (iii) *gestión de la prueba* (documental, testimonial, pericial, etc.). Se trata el anterior de un protocolo, en definitiva, pensado como *respuesta a contingencias penales* originadas en infracciones procedimentales por delegación. Sobre cómo preconstituir prueba bajo las reglas jurídicas, exigencias y vocación probatoria de la pericial, como se desarrolla en el capítulo final de este trabajo, el modelo de gestión de riesgos penales propuesto incorporaría a su protocolo de *gestión de la prueba*, el peritaje anticipado del *compliance* penal (*pericial en compliance*).

4. BALANCE

Remarcando que el conjunto de controles descritos, escalados bajo un doble nivel general y concreto, deben entenderse bajo la cobertura y lógica de los objetivos, principios y fines de aseguramiento descritos en el Capítulo I, se señaló *supra* cómo cada unidad de control cumpliría una función profiláctica frente a cada uno de los factores favorecedores del delito indicados en el Capítulo II. Así, el conjunto de cautelas enmarcadas bajo la función *preventiva* basada en la aplicación normativa (*enforcement*), en primer término, se postuló como medida dirigida a evitar el ingreso de personas con patrones conductuales venales a la organización o bien limitar la emergencia de incentivos mediatos para cuando ya se forma parte de esta. Los controles *detectivos*, por su parte, se definieron con el objeto de evidenciar la materialización efectiva de irregularidades en el curso de la operativa o bien aquellos indicadores (*red flags*) que podrían dar lugar a la ejecución de acciones delictivas, limitando al tiempo el aprovechamiento de la oportunidad criminal con soporte en tal capacidad detectiva (*discovery*). Los controles *reactivos*, en último término, se fijaron con miras a corregir aquellas faltas a la integridad o irregularidades con el fin de mantener un ambiente de disuasión dentro de los límites y finalidades del establecimiento de la cultura corporativa (*deterrence*). Y todo este abanico de controles, con el propósito último de que su implementación permitiera no sólo un control efectivo de las fuentes de peligro mapeadas en la concreta organización en que fueron aplicados, sino además de propender una defensa procesal efectiva de la persona jurídica y de sus directivos en caso de materializarse dichos delitos. En este último fin, como también se avistó, rendiría su propósito la prueba pericial del *compliance* como instrumento especial integrado al sistema de anticipación penal.

Capítulo IV

AUTOCONTROL: ¿CÓMO LOGRAR EL CONTROL DE PROCESOS CRÍTICOS?

1. PREFACIO

Evacuada la argumentación sobre la viabilidad que tendría un administrador de una corporación de organizar un esquema de control situacional sobre sus delegados a partir de controles transversales o de efecto general, corresponde ahora concebir ese mismo control desde la óptica de los propios *procesos peligrosos* (actividades) objeto de delegación. Desde un enfoque de *aproximación basada en el riesgo*, por tratarse de un proceso de alta criticidad (peligro), para tal análisis se tomará como referente el fraude en la contratación estatal. Además de implicar en paralelo a empresas y a entidades públicas, el análisis de este macroproceso permite avizorar, en línea con el modelo criminológico planteado en el capítulo II, la razonable posibilidad que tendría ese órgano de dirección en organizaciones jerarquizadas de efectuar un control situacional de las tres esferas criminógenas que pueden identificarse alrededor de ciertos procesos corporativos (SE/SO/SV). Bajo una perspectiva en la que se priorizan los riesgos criminales de mayor probabilidad de ocurrencia e impacto, por lo visto, se mostrará cómo los procesos de contratación pública, además de resistir un análisis desde esas tres esferas criminógenas, permiten estructurar una serie de cautelas de naturaleza fáctica y ética dirigidas a limitar su convergencia. La aplicación de estas cautelas, como se planteó en el Capítulo I, presupone la articulación de un esquema de organización en el que ésta se preordena por áreas o departamentos. Este esquema facilitaría a su gerente, como se anotó, la tarea de identificar, analizar y evaluar (priorizar) los riesgos criminales de los procesos que su área encarna, a efectos de disponer de las medidas de control que correspondan y monitorear la debida ejecución de tales procesos. Para tal cometido, si bien se toma como referente los procesos de contratación pública, se reitera que en este trabajo se asume un concepto de delito corporativo que engloba una importante cantidad de tipos penales que aparecen vinculados a la actividad de las corporaciones. La pretensión con este agrupamiento es advertir que a todos ellos, casi sin excepción, no sólo les aúna una estructura *sistémica*, *posicional* y *diacrónica* como caracteres esenciales del acto delictivo, sino también la posibilidad de identificar en el marco de los procesos corporativos correspondientes los tres *tipos criminológicos ideales* que se han venido desarrollando. Ahora se descenderá a la *causa raíz* de cada uno de esos factores con el objeto de proyectar una localización efectiva de los controles de proceso y mitigar su posibilidad de ocurrencia.

2. CARACTERES DEL DELITO CORPORATIVO

La capacidad de desplegar un control razonable de los delitos asociados a la operativa de las organizaciones complejas por parte de su órgano de administración, como se viene sustentando, resulta factible cuando se adopta una visión técnica presidida de un compromiso real de evitación. Esa capacidad razonable de control criminal implica, al menos, dos acciones que denotan dicho compromiso de evitación. Por un lado, un convencimiento sobre que, en las organizaciones, se pueden presentar una gran diversidad de actos ilícitos. Sobre este punto, por ejemplo, la NTC 6671 presenta un catálogo importante de tipos penales que podrían emerger en torno a las actividades, productos y servicios de la organización con el objeto de prevenirlos, detectarlos o responder frente a ellos (NTC 6671: 4.5). Entre muchos otros, alude la norma a delitos como cohecho, tráfico de influencias y blanqueo de capitales. En este capítulo tomaremos como ejemplo, para desarrollar tal tesis, el delito de celebración de contrato sin cumplimiento de requisitos legales. En este último cometido, por otro lado, resulta vital la orientación a procesos (*BPM*) que se postuló, instituyéndose en el segundo presupuesto para generar dicha capacidad técnica. Esta metodología permitirá advertir que toda esa gama de tipos penales presentan al menos tres caracteres que hacen que su curso configurativo pueda *interrumpirse* desde el órgano de dirección: (i) están atados al desarrollo rutinario de los procesos organizativos (*sistémicos*); (ii) precisan de niveles de decisión regladas (*posicionales*); (iii) su configuración se extiende en el tiempo (*diacrónicos*). Por esta razón, se reafirma que el deber posicional de evitación criminal que recae sobre tal órgano sí presenta correlato en dicha posibilidad y capacidad de ordenar un control de los vectores delictivos desde los procesos críticos mapeados.

Entonces, la afirmación del deber de evitación criminal en cabeza del órgano de dirección atendiendo a la posibilidad real que tendría de interferir en el curso configurativo de esta clase de actos delictivos, se vincula a cierta tipología de actos ilícitos que sólo se entienden en razón del descuido, negligencia, tolerancia o aquiescencia de tal órgano. Por esta razón, se viene hablando de *responsabilidad por omisión*. En concreto, la naturaleza *sistémica* del hecho punible implica indefectiblemente la preordenación, aprobación y despliegue de recursos, medios y fuerza de trabajo en torno a uno o varios procesos organizativos que vehiculizan la actividad delictiva. El segundo elemento, por su parte, refuerza la condición compleja del delito corporativo, pues la configuración de hechos ilícitos como los anotados en precedencia, demanda la concurrencia de decisiones adscritas a las potestades de una o varias personas que ocupan posiciones superiores al interior de la organización. Desde este punto de vista, se afirma que el delito corporativo es *posicional*, pues la decisión y serie de elecciones que deben converger en torno a la planificación y ejecución de un acto delictivo de tal naturaleza, difícilmente se entiende sin la infracción del deber posicional de uno o varios cargos con un grado importante de discrecionalidad. El tercer componente, finalmente, se correlaciona con los anteriores, en la medida en que el delito corporativo generalmente se corresponde con un proceso de configuración que se extiende de forma lineal en el tiempo y no con un acto aislado que emerge y se materializa en una unidad de acción. En esta lógica, se afirma que el delito corporativo es *diacrónico*. Concebido el *corporate-crime* bajo estas tres características, como se pasa a desarrollar, resulta difícil negar que un órgano de dirección carece de dicha capacidad de evitabilidad.

2.1. Condición 1: naturaleza sistémica del evento delictivo

El primer presupuesto, entonces, está referido a la naturaleza de los actos ilícitos por los que puede hacerse responsable –administrativa o penalmente- a la persona jurídica y a su órgano de dirección. Como podrá notarse del análisis de los tipos penales indicados, todos presentan como característica su integración a la estructura de los procesos de la organización, resultando difícil imaginar su configuración de manera aislada a su misión y quehacer operativo. Así, por ejemplo, no parece razonable que la participación de una empresa en un proceso de licitación pública se produzca por fuera de sus objetivos, estrategia y procesos operativos. En consecuencia, resulta poco probable que la elección que termine realizando la entidad pública con respecto a un determinado proponente, sea por engaño de la empresa o bien por connivencia entre los delegados de la última y los funcionarios del ente estatal, se realice al margen de uno o varios procesos organizativos. En este sentido, se afirma que la estructura de los actos ilícitos aludidos es *sistémica*, esto es, involucran un número importante de recursos organizativos que se interrelacionan entre sí (en este modelo, humanos, técnicos y físicos). No son, por el contrario, actos aislados de los esquemas de decisión y funcionamiento de la organización como lo sería, por ejemplo, una apropiación dineraria de caja menor contra la misma entidad. Nótese cómo, continuando con el ejemplo, si se toma un expediente judicial en los que se tramite una investigación penal por celebración de contratos sin cumplimiento de requisitos legales, podrá advertirse que en ellos se involucran distintos procesos misionales y de apoyo de la empresa (legal, comercial, contable, etc.) que se aúnan a la estrategia de la organización y a una secuencia de decisiones y de acciones orientadas a la consecución de sus objetivos estratégicos.

La importancia de este factor es capital, pues la naturaleza *sistémica* del tipo delictivo se conectaría a la potencial convergencia de los vectores criminógenos que lo generan. En concreto, la proyección (planificación) individual del acto ilícito estaría íntimamente unido al incentivo que lo impulsa (*estímulo*), a las posibilidades de actuación requeridas para ello (*oportunidad*) y a la percepción de impunidad provocada por la debilidad del control (*vulnerabilidad*). Entonces, desde el punto de vista *sistémico*, el agente constrictivo asociado al *estímulo* se vincula a las ventajas económicas que puede lograr la organización con ocasión de la comisión de la conducta ilícita. Este factor se identifica, a modo de ejemplo, con uno de los presupuestos de responsabilidad administrativa de personas jurídicas por delitos establecido por la citada Ley 2195/2022, concretamente, cuando la respectiva corporación "[...] se hubiere beneficiado o buscado beneficiarse, directa o indirectamente por la comisión de la conducta punible cometida por sus administradores o funcionarios". Piénsese que, si el delito es de aquellos que puede beneficiar económicamente a la organización (más allá del beneficio que pueda obtener el delegado comprometido), el órgano de dirección se encontraría en una posición en la que puede ejercer un control de la estrategia bajo la que se inscriben este tipo de relaciones corruptas. Lo propio sucede con el factor *oportunidad*, pues si el hecho ilícito se presenta como una alternativa de acción que emerge bajo ciertas condiciones de tiempo, modo y lugar, entonces resulta factible direccionar el control sobre cada una de esas operaciones. Y el factor *vulnerabilidad*, justamente, se conecta con la ausencia de controles internos que precisa el acto de desviación normativa por parte del colaborador para optar por dicha alternativa de acción ilícita.

2.2. Condición 2: contexto posicional del evento delictivo

Esta segunda condición, como se anotó, se conecta al *abuso* de la *posición* que se ostenta frente al respectivo proceso organizativo. Este elemento, precisamente, describe conceptualmente el *acto venal*. Así, citando a ROSE-ACKERMAN, corrupción se define por "[...] el uso incorrecto del poder público para obtener beneficios privados"[1]. De la revisión de las propias definiciones de contratación fraudulenta, se advierte esa interrelación entre *posición* y *proceso*, pues como indica CASTRO, este tipo de corrupción implica "[...] la desviación del interés público que se desarrolla a través del abuso del cargo con el fin de obtener un beneficio extraposicional, en cualquier acuerdo de voluntades celebrado por una Administración Pública con los particulares"[2]. Este mismo nexo entre *posición* e *infracción*, es lo que posibilita su *análisis situacional*, en donde la *posición* se conecta a los tres "*vectores*" de la decisión desarrollados (SE/SO/SV): Prime-

---

1 ROSE-ACKERMAN, Susan, *La corrupción y los gobiernos...*, *Op. cit.*, p. 125.

2 Siguiendo el análisis formulado por CASTRO CUENCA, Carlos Guillermo, *La corrupción en la contratación pública en Europa*, Ed. Ratio Legis, Salamanca, 2009, pp. 33 y ss.

ro, como señala Malem[3], porque el acto corrupto está ligado a la expectativa de obtener un "beneficio extra posicional" (*vector posicional 1*). Segundo, porque el aprovechamiento ilícito de tal posición implica la "violación de un deber posicional" (*vector posicional 2*)[4]. Nótese que, la expectativa económica ligada al primer vector, sólo resultaría factible en razón de la *posibilidad (alternativa)* que tenga el agente de preordenar ilícitamente alguno de los procesos a su cargo. En este caso, según el mismo modelo criminológico planteado, la estructura de *oportunidad* que precisa el acto ilícito implicaría la trasgresión de las obligaciones, responsabilidades y tareas por parte del infractor asociadas a los procesos que opera. Y tercero, porque si el acto venal implica la trasgresión de un "sistema normativo que sirve de referencia"[5] (*vector posicional 3*), la acción de ocultar, disimular o *encubrir* esa infracción (tercer componente basilar de este esquema teórico criminológico del actuar criminal propuesto), justamente, se facilitaría por la deficitaria aplicación de los controles de su proceso. Reitérese que, otro factor circunstancial del acto corrupto, es el "marco de discreción" (anonimato) en el que tiene lugar[6]. Por todo esto, quien ostenta deberes de interrumpir cursos causales lesivos (aquí, procesos contractuales ilícitos), es también corrupto en la medida en que infringe las directrices que rigen su posición directiva[7].

Partiendo del presupuesto de que determinadas posiciones o cargos constituyen un *vehículo* para la materialización de acciones corruptas,

---

3 Malem Seña, Jorge F., *Globalización, comercio internacional y corrupción, Op. cit.*, pp. 23 y ss.; Malem Seña, Jorge F., *La corrupción...*, *Op. cit.*, p. 32 y ss.

4 Véase, en este sentido, Laporta, Francisco J. / Álvarez, Silvina, *La corrupción política*, Ed. Alianza Editorial, Madrid, 1997, p. 78: "En efecto, quien se corrompe trasgrede alguna de las reglas que rigen el encargo que ostenta o las funciones que cumple. Es importante señalar que los actos de corrupción siempre violan alguna de las reglas que regulan la práctica donde ese acto está inmerso".

5 Malem Seña, Jorge F., *La corrupción...*, *Op. cit.*, p. 33; Garzón Valdés, Ernesto, "Acerca del concepto de corrupción", en Laporta, Francisco J. / Álvarez, Silvina, *La corrupción política*, *Op. cit.*

6 Malem Seña, Jorge F., *La corrupción...*, *Op. cit.*, pp. 34-35.

7 Malem Seña, Jorge F., *La corrupción...*, *Op. cit.*, p. 13, "[...] la corrupción se muestra como una deslealtad hacia la institución a la que se pertenece o en la cual se presta el servicio"; En análogo sentido, Malem Seña, Jorge F., "El fenómeno de la corrupción", en Laporta, Francisco J. / Álvarez, Silvina, *La corrupción política*, *Op. cit.*, p. 78.

resulta lógico que tal posibilidad aumente cuando no se adopta un plan que procure la *integridad* de los responsables de aquellos puestos de trabajo afiliados a las dependencias de mayor criticidad frente a hechos ilícitos (comercial, compras, financiera, legal, contabilidad, etc.). Se sitúa el "*nepotismo*", por esta razón, como *limitante posicional* de tal integridad procedimental. Por *nepotismo* se entiende, en este contexto de la delegación de funciones, la preferencia que tendría el órgano de dirección para emplear a personas afines sin verificar el mérito ético y profesional para ocupar el cargo o desempeñar una función que implica un elevado nivel de riesgo criminal (familiares, amigos, recomendados, etc.). Ese modo inapropiado de *selección* cobra importancia en el plano de la *delegación* de funciones vulnerables al delito, entre otras cosas, porque la punición de la omisión se funda, primeramente, en la infracción del deber de *elección*. Se trata éste de un *deber primario de garantía* del gestor, pues tras el acto de delegación, éste conserva un *deber de garantía secundario* de vigilancia (supervisión). Se reiteran, de este modo, los tres planos cautelares requeridos para delegar adecuadamente procesos de alta criticidad: (i) debida *elección* del "dueño del riesgo"; (ii) eficiente *vigilancia* sobre la función delegada; (iii) consistencia en la *corrección* de acciones defectuosas[8].

La sanción penal del superior jerárquico por omitir fijar cautelas dentro de su esfera de competencia, a propósito de este elemento *posicional*, se funda en el deber de control que tiene sobre los *cargos* que encierran un alto riesgo de infracción criminal. Recuérdese que, tales directivos, ostentarían una *posición* de garantía *ad extra*, como afirma Silva, "[…] orientada a la evitación de resultados lesivos que se produzcan sobre personas externas a partir de la actividad de los miembros de la propia empresa, en cuya virtud el administrador aparece

---

8 Con respecto a la omisión de dichas cautelas de debida *selección* y *vigilancia* y su relación con el instituto de la *delegación* de funciones por parte del empresario, Agustina, José R., "Fenomenología del employee crime…", *Op. cit.*, p. 373, señala lo siguiente: "[…] el empresario debería conocer ex ante con mayor profundidad la potencialidad delictiva del entorno en que coloca a cada trabajador. Ciertamente, desde el punto de vista jurídico–penal será difícil que pueda asumir parte de responsabilidad si puso su confianza en una persona que no la merecía (culpa in eligendo), o si al otorgarle sus funciones y capacidades –tal vez por un exceso de confianza– omitió un sistema de vigilancia o de reducción de la oportunidades delictivas (culpa in vigilando)".

como garante de control"[9]. Por esta razón, la metodología de gestión de riesgos penales propuesta parte de una priorización de los procesos de mayor exposición criminal (*objeto vulnerable*), en función del mayor o menor grado de vulnerabilidad que le imprime el estatus o nivel de integridad del líder del proceso (*factor de riesgo*). Por lo mismo, la especial supervisión y la actividad de mejora continua que requieren esas posiciones críticas, como señala CASANOVAS, exige una mirada dual "[...] de modo que puedan concretarse los procesos de negocio y los grupos de personas potencialmente afectados por cada riesgo penal (personas que ocupan posiciones especialmente expuestas, sobre las que hay que adoptar ciertas cautelas)"[10]. La matriz de riesgos, anótese de paso, facilitaría el control de esas posiciones asociando las categorías de "*factores*" y "*procesos*" (así, por ejemplo, el proceso de compras y las posiciones que lo tornan vulnerable: cargo 1, cargo 2, etc.)

2.3. Condición 3: configuración diacrónica del evento delictivo

Este componente permite ratificar la posibilidad de control que puede desplegar el órgano de dirección frente a los procesos corporativos que pueden albergar cursos delictivos. Comiéncese por decir que, el conjunto de relaciones interpersonales que derivan en acuerdos ilícitos en el seno de las corporaciones, no suelen emerger de un día para otro. Por el contrario, esas expresiones delictivas suelen responder a una serie de dinámicas que se van formando con el paso del tiempo en función de los roles y lazos de confianza que se van tejiendo entre las personas de la organización. Luego, hay que ver también que la apropiación del puesto de trabajo, del cargo o la posición requiere de un tiempo prolongado en el que su respectivo titular reconoce la dimensión de sus potestades, el alcance de sus funciones y las capacidades de decisión. Este conocimiento implica, lo que también conlleva tiempo, reconocer la estructura de los procesos que se tienen a cargo (sus objetivos, las personas implicadas, los recursos de entrada, las actividades que lo constituyen, su producto o resultado, etc.). Es en

---

9 SILVA SÁNCHEZ, Jesús-M., "Deberes de vigilancia y compliance empresarial", *Op. cit.*, p. 80.

10 CASANOVAS YSLA, Alain, "*Compliance* penal normalizado...", *Op. cit.*, p. 164.

esta convergencia de relaciones interpersonales internas y extra institucionales (con compañeros de trabajo, proveedores, clientes, etc.), conocimiento del puesto de trabajo (de sus potestades, funciones, etc.) y alcance de los procesos organizativos a cargo, que se presentarían las condiciones adecuadas para la convergencia de los agentes criminógenos expuestos. Lo anterior, dado que el conocimiento apropiado de estas tres dimensiones del delito por parte del colaborador le permiten reconocer las posibilidades de explotación económica de su puesto (SE), las oportunidades que el mismo ofrece para emprender tal explotación (SO) y la vulnerabilidad de los controles vigentes tanto a nivel general (holístico) como de los procesos a su cargo (SV).

El delito corporativo atado a dichas posiciones, interacciones y procesos, por consiguiente, tampoco emerge, evoluciona y concreta en forma espontánea y en una unidad de tiempo. Por el contrario, está estrictamente vinculado al periodo de maduración de esas tres dimensiones. En este sentido, se dice que su configuración es *diacrónica* (evolución de un hecho, fenómeno o circunstancia, en este caso, de carácter delictivo, a través del tiempo). Si se revisa la experiencia de fraude en las corporaciones, podrá advertirse que entre sus causas suelen encontrarse factores como el largo periodo de tiempo que llevan las personas implicadas en el acto de defraudación desempeñando un determinado puesto de trabajo, cargo o función. Nótese que, cuando esos actos fraudulentos se dirigen contra la propia organización (apropiación de activos, por ejemplo), se suelen encontrar fallos de control en la dirección de la entidad como concentrar decisiones en la misma persona o permitirle una permanencia ininterrumpida en el cargo (desempeño de la función sin intermitencias). De ahí que, de acuerdo a esa misma experiencia, uno de los indicadores de fraude sea la negativa del colaborador a tomar periodos vacacionales. Bajo esta misma lógica, cuando el acto delictivo afecta bienes jurídicos de terceros, sean éstos de interés común o no (delitos contra la Administración pública, contra el orden socioeconómico, etc.), también suelen registrarse fallos del mismo tipo. De manera que, si el delito corporativo emerge, madura y se concreta de manera gradual en el tiempo, resulta técnicamente factible adoptar medidas tendientes a controlar los factores constrictivos que surgen alrededor de los procesos de mayor exposición a actos delictivos en esa misma línea temporal (preventivas *–antes* de que suceda-, detectivas *–durante* su curso evolutivo- y correctivas *–después* de que se ha presentado algún incidente–).

Este tercer factor, por lo tanto, permite ver que el ilícito corporativo es *diacrónico (evolutivo)*. Para advertirlo, como primera fase, puede extrapolarse la estructura del delito de *tráfico de influencias* como estadio previo al pacto ilícito que suele presidir el grueso de delitos corporativos de corte económico (*tiempo 1*). Se presentan, en esta fase previa, una serie de sinergias entre agentes públicos y/o particulares prevaliéndose de su influencia sobre otros para lograr un trato de favor con relación a un asunto de valor. Véase ahora que, dicha influencia, parte de un prevalimiento del cargo, la posición, la función o de alguna relación personal con relación a quienes gestionan el proceso organizativo de interés. En una segunda fase, avanzando en el tiempo, se produciría ya la efectiva *corrupción* del agente público o privado para desviar los procesos a su cargo (*tiempo 2*). En esta etapa, se concretarían una serie de actuaciones por las que los decisores sobre el proceso han exigido o aceptado dádivas o promesas, incluso presiones, para ejecutar actos contrarios o propios de su función, o como recompensa por haberlos realizado. Ya en su última fase, se completarían maniobras tendientes a ocultar el acto ilícito bajo un aparente manto de legalidad (*tiempo 3*), justamente, como sucede en la *celebración indebida de contratos*[11].

La anterior estructura permite advertir que los delitos corporativos tienen un periodo de configuración prolongado en el tiempo (*diacronía*), apreciándose no sólo la importancia que tiene la *elección* adecuada de cargos en posiciones criminalmente expuestas como medida para limitar *en origen* la emergencia de vectores criminógenos[12], sino

11 Rivero Ortega, Ricardo, "Corrupción y contratos públicos: la respuesta europea y latinoamericana", en Rodríguez García, Nicolás / Fabián caparrós, Eduardo A., *Corrupción y delincuencia económica* (Coords.), *Op. cit.*, p. 171: "Desde nuestro punto de vista, las decisiones corruptas en la contratación administrativa coinciden, la mayor parte de las veces, con las distintas modalidades de los delitos de tráfico de influencias (Cugat Mauri, 1997) o de cohecho...".

12 Consejo Nacional de Política Económica y Social. República de Colombia. Departamento Nacional de Planeación. "Documento Conpes 167", 2013. Respecto de las "Deficiencias en herramientas de gestión pública para la prevención de la corrupción" y sus efectos, una de ellas está relacionada con los "*Insuficientes mecanismos de transparencia en el acceso a cargos públicos*". Se establece allí que:

además la factibilidad de su control continuo. Esta afirmación conduce a la tesis de que, tanto la generación de la situación criminógena que propicia el acto desviado como la aplicación de medidas de control, no se agotan en una unidad de acto, sino que se proyectan de forma lineal en el tiempo. Esto supone que el delito no emergería en forma *sincrónica* (unidad de acción), sino en forma *secuencial* mediante un complejo *curso causal racional defraudatorio* representado en varios episodios concatenados en el tiempo (*diacronía*). La misma praxis forense enseña que, gran parte de los delitos corporativos, no constituyen hechos aislados que escapan a los esquemas de control, sino más bien una suma ordenada de acciones dependientes de graves omisiones de supervisión, convirtiéndose tal condición de vulnerabilidad en un constrictor criminal. Dicho *curso criminal* permite ver, por tanto, la opción razonable que tendría la dirección de interceder a lo largo de tal línea temporal.

La misma naturaleza *diacrónica* de los procesos, entonces, soporta la factibilidad de control que ostentaría el órgano de dirección de intervenir técnicamente sobre los factores y causas de riesgo criminal en tres momentos distintos[13]: (i) *antes* del inicio material del curso causal

---

"[...] garantizar la existencia de mecanismos de meritocracia y transparencia en los temas de empleo público, se convierte en una necesidad para la prevención de prácticas irregulares que conllevan riesgos de corrupción en los sistemas de acceso a los cargos públicos y en la ejecución de las actividades que provengan de los funcionarios así seleccionados".

13 Castro Cuenca, Carlos Guillermo, *La corrupción en la contratación pública en Europa...*, *Op. cit.*, pp. 59 y ss. La corrupción en la contratación pública puede presentarse en todas sus etapas, aunque existen determinadas fases o procesos especialmente vulnerables al fenómeno: "[...] en la fase de formación de la voluntad de la Administración se manipula la demanda pública (aspecto interno de la corrupción), en el proceso precontractual se distorsionan los mecanismos de adjudicación (aspecto adjetivo de la corrupción) y finalmente el proceso culmina con la ineficacia en la ejecución del contrato (aspecto material de la corrupción)". Estas categorías generales apenas dejan ver la vulnerabilidad del proceso. Pero son múltiples las ilicitudes que pueden presentarse en cada una de estas etapas. Así, dentro de la fase de formación de la voluntad de la Administración, según apunta el autor, es común encontrar "contratos públicos celebrados en interés del funcionario público". Dentro de tal categoría se distinguirían tres modalidades concretas: 1) "Participación directa del funcionario en la adjudicación pública"; 2) "Participación de familiares o allegados del funcionario en la contratación pública"; 3) "Participación de empresas de las cuales los funcionarios públicos son socios o tienen un vínculo profesional". Lógicamente, además

ilícito (proyección); (ii) *durante* la fase de desarrollo del acto delictivo (ejecución); (iii) *después* de la concreción del hecho criminal (concreción). Así, con relación a la primera escala temporal de estructuración de los procesos (objeto del delito), definida por un momento en el que el riesgo criminal es apenas un evento potencial, esa intervención técnica exigiría la activación de controles *preventivos* (*estadio 1*). En este plano temporal (fase preparatoria), los controles de orden preventivo estarían llamados a activarse sobre los recursos de *entrada* que requiere el proceso para su regular desarrollo con el objetivo de evitar su disposición ilícita (*antes*). La segunda escala temporal, situada en un momento en el que el proceso pasa a una etapa *ejecutiva*, demandaría la activación de controles *detectivos* de cara a advertir posibles desviaciones ilícitas de sus operadores en el procesamiento de tales recursos (*estadio* 2). En esta escala temporal, los controles dispuestos estarían destinados a operar sobre las *interrelaciones* de esos recursos de entrada y los resultados (salidas) esperados del proceso (*durante*). Y la tercera fase, representada en los resultados del proceso (*estadio 3*), exigiría –en su caso- la aplicación consistente de correctivos (controles *reactivos*), frente a las eventuales desviaciones que hubiera sufrido el acto productivo con el propósito de precaver eventos ilícitos futuros (*después*). Como puede advertirse, el control de posibles desviaciones de los procesos de mayor vulnerabilidad resultaría factible en razón de su estructura *diacrónica*.

---

de la celebración de contratos en interés de los propios funcionarios, se hallan también en esta fase primigenia "Los contratos públicos celebrados en interés de terceros". Dentro de esta categoría pueden agruparse tres modalidades: 1) "Adjudicación por convenios ilícitos realizados con un proponente: inducción de la demanda y direccionamiento previo"; 2) "El soborno para la adjudicación del contrato; 3) "Adjudicación por tráfico de influencias". "La contratación directa" constituye la primera forma de asignación irregular; en segundo lugar, la "Inexistencia de contrato y contratación indebida"; en tercer lugar, "El fraccionamiento de los contratos públicos"; en cuarto lugar, "La variación en el curso de la obra o pericias supletivas a través de la utilización de la prerrogativa de la Administración pública de modificar unilateralmente el contrato o «ius variandi»"; y, en quinto lugar, "La utilización arbitraria de las prórrogas". Dentro de la tercera fase o de ejecución del contrato, finalmente, "Los sobrecostos de las obras" constituirían la primera modalidad irregular; en segundo lugar, "El abuso de la subcontratación"; y, en tercer lugar, "La revisión de precios".

3. EL "DUEÑO" DEL PROCESO CRIMINALMENTE EXPUESTO COMO RECURSO ESENCIAL Y CLAVE PARA SU CONTROL SITUACIONAL

La detentación de *deberes primarios de garantía* por parte de órganos directivos *(control de fuentes de peligro)*, como se anotó, le otorga al *top level commitment* el estatus de principio rector en todo sistema de gestión de riesgos criminales. Primero, porque la posición y poder de mando de la dirección determina el compromiso ético y legal de sus subalternos. Convéngase que, como señala CASANOVAS, "Sin el compromiso del *órgano de gobierno* y la *alta dirección* con el establecimiento o consolidación de una cultura ética y de respeto a la Ley, es muy difícil que el *sistema de gestión de compliance penal* alcance sus objetivos"[14]. Segundo, porque dichos delgados son quienes integran la *primera línea de defensa* frente a los riesgos inherentes de cada área (comercial, legal, contable, etc.). Es por ello que, el *control ético (personal)*, constituye una premisa del *control fáctico* de procesos "peligrosos", dado que la inadecuada selección de sus respectivos titulares dejaría librada al azar su orientación funcional. De ahí que, dicha *selección indebida*, como apunta MARTÍNEZ-BUJÁN, sea presupuesto de responsabilidad del delegante[15]. Reitérese, también, que a esta fase de *selección* le sucede un proceso de *vigilancia* continua de la actividad delegada. Porque, como refiere SILVA[16], si bien tras el acto de delegación el delegante deja de ostentar un "deber de control directo" de los factores de riesgo intrínsecos al ámbito de competencia del delegado, además de la "correcta selección", también le incumbe un "deber de vigilancia". Estos deberes se asocian, como ya se referenció, a los dos criterios de culpa *in eligendo* e *in vigilando* aplicados en el

---

14 CASANOVAS YSLA, Alain, "*Compliance* penal normalizado...", *Op. cit.*, p. 119.

15 Al respecto, MARTÍNEZ-BUJÁN PÉREZ, Carlos, *Derecho Penal Económico y de la Empresa...*, *Op. cit.*, p. 509, refiere que: "Como ejemplos de títulos de responsabilidad del delegante, derivados de los deberes que integran su posición originaria o residual de garantía cabe mencionar: la infracción de deberes en la selección, formación, información o dotación de medios económicos y materiales al delegado; la infracción de deberes de coordinación de esferas funcionales de los diversos delegados; la infracción de deberes de vigilancia y supervisión, etc.)".

16 SILVA SÁNCHEZ, Jesús-M., "Deberes de vigilancia y compliance empresarial", *Op. cit.*, p. 81.

Derecho civil de daños, complementados aquí con un tercer factor: el de *corrección* de desviaciones en la función (deber "*in corrigendo*"). Para alcanzar tal nivel de protección, el *top level integrity* se ubica en la cúspide de un modelo de control *ético* de personas para el dominio *fáctico* de los procesos a su cargo, estructurado mediante un esquema de alcance holístico de carácter tríadico que vincula tales cautelas a los *objetivos* del SGRP, a saber: (i) Prevención: diligencia *in eligendo*; (ii) Detección: diligencia *in vigilando*; (iii) Reacción: diligencia *in corrigendo*[17]. Estos tres planos cautelares, como se viene sustentando, resultan útiles en la tarea de procedimentalizar el constructo de "*dominio situacional*" sobre el complejo formado por el proceso crítico (*material*) y su respectivo líder (*personal*).

A luz de lo anterior, resulta exigible que la dirección determine en su *mapa de riesgos penales* los *procesos* en que podrían emerger tales delitos[18]. El fraude en la contratación, como cabe reiterar, permite desarrollar esta exigencia. La elección de tal tipología como ejemplo no es fútil. A este respecto, como reseña MALEM, "[...] las licitaciones se han señalado como el caldo de cultivo más fructífero para el desarrollo de las actividades venales"[19]. De ello se deriva que, como bien apunta NIETO con relación al *compliance público*, la contratación pública constituya uno de los sectores decisivos para la prevención de la corrupción[20]. Así, por ejemplo, dado que un órgano directivo conoce de antemano que la estrategia de su empresa pasa por contratar con

---

17 VILLEGAS GARCÍA, María / ENCINAR DEL POZO, Miguel, "Hacia una guía de valoración de los programas de compliance para el proceso penal", LA LEY Penal nº 142, enero-febrero 2020: Aplicación del Compliance penal, Nº 142, 1 de enero de 2020, Ed. Wolters Kluwer, p. 5: "[...] para el Código Penal los programas de cumplimiento normativo deben tener eficacia preventiva (análisis de los riesgos penales, autonomía del órgano de control y dotación financiera), pero también deben favorecer la detección de los ilícitos (obligación de informar sobre posibles incumplimientos y riesgos) y la reacción adecuada ante los mismos (sistema disciplinario y sanción de los incumplimientos)".

18 Sobre este paso esencial de gestión del riesgo, NIETO MARTÍN, Adán, "Problemas fundamentales del cumplimiento normativo...", p. 44-45, señala que: "La implantación de un programa de cumplimiento debe hacerse atendiendo a las concretas circunstancias de la empresa. Los riesgos a prevenir no son iguales en una empresa constructora que en un banco o en una empresa tecnológica.".

19 MALEM SEÑA, Jorge F., *La corrupción...*, *Op. cit.*, p. 78.

20 NIETO MARTÍN, Adán, "De la ética al Public Compliance...", *Op. cit.*, p. 26.

el Estado, el acto de diligencia más simple que debería desplegar sería la incorporación de los riesgos asociados a la contratación pública en su mapa de riesgos penales dada la gran exposición criminal que representa tal actividad[21]. Lo anterior soporta la necesidad de realizar una gestión de riesgos por *procesos*. A propósito del nexo entre *riesgos* y *procesos* (*conjunto de actividades que transforma entradas en salidas*), como reseña CASANOVAS, en el ámbito del *compliance penal* es una cuestión importante ordenar tales actividades, "[...] dado que *procesos* mal ejecutados pueden propiciar una infracción legal"[22]. Esta actividad de identificación de riesgos por *procesos*, como también señala el autor, constituiría un presupuesto "[...] para comprobar, seguidamente, si existen *procesos y procedimientos* que incluyan controles razonables a tales efectos". Por la misma razón, el control criminal de tales procesos debe integrar el nivel de riesgo que incorpora la *posición* que lo ejecuta (*job position*). Se entiende, como también señala NIETO, que todo programa de cumplimiento debe partir de la evaluación del riesgo, pero existe un paso previo consistente en ver cuáles son los riesgos más relevantes de la empresa a concretar, en este caso, "el perfil de riesgo de los empleados"[23]. Destaca en este punto,

---

21 Con respecto a la corrupción en torno a la contratación pública, ROSE-ACKERMAN, Susan, *La corrupción y los gobiernos...*, *Op. cit.*, p. 36, señala: "Los pagos corruptos para obtener grandes contratos y concesiones constituyen generalmente el coto de los grandes negocios y funcionarios de alto nivel". Idéntica conclusión refiere GALLEGO, C., Isabel, "*La prevención de la corrupción en la contratación pública*", en *Public Compliance...*, *Op. cit.*, p. 64, –citando el libro de la OCDE "*La integridad en la contratación pública*"-: "La actividad de los gobiernos más vulnerable a la corrupción es la contratación pública". De forma más sintética, CASTRO CUENCA, Carlos Guillermo, "La tipificación de la corrupción en la contratación pública en Europa", en ZÚÑIGA RODRÍGUEZ, Laura / GORJÓN BARRANCO, M. Concepción / FERNÁNDEZ GARCÍA, Julio / DÍAZ CORTÉS, Lina Mariola (Coords.), *Poder y delito. Escándalos financieros y políticos*, Ed. Ratio Legis, Salamanca, 2012, pp. 179 y ss. En relación a la importancia de la contratación pública en sistema económico, CASTRO CUENCA, Carlos Guillermo, *La corrupción en la contratación pública en Europa*, *Op. cit.*, p. 21, refiere que: "La contratación pública es la actuación administrativa de mayor relevancia económica en el mundo. Anualmente reporta una utilidad de más de diez billones de euros, cantidad que constituye más del catorce por ciento del PIB mundial".

22 CASANOVAS YSLA, Alain, "*Compliance* penal normalizado...", *Op. cit.*, p. 103.

23 NIETO MARTÍN, Adán, "Problemas fundamentales del cumplimiento normativo...", *Op. cit.*, p. 33.

como ya se anotó, el *control ético (personal)* de la *posición* laboral como *conditio* del *control material* del proceso peligroso.

La corrupción de procesos corporativos de alta exposición criminal, a tenor de lo visto, presupone una infracción del deber posicional por *pasiva* por parte de su máximo garante[24], más allá de la actuación dolosa de sus subalternos, cuyo *nexo de evitación* le haría corresponsable del resultado lesivo. De tal suerte, como postula Nieto, la asunción de responsabilidades en el seno de las empresas comporta que los socios consideren que la gestión de los administradores debe integrar la evitación de hechos delictivos[25]. A razón de ello, la aplicación técnica de *cautelas de integridad*, concebida como una política general de la organización (control holista), sería condición para procurar un control especial de sus procesos (concreto). El Manual SAINT (*), a todo esto, encumbra la *Integridad como requisito explícito para todas las posiciones*, bajo el entendido que "*Si una organización considera la integridad como uno de sus requisitos básicos para su personal, la competencia moral se incluirá sistemáticamente en el desarrollo del personal*". La pertinencia de esta vía, como se indicó, se funda en el poder mitigante que tendría la ética sobre ciertos patrones delictivos al incidir sobre la racionalización del delito. Sin la adopción de cautelas éticas sobre los líderes del proceso, por contra, quedaría librado al azar la adecuada aplicación de sus recursos.

---

24 Al respecto, Malem Seña, Jorge F., *La corrupción..., Op. cit.*, p. 35, señala que el proceder corrupto comporta la "[...] violación, activa o pasiva, de un deber posicional o del incumplimiento de alguna función específica realizados en un marco de discreción con el objeto de obtener un beneficio extraposicional, cualquiera sea su naturaleza". En análogo sentido, para Laporta, Francisco J. / Álvarez, Silvina, *La corrupción política, Op. cit.*, p. 80., la corrupción consiste en "[...] la violación de un deber posicional realizado por quien ostenta un cargo o cumple alguna función determinada por cierto sistema de reglas, efectuada con motivo del ejercicio del cargo o del cumplimiento de la función y realizada en un marco de discreción, con el objeto de lograr algún beneficio extra posicional". En similar sentido se pronuncia Villoria Mendieta, Manuel, *La corrupción política, Op. cit.*, p. 29, para quien sería corrupta "[...] toda acción de un sujeto público o privado que incumpla las normas jurídicas y viole las obligaciones del cargo, con abuso de su posición y la finalidad de obtener beneficios privados personales o para un grupo del que forma parte el corrupto".

25 Nieto Martín, Adán, *La responsabilidad penal de las personas jurídicas..., Op. cit.*, p. 45.

El control del delito en las organizaciones, a la luz de este modelo, comenzaría por la segmentación de las *posiciones* criminalmente expuestas debidamente clasificadas por *áreas*, pasaría por la identificación de los *procesos* críticos vinculados a éstas y concluiría con la anticipación de las posibles *acciones* desviadas enmarcadas bajo cada una de las etapas del proceso (identificación de riesgos). Por tal razón, según dicho Manual, "*Un análisis de vulnerabilidad implica un análisis sistemático de acciones, procesos y posiciones que están expuestas a posibles violaciones de integridad*". Bajo este esquema, como se indicó, la determinación del nexo entre la descripción del puesto de trabajo y la caracterización de sus procesos conexos posibilitaría esa anticipación de eventos ilícitos (riesgos). Para esta identificación de riesgos, como se sugirió, resulta útil la técnica de *análisis de escenarios* (ISO 31010). Apelando al método de *caso* adoptado, dicha técnica se usará en lo sucesivo *extrapolando* sucesos de riesgo del documento "*Metodologías para el control preventivo*" de la Alcaldía Mayor de Bogotá, alusivo a la "*Identificación de riesgos de corrupción en la gestión contractual pública*" (***): un *paper* que desarrolla, entre las "posibles causas" de riesgos asociados a la corrupción pública, la "*Falta de integridad del funcionario*" encargado de las distintas etapas contractuales[26].

Los procesos de contratación pública, por tanto, permiten advertir que el *dominio material* y *personal* por parte del titular del deber de garantía implica su intervención positiva frente a *situaciones de riesgo* que podrían concretarse en delitos, pudiéndose deducir a la postre en el plano judicial un abandono de su posición de garante y castigándose ese "*no hacer desvalorado*"[27]. Dicho deber de intervención positiva, como refiere entre líneas SILVA, estaría determinado por una

---

26 Alcaldía Mayor de Bogotá, "Metodología. Identificación de riesgos de corrupción en la gestión contractual pública" (***), *Serie Metodologías para el control preventivo*, 2018.

27 Frente a "La posición de garante", la Corte Suprema de Justicia, Sala Penal, Rad. 25536 del 27 de julio de 2006, señaló: "*Posición de garante* es la situación en que se halla una persona, en virtud de la cual tiene el *deber jurídico concreto* de obrar para impedir que se produzca un resultado típico que es evitable". Agregó la Sala que "[...] Cuando quien tiene esa obligación la incumple, y con ello hace surgir un evento lesivo que podía ser impedido, abandona la *posición de garante*".

posición jerárquica del gestor desde la que puede ejercer un control general (holístico) y especial sobre sus delegados[28]. De esta suerte, la doble perspectiva que se efectúa del *criminal-risk* no es baladí. Antes bien, más allá de las razones metodológicas que obligan a delimitar un ámbito de riesgo tan amplio como el *corporate-crime*, ello responde a la necesidad de comprender, a partir de la estructura detallada de los procesos corporativos (*suppliers*, *inputs*, *process*, *outputs*, *customers*), la puerta criminal de la delegación cuando, el director del área en la que se integran distintos procesos peligrosos y los dependientes inmediatos que los operan, carecen de los estándares éticos requeridos para resistir la fuerza de presiones venales[29]. Para revertir esta fuerza venal, como sostiene CAMPOS[30], es que debe apelarse a sistemas de autorregulación de base ética; sistemas que, como también remarca dicha experta, deben recaer sobre el personal[31]. A tenor de lo anterior, el control material de tales procesos de riesgo implica la aplicación

---

28 Sobre las fuentes de justificación del *deber de vigilancia*, SILVA SÁNCHEZ, Jesús-M., "Deberes de vigilancia y compliance empresarial", *Op. cit.*, p. 83, reseña: "Con todo, una importante posición doctrinal justifica el deber de vigilancia del superior jerárquico con base en el dominio jerárquico (potestad jurídica y fáctica de dar órdenes) y en la superioridad informativa de éste. Otra, por su parte, centra la posición de garantía en el control sobre la propia organización en su conjunto".

29 Sobre la génesis del *deber de vigilancia* y su relación con la posición jerárquica de los administradores, SILVA SÁNCHEZ, Jesús-M., "Deberes de vigilancia y compliance empresarial", Ibid., p. 79, sostiene: "[...] se considera que los superiores jerárquicos de la estructura empresarial (por ejemplo, el administrador o los integrantes del consejo de administración de una sociedad mercantil) se encuentran en una posición de garantía, que integra un deber de vigilancia".

30 Sobre la "integridad", CAMPOS ACUÑA, Mª Concepción, *Aplicación práctica del compliance en la contratación pública*, *Op. cit.*, p. 26, refiere: "La necesidad de reforzar los estándares de integridad en la gestión pública y su vinculación al cumplimiento normativo surgen porque, tal y como señalaba el Informe Nolan en el Reino Unido, es necesario partir del planteamiento de que el incremento y la mejora de la regulación no constituyen per se un antídoto suficiente para la prevención de prácticas corruptas, sino que resulta necesario recurrir a otras herramientas".

31 Sobre el "factor personal" como objeto de la gestión de riesgos, a juicio de la misma autora, Ibid., p. 126: "Uno de los riesgos que debe ser objeto de mayor atención para garantizar la integridad en la contratación pública hace referencia a la gestión de las personas, en diferentes dimensiones, pues serán los diferentes sujetos que participan e interactúan en el procedimiento de licitación los que cometerán, de un modo voluntario o involuntario, las irregularidades que vulneren la integridad...".

paralela de los tres niveles de cautelas personales propuestas (una adecuada *elección*, *vigilancia* y *corrección* de cargos críticos), bajo la fórmula tríadica de *control-compliance* adoptada (P+D+R).

4. PROGNOSIS Y SELF-CLEANING CRIMINOLÓGICA POR PROCESOS

Llegados a este punto, entonces, cabe ahondar sobre cómo un análisis técnico orientado por procesos permitiría mitigar el desencadenamiento de constrictores criminógenos. Lo primero a recordar es que el modelo requiere de un sistema de control holístico atravesado por postulados éticos, conformado por un esquema dirigido hacia la prevención, detección y reacción[32]. Lo segundo a reiterar es que la realización de estos objetivos requiere de un mapa de riesgos penales[33]. A partir de aquí, estarían dadas las condiciones para la adecuada formulación de los controles de proceso (nivel concreto)[34]. En este pun-

---

32 Frente a la visión ética del *compliance* como vía para el control efectivo de la corrupción en la contratación pública, señala CAMPOS ACUÑA, Concepción, "Creación y gestión del mapa de riesgos en el sector público: Compliance y procesos de contratación pública", en SIMÓN CASTELLANO, Pere / ABADÍAS SELMA, Alfredo (Coords.), *Mapa de riesgos penales y prevención del delito en la empresa*, Ed. Wolters Kluwer España, Madrid, 2020, p. 205: "Pero la naturaleza, objeto y metodología del compliance se extiende más allá del puro cumplimiento normativo para introducir aspectos éticos en la gestión individualizados para cada empresa, y, desde esta óptica aporta a esta técnica un cierto paralelismo con las políticas de integridad institucional".

33 Con relación al "mapa de riesgos" como mecanismo indispensable para la gestión de riesgos en la contratación pública, señala la misma autora, Ibid., p. 203: "Y para ello, la identificación de los riesgos presentes en el día a día de la tramitación administrativa a través de la elaboración del correspondiente mapa de riesgos constituye el primer paso para afrontar una gestión integral de riesgos que tiene como finalidad buscar, describir, categorizar, así como priorizar el conjunto de riesgos que la institución tendrá que gestionar".

34 Sobre la importancia del "mapa de riesgos" para identificar las actividades de mayor riesgo al interior de las corporaciones, en este caso frente a irregularidades en la contratación pública, refiere la autora, Ibid., p. 206, lo siguiente: "Para desarrollar una adecuada gestión de riesgos en el ámbito de la actividad que desarrollan las administraciones públicas resulta necesario proceder a la identificación de las actividades de la entidad que sean susceptibles de mayor control y supervisión para la prevención de los riesgos asociados a la misma...".

to, nada cabe agregar al nivel de experiencia alcanzado en el ámbito del control interno con relación al diseño, ejecución y efectividad de controles de proceso (documentación, responsable, frecuencia, etc.), cuyos elementos constitutivos no tendrían vocación de aplicación sin el referido compromiso de nivel superior. Acorde con la fórmula E+V+C anotada, a partir de aquí, lo primero a tener en cuenta es que una debida *elección* del líder del proceso podría limitar la incidencia de los estímulos criminales asociados al delito, debido a que no todas las personas están dispuestas a trasgredir su código moral para ceder ante las posibles ofertas venales que pueden encontrarse en el camino. De este modo, se contrarrestaría la tentación que podría representar para ciertas personas el respectivo proceso (*counteract*). Lo segundo a considerar, en esta misma lógica, es que una *vigilancia* debida permitirá intervenir sobre la discrecionalidad que pueda ostentar el agente sobre el proceso de valor, cerrándole la puerta para que no pueda optar libremente ante las alternativas de elección ilícitas que se le presentan en su trabajo (*blocking*). Y lo tercero a tener en cuenta, finalmente, es que el grado de aversión al riesgo de sanción que pueda experimentar dicho agente en su proyección criminal, dependería en parte de la aplicación consistente de *correctivos* que haya percibido frente a acciones irregulares (*deterrence*).

La *caracterización de procesos*, por esto, es condición para identificar riesgos criminales y aplicar los controles especiales que correspondan. Bajo este presupuesto, como señala Casanovas (con relación a las *actividades de riesgo y procesos asociados*), "Aunque las *organizaciones* pueden establecer *procesos* internos vinculados con actividades variadas, a efectos del *sistema de compliance penal* interesa primero conocer las que pueden exponer a riesgo penal"[35]. Esta identificación del riesgo de infracción de los procesos priorizados, a su vez, exige la especificación de los procedimientos que lo conforman. Por "procedimiento" se entiende, según la definición establecida por la UNE 19601 (3.25), aquella "*Forma específica de llevar a cabo una actividad o proceso*". Estos *procedimientos*, como reseña el mismo autor, pueden ser de control. En sus propios términos, "En cada uno de esos procesos de negocio se trasladarán *procedimientos* para pre-

[35] Casanovas Ysla, Alain, "*Compliance* penal normalizado…", *Op. cit.*, p. 198.

venir y detectar las conductas indeseadas (procedimientos de aprobación, por ejemplo)..."[36]. Es así como, por ejemplo, si se revisa un proceso de contratación pública en sus diversos tipos legales (licitación, selección abreviada, contratación directa, etc.), se advertirá una descripción detallada de las diversas actividades del proceso *regladas* bajo el respectivo procedimiento. Sirva de ejemplo lo atinente a la definición y elaboración de los pliegos de condiciones en licitaciones: descripción del bien o servicio requerido, modalidad de contrato elegido, predefinición de los criterios de selección, condiciones de costo y calidad, valor del contrato, establecimiento de las reglas para la recepción de ofertas, definición de causales de rechazo de ofertas, entre otros. De ahí que, cada proceso de la corporación, deba estructurarse bajo la metodología SIPOC.

Para representar esa capacidad de evitabilidad criminal, entonces, lo primero que procede es la disección de los procesos críticos bajo tal metodología, a fin de identificar, medir, valorar, controlar y monitorear las *causas raíz* ligadas a cada *vector de riesgo*. En primer lugar, en cuanto a los constrictores *estimulares (SE)*, se entraría a determinar si el correspondiente proceso podría generar expectativas de beneficio para quienes pueden adoptar decisiones en torno a sus recursos. En concreto, se resolverían tres interrogantes: (i) si algún recurso del proceso tendría un precio en el mercado ilegal (las personas implicadas que pueden alterar el proceso, los recursos técnicos requeridos para su ejecución o los recursos físicos que soportan su desarrollo); (ii) si quien se relaciona con el proceso tendría la posibilidad de recibir ofertas venales por dichos recursos (de modo que pueda verse tentado); (iii) si esta misma persona tendría la expectativa real de obtener un beneficio extraposicional por la venta de tales recursos. En segundo lugar, en lo que toca a los vectores de *oportunidad (SO)*, se anticiparían aquellas alternativas de acción que elevarían esa *posibilidad* de que dicho agente pueda satisfacer sus intereses privativos valiéndose del proceso: (i) posibilidad real del agente de operar el proceso de valor; (ii) capacidad decisional sobre dicho proceso; (iii) grado de discrecionalidad del decisor. Y, en tercer lugar, se identificarían los espacios de *vulnerabilidad* del proceso *(SV)*, esto es, aquellos puntos

[36] Ibid., p. 118.

débiles de sus recursos que generan una percepción de impunidad en el acto de proyección delictiva (*pulsión*): (i) marco de circunspección de la operación venal; (ii) posibilidad de su mimetización "legal"; (iii) capacidad del agente de manipular los controles del proceso.

Esta gestión de riesgos por procesos (modelado, organización, documentación, etc.), en tal forma, es lo que posibilita el diseño de controles que limiten su disposición ilícita. Esto porque, cada proceso, puede albergar incentivos (SE), oportunidades (SO) y debilidades de control (SV) que operarían como "causa inmediata" (circunstancias generales bajo las cuales se presenta el riesgo, a las que subyace la *causa raíz*). Y como estos agentes criminógenos emergen en un estadio determinado del íter de ejecución del respectivo proceso, entonces los controles aplicables deben distribuirse en el curso de interrelación de sus fases (*suppliers*, *inputs*, *process*, *outputs*, *customers*). Es así como, en esta aplicación precautoria, resulta útil la fórmula de control P+D+R, atendiendo al momento en que cada una de sus medidas profilácticas deben activarse (*antes*, *durante* o *después* de las *desviaciones* del proceso), a saber: (i) *Preventivos*: controles accionados en la *entrada* del proceso y antes de que se presente la desviación procedimental. En este estadio, se deberá procurar la fiabilidad, indemnidad y seguridad de los *recursos* asociados al proceso con el fin de precaver eventuales desviaciones (intervinientes, información, documentación, etc.). (ii) *Detectivos*: controles accionados durante la *ejecución* del proceso. En esta fase, corresponderá a los órganos de control cumplir con su actividad supervisora tendiente a descubrir posibles desviaciones ilícitas frente al procedimiento predefinido. (iii) *Correctivos*: controles accionados en la *salida* del proceso y después de producido el acto desviado. En esta etapa, se deberá verificar la sujeción normativa proceso con el fin de corregir, en su caso, las eventuales desviaciones procedimentales registradas[37]. Esta disección temporal del ilícito, como se completará seguidamente, es lo que permite el razonable control técnico de dichos constrictores.

37 Departamento Administrativo de la Función Pública (2020), "Guía para la Administración del Riesgo y Diseño de Controles en Entidades Públicas", V. 5, p. 45.

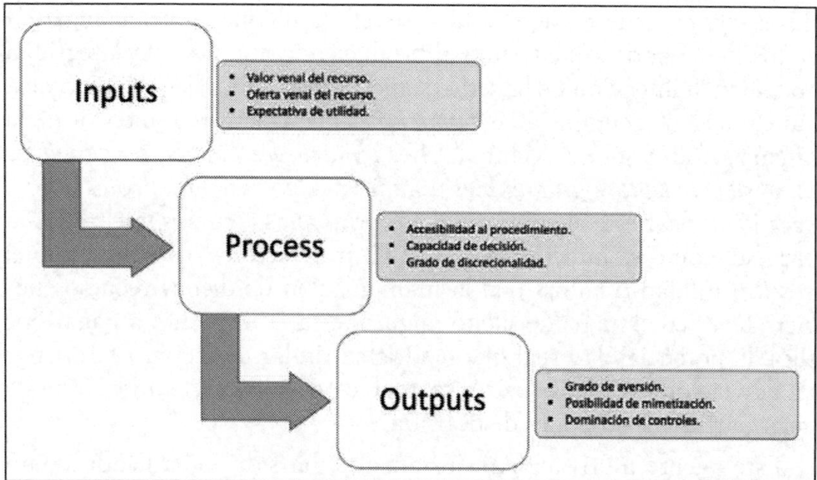

Figura # 8: Serie de *vectores criminógenos* representados en las fases del Diagrama SIPOC, cuya delimitación permite la identificación de los factores y eventos de riesgos criminal por procesos y una localización de mayor precisión en la actividad de formulación y aplicación de los respectivos controles del proceso.

4.1. Prevención: control de la Situación Estimular (SE)

Este primer nivel, según el modelo criminológico propuesto, precisa de controles de proceso dirigidos a limitar el surgimiento de los *vectores* que *estimulan* el delito (SE), esto es, la *expectativa económica ilegítima* que puede significar el proceso para su *dueño*. Recuérdese que, como señala MALEM, "Los actos de corrupción están siempre vinculados a la expectativa de obtener un beneficio extraposicional"[38]. Desde el plano jurídico-penal, valga anotar, la expectativa de obtener un *beneficio extraposicional* es intrínseca a diversos delitos. Así, por ejemplo, el Art. 405 del Código Penal integra referencias como "dinero u otra utilidad" y "promesa remuneratoria". La corrupción en la contratación estatal, *v. gr.*, no se explica sin este factor motivacional. En el Manual SAINT (*), acorde con tal orientación criminológica, dicho *estímulo* se expresa en las "vulnerabilidades y tentaciones" a las que se enfrentan los funciona-

[38] MALEM SEÑA, Jorge F., *La corrupción...*, *Op. cit.*, p. 33.

rios en el marco de sus actividades. Se refiere allí que, si bien la mayoría de los funcionarios que terminan produciendo ataques a la integridad no tenían la intención de hacerlo cuando ingresaron al servicio, no obstante, pueden sucumbir a las *tentaciones* que emergen al interior de la organización. Según el Manual, "*Las tentaciones pueden ser tangibles (dinero, privilegio) o intangibles (estado, reconocimiento, protección)*". Para identificar este agente causal en torno a los *recursos* integrados al proceso, como se indicó, pueden analizarse vectores (causas) como el *precio* (utilidad o valor) que la manipulación de dichos recursos pudiera tener en el mercado ilícito (alguien estaría dispuesto a pagar por ello), la potencialidad real que tendría su titular de recibir *ofertas* por tal desviación (que le induzcan tal tentación) y la *expectativa* cierta de sacar partido de su poder de decisión.

Este agente motivacional, justamente, ha sido identificado como factor de riesgo criminal en el citado documento "*Identificación de riesgos de corrupción en la gestión contractual pública*" (***). En concreto, entre otras "posibles causas" del riesgo allí documentadas, se identifica la "*Existencia de intereses personales*". También se señala como "posible causa", el "*Ofrecimiento de dádivas y/o beneficios para el servidor público o un tercero*". De tal modo, este tipo de causas reconducen a un *estímulo inmediato* que activa el proceso de *elección* en el individuo. La *posibilidad de interrumpir* este curso configurativo del incentivo resultaría factible cuando se atiende a los vectores indicados, pues a pesar de que tanto el *precio* –ilícito- de la función como la potencialidad de recibir *ofertas* venales se presentan como "*constantes*" (no controlables), no obstante, la *expectativa* de sacar partido –económico- del cargo constituiría una "*variable*" modificable mediante la aplicación previa (preventiva) de *controles fácticos* sobre los recursos implicados (validación de contrapartes, comprobación de información, verificación documental, etc.). Ahora bien, dado que esta formulación de controles no garantizaría, *per se*, su debida aplicación por parte del dueño del proceso, tal actividad de control debe propender por asegurar la integridad del recurso humano afiliado a su operación, de modo que se introduzcan *inputs* éticos a la toma de decisiones (orientadas a reducir la pulsión de la *tentación*). La factibilidad de aplicar cautelas preventivas de *debida diligencia* sobre dichos cargos críticos en su fase de *selección*, previa regulación del puesto de trabajo, permite afirmar la viabilidad de interferir sobre dicha *situación apetitiva* (SE). Se habla, de tal modo, de un control personal *ético* de los procesos de mayor criticidad.

La posibilidad de debilitar la *situación estimular* a partir del *accionamiento previo* de controles de proceso (*fácticos*), de tal suerte, obliga a aplicar de antemano medidas de integridad sobre su propietario (*KYE*) una vez han sido mapeados y jerarquizados los riesgos asociados a sus recursos. Los controles de corte *preventivo*, por de pronto, resultarían aplicables para contrarrestar los *factores estimulantes* que podrían atraer ciertos recursos del proceso y que, eventualmente, podrían confluir con factores de oportunidad ligados a la gestión rutinaria del mismo proceso, generando "tentaciones" en su titular. Todo esto implica que, en el acto de identificación de las causas del riesgo respectivo, se deba proceder a localizar las actividades que podrían propiciar este tipo de incentivos (SE). A todo esto, según resalta el Manual SAINT (*), "*Un aspecto clave del análisis de riesgos es, por lo tanto, identificar las tentaciones*". Resalta el Manual que esto resulta adecuado por los múltiples motivos que puede acendrar un individuo para faltar a la ética de la entidad. Por ejemplo, dentro de los factores de orden *personal*, entendidos como circunstancias confluyentes en una corporación con capacidad de afectar la lealtad del personal, podrían localizarse activadores de base *organizativa* como el bajo estatus, falta de estima, bajas recompensas, bajas perspectivas de carrera, pobres condiciones de trabajo, alta carga de trabajo o la lealtad de grupo. También podrían identificarse, por otro lado, circunstancias propiamente *individuales* (las que no están, *per se*, relacionadas con la organización), como tener otros intereses (trabajos secundarios, etc.), deudas personales, costoso estilo de vida (excesos), secretos personales (vulnerables para el chantaje) o adicciones (alcohol, drogas, etc.). Al final, cualquiera de estas causas podría terminar induciendo expectativas ilegítimas.

Para mitigar el poder *constrictivo-estimular* (SE) de ciertos procesos, como se anotó, podría intervenirse no tanto sobre los *subtipos causales* de la *situación estimular* de naturaleza *constante* (no controlables), en este caso, (i) el valor del proceso operado (precio de sus recursos en el mercado ilegal) y (ii) la posibilidad potencial de verse tentado por propuestas corruptas (recepción de ofertas), sino sobre aquellas *causas tipo* de orden *variable* que podrían ser modificadas por los controles del proceso, a saber: (iii) la expectativa real que pudiera tener el agente de obtener un beneficio extraposicional (*v. gr.*, dejarse tentar por coimas). Para establecer si el proceso de riesgo incorpora *causas raíz* de tal orden, al punto que permitan catalogarlo como *situación estimular*, puede extrapolarse uno de los eventos de riesgo identificados en el referido *paper* "*Estándares de riesgos de corrupción en la gestión contractual*" para la etapa de "*Planeación*": los conocidos "*pliegos a la medida*" (según el documento, "*Elaborar estudios previos y pliegos de condiciones cuyos requisitos jurídicos y/o financieros y/o técnicos específicos pretendan direccionar la adjudicación del contrato a un oferente en particular*"). Localizado el potencial evento de riesgo, en segundo término, deberá identificarse qué potestades ostentaría sobre los recursos del proceso su titular (decisiones sobre las contrapartes concurrentes, manejo exclusivo de la información subyacente, etc.), de modo que pudiera emerger este agente criminógeno (el *estímulo* o la tentación de sacar partido económico de sus facultades). Una vez establecidas dichas facultades, finalmente, se procedería a aplicar controles fácticos *preventivos* orientados a la debida gestión de los recursos del proceso que incorporan el estímulo en el marco de operaciones específicas (segregación de tareas, doble escala de verificación de información, niveles de autorización, etc.), de modo que pueda disminuir la fuerza constrictora de dicho factor estimular.

Para evidenciar cómo ciertos procesos corporativos soportan una lectura desde este factor motivacional (como *instigador de expectativas económicas ilegítimas*), puede traerse a colación alguna de las maniobras fraudulentas que suelen configurarse en la fase de "*Ejecución*" de los contratos públicos[39]. Se registran aquí, entre otras artimañas, la modificación de los términos contractuales por parte del contratista, muchas veces sin una justificación real, buscando asegurar así un incremento sobre las partidas presupuestales inicialmente

---

[39] Frente a los "riesgos en fase de ejecución del contrato", GALLEGO, C., Isabel, "*La prevención de la corrupción...*", *Op. cit.*, p. 82, sostiene: "[...] se han identificado tanto riesgos en la gestión de los contratos como riesgos como falta de supervisión de los funcionarios de la ejecución. En el primero de dichos elementos se ha detectado como riesgo el cambio sustancial en las condiciones del contrato que permite demoras en la ejecución y precios más altos para el licitado".

aprobadas[40]. En estos casos, se aprovechan las posibilidades de ajuste que prevé la propia normativa, el marco de discreción que se genera por las mínimas exigencias de publicidad de la renegociación y el deficitario control. Esa misma experiencia enseña que, en muchos casos, a pesar de la buena fe del funcionario público, se produce fraude en la gestión por incidencia de la otra parte contractual (del contratista). Es lo que sucede con la adquisición de bienes o servicios a precios por encima del valor real[41]. En este supuesto, el contratista se aprovecha de la ineficacia del órgano contratante, sin perjuicio de que en otros eventos el servidor público sea consciente del incorrecto procedimiento. Es el caso de aquellas renegociaciones que se producen durante la ejecución del contrato. En estos eventos, las adiciones derivadas de tales renegociaciones no están sujetas a las mismas exigencias de publicidad y competencia que los contratos iniciales, quedando así la puerta abierta para que las dos partes del proceso, de mutuo acuerdo, o bien, el contratista, aprovechándose de la indolencia del contratante, introduzca las pretendidas adiciones. Ello, sin hablar de las compras innecesarias con el propósito de sacar partido de uno y de otro lado[42]. Se aprecia en estos eventos, entonces, cómo el proceso

---

40 Ibid., p. 79: "En esta fase de selección del contratista y adjudicación los principales riesgos se identifican con el uso de procedimientos no competitivos y la existencia de conflictos de intereses. De esta forma, la evaluación de las ofertas se considera igualmente como una etapa particularmente relevante".

41 Así, Castro Cuenca, Carlos Guillermo, *La corrupción en la contratación pública en Europa*, *Op. cit.*, pp. 88-89, "El mecanismo más sencillo para la obtención de un beneficio extraposicional en la contratación pública es el aumento indebido del valor del contrato público, es decir, el cobro de un valor muy superior a los precios del mercado por la venta de un bien o la prestación de un servicio, para apropiarse de la diferencia…". Adiciona el autor que, Ibid., pp. 21-22: "[…] algunas figuras creadas con buenas intenciones, como la subcontratación, el "*ius variandi*", las prórrogas del plazo o la revisión de precios, son utilizadas fraudulentamente para que en un contrato público pueda ser ejecutado con un contratista, objeto plazo y precio diferentes a los pactados con la Administración".

42 Sobre los "riesgos en la fase de evaluación de necesidades", señala Gallego, C., Isabel, "*La prevención de la corrupción en la contratación pública*", *Op. cit.*, p. 71: "Uno de los momentos en los que se ha advertido que los riesgos a la corrupción son particularmente importantes, debido a la influencia potencial de los interesados, es la fase de evaluación de las necesidades. Precisamente, una de las manifestaciones más habituales de la corrupción en esta fase son las compras o inversiones innecesarias, es decir, ventas inducidas para que una compañía

organizativo podría generar *expectativas* para quien tiene libremente la capacidad de tomar decisiones sobre la orientación de los recursos que confluyen en sus distintas fases (*inputs*, *process*, *outputs*).

La ubicación de *constrictores (causas) de orden estimular* (SE) sobre los procesos de mayor criticidad de la organización, como se viene sustentando, permite aplicar en forma *localizada* los procedimientos de control (preventivos). Así, por ejemplo, tomando como referencia el análisis que efectúa GALLEGO sobre las posibilidades de riesgo que puede albergar la contratación pública, este particular tipo causal podría identificarse en cualquiera de sus fases: (i) fase de evaluación de las necesidades/determinación de la demanda; (ii) fase de preparación del contrato/proceso de diseño de los documentos contractuales; (ii) fase de selección del contratista y adjudicación; (iv) fase de ejecución del contrato; (v) fase de control y auditoría (cuando es aplicable)[43]. Uno de esos riesgos es el *soborno* (incentivo). Como refiere JAREÑO, "[...] la modalidad criminológica más frecuente en materia de contratación pública en el cohecho es la que se acaba de citar: el pago de una comisión o soborno (o un regalo) al funcionario a cambio de la adjudicación de un contrato a una determinada empresa..."[44]. Esta comisión monetaria operaría aquí como *constrictor inmediato* de la primera de las esferas criminógenas (el incentivo para el delito), bajo el entendido que es esto lo que hace del proceso una *tentación*. Esta identificación de *tipos causales o vectores del tipo SE* (que generarían tal tentación incrementando la posibilidad de materialización del riesgo), otorgaría precisión en la localización de controles preventivos a la *entrada* del proceso, mitigando así dicha probabilidad de ocurrencia.

Si se concibe el riesgo en forma general, nótese, no resulta sencillo la identificación de dicho factor. Desde un plano general, por ejemplo, como señala CASTRO, "La forma más común de corrupción en la contratación pública es el soborno, situación que puede tener a su vez dos modalidades: En primer lugar, el cobro de comisiones ilícitas para la

---

concreta pueda realizar una venta, cuyo resultado sin embargo no tiene interés, o muy poco, para la sociedad".

43 GALLEGO, C., Isabel, "*La prevención de la corrupción en la contratación pública*", *Op. cit.*, p. 64.

44 JAREÑO LEAL, Ángeles, *Corrupción y delincuencia de los funcionarios en la contratación pública*, Ed. Iustel, Madrid, 2011, p. 68.

concesión de contratos públicos [...]. En segundo lugar, la recepción de un soborno para la adjudicación de un contrato público..."[45]. Más bien, es a partir de esta proyección general del tipo causal que deben concretarse las actividades que podrían albergar el *incentivo*. Así, por ejemplo, siguiendo la relación que propone Rose-Ackerman[46] para identificar los "motivos" que suelen presidir la realización de pagos indebidos a funcionarios en el ámbito de la contratación pública, dicho factor podría concretarse en eventos como los siguientes: (i) "una empresa puede pagar para ser incluida en la lista de oferentes cualificados y/o para restringir la extensión de dicha lista"; (ii) "puede pagar por información confidencial"; (iii) "los sobornos pueden inducir a los funcionarios a estructurar las especificaciones de la licitación de forma que la empresa que paga sobornos sea la única proveedora calificada"; (iv) "una empresa puede pagar para ser seleccionada como contratista ganadora de antemano"; (v) "una vez que una empresa gana el contrato, puede pagar para obtener precios inflados o para escatimar en la calidad". Nótese cómo, en cada supuesto, existe un *precio* por manipular uno u otro recurso del proceso (calidad, información, especificaciones, listas, etc.), cuya identificación es la base para *diseñar* y *situar* los respectivos controles.

Recapitulando, más allá de la posibilidad técnica de *interrumpir* la evolución de tal factor estimular anticipando controles a la actividad que lo genera (preventivos), a esta medida debe preceder una adecuada *elección* del operador[47]. Sobre esta premisa descansa la idea de que tanto las entidades públicas como las empresas privadas deben implementar políticas de alto nivel que propendan por la adecuada selección e instrucción del personal para aquellas unidades ocupacionales de mayor vulnerabilidad frente a este factor constricti-

---

45 Castro Cuenca, Carlos Guillermo, "*La tipificación de la corrupción en la contratación pública en Europa*", *Op. cit.*, pp. 192-193.

46 Rose-Ackerman, Susan, *La corrupción y los gobiernos...*, *Op. cit.*, pp. 36-37.

47 Según el Conpes 167, *Op. Cit.*, p. 34, citando la Encuesta sobre Ambiente y Desempeño Institucional (EDI), aplicada por el Departamento Administrativo Nacional de Estadística (DANE) para 2012, se señala que "Estas cifras permiten relacionar estrechamente el exceso en la contratación de personal por vía directa y por contratos de prestación de servicios con vínculos personales, familiares o políticos, lo que eleva el riesgo de corrupción para la toma de decisiones de carácter imparcial".

vo (*estímulo*). De ahí que, la citada Ley 970/2005 (UNCAC), prevea frente a las entidades del sector público con respecto a los sistemas de convocatoria, contratación, retención y promoción de empleados públicos, que tales sistemas precautorios "*Incluirán procedimientos adecuados de selección y formación de los titulares de cargos públicos que se consideren especialmente vulnerables a la corrupción*" (Art. 7). Este tipo de control personal preliminar (previo), desde luego, exigiría medidas técnicas tendientes a asegurar una apropiada vinculación de personal delegado en posiciones de sabida peligrosidad delictiva (entre otros, identificación de las necesidades del cargo respectivo, búsqueda de candidatos, preselección, aplicación de pruebas psicológicas, entrevista, valoración del proceso para la toma de decisión, contratación, incorporación, instrucción, formación y seguimiento).

Se trata la anterior, por lo expuesto, de una cautela en la que el enfoque *behavioral compliance* (ético) resulta determinante, pues la expectativa de obtener un beneficio extraposicional que caracteriza la desviación criminal de ciertos procesos corporativos, debe anularse no sólo mediante controles de orden fáctico, sino además a través de la asignación (selección) de personas con un talante ético que logre reprimir las *tentaciones* que le ofrece su proceso. La aplicación de esta cautela personal presupone, en consecuencia, la regulación previa del puesto de trabajo y de los criterios de asignación (definición de objetivos, descripción de funciones, especificación de tareas, previsión de decisiones, delimitación de relaciones entre puestos, predefinición de criterios de competencia y experiencia del cargo, anexión de la vía de reclutamiento, etc.), pues la definición del perfil de su titular y el procedimiento de selección es intrínseca a dicho acto de regulación, para luego proceder a caracterizar debidamente los procesos a su cargo (objetivo, recursos de entrada, actividades de interrelación, partes interesadas, productos de salida, etc.), incluida la regulación de sus procedimientos de control (responsable, tipo, frecuencia, etc.). Es así como el control ético de tales procesos se vincula a ese deber primigenio que recae sobre el director-empleador de lograr un nivel de confianza apropiado de sus delegados en dicha fase de *elección*[48].

---

48 Sobre los procesos de selección y deberes de vigilancia desde la teoría de la "Prevención especial", Agustina, José R., "Fenomenología del employee crime...,

Extender la gestión de riesgos por procesos al *perfil* de su operador se debe, pues, a su posibilidad de verse *tentado* por el proceso que se tiene a cargo. La Guía práctica para la implementación de Programas de Cumplimiento Anticorrupción de la STPR (2017)[49], en línea con dicha mirada *subjetiva*, identifica dos "factores de corrupción generales", a saber: (i) ausencia de una debida diligencia antes de establecer una relación con *empleados*, accionistas, proveedores, clientes y cualquier otro tercero con el que interactúe la compañía; (ii) falta de transparencia en la *selección de personal* y contratistas. De ahí que, como exhorta la Guía para empresas en Colombia de la misma STPR (2017)[50], para materializar una política de tal tipo se deben asegurar, entre otros deberes, los siguientes: "contar con mecanismos de evaluación sobre el perfil de integridad en sus procesos de selección", "diseñar e implementar un procedimiento de *due diligence* que evalúa factores sobre la integridad y conducta ética para sus miembros de Junta Directiva y empleados de alto nivel en áreas especialmente expuestas a riesgos de corrupción", "tener normas y criterios para la contratación de ex funcionarios públicos del nivel directivo con el fin de prevenir conflicto de intereses entre el sector público y privado" y "diseñar e implementar normas claras sobre sanciones y medidas disciplinarias, incluyendo la terminación del contrato para empleados que violen la Política Anticorrupción de la empresa". La aplicación de esta cautela presupone, como se ve, la adopción de una *política de alto nivel de gestión de personas.*

La posibilidad de aplicar cautelas en la fase de *selección* del cargo, en definitiva, es la *primera premisa* postulada aquí para afirmar la posibilidad de *control situacional* de procesos especialmente sensibles

---

Op. cit., p. 389, sostiene: "En cuanto a las medidas de "prevención especial", el empresario debe ejercer un *nivel de diligencia razonable* en el conocimiento personal previo de sus trabajadores, de forma que puedan evitarse aquellos riesgos objetivamente previsibles que se deriven de sus condiciones personales en relación con el tipo de trabajo que se le va a requerir –antecedentes, predisposiciones, perfil psicológico–".

49 Presidencia de la República, Secretaría de Transparencia, "Guía práctica para la implementación de Programas de Cumplimiento Anticorrupción", Bogotá, 2017, p. 18. Disponible en: http://www.secretariatransparencia.gov.co/estrategias/Documents/guia-practica-para-la-implementacion.pdf

50 "Guía para Empresas en Colombia...", *Op. cit.*, p. 46.

a riesgos criminales corporativos[51]. Como reseña el Manual SAINT (*), "*Siempre que sea posible, las tentaciones deben reducirse o eliminarse o los funcionarios deben estar protegidos de la tentación*". Se apunta, además, que "*Al considerar una violación como ´sucumbir a la tentación´, está claro qué dirección deberían tomar las medidas preventivas*". Y la forma de reducir las tentaciones, insiste el Manual, pasa por la fiabilidad del personal. Se indica allí que "*La selección del nuevo personal debería considerar no solo las cualidades profesionales, como la educación y la experiencia laboral, sino también la confiabilidad de los nuevos miembros del personal*". En concreto, consagra el Manual como parámetros de los procedimientos de *reclutamiento, selección y contratación*, aspectos como "*la introducción y el cumplimiento de un procedimiento de solicitud fijo para evitar decisiones arbitrarias y favoritismo*", "*La decisión de contratar a alguien debe ser tomada por más de una persona (por ejemplo, por un comité de selección)*" y "*verificar los CV, los diplomas y las referencias para obtener una impresión de los antecedentes y la actuación (e integridad) del solicitante en puestos anteriores*". Bajo esta premisa, como se planteó en el Capítulo III, el *control fáctico* de los procesos de alta sensibilidad delictiva objeto de delegación se potenciaría a partir de esa *debida elección*.

4.2. Detección: control de la Situación de Oportunidad (SO)

La *oportunidad* para el delito, criminológicamente entendida, alude a la convergencia de circunstancias de tiempo, modo y lugar que *posibilitan* la acción criminal. En el ámbito corporativo, esa oportunidad es intrínseca a los procesos que integran la gestión de recursos (la planeación, el presupuesto, la gestión de personas, etc.). Por esto, como sugiere Nieto, "Deben analizarse cuidadosamente las distintas actividades de la empresa en las que pueden surgir actividades delictivas con el fin de determinar la estructura de oportunidades (por

51 Sobre la importancia de los "Recursos Humanos" como política fundamental para el control de la corrupción en la contratación pública, véase Campos Acuña, Mª Concepción, *Aplicación práctica del compliance en la contratación pública*, *Op. cit.*, p. 127.

ejemplo, la solicitud de una subvención o su justificación)"[52]. Los contratos públicos permiten también advertir cómo la *posición* determina esas alternativas de acción ilícitas. Es así que, en este *segundo nivel* de análisis, se procede a identificar cómo ciertos procesos críticos pueden vehiculizar dichas *posibilidades* ilícitas. Por lo mismo, como sugiere el mismo autor, "La estructura de oportunidades debe realizarse de la manera más concreta posible"[53]. Esa "estructura de oportunidad", como se anotó, se advierte cuando el proceso crítico se disgrega en tres *subtipos causales*, cuya convergencia, elevarían esa *posibilidad* de actuar indebido: (i) posibilidad real del agente de operar los recursos de valor del proceso (accesibilidad al proceso); (ii) capacidad decisional sobre dichos recursos; (iii) grado de discrecionalidad del operador para la toma de decisiones. Las *constantes* (i) y (ii), por un lado, operarían como *conditio* para el aprovechamiento ilícito de la oportunidad. Reitérese que, como indica Malem, "Un acto de corrupción implica la violación de un deber posicional"[54]. Y la *variable* (iii), por su lado, *facilitaría* el acto fraudulento. A tal efecto, como afirma Blanco, "La variable que más oportunidades genera de comisión de actos corruptos es el *poder discrecional* del corrupto. Cuanto mayor es la discrecionalidad mayores son las probabilidades de que aparezca la corrupción"[55]. Refiere como ejemplo, precisamente, el fraude contractual: "[...] los grandes proyectos de infraestructura y los contratos de suministros ofrecen muchas oportunidades de comportamientos corruptos, dado que los funcionarios

---

52 Nieto Martín, Adán, "Cumplimiento normativo, criminología y responsabilidad penal...", *Op. cit.*, p. 63.

53 Sobre el análisis del riesgo, Nieto Martín, Adán, "Cumplimiento normativo, criminología y responsabilidad penal...", *Op. cit.*, p. 59: "No sólo se trata de estudiar la estructura de un determinado delito (corrupción), sino de sus concretas formas de aparición (corrupción con el fin de conseguir una adjudicación pública), para a partir de aquí analizar las distintas rutinas, espacios o procedimientos en el que existe una posibilidad de contacto entre el posible autor y el objeto del delito (v. gr. procedimiento que existe en la empresa para preparar y presentar licitaciones públicas)".

54 Malem Seña, Jorge F., *La corrupción...*, *Op. cit.*, p. 32. Puntualiza que: "Quienes se corrompen trasgreden, por activa o por pasiva, o provocan la trasgresión de algunas de las reglas que rigen el cargo que ostentan o la función que cumplen".

55 Blanco C., Isidoro, "La corrupción desde una perspectiva criminológica..., *Op. cit.*, p. 280.

gozan de una gran discrecionalidad para determinar las condiciones de contratación"[56]. "*El alto grado de discrecionalidad*", asimismo, se identificó como "posible causa" en el citado *paper* de *Identificación de riesgos* (***). Esos tipos causales, a tono con el Diagrama SIPOC, predominarían en las *interrelaciones* que se forman entre los recursos que demanda la ejecución del proceso (*entrada*) y los bienes o servicios resultantes (*salida*).

Dicho *paper*, igualmente, permite advertir mediante la *extrapolación de escenarios de riesgo* no sólo cómo distintos procesos de cada fase contractual incorporan alternativas de acción ilícitas (*oportunidades*) para quienes pueden decidir sobre ellos[57], sino también la posibilidad de localizar controles detectivos en cada una de sus etapas: (i) *planeación*; (ii) *selección*; (iii) *contratación*; (iv) *ejecución*. De dichas fases puede tomarse la primera, a modo de ejemplo, para verificar cómo, atendiendo a sus modalidades corruptas, la *oportunidad criminal* precisa de una ordenada cadena decisional ilegítima que no se entiende sin la posibilidad de manipular los recursos que demanda la ejecución del respectivo proceso, a saber: "establecer en el Plan Anual de Adquisiciones (PAA) objetos contractuales que no son necesarios para la satisfacción de las necesidades de la entidad"; "elaborar estudios previos y pliegos de condiciones cuyos requisitos jurídicos y/o financieros y/o técnicos específicos pretendan direccionar la adjudicación del contrato a un oferente en particular (esto se conoce como *pliegos a la medida*)"; "suministrar cualquier tipo de información que pueda dar ventaja(s) a un oferente en particular con anterioridad a la divulgación oficial del pliego de condiciones o de los resultados de la licitación"; "permitir que un oferente en particular colabore en la elaboración y/o estructuración de los documentos preliminares del proceso de selección para su propio beneficio"; "ajustar de manera irregular la cuantía del proceso de selección, con el propósito de evitar adelantar procesos de licitación pública o selección abreviada de menor cuantía respectivamente, y en la ejecución del contrato realizar las adiciones necesarias para el cumplimiento real del objeto contractual. Esto se conoce como *fraccionamiento de contratos o precios frontera*". Y así podrían disgregarse las siguien-

---

56 Ibid., pp. 280- 282.

57 Alcaldía Mayor de Bogotá, *Op. cit.*, p. 14 y siguientes.

tes etapas de *selección*[58], *contratación*[59] y *ejecución*[60] para advertir cómo, cada una de ellas, albergaría *oportunidades* de manipular los recursos del proceso en beneficio propio.

Esta concreta definición de *tipos causales SO*, técnicamente, permite apreciar la conformación de una *situación de oportunidad* criminal representada en una alternativa de acción que se ve modulada por un diseño inadecuado de los procesos corporativos o su deficitaria supervisión[61]. Es así como, la *oportunidad criminal*, entra en una

---

58 Ibid., Probabilidad de expedir adendas que cambien el cronograma o las condiciones jurídicas, técnicas o financieras del proceso, con el fin de favorecer a un oferente en particular; Verificar y evaluar las ofertas de manera subjetiva o errónea, con el fin de favorecer a un oferente en particular; Adjudicar contratos a oferentes con malas prácticas o que representen un riesgo de lavado de activos y de FT; No publicar los informes de evaluación de manera oportuna y con el tiempo necesario para que los oferentes puedan ejercer el derecho de contradicción; No dar respuesta oportuna y de fondo a las observaciones presentadas por los oferentes con el propósito de hacerlos inducir a error y favorecer así a un tercero. Interpretar el pliego de condiciones de manera subjetiva con el propósito de favorecer a un oferente en particular. Seleccionar a personas naturales o jurídicas para la contratación de prestación de servicios de manera directa, sin que sean personas idóneas para el cumplimiento del contrato; Permitir la modificación y/o cambio de documentos en las propuestas que mejoren la oferta, con el fin de favorecer a un tercero; Recibir y valorar documentos que contienen información falsa y/o errada, aun cuando la entidad tiene conocimiento de dicha irregularidad.

59 Ibid., Celebrar contratos o convenios sin haber adelantado el procedimiento correspondiente establecido en el Estatuto General de Contratación Pública; Celebrar contratos con personas incursas en causales de inhabilidad e incompatibilidad establecidas en la ley.

60 Ibid., Recibir obras, bienes y/o servicios que no cumplen con las condiciones técnicas; No iniciar el proceso de declaratoria de incumplimiento o imposición de multas; Probabilidad de destinar o utilizar indebidamente bienes públicos; Elaborar informes que acreditan el recibo a satisfacción de bienes, obras y/o servicios que realmente nunca han sido entregados o recibidos por la entidad, con el propósito de autorizar los pagos acordados en el contrato o proceder a su correspondiente liquidación; Elaborar y expedir certificaciones contractuales que contienen información falsa con el propósito de favorecer a un tercero en lo que a la acreditación de la experiencia se refiere.

61 Frente a los "riesgos en la elección de procedimientos", Gallego, C., Isabel, "*La prevención de la corrupción en la contratación pública*", *Op. cit.*, p. 76, describe que: "Dentro de la fase de elección de procedimientos, uno de los riesgos advertidos por la OCDE es el abuso de procedimientos no competitivos sobre la base de excepciones de legalidad a partir de: a) división de contratos para conseguir

especial relación de interdependencia con las *fallas en el diseño* del proceso y la *falta de vigilancia*. De ahí que, en el marco de aplicación de técnicas de control situacional, el diseño óptimo del proceso resulte crucial. Por esto, como sugiere el Manual SAINT, "*Deben diseñarse procedimientos dentro de la organización administrativa específicamente para las operaciones y actividades más vulnerables, tales como la recolección, la contratación, el pago, la ejecución y concesión de licencias*". Así, por ejemplo, el proceso de compras debería contemplar la descripción de la necesidad del bien o servicio, la elaboración de la solicitud de compra, la toma de contacto con el proveedor, la solicitud de cotización, la selección del proveedor, el conocimiento de éste (*KYC*), la aplicación de controles al tercero seleccionado, la generación de la orden de compra, la recepción y pago de facturas y la ulterior validación del bien o servicio.

Lo propio sucede con la aplicación de procedimientos de *vigilancia* (control de gestión de procesos, revisión de cumplimiento de sus requisitos normativos, auditoría interna de controles financieros, etc.). Por ello, tomando como ejemplo el mismo proceso de compras, su *debida vigilancia* implicaría la activación de controles *detectivos* durante su ejecución, como, por ejemplo, verificar la real necesidad de compra, si el contacto con el proveedor se efectuó con base en la lista preaprobada, si se solicitó el número mínimo de cotizaciones requeridas, si su selección se produjo según criterios preestablecidos, si se aplicó el procedimiento para su conocimiento (*KYC*), si la actividad de facturación y pago se realizó bajo los parámetros contables exigidos y si, en efecto, se suministró el bien o servicio según las condiciones concertadas[62]. A propósito de

---

muchos contratos de poco precio; b) abuso del procedimiento de urgencia; c) abuso de otro tipos de excepciones basadas en detalles legales o en derechos exclusivos; d) continuidad de contratos existente sin comprobaciones previas".

62 Campos Acuña, Mª Concepción, *Aplicación práctica del compliance en la contratación pública*, *Op. cit.*, p. 257: "[...] serán los indicadores identificados los que podrán facilitar la detección de las desviaciones del programa de integridad y cumplimiento normativo a efectos de determinar las medidas correctivas a adoptar, premisa básica para el desarrollo de la actividad del órgano de control. A estos efectos, las nuevas herramientas de gestión que la introducción de la administración electrónica, y las posibilidades que ofrece el análisis de datos mediante las técnicas de *big data*, permitirían verificar con mayor facilidad la existencia o no de conflictos de intereses, la eficacia de mecanismos preventivos, el funcionamiento

controles *detectivos*, como reseña CASANOVAS, "Los controles financieros son bastante socorridos en los entornos de prevención y detección de los delitos económicos que suelen dejar huella en los flujos financieros, como el cohecho activo, por ejemplo"[63]. Estos controles operarían aquí, de acuerdo con esto, como limitante de la oportunidad criminal al restringir las *alternativas de acción* irregulares (*blocking*).

El análisis de eventos de riesgo reportados en el multicitado *paper* "*Estándares de riesgos de corrupción en la gestión contractual*" (***), entretanto, permite advertir *constantes* y *variables* criminológicas para identificar esa *oportunidad criminal*. Para tal actividad, lo primero que debe procurarse es anticipar el potencial evento de riesgo, como, por ejemplo, "*Ajustar de manera irregular la cuantía del proceso de selección, con el propósito de evitar adelantar procesos de licitación pública o selección abreviada de menor cuantía respectivamente...*". Según dicho *paper*, a "*Esto se conoce como fraccionamiento de contratos o precios frontera*". Demarcado el tipo de riesgo, sus *causas* podrían identificarse a partir de las dos *constantes* postuladas, a saber: (i) posibilidad real del agente de desarrollar esa tarea que vehiculiza el evento (acceso material a los recursos que lo soportan), (ii) capacidad de decisión del operador sobre dichos recursos (facultad material de alterar el procedimiento contractual). Evaluadas estas dos variables, debe proseguirse con el análisis de la *variable* (iii): grado de discrecionalidad del operador del proceso (amplio margen de actuación sobre sus recursos). Determinadas tales causas, lo siguiente que corresponde es activar controles *detectivos* aplicables durante el curso de ejecución del proceso, sean de orden financiero (análisis selectivo de soportes para aprobar pagos, revisión de transacciones significativas, auditorías financieras de proceso, etc.) o no financiero (razonabilidad y proporcionalidad de los pagos según el tipo de servicio contratado, escalas de aprobación de adjudicaciones, sistemas de doble firma, supervisión de transacciones de cierto nivel, revisión de los documentos que soportan los requisitos del proveedor, etc.). Véase ahora que, el apropiado diseño y funcionamiento de estos controles fácticos de proceso, permiten *obstaculizar* las oportunidades ilícitas que estos albergan.

---

del canal de denuncias y otros extremos que respalden la solidez del programa de compliance para prevenir los riesgos de integridad en la contratación".

63 CASANOVAS YSLA, Alain, "*Compliance* penal normalizado...", *Op. cit.*, p. 196.

Pues bien, si en la fase anterior la delegación centraba su eficiencia en la debida *selección* de los dependientes de riesgo, en este caso es la *vigilancia* adecuada la que está llamada a operar en aras de *detectar* las eventuales *señales* de desviación en el ejercicio del cargo por parte de tales dependientes, particularmente, *controlando la discrecionalidad* en la toma de decisiones. Frente a la *Evaluación de vulnerabilidades inherentes* establecidas en el Manual SAINT (*), precisamente, se establece que "*Algunas funciones o procesos en el sector público son más vulnerables a las violaciones de integridad que otros. Estos son procesos o funciones inherentes y vulnerables*". De manera concreta, establece el Manual frente a las "adquisiciones públicas de bienes y servicios", que "*Este tipo de actividad hace que el gobierno sea vulnerable al fraude, la corrupción, los conflictos de intereses y la competencia desleal*". Es por ello que, la aplicación de controles detectivos de proceso (financieros y no financieros), sumados a los de naturaleza transversal (auditorías de cumplimiento, debida diligencia y líneas éticas), permiten afirmar la posibilidad de impedir el curso de desviación ilícita de poder, puesto que se restringe la *discrecionalidad* como elemento catalizador de la oportunidad criminal (de las alternativas de decisión ilícitas). Con todo y eso, si desde el plano técnico resulta viable la aplicación de cautelas *durante* las operaciones o transacciones bajo medidas detectivas sobre las partes concurrentes (requisitos de postulación, reputación de la contraparte, etc.), la información subyacente (legal, financiera, etc.) y la documentación de respaldo (licencias, experiencia, garantías, etc.), puede asimismo proponerse la opción de desplegar un control eficaz de orden personal que limite la potencial desviación ilícita de tales procesos a partir de una política que procure vigilar la integridad de quienes gestionan dichos recursos.

Se entiende, de acuerdo a lo antedicho, que el Manual SAINT (*) establezca que no es suficiente que cada gerente actúe con integridad. Deben, además, "[...] *mostrar con palabras y hechos que la integridad es importante, que la integridad requiere vigilancia y que, a través de la política de integridad, la organización ayuda al personal a ser buenos funcionarios*"[64]. Esa vigilancia del estándar ético requerido

---

64 El Manual SAINT (*) consagra, entre otras medidas fundadas en la integridad, las siguientes: la integración dentro del "Marco Político", "*La política de inte-*

por la organización precisa del análisis de las brechas de integridad, particularmente de aquellas que pueden afectar los procesos de mayor criticidad luego de efectuar un pronóstico de vulnerabilidad. Este examen, concretamente, "[...] *tiene como objetivo descubrir opciones para reducir las vulnerabilidades y fortalecer los controles de integridad*". Se trataría lo anterior, como se planteó en el Capítulo I, de un control holístico basado en la profusión e integración de la ética a la estrategia. Entre otras medidas que resultarían útiles para ello, como revela el mismo Manual (*), estarían las "auditorías de integridad", entendidas como "[...] *un medio apropiado para que la administración obtenga una idea de la calidad del sistema de control de integridad de la organización*". A partir de esta acción de grado general, a la postre, se descendería al nivel de control *detectivo* por procesos.

La *debida vigilancia*, ya a un nivel concreto, se articularía a partir de controles fácticos sobre esos procesos criminalmente críticos de diverso alcance y titularidad (control de gestión, revisión y auditoría), de cara a limitar el abuso de los recursos operados ante la presencia de la *oportunidad delictiva*. Esto resulta importante reiterarlo porque, en caso de materialización del delito, situados ya en una perspectiva dogmática, la omisión de vigilancia de los regentes podría considerarse, desde el pla-

---

gridad establecida formalmente en un plan de política general"; en el proceso de "Análisis de vulnerabilidad / riesgo", un "*Análisis en profundidad llevados a cabo para áreas y posiciones vulnerables*"; una correcta "Organización administrativa y control interno", lo que comprendería acciones como la "*Especificación de actividades y posiciones vulnerables*"; la definición de los "valores e integridad" de la organización, mediante "*la integración de la integridad en la misión de la organización*"; la definición de "estándares profesionales", por ejemplo, asegurando que "*Los empleados han participado en la formulación del código de ética*"; la generación de una "Conciencia de integridad", a través de actividades como "*Cursos de capacitación regulares considerando la integridad*"; una "actitud de gestión" de la integridad desde la alta dirección, por ejemplo, mediante la "*búsqueda activa de la implementación de una política de integridad y medidas de integridad*"; la "generación de una cultura organizacional", procurando "*prestar atención con regularidad a la importancia de la integridad*"; el establecimiento de una "respuesta a las violaciones de integridad", por ejemplo, mediante un "*Protocolo para investigar violaciones de integridad (sospechadas)*"; a través de "procedimientos de reclutamiento y selección", de modo que "*La integridad constituya una consideración específica cuando se contrata personal temporal y externo (ISSAI 40, 6b, elem. 2)*".

no de la *infracción de deberes de organización*, como fundamento de la autoría en comisión por omisión o participación por omisión. Téngase en cuenta aquí que, como sostiene SILVA, si el delegante ("el vigilante") ha mantenido en su cabeza la competencia jurídica de control directo del riesgo que ha de conducir al resultado, "[...] su omisión de vigilancia –y, en su caso, de corrección directa o mediata (mediante órdenes) de la situación de riesgo detectada (evitando así de modo directo o mediato el resultado) puede dar lugar a una autoría en comisión por omisión"[65]. Es este control directo por parte del gestor sobre la fuente de peligro (sobre los procesos críticos), insístase en ello, lo que le permite desplegar sobre ella un *dominio situacional.*

4.3. Control Reactivo: control de la Situación de Vulnerabilidad (SV)

El "marco de discreción" que rodea la ejecución del delito constituye, pues, un agente criminógeno esencial[66]. De ahí que, para la profilaxis de los procesos que lo vehiculizan (*self-cleaning*), la generación de un "ambiente de control" constituya un poderoso instrumento cautelar. Para ilustrar este factor de interdependencia entre percepción de *impunidad* y *vulnerabilidad* del proceso, puede volverse sobre los eventos descritos, en los que resulta fácil inferir que el éxito de sus ejecutores no se entiende sin la ausencia de un control efectivo de los recursos del proceso. Esa trasgresión presupone, como se apuntó, la existencia de un orden jurídico de referencia, pues como señala MALEM, "La noción de corrupción es parasitaria de un sistema normativo"[67]. En similar sentido, refieren LAPORTA y ÁLVAREZ que la corrupción implica "[...] la violación de un deber posicional realizado por quien ostenta un cargo o cumple alguna función determinada por cierto sistema de reglas..."[68]. Lo anterior resulta importante porque, tratándose de actividades regladas, ese acto de *ocultamiento* suele producirse mediante el cumplimiento *aparente* de tales reglas facilita-

---

65 SILVA SÁNCHEZ, Jesús-M., "Compliance y deberes de vigilancia del empresario", *Op. cit.*, p. 92.

66 MALEM SEÑA, Jorge F., *La corrupción...*, *Op. cit.*, pp. 34-35.

67 Ibid., p. 33.

68 LAPORTA, Francisco J. / ÁLVAREZ, Silvina, *La corrupción política*, *Op. cit.*, p. 80.

do por una "atmosfera de anonimato"[69]. Es esta posibilidad de *mimetización* lo que generaría en el potencial infractor cierta "*esperanza de impunidad*" sobre su actuar criminal, facilitada esencialmente por una deficiente aplicación de controles sobre su función.

La correlación lógica entre las fases sucesivas del *curso típico*, por lo expuesto, permite inferir la necesidad que experimentaría el infractor de encubrir su proceder ilícito bajo un manto de legalidad o bien mediante la obstrucción de controles. De forma tal que, si tal percepción de anonimato es un catalizador del acto de racionalización del actuar delictivo al producir en el infractor *seguridad de acción*, en su contra, dicho deber de vigilancia debe propender por incrementar el grado de aversión al riesgo mediante la revisión de los procesos a su cargo potenciando las *fuerzas inhibidoras*. Tratándose de procesos regulados, parece claro que la función de cumplimiento constituye una eficiente herramienta del órgano de dirección para obtener conocimiento sobre el ajuste normativo de los procesos ejecutados de cara a aplicar los correctivos que correspondan en caso de advertir desviaciones en su aplicación[70]. A propósito de medidas correctivas, como señala CASANOVAS, "Cuando se materializa una *no conformidad*, la *organización* analizará sus causas raíz y valorará si es susceptible de reproducirse, en atención al diseño actual del *sistema de gestión de compliance penal*"[71]. Esta cita, conviene destacar, permite advertir la importancia de concretar los factores que generan esa "*esperanza de impunidad*" en el operador del proceso como criterio metodológico para identificar esa *causa raíz* del respectivo constrictor.

Tal percepción de *seguridad* se concatena, en el contexto de la *situación criminógena*, (i) al marco de discreción que acompaña la disposición ilícita de los recursos del proceso (*circunspección*), (ii) a la posibilidad de su ocultamiento o disfraz "legal" (*mimetización*) y (iii)

---

69 AGUSTINA, José R., "Fenomenología del employee crime...", *Op. cit.*, p. 355.

70 SILVA SÁNCHEZ, Jesús-M., "Compliance y deberes de vigilancia del empresario", *Op. cit.*, p 99, sostiene además: [...] la posición jurídica del *delegado de vigilancia* quedará configurada de modo general por la concurrencia de dos deberes: por un lado, el deber de obtener conocimiento; y, por otro, el deber de transmitir la información obtenida al superior jerárquico o, en todo caso, a la persona competente para la corrección de la situación defectuosa (deber de denuncia, en suma)".

71 CASANOVAS YSLA, Alain, "*Compliance* penal normalizado...", *Op. cit.*, p. 221.

al poder del sujeto decisor sobre la suerte de los controles respectivos (*dominación*). Esa posibilidad de ocultamiento que operaría como "catalizador" de la decisión ilícita, a modo de ejemplo, se aprecia a partir de uno de los procesos más sensibles al soborno: el diseño de los *términos de referencia*. Se produce aquí, como reseña GALLEGO, un ocultamiento desde la "fase de diseño de la contratación y preparación de la documentación complementaria"[72]. En esta fase suelen incluirse, bajo una aparente legalidad, especificaciones técnicas, objetivos y, en general, los requisitos para la adjudicación del proyecto creados "a la medida" de cierto proponente. MALEM describe en forma simple esta situación. Señala que, para lograr contraprestaciones corruptas, "[...] se suele establecer especificaciones en los pliegos de licitaciones que sólo pueden ser cumplidas por determinadas empresas". Puntualiza que, "Bajo la apariencia de unas exigencias generales, válidas para todos los potenciales interesados por igual, se suele esconder una «descripción definida», que otorga una clara ventaja a uno y sólo a uno de los posibles participantes en la licitación"[73]. Esa *posibilidad de disimulo*, entonces, es la *causa* criminógena que aquí habría de controlarse.

Desde el plano psicológico, como se adujo, ese acto de ocultamiento llevaría implícita una deconstrucción cognitiva del grado de aversión que presupone el actuar delictivo por parte del infractor, otorgándole mayor capacidad afrontativa frente a la tensión que produce la incertidumbre atada a su ejecución (*dominación*). A juicio de BANDURA, "El temor de las personas hacia acontecimientos potencialmente peligrosos sobre los que no puede ejercerse control personal variará en función de la eficacia percibida para protegerse de sus efectos"[74]. En términos

---

72 Sobre los riesgos en la definición de requisitos y criterios de valoración de las ofertas, GALLEGO, C., Isabel, "*La prevención de la corrupción en la contratación pública*", *Op. cit.*, p. 73, señala que estos se pueden presentar en: "La definición de los requisitos de la contratación es una de las fases dónde se han detectado igualmente importantes riesgos. Estos riesgos pueden verificarse tanto en la fase de elaboración de las especificaciones técnicas (bien sean hechas a medida para una compañía, bien sean demasiado vagas o no basadas en requisitos concretos), como en la de selección de los criterios de adjudicación. En este caso, estos bien pueden no haberse definidos clara y objetivamente, bien no haberse establecido o publicitados con anterioridad a la apertura del plazo para la adjudicación".

73 MALEM SEÑA, Jorge F., *La corrupción...*, *Op. cit.*, p. 78.

74 BANDURA, Albert, *Pensamiento y Acción...*, *Op. cit.*, p. 466.

criminológicos, esas maniobras de ocultamiento obedecerían a la racionalización de ese factor de *impunidad* modulada por la debilidad del control interno (SV). La ausencia o ineficacia de los controles del proceso operado, dado que generaría en el potencial infractor una *percepción de anonimato* de su actuar indebido (confianza), le conferiría según este postulado criminológico un estado de seguridad frente a la predictibilidad de la situación representada en el dominio mental sobre la "fuente de miedo" (la eventual *sanción*). Por esta razón, en la Metodología IntoSAINT (*), la "*Respuesta a las violaciones de integridad*" constituye un aspecto basilar del sistema de control. De manera que, si la debilidad del control interno encarna un factor criminógeno, la "reacción" por parte de la dirección en el marco de su poder de mando con respecto a toda irregularidad se presenta como una medida fundamental para procurar un "ambiente de control".

La *respuesta* firme frente a toda falta, en tal sentido, cumpliría una función cardinal en el marco holístico de control penal. Según el Manual SAINT (*), "*Un aspecto importante de la cultura de una organización es su respuesta consistente a las violaciones de integridad*". No hacer nada o responder a medias, dispone el Manual, "[...] *es una señal para el personal de que la organización no valora la integridad*". Agrega este instrumento que "*La política de sanciones muestra al personal la seriedad con la que la gerencia toma la integridad*". Y ello porque, según se precisa allí, "*Si una violación de la integridad queda sin castigo, provocará una pérdida de motivación entre los miembros voluntarios del personal de la organización*". El citado documento de "*Identificación de riesgos de corrupción en la gestión contractual pública*" (***), a propósito de la necesaria reacción frente a las faltas de integridad, establece como causa del fenómeno en todas las fases del proceso de contratación, la "*Ausencia de sanciones ejemplarizantes y de mecanismos efectivos para realizar denuncias*". Estas medidas tendrían por función, en concreto, reaccionar frente a los *vectores* señalados que propician pulsiones criminales en el agente decisor motivadas en su percepción de impunidad: (i) marco de circunspección de la operación ilícita (*actuación discreta*); (ii) posibilidad de mimetización legal del acto irregular (*disimulo normativo de la acción ilícita*); (iii) dominio del agente decisor sobre los controles internos (*facultad de disposición*). De ahí que, la restricción de este tipo de agentes causales, precise de un *marco de integridad holístico* reforzado por la *reacción* de tipo concreto[75].

Tanto a nivel *general* (comprensión holística de la estructura organizacional) como *particular* (caracterización específica de sus procesos críticos), a la luz de lo visto, el *compliance* se instituye en un excelso mecanismo para la generación de entornos de control en las organizaciones (*general*) que condiciona la supervisión específica de sus posiciones de mayor vulnerabilidad criminal (*concreto*). Esta lógica de control transversal y especial se conecta al deber de vigilancia que debe desplegarse sobre personal delegado, presentándose una suerte de relación de género a especie entre *compliance* y *control posicional*. En concreto, el *compliance* constituiría un mecanismo idóneo para el control de tales posiciones en tanto que, como afirma Silva, nada se opone a que "[...] pueda afirmarse que la implantación de un *compliance program* integra –entre otras medidas- la sistematización y procedimentalización formalizadas de un modelo de vigilancia de los superiores sobre los subordinados"[76]. Esta afirmación resulta relevante, precisamente, porque la forma de procedimentalizar el control sobre esas posiciones sensibles pasa por identificar todos los recursos asociados a los distintos elementos constitutivos de los procesos operados por aquellos (*suppliers*, *inputs*, *process*, *outputs*, *customers*), a fin de proceder con una vigilancia sistemática durante su procesamiento o tras la culminación del proceso, aplicando los correctivos requeridos en caso de advertir algún tipo de desviación (favorecimiento ilícito de alguna contraparte, manipulación de información, simulación de documentos, etc.).

El modelo que aquí se adopta, en tal modo, revalúa los controles *reactivos* bajo un filtro de integridad. Esto conduce a considerar el

---

75 Sobre esta fase reactiva, Campos Acuña, Mª Concepción, *Aplicación práctica del compliance en la contratación pública*, *Op. cit.*, p. 223, señala: "La adecuada configuración de un marco de integridad institucional o de cumplimiento normativo en la contratación pública requiere contar con un sistema de responsabilidad que permita aplicar, en su caso, las medidas disciplinarias frente a aquellos incumplimientos que se hayan detectado en el ejercicio de la función de *Compliance*".

76 Silva Sánchez, Jesús-M., "Compliance y deberes de vigilancia del empresario", p. 101.

"ambiente de control" como un efecto derivado de la cultura interna de respeto al Derecho lograda a partir de las citadas cautelas de integridad personal. El Manual SAINT (*), entretanto, acota que "*Aunque la organización administrativa no está exclusivamente dirigida específicamente a la integridad, muchos de sus procedimientos y controles están relacionados con la integridad*". Agrega que las medidas se dividen en tres categorías: (i) controles duros definidos por reglas, procedimientos y diseño de sistemas administrativos y controles internos; (ii) controles suaves dirigidos al comportamiento, la cultura y la actitud de gestión; (iii) controles generales que tienen un alcance y / o impacto más amplio, por ejemplo, la organización de la política de integridad. Los primeros se refieren a regulaciones, procedimientos y sistemas técnicos. Los controles suaves, por su parte, están diseñados para influir en el comportamiento, la atmósfera de trabajo y la cultura dentro de la organización. Y los generales tendrían un alcance mayor que alcanza una combinación de elementos duros y blandos. Su fin último sería combatir las "definiciones favorables" al delito como modelo colectivo, mediante la respuesta consistente a las faltas de integridad. De hecho, como dispone el Manual (*), "*La experiencia muestra que el comportamiento inapropiado de una persona induce a un comportamiento similar por parte de otros*". Es bajo esta premisa, en suma, que se sostiene que la *reacción* a nivel individual contribuye al ambiente de control que contrae dicha *percepción de impunidad*.

5. BALANCE

El presente capítulo se presentó a modo de desarrollo del *cuarto pilar* del modelo anticipatorio de riesgos penales propuesto. Partiendo de la premisa de que el tratamiento del delito debe comenzar por una comprensión criminológica del factor humano tanto para analizar sus motivaciones como para aplicar las medidas de control correspondientes, se postuló bajo el marco del riesgo de corrupción en la contratación pública que el control fáctico de riesgos criminales debía partir de un enfoque a *procesos* en el que, previa regulación del puesto de trabajo (funciones, tareas, perfil del cargo, etc.), se debía propender por una debida selección de su titular (líder) como presupuesto para el efectivo control de los recursos afiliados a los procesos a su cargo.

Fue así como, bajo la estructura criminológica planteada, se abordó el estudio de tales procesos bajo la metodología SIPOC (*suppliers*, *inputs*, *process*, *outputs*, *customers*), señalando cómo sus recursos podrían generar incentivos perversos sobre sus operadores para querer beneficiarse económicamente de ellos, aprovechar su posición o cargo para direccionar dichos procesos a cambio de la efectiva consecución de tal prestación económica y confiar en no ser descubiertos gracias a las deficiencias del control establecidas sobre los mismos procesos. A la vista de esta triple identificación de esferas criminógenas, se postuló cómo el gestor de la entidad no sólo debía, sino que además podía, aplicar controles éticos y fácticos sobre los procesos internos en aras de desplegar un control situacional sobre sus factores de riesgo. Esos controles se concretaron en cautelas éticas aplicadas a los deberes de *elección*, *vigilancia* y *corrección* sobre los operadores como vía para limitar la emergencia de tales vectores criminógenos.

Capítulo V
AUTODEFENSA: ¿CÓMO PROBAR LA EFECTIVIDAD DEL COMPLIANCE?

1. PREFACIO

Resulta lógico que si la implementación de mecanismos de *compliance* constituye la base de aplicación de eximentes y atenuantes de responsabilidad legal de las corporaciones y de sus directivos, la prueba sobre su suficiencia debe ocupar un lugar especial en la estrategia de gestión del riesgo penal (de la sanción). Luego, si se advierte que la materialización de dicha sanción no se entiende sin una vinculación formal de la persona jurídica o de sus directivos a un proceso jurisdiccional en el que la atribución de responsabilidad viene precedida de un debate probatorio, entonces, la prueba se instituye en un elemento esencial del modelo anticipatorio de riesgos penales. Pongamos por caso una gran empresa del ramo de la construcción, en la que su órgano de administración, conocedor de los riesgos de soborno y de lavado de activos que integran las compañías de este sector económico, decide contratar a un equipo externo de abogados para que le asesore sobre cómo prevenir el riesgo de sanción penal que recae sobre él y la propia empresa. El primer consejo profesional que se ofrece por parte de este despacho, es que se debe adoptar un modelo de cumplimiento como mecanismo de prevención de delitos para que, en caso de concretarse, permita desplegar una defensa procesal efectiva. Pero, resulta que, si se es coherente con la estructura del proceso jurisdiccional, este despacho tendrá previsto que, en el marco de dicho proceso, tendría que acreditar la eficacia del modelo de cumplimiento. En este punto, la siguiente pregunta que surge, es cuál sería el medio de prueba a utilizarse para tal cometido. En este capítulo se argumentará que los documentos vinculados a la operación del modelo de cumplimiento no son suficientes por sí solos para ello. Tampoco serían suficientes las declaraciones de los operadores técnicos del modelo (oficial de cumplimiento, auditor interno, etc.). Si se quiere se efectivos en tal defensa, como se indicó, los anteriores elementos deberán complementarse mediante un esquema de auditorías de cumplimiento –externas-, que sume a su estructura de aseguramiento (metodología), los principios, directrices y reglas de la prueba pericial. En esta lógica de *gestión procesal del riesgo de sanción* y del indisponible plano probatorio que ello precisa, por lo expuesto, encuentra aplicación la referida "Prueba Pericial de Compliance": un instrumento que, operado en una fase *pre-delictum* bajo los principios y metodologías de la auditoría de cumplimiento y expresado como dictamen pericial –*stricto sensu*- en una etapa *post-delictum*, se instituye en la piedra angular de un genuino modelo de control del riesgo penal.

2. DEL ASEGURAMIENTO EXTERNO AL PERITAJE DE COMPLIANCE

El control efectivo del riesgo de penal corporativo (*consecuencias punitivas y legales derivadas de delitos*), según se ha visto, comporta la consideración del contexto procesal en el que dichos castigos legales se imponen. La razón de esta afirmación, como se anotó, se recoge en la multicitada norma técnica española UNE 19601 sobre "*Sistemas de Gestión de Compliance Penal*", según la cual, la organización debe "[…] *generar evidencias de cumplimiento en el momento de realizar los controles o revisiones y su gestión propia o por terceros de forma inalterable e íntegra para su posible presentación en futuros procedimientos judiciales que afecten a la organización*" (UNE 19601 [6.1]). La estructura del modelo de las *Tres Líneas de Defensa* que se adopta, bajo este objetivo, permitiría integrar un instrumento de "anticipación" o "preconstitución" continua de la prueba del *compliance* al hilo de los procesos de *aseguramiento externo*. Este proceso de validación independiente de sistemas de gestión, incluso, ha sido considerado por el propio IIA como una "*Cuarta Línea de Defensa*" (***), a saber: "[…] *auditores externos, reguladores y otros grupos fuera de la organización pueden ser considerados como adicionales líneas de defensa, proporcionando aseguramiento a las partes interesadas de la organización, incluyendo los organismos de gobierno corporativo y la alta dirección*". Esta actividad de *cuarta línea*, como se verá, resultaría útil no sólo al objetivo general de emitir una opinión sobre el estado del SGRP evaluado, sino además para la anticipación sistemática de evidencias bajo un conjunto de normas técnicas que prevén la evaluación experta de programas de cumplimiento por parte de terceros especialistas.

A propósito de esa *revisión por terceros* que señala la citada norma, como cabe reseñar, ello no se reduciría a las "evaluaciones de conformidad". Antes bien, como recuerda CASANOVAS, existen "otras alternativas relacionadas igualmente con la opinión de un tercero independiente"[1]: Los "encargos de aseguramiento" y los "informes periciales" forman parte de ellas. La Norma Internacional de Encargos de Aseguramiento 3000 (en adelante, NIEA o ISAE 3000) y el estándar IDW AsS 980 sobre *Compliance Management Systems*, expresión de los primeros, otorgarían una sólida metodología para los segundos. Con respecto a la ISAE 3000, según recuerda CASANOVAS con relación a los requisitos éticos, de independencia, de aceptación del encargo, de planificación, de ejecución y de control de calidad que proporciona la norma al profesional para dicha actividad evaluadora, "Esto permite realizar trabajos de aseguramiento sobre reportes no financieros, como los relativos a un modelo de compliance, por ejemplo"[2]. Y frente a la segunda norma, como también reseña el mismo autor, "La finalidad de este estándar no es establecer requisitos o directrices para diseñar y mantener sistemas de gestión de *compliance*, sino regular una metodología para su revisión por parte de un tercero independiente"[3]. Lo que se propone aquí es que, a dicha actividad de auditoría –externa y a intervalos planificados-, se integren ciertas exigencias del dictamen pericial para que se adecúe a las reglas de la prueba. De ahí que, dicho peritaje, pueda ejecutarse considerando un esquema profesional como el previsto por la Norma Europea EN 16775 sobre "*Requisitos Generales para los Servicios Periciales*".

Sobre la necesidad y carga de la prueba radicada en cabeza de las defensas, conviene remarcar, se erige el quinto pilar del modelo de responsabilidad penal anticipada desarrollado[4]. Recuérdese

---

1 CASANOVAS YSLA, Alain, "*Compliance* penal normalizado...", *Op. cit.*, p. 225.

2 Ibid., p. 225.

3 Ibid., p. 77.

4 Sobre el objeto y medio de prueba del *Compliance*, NEIRA PENA, Ana María, "La efectividad de los criminal compliance programs como objeto de prueba en el proceso penal", Polít. crim. Vol. 11, Nº 22 (Dic. 2016), Art. 5, pp. 467-520, p.

que, como reseña SILVA, "Como tal defensa afirmativa, la prueba de la existencia de las condiciones (procedimentalizadas) de permisión del riesgo representado por la persona jurídica le corresponde a la defensa"[5]. La pericial en *compliance* es el instrumento estructural de tal modelo, pues como señala NEIRA sobre el objeto de prueba y al medio pertinente para su acreditación, "[...] la prueba pericial sobre compliance es adecuada y aun idónea para determinar la eficacia del modelo en orden a prevenir delitos de la naturaleza del cometido"[6]. Según se verá, las normas ISAE 3000 e IDW AsS 980, aplicables a la evaluación de requisitos normativos, permiten acoplar un modelo de *preconstitución continua* de la evidencia de cumplimiento bajo las reglas instituidas para la prueba pericial (en modo análogo al proceder de los auditores de cumplimiento)[7]; algo similar, a la operativa periódica de la auditoría de certificación[8]. La misma ISAE 3000 es expresa en señalar que "*Como ejemplos de encargos que se pueden realizar de conformidad con esta NIEA están...*" (NIEA [A8]), entre

492, señala: "En este sentido, se afirma que la presentación de periciales, realizadas por empresas especializadas, que aseveren la institucionalización efectiva de una cultura de cumplimiento de la legalidad en el momento de cometerse el delito, será, en ciertos casos, la vía idónea para excluir la responsabilidad de la persona jurídica".

5 SILVA SÁNCHEZ, Jesús-M., "El debate sobre la prueba del modelo de compliance...", p. 5.

6 NEIRA PENA, Ana María, "La prueba pericial sobre la eficacia de los programas de *compliance*", en PICÓ I JUNOY, Joan (Dir.), *La prueba pericial a examen*, Ed. Bosch, Barcelona, 2020, p. 591.

7 Con los reparos que merece afirmar que la certificación es una pericial, NEIRA PENA, Ana María, "La efectividad de los criminal compliance programs...", *Op. cit.*, p. 491, refiere: "[...] cabe afirmar que lo más habitual será que la eficacia del programa de prevención se acredite procesalmente a través de un experto independiente, que actúe en calidad de perito, como por ejemplo, un certificador o auditor de compliance. Así pues, tales profesionales podrían ser llamados al proceso en calidad de peritos, para evacuar un informe y declarar, en abstracto, sobre la idoneidad y eficacia del programa de cumplimiento para prevenir y detectar delitos de la especie del supuestamente cometido".

8 NEIRA PENA, Ana María, "La efectividad de los criminal compliance programs...", *Op. cit.*, p. 495: "Por eso, lo esencial de la tarea del certificador, más allá de emitir inicialmente un certificado, será realizar una labor de seguimiento de las políticas de cumplimiento penal de la entidad e ir, de este modo, preconstituyendo y recopilando pruebas válidas para un eventual proceso penal".

otros, el "*Cumplimiento de disposiciones legales o reglamentarias*". A propósito de auditorías de cumplimiento para fines de *prueba* sobre la vigilancia debida bajo las directrices de la IDW AsS 980, apunta Montaner que, "Desde esta perspectiva, se entiende que la realización de una auditoría del SGC conforme al estándar IDW puede servir como una prueba objetiva de la ejecución correcta de este deber de dirección"[9]. Luego, ante la eventualidad del proceso judicial, tal análisis se volcaría bajo la estructura establecida por estándares como la Norma Europea EN 16775 para la prueba pericial, pues como se señala en su "Introducción", se prevé la aplicación de los "Servicios Periciales" a la "[...] *realización de un dictamen sobre si los requisitos normativos o de funcionamiento se cumplen*". Es de este modo que la *auditoría* conectaría con la *pericial*.

La previsión de *pruebas periciales en cumplimiento* determina, pues, la estrategia de defensa en el ámbito de los delitos corporativos[10]. Una de las razones que se aducen para ello, es que cuando se trata de probar unos hechos para cuya aprehensión y comprensión judicial se requiere de conocimiento especializado, en este caso, una *lex artis* marcada por los estándares en *risk-management* y *compliance* (ISO 31000, ISO 31022, ISO 37301, ISO 37001, ISO 37002, etc.), el órgano judicial precisa de un criterio experto, no sólo para que realice la actividad de campo *verificatoria* de los medios cognoscitivos, sino además para que los *interprete*[11]. Por esta especialidad, valga la acotación, la prueba *documental* no tendría, por sí sola, la *conducencia* requerida en este tipo de valoraciones judiciales, puesto que la eva-

---

9 Montaner Fernández, Raquel, "La estandarización alemana de los sistemas de gestión de cumplimiento...", *Op. cit.*, pp. 146-147.

10 Sobre la visión estratégica de la pericial de *compliance*, Suaña, Oliver, "El informe pericial en los procesos penales frente a las personas jurídicas. Especial referencia a la certificación de los programas de cumplimiento normativo penal", en *Revista General de Derecho Procesal*, No. 47, (2019), refiere: "Sentada esta división, parece indiscutible que el programa de cumplimiento normativo penal se convierte en la clave de bóveda de la defensa de la persona jurídica en el procedimiento penal".

11 Sobre la pertinencia de la pericial para la valoración judicial, Coca Vila, Ivo, "*¿Programas de cumplimiento...*", *Op. cit.*, p. 63, sostiene que: "En último término deberán ser los jueces, quienes tendrán que recurrir necesariamente a informes periciales de expertos independientes".

luación de su contenido debe surtirse bajo los referidos estándares[12]. Ni siquiera, como se verá luego, las certificaciones de cumplimiento emitidas por entidades de certificación podrían ser consideradas prueba suficiente[13]. Lo propio sucede con los *testimonios –técnicos-* de los operadores del modelo de cumplimiento, pues a pesar de su conocimiento especializado en la materia, su integración al propio sistema de gestión evaluado podría restar credibilidad por su aparente interés en la causa. Más bien, la estrategia probatoria pasaría por una debida articulación de todos estos medios de prueba en aras de acreditar, en el caso concreto, un ejercicio debido de los deberes de garantía[14]. Es ante esta necesidad de ordenarse frente a futuros requerimientos de prueba sobre la idoneidad del modelo de cumplimiento, en suma, en donde se observa la pertinencia de contar con un esquema experto que sistematice periódicamente dichos elementos. Véase las razones de lo anterior:

---

12 Neira Pena, Ana María, "La prueba pericial sobre la eficacia de los programas de *compliance*", *Op. cit.*, pp. 591-592: "[…] en la medida en que el programa de cumplimiento tiene que reflejar el estado de la técnica de prevención de riesgos en el sector de que se trate, su eficacia debe ser acreditada en el proceso penal por medio de una pericial, si bien se tratará de una pericial peculiar, puesto que combinará elementos de contenido jurídico-penal y otros de corte más técnico".

13 Sobre la insuficiencia de la evidencia documental, Neira Pena, Ana María, "La efectividad de los criminal compliance programs…", *Op. cit.*, pp. 468-469, señala: "[…] en tanto que tales programas deben encontrase efectivamente vigentes en las dinámicas y actividades de la organización y deben de ser supervisados, actualizados y, en su caso, certificados o auditados por entidades independientes, la prueba documental resulta insuficiente, debiendo completarse con testificales y periciales que acrediten la vigencia del programa, su carácter dinámico, su capacidad para condicionar el comportamiento de los miembros de la organización y, en definitiva, el compromiso de la entidad con la cultura de cumplimiento de la legalidad que debe regir sus actuaciones".

14 Sobre la pertinencia de acreditar los deberes de garantía, refiere la misma autora, Ibid., p. 486: "[…] lo determinante para decidir sobre la responsabilidad penal de las personas jurídicas es el efectivo cumplimiento de los deberes de supervisión y control sobre aquella concreta actividad en la que se ha supuestamente se ha perpetrado la actuación delictiva, sin perjuicio de que la existencia de tales programas preventivos sirva para protocolizar o formalizar tales deberes y, por ende, como indicio de su cumplimiento".

2.1. Los documentos

Un modelo como el postulado está pensado para alcanzar la máxima efectividad en la defensa procesal de organizaciones y sus directivos. Por consiguiente, resulta preciso insistir en que, si bien los documentos recabados en el marco de la operación del modelo de cumplimiento son pertinentes, individualmente considerados no serían suficientes para acreditar su efectividad[15]. La razón de ello, es que los documentos constituyen tan solo una "foto fija" del sistema de cumplimiento, cuyo contexto dinámico y real debe ser aprehendido e interpretado[16]. La actividad pericial en esta materia, precisamente, se distingue en su primera fase por una identificación de los mismos documentos como parte de los hallazgos para ser valorados y confrontados con la *lex artis* aplicable, en punto a la definición de las conclusiones correspondientes[17]. Será un experto quien determine si, en últimas, los hechos documentados con dicha "fotografía" sí constituyen un reflejo fidedigno de la realidad esperada[18]. Por ello, como

---

15 Sobre las documentales que resultan pertinentes, postula la misma autora, Ibid., p. 489: "[...] en primer lugar, el programa de cumplimiento, en tanto que deberá encontrarse documentado, deberá ser aportado al proceso como prueba documental. En soporte documental, figurarán, de ordinario, el código ético de la entidad, su mapa de riesgos delictivos, el diseño de su modelo de organización y gestión preordenado a evitar delitos, los protocolos de actuación orientados a prevenir y detectar la comisión de ilícitos, los procedimientos que concreten el proceso de formación de la voluntad de la persona jurídica, así como los procesos de adopción de decisiones y de ejecución de las mismas, la configuración y las funciones del organismo encargado del funcionamiento del programa, el sistema disciplinario, el diseño del canal de denuncias, las labores de comunicación y formación...".

16 Al respecto, Ibid., p. 491: "El motivo radica en que, para valorar la eficacia del programa una foto fija de la situación organizativa de la entidad resulta insuficiente, debiendo valorarse sus medidas preventivas desde una perspectiva dinámica, como dinámica es la realidad en la que intentan influir".

17 Ibid., p. 489: "[...] a pesar de su innegable utilidad, la aportación documental del programa en cuestión no puede ser considerada suficiente para verificar la efectividad del mismo. Esta insuficiencia se debe a que la eficacia del programa se deriva, no sólo de su configuración genérica o a su diseño, sino también de su efectiva y concreta implementación en la estructura del ente".

18 Frente la prueba pericial como medio para probar el "debido control", VELÁZQUEZ V., David, "Responsabilidad penal de las empresas. ¿Cómo probar el debido control?" *Diario La Ley, Issue* 7794, 2012: "[...] tal protocolo deberá aportarse al Juzgado como prueba documental a disposición de la empresa que

señala Casanovas con relación a la evidencia de la *cultura de compliance*, "Muchas de ellas, como las indicadas anteriormente, dejan traza documental, por lo cual la valoración de la *cultura* de *compliance*, desde el escepticismo profesional de un tercero independiente, precisará atender a las evidencias que reflejan esos elementos"[19]. Además de su aducción como documental autónoma, anótese de paso, esos soportes se anexarían como evidencia objetiva de los hallazgos del experto, incluyendo los relativos a la propia estructura organizativa (procesos, funciones, controles, etc.)[20]

2.2. Los testigos

Al igual que se planteó en el ítem precedente, los testimonios de las personas relacionadas con la operación del modelo de cumplimiento (el oficial de cumplimiento o el auditor interno, por ejemplo), no es que no puedan ser considerados pertinentes, sino que su integración a la estructura del modelo mismo podría limitar su credibilidad ante el juez (conflicto de intereses, al menos aparente). Piénsese, entre otras limitantes, la incongruencia probatoria asociada a la pertenencia del oficial de cumplimiento o del auditor interno a la propia estructura del modelo de control; también, en el conflicto de intereses que podría surgir entre éstos y la organización si, por ejemplo, ha habido alguna disputa laboral; o, incluso, piénsese en la misma imputación de éstos por su presunta sustracción al cumplimiento de su deber. Por ende, si bien tales testimonios serían pertinentes, no serían suficientes[21]. Un

---

permite verificar el control debido, sin perjuicio de la aportación como pericial de un informe de experto independiente que corrobore la virtualidad de dicho protocolo y, ante todo, que los controles verdaderamente están implementados y funcionan en el momento presente".

19 Casanovas Ysla, Alain, "*Compliance* penal normalizado...", *Op. cit.*, p. 171.

20 Con relación a la política documental y su valoración, señala el mismo autor lo siguiente, Ibid., p. 190: "En cualquier caso, el resto de requisitos del sistema de gestión, aun cuando no se exijan como información documentada, necesitarán estar soportados por evidencias que permitan a un tercero independiente satisfacerse de su realidad".

21 Al respecto, Neira Pena, Ana María, "La efectividad de los criminal compliance programs...", *Op. cit.*, p. 491, señala: "[...] en contra de quien sostiene que casi toda la prueba que se va a aportar es la documental, en concreto, el programa de compliance, se debe afirmar que las vías probatorias apropiadas para acreditar

proceso de "preconstitución de la prueba" a intervalos planificados, como se verá más adelante, podría potenciar los testimonios de estos profesionales –y de otros funcionarios de la organización-, si determinados hechos se recaban bajo las técnicas probatorias exigibles previendo futuros escenarios jurisdiccionales (declaraciones juradas, entrevistas, etc.)[22]. Esto sería factible en este modelo de peritación anticipada, como también se verá, bajo un sistema de archivo electrónico en el que se vayan registrando continuamente no sólo los documentos asociados a la operación del modelo de cumplimiento, sino además cierto tipo de deposiciones que pueden resultar indispensables para su validación futura[23], por ejemplo, las declaraciones obtenidas en el marco de auditorías e investigaciones internas, medidas de sanción y aquellos reportes efectuados al órgano de dirección.

---

la existencia y vigencia de los controles diseñados en el programa y, particularmente, su incidencia en la estructura organizativa de la entidad, así como en la presunta comisión del delito perseguido, serán también testificales (de empleados o del compliance officer, así como de clientes o proveedores) o periciales (a través de informes de expertos que se pronuncien sobre la idoneidad y la aptitud de los programas a priori para prevenir delitos)".

22 Ibid., p. 493: "[...] de acuerdo con la regulación española, si los expertos en compliance llamados al proceso han participado directamente, bien como diseñadores del programa, bien como certificadores del mismo, podrían ser citados en calidad de testigos técnicos o testigos peritos, dado que, habrían percibido ciertos hechos relevantes para el proceso de forma previa o extraprocesal pero, además, contarían con unos especiales conocimientos técnicos sobre la materia objeto del proceso. Por ejemplo, el certificador del programa o, incluso, el compliance officer, podrían ser citados en tal calidad".

23 Ibid., p. 490: "[...] resulta esencial el archivo y registro documental de la actividad de compliance, esto es, de los documentos generados por la protocolización y formalización de las diversas actividades que desarrolle la entidad, la información recabada a través del canal de denuncias, la documentación de las investigaciones internas desarrolladas a raíz de tales revelaciones y de sus resultados, así como la documentación que genere, en su caso, la aplicación del sistema disciplinario. Igualmente, es preciso documentar la actividad del organismo encargado de la supervisión y vigilancia del sistema, reflejada a través de los informes de auditoría interna, de las revisiones periódicas del modelo o de su adaptación ante cambios en la organización, en la estructura de control o en la actividad del ente, de las actividades que desarrolle la entidad para formar a sus empleados en la cultura de compliance, tales como manuales de formación, cursos, etc.".

2.3. El dictamen pericial

La pertinencia procesal de un peritaje en cumplimento como pieza probatoria clave del proceso de responsabilidad penal por delitos corporativos, entretanto, se advierte en forma clara cuando se analiza por separado los *tres estadios* en los que se configura una prueba pericial –*stricto sensu*-. Así, como sucede en el curso natural de todo peritaje, el trabajo del experto comienza por una etapa en la que identifica, analiza y valora la materia objeto de peritación (*fase de campo*), a fin de formarse su juicio frente a la petición letrada[24]. Al respecto, cabe reiterar que antes de la materialización del ilícito, esta fase se regiría bajo la cobertura metodológica de la tradicional *auditoría de cumplimiento* (ISAE 3000 / IDW AsS 980). Empero, en este modelo, dicho proceso de auditoría integraría ya directrices de la prueba (*v. gr.*, obtención de evidencias, cadena de custodia, etc.). Seguidamente, se produce una fase en la que el experto plasma en un *informe* los hallazgos y conclusiones debidamente sustentados en evidencia (*fase escrita*). Y, finalmente, una última etapa, en la que el experto es convocado a vista pública para que explique lo ejecutado en las dos primeras etapas (*fase oral*). Ahora bien, por la propia naturaleza del *compliance*, su peritación de *parte* tendría una particularidad (según la visión anticipada del modelo de gestión de riesgos penales propuesto): su construcción diacrónica (permanente)[25]. Ello, por la simple razón de que, si un órgano directivo en su fiel compromiso con el

---

24 En relación a la inexistencia en países como España o Italia procedimientos de verificación ex ante de la eficacia de los programas de cumplimiento o estándares jurisprudenciales consolidados sobre qué ha de entenderse por control debido, a juicio de la última autora, Ibid., p. 492: "[...] siendo normalmente los mecanismos de control de riesgos penales de carácter técnico, y específicos para cada rama de actividad, se obliga al órgano judicial a tener que recurrir a peritos expertos, de cuyo informe, previsiblemente, dependerá, en gran medida, la valoración de la eficacia del programa de cumplimiento y, por lo tanto, la determinación de la responsabilidad del ente".

25 Sobre la diacronía de la pericial de compliance, Nieto Martín, Adán, "Cumplimiento normativo, criminología y responsabilidad penal...", *Op. cit.*, p. 84, señala: "Además el juicio sobre la eficacia del debido control, no sólo debe ser global sino también dinámico o diacrónico. No se trata de tomar una fotografía de la entidad en el momento en que suceden los hechos, sino de "ver la película" en la que se muestra como ha funcionado el programa de cumplimiento en los

cumplimiento decide adoptar un SGRP para precaver futuras sanciones que pudieran amenazar su libertad, patrimonio, reputación y otra serie de impactos aplicables sobre sí y la persona jurídica a causa de la desviación no tolerada de sus subalternos, le es legítimo anticiparse a eventuales requerimientos oficiales a través de la ordenación continua de la prueba. Entre otras cosas, porque en ese futuro proceso se tendría que acreditar el cabal ejercicio del su *deber de evitar delitos* a lo largo del tiempo y para un instante concreto del pasado, según los límites del riesgo permitido[26].

A esta visión "anticipada" de la pericial *de parte* en *compliance* se vinculan, por lo menos, dos argumentos de peso para predicar su indisociabilidad de un modelo de gestión de riesgos penales. El primero está vinculado con la naturaleza del objeto de la prueba. Entre otros aspectos, si en el marco del proceso jurisdiccional correspondiente debe acreditarse la efectividad del SGRP para el momento de ocurrencia del ilícito judicializado, resultará harto complejo que cualquier perito pueda afirmar con un grado de *seguridad* siquiera *limitado*, que cinco años atrás –para el momento de los hechos-, por ejemplo, la organización contaba con medidas de control idóneas. Y el segundo está relacionado con la expresa regulación de los *medios de prueba* y que obliga a que éstos se rijan por la norma procesal, siendo aquí la *pericial –de parte-* el mecanismo requerido para tal objetivo. A propósito de reglas de la prueba, este último aspecto cobra todo su valor frente a los eventuales reparos jurídicos que pudiera suscitar una evaluación del *compliance* extra-proceso bajo las reglas de la pericial de parte *pre-delictum*. En cualquier caso, adviértase que este tipo de "pericial anticipada" es una mera nominación que no debe tener efecto jurídico

---

últimos años, con el fin de determinar si ha habido un esfuerzo continuado por parte de loa dirección en su implantación".

26 En este sentido, Caro Coria, Dino Carlos, "Imputación objetiva y Compliance penal", *Op. cit.*, p. 400, sostiene: "Es en este ámbito donde el Compliance penal cobra relevancia y puede entenderse como faz negativa de la imputación objetiva del delito corporativo, siendo que se considerará que la persona jurídica se encuentra dentro del riesgo permitido o, dicho de otro modo, no creó ningún riesgo prohibido, precisamente porque decidió autorregularse e implementar un programa de Compliance penal adecuado o idóneo; ello en claro ejercicio del deber de garante primigenio que ostenta el empresario, el cual fundamenta la imputación de responsabilidad penal a la empresa".

alguno en el plano procesal, pues, en estricto sentido, antes de activarse dicha vía jurisdiccional, dichas evaluaciones pre-procesales se regirían bajo las mismas *reglas de aseguramiento* que regulan la tradicional *auditoría de cumplimiento* (ISAE 3000 / IDW AsS 980). Luego, una vez se ha materializado el evento ilícito, toda esta evidencia objetiva, imparcial y metodológicamente recabada *ex ante*, iniciaría su recorrido por el proceso judicial acoplándose jurídicamente bajo la base tríadica de la prueba pericial: (i) fase cognitiva; (ii) fase escrita; (iii) fase oral. Véase por qué:

2.3.1. Fase 1: Cognitiva (auditoría de cumplimiento)

Con independencia de la posición que se adopte con respecto al objeto y al estándar de prueba que el ente titular de la pretensión punitiva u órgano acusador debe aportar al proceso para acreditar un déficit organizativo de la corporación o una infracción del deber de control y vigilancia por parte de los directivos que soportan dicha pretensión, al margen de la posición de quienes sostienen que a la defensa no le viene dada ninguna obligación de probar la existencia de un sistema de *compliance* o modelo de organización de análoga naturaleza (*defense negative*), lo cierto es que va en contra de toda lógica estratégica procesal que, si una organización o sus gestores han realizado esfuerzos importantes por implementar un adecuado sistema de cumplimiento, luego no lo ofrezcan como prueba de su compromiso y cultura de legalidad (*positive defense*), esto es, del ejercicio debido de su deber de evitación criminal. Aquel argumento, pareciera, resulta válido para aquellas organizaciones que no cuentan con este mecanismo de defensa y se juegan una suerte de victoria esperanzados en las carencias probatorias del ente acusador o en la interpelación a los clásicos argumentos sustantivos o procesales (en términos simples, la clásica defensa reactiva: errores de tipo, duda probatoria, principio de confianza, etc.). Es así que, bajo esta premisa de anticipación probatoria como estrategia de *defensa penal procesal positiva*, como se desarrollará más adelante en un apartado específico para esta fase, se presentará una metodología genuina para la "*preconstitución diacrónica*" de tal peritaje (en realidad, a intervalos planificados, al igual que sucede en los procesos de aseguramiento o auditoría externa), que permita afrontar de manera positiva y efectiva dichas imputaciones.

2.3.2. Fase 2: Escrita (informe pericial de cumplimiento)

Quienes por su actividad de jurista en cualquiera de sus especialidades (juez, fiscal, abogado, etc.), por supuesto para los propios peritos o consultores expertos en una determinada área del conocimiento, haya tenido algún contacto importante con la práctica pericial en cualquiera de esas áreas de ejercicio, sabrá que muchas veces la precariedad de los *informes periciales* termina echando por tierra una conclusión que, *prima facie*, podría ser acertada. Defectos en la relación de los principios o fundamentos científicos, en la postulación de la metodología, en la presentación de los resultados, en la estructuración de las conclusiones, en la sistematización de los hallazgos y, en fin, en un sinnúmero de yerros de fondo y formales (juramento o promesa, codificación, etc.), que conllevan invariablemente a inferir la nimiedad, irresponsabilidad o *in*idoneidad del perito mismo y, con ello, la valoración negativa de la prueba pericial propuesta. Bajo la premisa de que la construcción del *informe técnico base de opinión pericial* forma parte inescindible de la valoración positiva de la prueba pericial, en el subapartado correspondiente se postulará, con base en una serie de exigencias marcadas por los modernos códigos procesales, distintas líneas jurisprudenciales y estándares internacionales referidos tanto a la materia objeto de evaluación (riesgos y cumplimiento) así como a la metodología de análisis (auditoría de cumplimiento o aseguramiento), cómo estructurar un *informe pericial en compliance* que rinda su más alta efectividad. Adviértase desde ya que, una cosa es la metodología de *evaluación* del sistema (auditoría de cumplimiento), pero otra distinta la forma de su *presentación*.

2.3.3. Fase 3: Oral (defensa judicial del peritaje)

En los sistemas procesales de corte acusatorio la prueba pericial no se entiende sin un escenario judicial público, oral y contradictorio, en el que peritos, testigos e investigadores se someten a una serie de preguntas bajo técnicas de interrogatorio y contrainterrogatorio, de cara a sustentar en forma procesalmente adecuada y con solvencia su visión sobre los hechos objeto de judicialización. Ahora bien, bajo la misma premisa de efectividad (probática) a la que se ha hecho referencia, si bien pareciera que con la radicación del informe pericial culmina el compromiso del experto, no es menos cierto que tras someterse al mencionado contradictorio por las partes en juicio o, incluso, como sucede en ordenamientos procesales como el español, a un ejercicio de careo con otros expertos, el trabajo pericial termina por derrumbarse en su credibilidad. En tal sentido, en un subapartado posterior se desarrollará cómo en esta fase resultarían determinantes para la positiva valoración del peritaje, factores como la correcta sustentación de las bases técnico-científicas de la metodología aplicada, el grado de error de la misma, el haber apoyado los hallazgos en un sistema o repositorio electrónico que permita la disponibilidad y trazabilidad de las evidencias o en la debida correlación entre las conclusiones del informe y el cuerpo de anexos. Incluso, podría ventilarse si, en el proceso de adquisición de evidencias, se respetó la técnica criminalística que demanda cualquier tipo de investigación criminal (declaraciones, documentos, etc.). Es en esta tercera fase, en definitiva, en la que el perito debe soportar la suficiencia, legalidad y validez de las dos etapas anteriores.

3. FASE COGNITIVA: ANTICIPACIÓN DE LA PRUEBA DE COMPLIANCE

Una prueba pericial en materia de *compliance*, lógicamente, confiere una sólida base a las pretensiones jurídicas del ente de persecución penal o de las defensas de una organización y/o de sus directivos en procesos de responsabilidad penal o administrativos por la comisión de delitos en el despliegue de sus operaciones. Se trataría de una pericial *retrospectiva*, en su sentido más estricto, dado que los peritos deberán proceder a recabar documentos, declaraciones, datos digitales y otro sinnúmero de medios cognoscitivos para la fecha en que se materializó la conducta objeto de atención. Ahora bien, lo que sucede con la prueba de *compliance*, es que tal adquisición no resulta tan sencilla como ir a la empresa o entidad y solicitar elementos de la época. Por el contrario, son múltiples las dificultades que tal proceso cognoscitivo comportaría. Imaginemos, tan sólo, la complejidad de acreditar elementos sujetos a peritación como el nivel de cultura ética instalada en la organización cinco años atrás, el ejercicio del debido control sobre el concreto sujeto infractor para la misma fecha, la determinación de la suficiencia de los controles para prevenir el específico tipo de delito cometido para la época o cómo el infractor eludió tales controles. Y esta dificultad es importante advertirla por cuanto, si este tipo de peritaje se procesa bajo los métodos de auditoría previstos en los estándares ISAE 3000 e IDW AsS 980, las conclusiones podrían descender del rango de seguridad "*razonable*" al de "*limitada*" (algo así como los niveles *orientación*, *probabilidad* y *certeza* en ciencias forenses). El repositorio electrónico de evidencias accesado por este tercero experto tras cada una de sus evaluaciones periódicas, por de pronto, permitiría emitir conclusiones desde el grado de *seguridad razonable*.

A la vista de tales rangos de seguridad en las conclusiones del experto, la propia lógica indica que puede resultar más fiable (más segura) una pericial –en este caso, de parte-, en la que se haya tenido la oportunidad de recabar evidencias a intervalos planificados (*diacronía*). Pero esto no ha de conducir a la infundada intuición de que ello desdibuja, *per se*, la objetividad del perito a causa de la relación continua con la organización. Adviértase que, es esta la misma crítica injusta que ha arrastrado la *pericial de parte* en su largo trasegar (su "pecado de origen"). Injusta, conviene remarcar, por cuanto dos de las modalidades principales que se utilizan globalmente para evaluar la idoneidad de estos modelos, se producen a intervalos planificados: el aseguramiento externo y la auditoría de certificación. Basta revisar los textos de *compliance* con enfoque procesal o probatorio, para advertir que varios de ellos –erradamente, a mi modo de ver-, incluso, califican las *certificaciones* como prueba pericial. Por contraposición, este proceder diacrónico, lo que facilitaría frente a la actividad de peritación, precisamente, sería lo que se anhela de toda pericial: *objetividad*. Es como si, a la actividad periódica de auditoría externa, se sumara un *tercero experto* al equipo auditor enfocado en la obtención de evidencias bajo las reglas de la prueba (legalidad, cadena de custodia, etc.). Ello presupone dejar de lado este sesgo sobre la pericial de parte y, en cambio, examinar todo el proceso de adquisición y tratamiento de evidencia seguido por el experto para forjar su convicción. Los tres rubros objeto de prueba tratados a continuación permitirán advertir tal *necesidad* estratégica. Las cinco fases de la metodología que se plantearán tras la exposición de éstos, permitirán sustentar su *viabilidad* procesal.

3.1. Requisitos de efectividad

La *efectividad* de los programas de cumplimiento suele ser el *alcance* que se le confiere a la pericial de *compliance* en sistemas comparados. Ello es el correlato de la misma pretensión de efectividad que recae sobre dichos instrumentos en sus objetivos de *prevenir*, *detectar* y *corregir* situaciones de riesgo con potencialidad de materializarse en delitos. La función instrumental del *compliance*, como señala NEIRA, conlleva a que lo "[...] que se verifique a través de esta pericial sea la eficacia de la organización para prevenir la comisión de ilícitos penales..."[27]. En última instancia, en la medida en que el *compliance* se define por la prevención de los delitos que pudieran presentarse en cualquiera de los niveles jerárquicos de la organización, la peritación del modelo de cumplimiento abarcaría los requisitos que precisa el mecanismo de la delegación (*v. gr.*, *selección*, *vigilancia* y *corrección*)[28]. Los aspectos concretos que constituirían *tema de prueba*, siguiendo el ordenamiento con mayor experiencia en el procesamiento de organizaciones y la utilización del *compliance* como instrumento de defensa procesal, sería su adecuado *diseño*, su *implementación* integrada y su *funcionamiento* efectivo, de cara a prevenir, detectar y corregir en forma razonable los factores de riesgo criminal. Así se expresa literalmente la *Guidelines for Organizational Offenders* de EEUU, cuyo

---

27 Significa lo anterior que el perito, como reseña NEIRA PENA, Ana María, "La prueba pericial sobre la eficacia de los programas de *compliance*", *Op. cit.*, p. 592, "[...] deberá determinar si la entidad fue diligente en la prevención de delitos de acuerdo con los estándares del CP, aunque tal y como se concretan técnicamente en las normas infra-legales que los desarrollan".

28 Para GARCÍA CAVERO, Percy, *Criminal Compliance*, Lima: Palestra Editores, 2014, pp. 27-52, citado por NEIRA PENA, Ana María, "La efectividad de los criminal compliance programs...", *Op. cit.*, p. 474: "[...] para incorporar un programa de cumplimiento a la empresa deben seguirse los siguientes pasos. En primer lugar, el de formulación, que abarca la identificación de los riesgos, la definición de las medidas de prevención, detección y comunicación y la instauración en la empresa de la estructura propia del programa. En segundo lugar, la implementación, que implica informar a los miembros de la organización sobre el programa, incentivar la vigencia del programa y adoptar medidas que aseguren tal vigencia. Por último, estaría la fase de consolidación y perfeccionamiento, que incluye los protocolos de reacción ante la inobservancia del programa de cumplimiento, las sanciones ante eventuales inobservancias del programa y el mejoramiento del mismo a través de reevaluaciones y revisiones periódicas".

apartado §8B2.1, en su consideración de "Programa de Cumplimiento efectivo", señala que "*Dicho programa de cumplimiento y ética deberá* ***diseñarse, implementarse*** *y* ***aplicarse*** *de manera razonable para que el programa sea generalmente* ***efectivo*** *en la* ***prevención*** *y* ***detección*** *de conductas delictivas*"[29]. Son estos niveles de evaluación, en suma, los baremos para *testear* la efectividad del respectivo modelo[30].

Estos tres niveles demarcan los criterios de referencia utilizados por parte del DOJ (EEUU) para evaluar técnicamente la efectividad de los *compliance programs* en el logro de sus objetivos de prevención, detección y respuesta frente a los respectivos eventos de riesgo[31]. Como ya se anotó, su Guía "*Evaluation of Corporate Compliance Programs*", señala "los factores específicos que los fiscales deben considerar al realizar una investigación de una corporación": (i) diseño *("Is the corporation's compliance program well designed?")*; (ii) implementación ("*Is the program being implemented effectively?*"); (iii) funcionamiento efectivo ("*Does the corporation's compliance program work in practice?*"). Son estos, justamente, los tres aspectos que incorpora como objeto de análisis el citado estándar IDW AsS

---

29 Guidance Document / "*U.S. Departmen of Justice Criminal Division: Evaluation of Corporate Compliance Programs*", abril de 2019.

30 Frente a los criterios para la consideración de un "Programa ético y de cumplimiento efectivo", GÓMEZ-JARA, Carlos, *La responsabilidad penal de las empresas en los EE.UU*, *Op. cit.*, p. 125, señala que "Para tener un programa ético y de cumplimiento efectivo [...], una organización deberá: 1. Ejercitar la diligencia debida para evitar y detectar la conducta delictiva. 2. Promover a través de diversos instrumentos una cultura organizativa que incentive la conducta ética y el compromiso de cumplir con el Derecho. Dichos programas éticos y de cumplimiento deberán estar razonablemente diseñados, implementados y sancionados, de manera que el programa sea efectivo, en términos generales, para prevenir y detectar la conducta delictiva".

31 En relación a la función preventiva, detectiva y reactiva del *compliance* como objeto de prueba, SUAÑA, Oliver, "El informe pericial en los procesos penales frente a las personas jurídicas...", *Op. cit.*, refiere: "Así, en la medida en que el programa de cumplimiento debe compilar el conjunto de normas, procesos y procedimientos destinados a evitar la comisión de delitos en el seno de la organización, y al establecimiento de mecanismos para la detección temprana y reacción por parte del sujeto colectivo, los principios generales sobre qué es diligencia debida en cada ámbito de actividad, y en función a las concretas circunstancias organizativas, se convierten en el estándar a observar para determinar si la persona jurídica ha actuado con el celo necesario y, por lo tanto, debe descartarse el delito corporativo".

980 (A 11): (i) "*Approach to overall design of the CMS*" (diseño); (ii) "*Design, appropriateness and implementation of the CMS*" (diseño e implementación); y (iii) "*Design, appropriateness, implementation and effectiveness of the CMS*" (diseño, implementación y efectividad operativa). Se infiere, así, que no bastaría el mero *diseño* del modelo, lo que derivaría en lo que la doctrina ha denominado "*paper compliance*", sino que se requiere además una *implementación* integrada en la operación[32], para lograr luego un *funcionamiento efectivo*[33]. Por esta especialidad del *tema de prueba*, en definitiva, es que se sostiene que no resultarían suficientes los documentos, sino que se precisaría una visión pericial[34]. Véase por qué:

3.1.1. Diseño

En un orden lógico de construcción de un sistema de cumplimiento, entonces, su fase de formulación ocupa el primer nivel. Al respecto,

---

32 Sobre la estimación de estos criterios, Neira Pena, Ana María, "La efectividad de los criminal compliance programs...", *Op. cit.*, pp. 489-490, refiere: "[...] para que se aprecie su eficacia eximente no basta con el establecimiento abstracto de un conjunto de declaraciones programáticas, reflejando el compromiso de la entidad con la cultura de cumplimiento del Derecho, ni siquiera con la previsión de prevenciones y controles concretos, sino que se exige la efectiva implementación o puesta en práctica de tales controles y la adaptación de la actividad del ente, a nivel directivo, organizativo, financiero y operacional, a las reglas o protocolos diseñados y preordenados a neutralizar, en la medida de lo jurídicamente exigible, los riesgos delictivos propios de su desempeño".

33 Ibid., p. 480: "[...] hay que insistir en que un programa de cumplimiento, para ser eficaz, ha de estar en funcionamiento y ha de ser dinámico, por lo que no es suficiente con que se diseñe correctamente, sino que además ha de implementarse de forma efectiva en la organización y actualizarse periódicamente. Desde esta perspectiva, otra de las claves para que un programa de cumplimiento penal pueda llegar a tener eficacia eximente en relación con la responsabilidad de la persona jurídica, radica en que se encuentre efectivamente implementado en la estructura y en las dinámicas de la organización".

34 Al respecto, Ibid., p. 494: "[...] la prueba documental es útil porque sirve para valorar la adecuación de la actividad de identificación y valoración de los riesgos y la corrección del diseño del programa de cumplimiento. Sin embargo, tal medio probatorio, siendo necesario, no es autosuficiente, sino que necesita ser, previsiblemente, complementado por la prueba pericial, que sirve para valorar la eficacia del programa, tanto en abstracto, para los riesgos delictivos detectados, como en concreto, para el tamaño, la actividad y la estructura organizativa del ente y...".

precisa la Guía del DOJ que el *Compliance Program* debe estar "[...] *adecuadamente diseñado para la máxima efectividad en la prevención y detección de irregularidades*". Es esta exigencia, por lo expuesto, la establecida por el estándar de evaluación IDW AsS 980 (A 11): (i) "*Approach to overall design of the CMS*". Estos elementos, normalmente, vendrán establecidos por la norma de autorregulación estatal, sin perjuicio de los estándares que pueda utilizar la respectiva organización. El modelo planteado en el Capítulo I responde, como se vio, a esta necesidad de garantizar desde su fase de formulación (diseño) las exigencias de prevención, detección y corrección de factores de peligro criminal. En esta fase, por tanto, se trataría de advertir, acorde con la primera pregunta que se plantea el DOJ en la referida Guía, si "¿Está bien diseñado el programa de cumplimiento de la corporación?". Y para responder a esta primera cuestión, siguiendo la metodología planteada en la citada Guía, se podrían testear las múltiples preguntas planteadas allí para determinar una correcta formulación. Se evaluarían aquí, entre otros aspectos, el proceso de evaluación de riesgos (*risk assessment*), el procedimiento de creación de políticas (*policies and procedures*), las actividades de formación y comunicaciones (*training and communications*) o las medidas de debida diligencia o gestión de terceros (*Third Party Management*). En torno al mecanismo de delegación, se examinaría cómo se formularon las cautelas mínimas que exige la *lex artis* para predicar un efectivo encargo de funciones.

3.1.2. Implementación

El estándar de evaluación IDW AsS 980 (A 11) sobre *Compliance Systems Management* plantea como segunda escala cumulativa de análisis (a evaluar en forma conjunta con la fase anterior), su diseño e implementación: "*Design, appropriateness and implementation of the CMS*". Bajo esta misma lógica secuencial, la referida Guía del DOJ plantea como segundo escalón de indagación a sus fiscales, responder a la cuestión de si el "¿El programa se aplica con seriedad y de buena fe?", esto es, si "¿el programa está siendo implementado efectivamente?" ("*Is the program being implemented effectively?*"). Porque, como establece el mismo organismo de justicia en su Guía, "*Incluso un programa de cumplimiento bien diseñado puede no tener éxito en la práctica si la implementación es laxa o ineficaz*". Es así que, en este nivel de análisis, se preguntaría sobre aspectos concretos como el compromiso que ha tenido la alta y media gerencia en la implantación del programa (*Commitment by Senior and Middle Management*), la autonomía conferida al oficial de cumplimiento y los recursos asignados para el desempeño adecuado de su función (*Autonomy and Resource*) o el establecimiento de incentivos para fomentar el cumplimiento y la aplicación de medidas disciplinarias en forma consistente (*Incentives and Disciplinary Measure*). En últimas, como expresamente lo refiere la Guía (junio / 2020), en esta fase se trata de establecer si el programa cuenta con los recursos y el poder adecuados para funcionar de manera razonable. Ya descendiendo al mecanismo de delegación, se trataría de evaluar en esta etapa si las cautelas a aplicar sobre los delegados en posiciones críticas, en efecto se aplicaron bajo parámetros adecuados.

3.1.3. Funcionamiento

En atención a la finalidad político-criminal del *compliance*, se espera que el programa de cumplimiento cumpla su función de *prevenir* o, en su caso, de *corregir* aquellas prácticas ilícitas que se han *detectado*. Véase ahora que el estándar IDW AsS 980 (A 11) contiene como tercer nivel de análisis la evaluación cumulativa del diseño, implementación y efectividad operativa del CMS: "*Design, appropriateness, implementation and effectiveness of the CMS*". En esta misma lógica de análisis, el DOJ se plantea como tercer nivel de estudio determinar si "¿Funciona el programa de cumplimiento de la corporación en la práctica?" [35]. Concretando aún más el tema de prueba, bajo este criterio de análisis se determinaría "[...] *si el programa estaba funcionando efectivamente en el momento del delito*". La necesidad de obtener información segura sobre este evento, precisamente, confiere toda pertinencia a la pericial diacrónica y su conexión con la investigación interna. Así, dentro del grupo de aspectos que la citada Guía

---

35 Frente a este tipo de "modelos de papel", Nieto Martín, Adán, "*Presentación*", en *Public Compliance...*, *Op. cit.*, pp. 13-14, reseña que "[...] tal y como nos ha enseñado la experiencia en el ámbito de las corporaciones privadas, para las empresas un programa de cumplimiento es una medida puramente "cosmética" o un "escaparate", si no se inserta en el marco de una cultura corporativa, basada en el respecto a la legalidad y a determinados principios éticos".

sugiere resolver, se halla la obtención de indicadores de un programa de cumplimiento efectivo, como su capacidad para mejorar y evolucionar (*Continuous Improvement, Periodic Testing, and Review*), los procesos de investigación de conductas indebidas (*Investigation of Misconduct*) o el análisis reflexivo de la causa raíz o subyacente de dichas acciones para la remediación oportuna y adecuada de las mismas (*Analysis and Remediation of Any Underlying Misconduct*). En punto a la delegación, se pregunta aquí si fue justo la efectividad del modelo lo que permitió develar la ilicitud del subordinado. Para esta verificación cumulativa, entretanto, se propondrá seguidamente una metodología que comparte la lógica de la denominada "pericial de análisis de información"[36], en punto a la *diacronía* de su proceso de producción, su conocimiento especializado[37] y la correlación de datos fácticos[38].

---

36 Sobre la Sentencia de Tribunal Supremo de España del 13 de septiembre de 2001 sobre la consideración de la "pericial de análisis de información" como una "variable más de la prueba pericial", precisa Ortego Pérez, Francisco, "Consideraciones críticas en torno a la denominada prueba pericial de inteligencia financiera", en Picó i Junoy, J., *Peritaje y prueba pericial*, *Op. cit.*, p. 587 que: "Aunque cuando se trate de una prueba que participa de la naturaleza de pericial y testifical, es, desde luego, más próxima a la pericial, pues los autores del mismo aportan conocimientos propios y especializados, para la valoración de determinados documentos o estrategias".

37 Con respecto a la "Pericial de inteligencia policial", señala Goyache Goñi, Íñigo, "Investigación y prueba pericial en el atestado policial", en Picó i Junoy, J., *Peritaje y prueba pericial*, *Op. cit.*, p. 549: "También ha sido admitida jurisprudencialmente como medio de prueba por el Tribunal Supremo que considera que la pericial de análisis de información puede servir como prueba del conjunto de la actividad investigadora llevada a cabo y del objeto y finalidad de cada una de las diligencias realizadas".

38 Sobre la "Pericial de inteligencia policial", reseña el mismo autor, Ibid., p. 549: "En este sentido, los informes de inteligencia son conclusiones de los expertos a las que llegan los servicios de inteligencia, a la vista del estudio de unos datos e indicios analizados y de las interrelaciones que puedan apreciarse, y que ante las nuevas formas de delincuencia organizada, aparecen como instrumento de valoración tan importante como necesario para los Tribunales".

COMPONENTES BÁSICOS DE UN CMS Y SU IMPORTANCIA PARA LOS DIVERSOS COMPROMISOS DE ASEGURAMIENTO DE CMS			
	Approach to overall design of the CMS (assurance engagement relating to overall design approach)	Design, appropriateness and implementation of the CMS (assurance engagement relating to design and implementation)	Design, appropriateness, implementation and effectiveness of the CMS (assurance engagement relating to operating effectiveness)
Compliance culture	X	X	X
Compliance	X	X	X
Objectives			
Compliance risks	X	X	X
Compliance program			
Program preparation process	X	X	X
Suitability of policies and procedures		X	X
Effectiveness of policies and procedures			X
Compliance organization	X	X	X
Compliance communication			
Development of the communication process	X	X	X
Suitability of communication activities		X	X
Effectiveness of communication activities			X
Compliance monitoring and improvement			
Development of procedures for monitoring and improving the CMS	X	X	X
Suitability of monitoring and improvement activities		X	X
Efectividad de Monitoreando y actividades de mejora			X

Tabla # 10: Componentes básicos de un CMS y su importancia para los diversos compromisos de aseguramiento de CMS. Tomado de IDW AsS 980:2011, "*IDW Assurance Standard…*", Op. cit., p. 18. Se reproduce la tabla para representar los grandes componentes del CMS objeto de análisis.

3.2. Metodología para la preconstitución de la prueba de Compliance

Las fases de la propuesta metodológica que se esboza a continuación permitirán advertir por qué, un análisis pericial de orden continuo, no sólo se ajustaría a las reglas de la prueba, sino que además permite llegar a un grado de seguridad fiable en las conclusiones (con un menor rango de error). Esta metodología bascula sobre dos postulados generales. El primero tiene que ver con la formulación *diacrónica* de la ejecución de la actividad pericial. Es la misma lógica, conviene remarcar, que se halla tras la postulación de las *certificaciones de compliance* como "pericial anticipada". Así, como sostiene Nieto, "Las certificaciones de programas de cumplimiento podrían ser consideradas también como una prueba pericial anticipada"[39]. En idéntico sentido se pronuncia Neira[40]. Es en esta línea que se afirma la pertinencia, posibilidad técnica y viabilidad jurídica de anticipar un instrumento probatorio bajo la lógica jurídica de la *pericial de parte* que permita atender en forma efectiva requerimientos judiciales[41]. A este modelo anticipatorio, como se anotó, se refiere Gayá cuando postula la conveniencia de una "pericial preventiva"[42], "pericia ex ante" o "sistema de anticipación" de la prueba previendo acciones judiciales de "tiempo futuro"[43]. Y el

---

39 Nieto Martín, Adán, "Fundamentos y estructura de los programas de cumplimiento normativo", en *Manual de cumplimiento penal en la empresa*, *Op. cit.*, p. 116.

40 Neira Pena, Ana María, "La efectividad de los criminal compliance programs...", *Op. cit.*, p. 491: "En este sentido, se afirma que las certificaciones de programas de cumplimiento podrían ser consideradas como una prueba pericial anticipada".

41 Con respecto la "preconstitución" de prueba, señala la misma autora, Ibid., pp. 498-499: "De tal dicotomía se deriva una inevitable dosis de inseguridad en cuanto a la eficacia del programa para prevenir aquellos riesgos que, finalmente, se han materializado en un resultado lesivo y, por ende, en cuanto a la efectividad del modelo para eximir de responsabilidad penal a la entidad. Para reducir esa incertidumbre la persona jurídica sólo puede ir archivando y preconstituyendo pruebas que, en un eventual proceso penal, sirvan para acreditar que los instrumentos de prevención y detección de delitos del programa se encontraban vigentes y funcionaban adecuadamente en el momento en que se cometió el delito".

42 Gayá, Bartolomé O., "La pericial en el Compliance...", *Op. cit.*, p. 580.

43 Con respecto a la pertinencia de un "sistema de anticipación" probatoria, a juicio del mismo autor, Ibid., p. 580: "[...] por ello se debe vertebrar una pericia o sistema de anticipación creando un procedimiento interno en el sistema de la empresa que pueda generar un cortafuego o línea divisoria que en el futuro exculpe

segundo postulado se levanta, conviene recordar, sobre la visión criminológica del modelo de anticipación penal. Primero, como señala De Madrid, porque "[…] un programa de *Compliance* es un programa de procedimientos para (1) disminuir la motivación, oportunidad y capacidad de los empleados (prevención)…"[44]. Y segundo, porque la misma visión criminológica resulta necesaria para examinar la *capacidad de profilaxis criminal* del modelo de cumplimiento, esto es, en los términos del Código Penal español, *para prevenir delitos de la misma naturaleza o para reducir de forma significativa el riesgo de su comisión*. Todo se desarrolla en cinco etapas que permiten advertir su *viabilidad* y *efectividad* procesal:

3.2.1. Fase 1: Auditoría in situ a intervalos predefinidos (diacronía)

Más allá de la profunda discusión sobre los efectos que trae consigo para la prueba del *compliance* la asunción de un sistema de responsabilidad por el hecho propio o vicarial o sobre su ubicación en el esquema de la teoría del delito (*tipo* o *culpabilidad*), cabe señalar que en ese debate suele discutirse si el *objeto de prueba* recae sobre un aspecto concreto (como el "*debido control*" en relación al sujeto infractor) o bien sobre uno estructural que alcanza toda la corporación (como el "*defecto de organización*"). A la vista de esta doble postura, el objeto podría integrar tanto la *cultura general de cumplimiento* de la organización como los *controles específicos* asociados al delito investigado. A este doble nivel de análisis se refiere Nieto en su "*test de debido control*"[45], en el que además de la "previsibilidad del delito"[46], integra una segunda etapa en la que se evalúa los controles

---

y delimite fuera de la esfera penal oral a la persona jurídica (por tener implantado un Compliance efectivo y eficaz, acorde con la jurisprudencia que lo considere lo suficientemente sostenible para aguantar un envite de acción judicial".

44 De Madrid Dávila, E. "Peritaje en materia de compliance en la aplicación de la normativa relativa a la responsabilidad penal de las personas jurídicas", en Abel Lluch, X. (Coord.), *Tratado Pericial Judicial*, Ed. La Ley, 2014, p. 475.

45 Nieto Martín, Adán, "Cumplimiento normativo, criminología y responsabilidad penal…", p. 84.

46 Sobre la etapa de "Previsibilidad del delito", señala el autor, Ibid., p. 84: "Tal como después se analizará, el análisis de riesgos es el instrumento primero y básico de todo programa de cumplimiento o de prevención. En términos penales

antes de la materialización del ilícito (*ex ante*) y que comprende tanto la "cultura de la legalidad" de toda la organización como, en concreto, los controles afines a la naturaleza del delito investigado[47]. Luego, se pasa a una tercera fase post-delictiva (*ex post*), en los términos del autor, que se dirige a "[...] determinar la relación entre los controles existentes y el hecho realizado"[48]. La etapa *ex ante*, como propone De Madrid, es la "[...] fase de recogida de investigación y recogida de información relacionado con el problema..."[49]. Y, la *ex post*, según el mismo autor, "[...] tiene en consideración el análisis concreto del delito específicamente realizado que es objeto de peritaje"[50]. Para este análisis, es que resulta oportuna tal visión criminológica, pues como apunta el primer autor, en la determinación del nivel de riesgos de la organización y su nivel de protección frente a los mismos, ésta "[...] evalúa tanto los factores criminógenos (situación del mercado, historial de la empresa...) como los controles existentes"[51]. Es esta perspectiva dual (de proyección general y concreta), pues, la que adopta este modelo, resultando relevante como objeto de la prueba aspectos vinculados a la cultura organizativa y a los procesos comprometidos con el delito (evaluación de riesgos, controles, etc.).

---

el análisis de riesgos viene a medir la probabilidad de que ocurra una infracción en la entidad y las actividades o procedimientos en la que resulta más probable".

47 Sobre la "Eficacia de los controles ex ante", a juicio del mismo autor, Ibid., p. 86: "Si el delito era previsible, el segundo paso del test de debido control es evaluar la eficacia de los controles que la empresa ha establecido para prevenir este tipo de delitos. Este test consta de dos partes: b.1. Eficacia de los elementos básicos o transversales del programa de cumplimiento: Su función es comprobar si desde la dirección de la empresa han hecho esfuerzos serios y de manera continuada por crear una cultura de la legalidad y establecer controles apropiados y no tanto por ver qué ha pasado en el caso concreto. En líneas generales, puede decirse que estos elementos coinciden con lo que en la terminología del control interno se denomina entorno de control. b.2. Eficacia de los controles específicos: La segunda parte del test consiste en examinar la existencia de medidas de prevención para hechos similares a los que se han producido".

48 Ibid., p. 87: "(c) Eficacia de los controles ex post".

49 De Madrid Dávila, E. "Peritaje en materia de compliance...", *Op. cit.*, p. 491.

50 Ibid., p. 491.

51 Nieto Martín, Adán, "Cumplimiento normativo, criminología y responsabilidad penal...", *Op. cit.*, p. 85.

De este doble nivel de análisis –general y específico- se advierte que, si la práctica pericial debe recaer tanto sobre la estructura general como sobre los controles vinculados al concreto delito que se materializó, resulta de bulto que, la necesaria evaluación *in situ* que debe caracterizar todo peritaje en *compliance*, tenga mayor seguridad en su apreciación cuando se ha tenido la oportunidad de intervenir linealmente en periodos definidos (semestrales, anuales, etc.). Este trabajo de peritación continua no sólo resulta compatible con los periodos de evaluación a intervalos planificados propios de las actividades de revisión desarrolladas por la función de cumplimiento y el área de auditoría interna de la organización, sino además con los encargos "recurrentes" (periódicos) para evaluación de *sistemas de gestión de cumplimiento* desarrollados bajo las metodologías de auditoría externa previstas por normas como la ISO 19011 (para la *Auditoría de Sistemas de Gestión*) o bien bajo el marco general de aseguramiento que prevé la ISAE 3000 (para evaluación de *requisitos legales*) y el marco específico establecido por la IDW AsS 980 (para *Sistemas de Gestión de Compliance*). En concreto, este tipo de evaluación periódica (por ejemplo, cada seis meses o con carácter anual), permitiría recopilar evidencia bajo unas cautelas especiales sobre la aplicación de controles con relación a los procesos susceptibles de desviaciones ilícitas (incluida la actividad de sus operadores delegados) y sobre los controles de cumplimiento generales relacionados con la cultura organizacional. Nótese que, la validez de la evidencia así recabada, no distaría de la obtenida en las investigaciones internas. En igual sentido, permitiría analizar con detalle la evidencia sobre los sucesos que se van detectando.

3.2.2. Fase 2: Auditoría remota (continua)

La auditoría "remota" o a "distancia" es una metodología validada en el campo de la auditoría de sistemas de gestión para la recopilación de información dentro del plan de auditoría correspondiente. Las auditorías remotas, como lo describe la GTC-ISO 19011 (A 16), "[...] *hacen referencia al uso de tecnología para recopilar información, entrevistar a un auditado, etc.*". Más allá de la descripción específica de los procedimientos para su aplicación contenida en instrumentos como el Documento Informativo de la IAF (*International Accreditation Forum*), IAF ID 12:2015, sobre los "Principios de Evaluación

Remota" (*Principles on Remote Assessment*), y el Documento Mandatorio IAF MD 4:2018, relativo al "Uso de las Tecnologías de la Información y Comunicaciones TIC para la Auditoría / Evaluación" (*Mandatory Document for the Use of Information and Communication*), interesa en este segmento advertir que en la actualidad las TIC permiten la aplicación de una serie de técnicas que, en el marco de los procedimientos de auditoría de sistemas de cumplimiento aplicados a la pericial, permitirían obtener información más amplia (suficiencia) y objetiva para la formación del juicio profesional del perito. Piénsese, entre muchas otras opciones, en la posibilidad de establecer comunicación por video conferencia con personal clave situado en locaciones distantes de la sede principal, el envío de formularios electrónicos o la revisión de documentos digitales asociados a la operación del sistema (planes de acción, programas de formación, etc.). Este proceder, lógicamente, aumentaría la objetividad y fiabilidad del estudio pericial, en la medida en que se pueden ir recabando en forma permanente (periódica) evidencias de distinta naturaleza que soportarían a futuro la pericial *stricta*.

3.2.3. Fase 3: Verificación de información (constatación)

Uno de los grandes problemas de la auditoría en todas sus variantes (incluida la de cumplimiento, en cuanto método aplicable a la pericial en *compliance*), es la desconfianza frente a la información documental. En materia de cumplimiento, por ejemplo, podría darse el caso que la información documentada relativa a los procesos de formación o las campañas de sensibilización, no corresponde a la realidad (por ejemplo, cuando la "evidencia" es una simple planilla manuscrita). Esta tercera fase busca, precisamente, contrarrestar el riesgo de fraude frente al proceso mismo de auditoría. Para limitar dicha posibilidad de engaño y, por lo tanto, aumentar el grado de confianza en las evidencias recabadas, se propone este procedimiento de verificación o constatación de la información suministrada. La ISSAI 4100 (97), a propósito de técnicas de constatación, consagra un abanico de procedimientos que permiten llevar a cabo un proceso continuo de investigación / auditoría, por fuera de la organización y sin interacción de sus miembros, ante distintas partes: *observación, inspección, indagación, confirmación, repetición y procedimientos analíticos*. Por espacio, no es este tampoco el lugar para profundizar en estas técnicas. No obstante, por sí solo, el término permite inferir que con su aplicación se lograría una mayor fiabilidad en la formación del juicio profesional del perito. Imaginemos, por ejemplo, la constatación directa por parte del experto sobre la fuente de documentos externos o trabajos contratados con terceros. Luego, como de esta operación confirmatoria se efectúa un registro de la evidencia correspondiente, desde luego, el criterio técnico del perito estaría revestido de una mayor objetividad.

3.2.4. Fase 4: Evaluación de información (juicio profesional)

Esta fase es connatural a todo proceso pericial. Es aquella etapa, circunscritos a la pericial en *compliance*, en la que el experto se forma su criterio profesional sobre la idoneidad y efectividad del sistema de cumplimiento para un periodo determinado. Por las razones indicadas a lo largo de los capítulos precedentes, se propone una alineación con métodos de peritación de orden criminológico. La razón ello, ya expresada, es que esta mirada resulta necesaria cuando se trata justamente de evaluar la idoneidad de un sistema de controles para prevenir y detectar delitos, con lo que resulta de Perogrullo que un diagnóstico sobre tal correlación requiera conocimientos, metodologías y técnicas afiliadas a la disciplina que tiene por objeto de estudio, precisamente, la comprensión y tratamiento del delito. Además del conocimiento profiláctico general en Criminología, lógicamente, se requeriría un conocimiento específico relacionado con el delito materializado (pongamos por caso, el conocimiento sobre las dinámicas específicas de la corrupción en la contratación pública). Porque la dinámica de un delito de soborno, por ejemplo, como es evidente, suele ser distinta a la del delito medio-ambiental. Naturalmente, estas técnicas deben combinarse con las propias del *risk-management* en su sub-aspecto evaluación, siendo pertinente la norma ISO 31000, como metodología general, y la ISO 31010, de la que se extraerían las técnicas de evaluación (por ejemplo, Análisis de Escenarios, Delphi y SWIFT). Se infiere, en suma, que un acceso lineal (diacrónico) a las evidencias producidas regularmente otorgaría mayor objetividad a esta evaluación por la proximidad del experto a las realidades a examinar.

3.2.5. Fase 5: Instrumentos para el aseguramiento de evidencias

Esta última fase constituye la derivación natural de un trabajo pericial continuo (a intervalos planificados). Reséñese que, como el delito puede concretarse en un momento imprevisible, entonces la organización deberá estar preparada para atender requerimientos intempestivos[52]. La virtualidad probatoria de esas evidencias, como señala CASANOVAS, ha provocado que algunas organizaciones "[...] refuercen su *sistema de gestión de compliance penal* mediante la autenticación de documentos críticos, en ocasiones mediante firma electrónica, de manera que se pueda acreditar la fecha de creación y la no alteración de su contenido desde ese momento"[53]. De ahí, cabe insistir, la pertinencia de esa evaluación continua. Ahora bien, más allá de los aspectos concretos que este informe experto deberá contener, debe indicarse que la fiabilidad de éste viene dada por la incorporación de cautelas tecnológicas al modelo de peritación anticipada. En concreto, consiste en asociar tres aplicaciones que permiten afirmar la integridad, autenticidad, trazabilidad y disponibilidad de la evidencia: (i) aseguramiento electrónico (firma digital); (ii) sello de tiempo (estampa cronológica); y, (iii) registro digital (repositorio electrónico). Es de esta forma que se garantizaría, valga la reiteración, el principio superior de *objetividad* que toma este modelo de peritación de la auditoría, a saber: un "*enfoque basado en la evidencia*" (ISO 19011 [4.f]).

Para concluir esta última fase resulta preciso remarcar que, cuando se sataniza la pericial de *parte*, se parte de ese sesgo injusto sobre que, un perito de *parte*, equivale a perito *sesgado*. Pero, al menos, se pasan por alto otros dos aspectos que reman en contra de tal crítica. El primero, que este modelo anticipatorio está pensado, justamente,

---

52 NEIRA PENA, Ana María, "La efectividad de los criminal compliance programs...", *Op. cit.*, p. 490: Todas estas actividades implican un trabajo operativo y burocrático que debe ser objeto de archivo documental, siendo el encargado natural del mismo el organismo que tiene encomendada la función de supervisar el modelo de prevención. Así pues, si la entidad cuenta con un programa de cumplimiento eficaz podrá usarlo para ir preconstituyendo pruebas que le podrán servir para quedar exenta de responsabilidad penal si, a pesar de que alguno o algunos de sus miembros hayan delinquido, acredita que empleó toda la diligencia debida para evitarlo".

53 CASANOVAS YSLA, Alain, "*Compliance* penal normalizado...", *Op. cit.*, p. 154.

para organizaciones comprometidas con el cumplimiento. Y el segundo, que el sistema incorpora un mecanismo tecnológico custodiado por un "*tercero de confianza*" o tecnología *block chain* que le permite al órgano acusador e intervinientes (acusador particular, abogados, etc.), evaluar las mismas evidencias recabadas por el perito para obtener sus propias conclusiones. Ello conecta con la tesis que plantea GAYÁ de "*Defense File*" como "metodología preventiva", entendida como "[...] repertorio o conjunto de evidencias fehacientes que deben operar para el control y detección de ciertos ilícitos que puedan acaecer en una empresa"[54]. Un sesgo injusto, puesto que la falta de objetividad no es de la prueba pericial ni de la auditoría; lo es del concreto perito o del auditor: para la muestra, la auditora Arthur Andersen en el caso Enron. Conclúyase esta defensa argumentativa aduciendo que, a la gracia de la norma procesal, será el juez en su sabia sabiduría y bajo la égida del principio de libre valoración, quien defina si el peritaje ha sido o no objetivo.

4. FASE ESCRITA: EL INFORME PERICIAL DE COMPLIANCE

Conforme a lo expuesto *supra*, el proceso de peritación no culmina con el procedimiento de formación de su convicción por parte del perito sobre la materia objeto de estudio. En este punto lo que interesa destacar, a pesar de que *prima facie* parezca obvio y superfluo, es que no cualquier tipo de informe es susceptible de alcanzar la máxima vocación probática. Verdad es que un informe técnico pericial tiene una estructura formal y material que lo hacen particular y propio para su utilización en el campo jurisdiccional. A este respecto, lo primero que cabe revisar es cuáles son las exigencias que marca la ley procesal correspondiente bajo la que se produce el concreto trabajo pericial. Pero la ley es sólo el marco más general, porque es la jurisprudencia de los tribunales de cierre de cada Estado la que, en buena medida, traza las exigencias concretas de la prueba pericial. Finalmente, habría que ver que, en materia pericial, los estándares también han perfilado el

---

54 GAYÁ, Bartolomé O., "La pericial en el Compliance...", *Op. cit.*, p. 581.

contenido del informe técnico. A la postre, habría que apreciar que, a este cuerpo principal, tendrían que integrarse un conjunto de anexos que comprende desde soportes físicos y digitales hasta el proceso de registro. He aquí, pues, otro elemento para sostener por qué las indicadas certificaciones de cumplimiento no pueden, sin más, calificarse como "pericial"; lo propio sucede con los informes mismos de auditoría. Con todo y lo anterior, cabe pensar que cuando el informe pericial de *compliance* incorpora este triple marco de exigencia con la rigurosidad que cada espectro exige, tendría una mayor vocación de efectividad procesal. Cabe, entonces, precisar un poco más cada uno de estos marcos de acción pericial:

4.1. Ley: El informe pericial, más que una simple opinión técnica

Al constituir la prueba un instituto jurídico reglado por la ley procesal, parece lógico que un dictamen en *compliance* comience por ajustar su contenido formal y material a tales disposiciones. Al respecto, debe tenerse en cuenta que unos códigos procesales son más exigentes que otros en esta materia. En lo que a Colombia respecta, habida cuenta la juventud del Código de Procedimiento Penal (Ley 906/2004) y del Código General del Proceso (Ley 1564/2012), última que opera como norma de remisión de la primera, el Capítulo relativo a la prueba pericial ha incorporado las más exigentes cautelas en la línea de los reconocidos criterios Daubert trazados por la Corte Suprema de Estados Unidos. Es así que, de la lectura conjunta de los Arts. 210, 417 y 418 del estatuto procesal penal, pueden apreciarse los exigentes requisitos que condicionan el grado de suficiencia del informe: fundamentos científicos; principios técnicos; grado de aceptación de los procedimientos por la comunidad técnico-científica; metodología; procedimientos técnicos; instrumentos utilizados; grado de fiabilidad de las técnicas utilizadas (orientación, probabilidad o certeza); etc. A estos se agrega la precisa exigencia que establece el Art. 422 sobre los requisitos para la admisibilidad de la "prueba novel" –como la de *compliance*- (publicación de la teoría o técnica subyacente, acreditación del nivel de confiabilidad de la técnica, aceptabilidad en la comunidad académica, etc.). Es así, pues, que la peritación de instrumentos de autorregulación y autocontrol criminal como los vigentes en el Estado colombiano (SAGRILAFT, SARLAFT, PTEE, etc.), tendría que ajustarse a estos criterios.

4.2. Jurisprudencia: La opinión pericial, más que técnicas de auditoría

Las decisiones colegiadas de las altas cortes, como sucede en Colombia, suelen ser parámetro de interpretación de la ley. La jurisprudencia de la Sala Penal de la Corte Suprema de Justicia, así, constituye un marco de referencia obligado para la interpretación de la ley sustantiva y procesal. En lo que a la prueba pericial respecta, el alto tribunal ha profundizado en un aspecto que determina la solidez y vocación probatoria de toda pericia: la base técnico-científica y la metodología. En relación al "carácter científico" de la pericia, por ejemplo, señaló la Corte en su Sentencia SP 2709/2018 (50637) que la tesis, ley o enunciado en que la misma se funda, debe dar cuenta de aspectos como su "verificabilidad y contrastabilidad", entendiendo por el ultimo criterio como "[…] la facultad de confrontar la teoría de la cual se predica su cientificidad con la experiencia, también es conocido como 'falsabilidad', 'falibilidad' o 'refutabilidad'". Y este último aspecto resulta fundamental en materia de *compliance*, pues en la práctica de este tipo de pericias, el perito estará compelido a describir en su informe cuál es la base técnico-científica de las metodologías que aplica, quién es la comunidad técnico-científica que la avala y cuál es el grado de fiabilidad o rango de error de las técnicas que aplica. El primer aspecto denota, entonces, la pertinencia de la Criminología como base científica; en el segundo, su integración con metodologías estandarizadas; y, en el último, nuevamente, la pertinencia del análisis diacrónico. A la vista de semejantes exigencias, como se indicó, la pericial en *compliance* habría de sujetarse a las metodologías de auditoría / aseguramiento con su consabida aceptación internacional.

4.3. Estándares internacionales: Base metodológica de la pericial en *compliance*

La producción de la prueba pericial, según lo expuesto, es una actividad reglada. Y como toda actividad reglada, el proceso de creación del informe puede ser objeto de estandarización. En cuanto al informe técnico, pueden reseñarse estándares como el español previsto por la la Norma UNE 197001, contentiva de los "*Criterios generales para la elaboración de informes periciales*". Más allá de los requisitos formales del "*Contenido del informe pericial*" previstos en la Norma (5): (i) título, (ii) identificación, (iii) paginación, (iv) declaración de tachas, (v) juramento o promesa, (vi) índice, etc., los elementos vinculados al "*cuerpo del informe pericial*" (5.7), permiten realizar una exposición de los componentes inherentes a las tres fases constitutivas de toda prueba pericial: (i) objeto, (ii) alcance, (iii) antecedentes, (iv) consideraciones preliminares, (v) documentos de referencia, (vi) desarrollo del estudio, (vii) conclusiones; (viii) anexos, etc. También puede reseñarse el marco técnico estadounidense "*Standard Practice* ASTM E620-18" ("*Reporting Opnions of Scientific or Technical Expert*"). Empero, tratándose de una pericial en *compliance* que parte de la metodología de las normas de auditoría / aseguramiento, el informe también deberá integrar las exigencias formales y de contenido establecidas por la "Estructura del informe de aseguramiento" prevista por la ISAE 3000 [A158] y por la IDW AsS 980. Y todo este proceder, como se indicó, bajo parámetros estándar para gabinetes aplicados al peritaje judicial, como la Norma Europea EN 16775, relativa a los "*Servicios Periciales: Requisitos Generales para los Servicios Periciales*". Todo este conjunto, por tanto, dotaría de rigurosidad la presentación de los resultados.

5. FASE PROCESAL DE LA PRUEBA

Como se indicó *supra*, el riesgo de sanción legal que recae tanto sobre una organización como sobre sus gestores no se entiende por fuera del marco de un proceso jurisdiccional o administrativo-sancionatorio. Pero, no sólo por la sanción legal en su más estricto sentido jurídico, sino además por los daños operacionales, financieros y reputacionales asociados a ella. De hecho, una de las razones que se han argüido en España en torno a la especialización de los peritos en *compliance*, ha sido precisamente la posibilidad de emitir dictámenes periciales en la fase de instrucción para evitar soportar los efectos reputacionales del juicio y, con ello, precaver los perjuicios de la denominada "pena de banquillo". De manera tal que, si la pertinencia de la pericial ya se advierte de esta sola situación, con mayor razón lo será el uso del instrumento de prueba como estrategia de defensa para evitar la sanción propiamente dicha. Es así que, además de este uso como instrumento para propender el archivo de la causa o la preclusión de la misma, la pericial en *compliance* tendría por lo menos otros tres tipos de uso de no menor importancia: (i) como mecanismo de prueba para la denuncia fundada de los ilícitos detectados y procesados por la organización a partir de las investigaciones internas; (ii) como medio de defensa de los directivos acusados por presuntos déficits de vigilancia sobre sus delegados; y, (iii) como medio de defensa de la propia organización (procesos penales, de extinción de dominio, administrativos, etc.). A modo de ejemplo, este tipo de pericial podría aplicarse hoy en Colombia con respecto a los distintos programas de cumplimiento anticorrupción y contra el lavado de activos y financiación del terrorismo vigentes en el ordenamiento jurídico.

5.1. Denuncias Penales

Todo sistema de cumplimiento aplicado a la prevención de delitos diseñado e implementado bajo las directrices contenidas en estándares internacionales, incorpora necesariamente dos componentes: (i) *canal de denuncias o línea ética*; (ii) *investigaciones internas*. Una de las finalidades de este dúo de controles generales de *compliance*, es el descubrimiento de hechos ilícitos para la adopción de correctivos. Empero, cuando dicha irregularidad alcanza la connotación de delito, parece que la denuncia oficial de la conducta es el camino jurídicamente adecuado. Piénsese, por ejemplo, en un esquema de soborno que se viene gestando en el departamento comercial de la organización. Ante un caso como este, la acción correctiva o reactiva por parte de la dirección no debe quedarse en el mero plano disciplinario, sino migrar hacia la acción penal, en la medida en que su ocultamiento podría generarle con el tiempo algún tipo de problema judicial o administrativo. Pero, es que resulta que, en el campo organizacional, los ilícitos suelen ser de mediana o alta complejidad criminalística y probatoria, por lo que no bastaría con el mero acto comunicativo a la autoridad (la *notitia criminis*), sino que demandaría además el aporte de prueba sobre lo acaecido; pero, no sólo sobre el delito, sino también sobre el hecho de que, fue precisamente la solidez del modelo de *compliance*, lo que permitió su detección. Es aquí, cabe remarcar, en donde la pericial constituiría el mejor medio de prueba, advirtiendo que el peritaje en *compliance* se soportaría en la investigación interna y podría apuntalarse en otros dictámenes específicos (financiero, documentológico, dactiloscópico, contable, tecnológico, etc.).

5.2. Defensa procesal

Ninguna organización está exenta de que su estructura operativa o de gestión sea utilizada por sus miembros para la comisión de actividades ilícitas (reséñese, por ejemplo, el alto número de delitos que prevé la Ley 2195/2022). Y como la imputación en este tipo de casos puede recaer sobre sus administradores o gestores con sustento en un presunto déficit de vigilancia o control sobre sus delegados, entonces el modelo de anticipación de riesgos penales propuesto en este trabajo encuentra en este punto su máxima utilidad. Por un lado, se hallarían los directivos, sean de empresa privada o de una entidad pública, que deben salir a acreditar que hicieron todo lo técnica, razonable y jurídicamente posible para evitar que sus subordinados infringieran su deber posicional dependiente (como se sustentó, la aplicación de cautelas de selección, vigilancia y corrección sobre el sujeto infractor). Pero también, por otro lado, estaría la propia organización, que en este caso tendría que enfrentar asimismo procedimientos de orden penal y administrativo-sancionatorios, en donde el *compliance* cumpliría una función eximente, atenuante o de exención de responsabilidad. El referido sistema de evaluación de cumplimiento a intervalos planificados, el proceso de documentación electrónica de evidencias de cumplimiento y su repositorio digital, por lo expuesto, es precisamente lo que permite que, la prueba pericial de parte, tenga un soporte fiable, con la valía y fuerza suasoria que precisa resistir una pretensión de responsabilidad y condena. Mucho más fiable, conviene insistir, que una prueba pericial que se ordena años después de abierta la causa penal, en donde resultará difícil tal reconstrucción fáctica.

5.2.1. Defensa penal del órgano de dirección

La imputación en *comisión por omisión* de directivos, de acuerdo con el Art. 25 del Código Penal colombiano, puede fundarse en la infracción de su deber posicional en diversas formas: por no haber identificado debidamente los factores de riesgo asociados a la fuente de peligro; por no haber implementado los controles requeridos para contrarrestar la emergencia de dichos factores de riesgo; por no haber verificado la aplicación de tales controles; por no haber validado la efectividad de los mismos o por no haber aplicado correctivos ante la detección de fallas en su desempeño. Ahora bien, ello se trata tan sólo de una inferencia sustentada en la posición de garantía que ostentan dichos directivos y cuya modalidad específica para el caso se concreta en el deber de evitación de actividades delictivas dentro de su ámbito de organización. Pero, al ser una mera presunción, la misma puede ser desvirtuada. Como ya se anotó, el *compliance* se perfila como el *medio* de mayor pertinencia, conducencia y utilidad en la pretensión de acreditar los referidos deberes de selección, vigilancia y corrección de los delegados implicados. Es en este plano en donde un peritaje en cumplimiento permitiría acreditar que se efectuó un debido control sobre dicho sujeto infractor. Será el mismo dictamen pericial el que permita acreditar que esa actividad se concretó no por causa de un déficit de control de la entidad o de su órgano de dirección sobre su delegado, sino dentro de los márgenes del riesgo permitido. Y para esta deducción, como se ha venido argumentando, es que el órgano judicial requeriría de un criterio experto para determinar si, en efecto, dichos deberes se ejecutaron bajo la *lex artis* aplicable.

(i) **Defensa penal de empresarios y administradores:** Las posibilidades de que se materialice un delito al interior de empresas es, pues, una posibilidad inherente al mismo discurrir de su actividad económica. De acuerdo con el contenido del Art. 25 del Código Penal colombiano, como se ha desarrollado *supra*, nada se opone a que una conducta ilícita ejecutada en niveles inferiores de decisión (cohecho, celebración de contratos sin cumplimiento de requisitos legales, etc.), termine imputándose en comisión por omisión al empresario o sus administradores (según el tipo de empresa y su estructura). En estos casos, por las razones ya afirmadas, sistemas de administración de riesgos criminales como lo señalados (SAGRILAFT, SARLAFT, PTEE, SICOF, etc.), podrían servir como mecanismo de descargo de responsabilidad penal por parte de tales empresarios / administradores ante la atribución de dichas conductas en su calidad de garantes. La razón dogmático-jurídica es simple: si la imputación objetiva de un delito en comisión por omisión se da en razón de la creación o aumento de un riesgo jurídicamente no permitido por no hacer lo requerido normativamente (en este caso, evitar que sus subalternos cometan determinados hechos ilícitos), en consecuencia, si ese mismo superior dispuso de un programa de cumplimiento que no sólo cuenta con los elementos estructurantes que se han mencionado, sino además con las cautelas personales requeridas para el control de cargos críticos (elección, vigilancia, etc.), entonces no podrá afirmarse que omitió su deber de control. Por tanto, no habría infracción del deber posicional, pudiéndose afirmar judicialmente una delegación efectiva en el subordinado.

(ii) Defensa penal de funcionarios públicos: En vista de que la imputación de directores de entidades públicas en comisión por omisión con relación a los delitos propios de su contexto corporativo presenta la misma estructura (posición de garantía e infracción del deber de evitabilidad criminal), la estrategia de defensa procesal penal anticipada pasa por la misma solución. En este plano, visto desde el ordenamiento jurídico colombiano, la defensa podrá anclarse al desarrollo de los sistemas de gestión de riesgos con impacto en el control criminal. Varios son los mecanismos que convergen en este propósito: Modelo Estándar de Control Interno (MECI) (Ley 87/1993 y su normativa de desarrollo, como el Decreto 338/2019), Modelo Integrado de Planeación y Gestión (MIPG) y Programa de Transparencia y Ética Pública (Ley 2195/2022). Nótese que, estos programas, constituyen la nueva versión de los Planes Anticorrupción desarrollados por el Art. 73 del Estatuto Anticorrupción, los cuales remiten al Decreto 124/2016, último que se reconduce expresamente a los documentos "Estrategias para la Construcción del Plan Anticorrupción y de Atención al Ciudadano" y "Guía para la Gestión del Riesgo de Corrupción" para la implementación efectiva de tales planes. Teniendo en cuenta que estos instrumentos constituyen guías técnicas que permiten una orientación experta del proceso de gestión de riesgos en las entidades públicas, deviene lógico que el ejercicio del deber posicional se "mida" en función de su aplicación. En caso de que tales directivos hubieran orientado la gestión de los riesgos criminales de la entidad bajo estas guías, por tanto, podrá predicarse un ejercicio debido de su deber de evitación criminal.

5.2.2. Defensa legal de la persona jurídica

En este trabajo se han perfilado por lo menos tres escenarios procesales en los que las personas jurídicas, en especial las empresas, podrían ser "invitadas" a recibir consecuencias jurídicas derivadas del delito cometido por sus delegados. Medidas cautelares y "punitivas" impuestas en virtud del Art. 91 del Código de Procedimiento Penal (cierre de locales, cancelación de la personería jurídica, etc.), procesos de extinción del derecho de dominio (Ley 1708/2014), incidentes de reparación integral (Ley 906/2004) o, para ser más específicos, la sanción patrimonial de hasta 200.000 SMLMV que puede imponerse por parte del regulador cuando sus representantes legales, administradores o funcionarios han sido condenados por el delitos de diversa índole (socioeconómicos, contra la Administración pública, etc.) (Ley 1474/2011). Aunque la mayor pertinencia de la pericial en *compliance* en Colombia, más allá de que bajo la legislación vigente este tipo de prueba se podría proponer en favor de las personas jurídicas en procesos por lavado de activos o soborno adelantados ante los entes reguladores/supervisores, es que el camino hacia la RPPJ parece inevitable. Amanecerá y veremos. Pero lo que sí es una realidad insoslayable es que, con la entrada en vigor de la Ley 2195/2022, el *criminal compliance* (PTEE / PTEP) no sólo se torna imperativo en el seno de las empresas y entidades públicas en Colombia, dado el alto número de tipos penales que podrían endilgarse a la persona jurídica, sino que además se empieza a perfilar como mecanismo de defensa en el plano penal. Añádase que, con independencia de la persona jurídica, como ya se sustentó, la pericial en *compliance* constituye una alternativa de los propios gestores para afrontar procesos de responsabilidad penal por omisión.

(i) Defensa procesal penal de la persona jurídica: El Art. 91 del Código de Procedimiento Penal colombiano establece literalmente que a solicitud del delegado de la Fiscalía General de la Nación, el juez de control de garantías podrá ordenar a la autoridad competente que, previo el cumplimiento de los requisitos legales establecidos para ello, proceda a la suspensión de la personería jurídica o al cierre temporal de los locales o establecimientos abiertos al público, de personas jurídicas o naturales, "[...] cuando existan motivos fundados que permitan inferir que se han dedicado total o parcialmente al desarrollo de actividades delictivas". Señala el mismo precepto que, tales medidas, "[...] se dispondrán con carácter definitivo en la sentencia condenatoria cuando exista convencimiento más allá de toda duda razonable sobre las circunstancias que las originaron". Como se ve, el riesgo de que se apliquen tales medidas ante la presencia de delitos es evidente. En tal sentido, desde la óptica de la defensa de la corporación frente ante esta posibilidad, puede sostenerse que en la valoración judicial de esos "motivos fundados" tendiente a establecer si la persona jurídica se ha de dedicado o no a la comisión de delitos, podría pasar por la consideración del Programa de Transparencia y Ética Empresarial (en caso de contar con ello). Dicho de otro modo, dado que la persona jurídica opera naturalmente a través de sus órganos, del análisis del proceso de formulación, implementación y funcionamiento de dicho programa, podrá determinarse por parte del órgano judicial que la corporación no se ha "dedicado" a cometer delitos.

(ii) Procesos de extinción del derecho de dominio: La Ley 1708/2014 consagra en su Art. 16 una serie de causales que podrían aplicarse a las personas jurídicas en caso de que sus activos tuvieren un origen ilícito o sus recursos se hubieren destinado a la comisión de actos delictivos. Podría traerse a colación tantos supuestos como casos suceden en la práctica, en la que bienes de todo tipo son objeto de esta clase de medida (inmuebles, establecimientos de comercio, vehículos, cuentas bancarias, etc.). Teniendo en cuenta que ninguna organización está exenta de que los activos que adquiere tengan un origen ilícito (utilidades, capitalización, etc.) o bien que sus recursos terminen aplicándose al desarrollo de ciertas actividades delictivas, los presupuestos de extinción del derecho de dominio estarían dados. Ahora bien, como un evento de esta naturaleza podría presentarse por fuera de las políticas generales de la corporación a raíz de actos de deslealtad de alguno de sus integrantes, los programas de cumplimiento también podrían tener aquí su aplicación como mecanismo de descargo. Lo anterior, en virtud de que el criterio de *buena fe exenta de culpa* o cualificada que opera como límite de la acción de extinción de dominio se compadece con una actividad de *debida diligencia* frente a la situación originadora del riesgo de extinción (de la adquisición del bien o de su destinación). En este plano, varios de los elementos de tales programas operarían como expresión objetiva de tal actuar diligente o prudente (conocimiento de contrapartes, consulta en listas, etc.). En suma, bajo la égida de estos programas, la corporación estará en mejores condiciones de afirmar que actuó de *buena fe* (cualificada) y no bajo *error común*

(iii) Incidente de Reparación Integral: El fundamento general de la responsabilidad civil derivada de delito aplicable a las corporaciones frente a sus integrantes es una *presunción legal*. Pero, como tal, dicha presunción puede ser desvirtuada. Como se señaló en el apartado introductorio, examinando el caso concreto, la responsabilidad que podría ser atribuible a la corporación suele fundarse en una indebida elección o vigilancia de quien terminó derivando el daño sobre algún tercero. Empero, en ese mismo sentido, demostrar una debida elección y vigilancia del infractor podría terminar desvirtuando tal presupuesto de responsabilidad. Llegados a este punto, conviene recordar que los programas de cumplimiento incorporan entre sus objetivos una debida *elección* de quienes ocupan cargos críticos dentro de las corporaciones y su *vigilancia* apropiada. En consecuencia, si los respectivos mecanismos de selección de la persona infractora y los de supervisión se han formulado e implementado bajo los estándares en la materia, mal podría afirmarse que la empresa ha incumplido su deber de elección y vigilancia debidos sobre sus subalternos. En cualquier caso, si la responsabilidad en este plano adquiere tintes objetivos, la misma admite graduación en función del nivel de culpa (gravísima, grave, leve, etc.). Aun en este plano, podría adverarse la importancia de los programas de cumplimiento al permitir disminuir el grado de la culpa. Entonces, la aplicación de cautelas como la previsión de un proceso de selección de personal, la regulación del puesto de trabajo, la medición del desempeño, la aplicación de pruebas de control sobre la función, la auditoría de procesos, entre otros, convergerían con la desvirtuación de tal presunción legal.

(iv) Procesos administrativo sancionatorios: La Ley 2195/2022 ha venido a potenciar en Colombia la responsabilidad administrativa de personas jurídicas por delitos, en donde un número importante de hechos ilícitos cometidos en su seno por parte de cualquiera de sus integrantes podría dar lugar a sanciones de variada naturaleza para la corporación. En resumen, de acuerdo con la letra vigente del Art. 34 de la Ley 1474/2011 (tras la modificación introducida a su contenido por la primera norma), se desprende que corporaciones de distinta naturaleza jurídica (sociedades comerciales, Empresas Industriales y Comerciales del Estado, Empresas de Economía Mixta, Entidades Sin Ánimo de Lucro, etc.) podrían ser objeto de sanciones por la conducta ilícita de sus integrantes (de cualquier nivel). Tres son los presupuestos para que una persona jurídica pueda ser declarada responsable (multas, inhabilitación, etc.): (i) exista sentencia penal condenatoria ejecutoriada o principio de oportunidad en firme, contra alguno de sus administradores o funcionarios, por la comisión de ciertos delitos (Administración pública, orden económico social, estatuto anticorrupción, etc.); (ii) cuando la persona jurídica o sucursal de sociedad extranjera, domiciliados en Colombia, se hubiere beneficiado o buscado beneficiarse, directa o indirectamente por la comisión de la conducta punible cometida por sus administradores o funcionarios; y (iii) cuando la misma persona jurídica o sucursal de sociedad extranjera, "*consintió o toleró*" la realización de la conducta punible, "por acción u omisión", considerando la aplicación de sus respectivos "controles de riesgo". En el último presupuesto, como se verá en lo sucesivo, se hallaría el punto de defensa.

En lo que respecta al primer presupuesto (i), entonces, debe concurrir un delito dentro de la organización representado en una sentencia condenatoria o principio de oportunidad, resoluciones que contendrían un reconocimiento de hechos punibles y de la responsabilidad en los mismos de algunos de los miembros de la corporación. El gran nivel de riesgo en este primer presupuesto, radica en el alto número de eventos ilícitos que soportarían tal posibilidad sancionatoria: delitos contra la Administración pública (tráfico de influencias, cohecho, celebración de contratos sin cumplimiento de requisitos legales, etc.), orden económico y social (contrabando, lavado de activos, etc.), el medio ambiente (daños a los recursos naturales, deforestación, etc.), financiación del terrorismo y de grupos de delincuencia organizada, administración de recursos relacionados con actividades terroristas y de la delincuencia organizada y los previstos en la Ley 1474/2011 (corrupción privada, administración desleal, fraude fiscal, etc.). El punto de preocupación en este primer presupuesto, es que son múltiples los delitos por los que la persona jurídica podría ser vinculada procesalmente. Visto desde la óptica de anticipación del escenario de responsabilidad para la gestión del riesgo de sanción, este primer presupuesto demandaría una debida actividad de identificación, medición, valoración, control y monitoreo de esos distintos potenciales eventos de riesgo delictivos (debidamente representados en el mapa de riesgos penales de la organización), de modo que pueda predicarse posteriormente, de acuerdo con el tercer presupuesto, que la corporación desplegó los debidos "controles de riesgo" que requería la evitación del delito.

El segundo presupuesto (ii), por su parte, se refiere a que la corporación respectiva se hubiere beneficiado o buscado beneficiarse, directa o indirectamente, por la comisión de la conducta punible cometida por sus administradores o funcionarios. En este caso, generalmente, el análisis de la conducta sería de orden financiero. A nivel de defensa, podría la corporación respectiva controvertir la acción sancionatoria demostrando que tal conducta ilícita no le benefició o nunca pretendió beneficiarse de la misma. Por el contrario, podría acreditar que la conducta le perjudicó desde distintos puntos de vista. Es lo que sucede con los delitos de corrupción privada y de administración desleal, pues si bien el mismo precepto establece en el primer presupuesto que los delitos contenidos dentro de la Ley 1474/2011 pueden constituir presupuesto de responsabilidad administrativa para la corporación, claramente estas dos categorías criminales podrían generar perjuicios para la corporación en vez de beneficios. De hecho, si se revisan los elementos normativos del delito de corrupción privada tipificado por el Art. 250-A del Código Penal, el perjuicio para la sociedad constituye uno de ellos. Lo propio sucede con el tipo penal de administración desleal introducido por el Art. 17 del Estatuto Anticorrupción al Código Penal mediante su Art. 250-B, el cual sanciona a aquel que, con abuso de las funciones propias de su cargo, disponga fraudulentamente de los bienes de la sociedad o contraiga obligaciones a cargo de ésta, causando directamente un perjuicio económicamente evaluable a sus socios. Como puede advertirse, en este tipo de delitos y en otros, la defensa jurídica podría apuntalarse en demostrar la inexistencia de tal beneficio.

Finalmente, el tercer presupuesto (iii) es el que permite propiamente la entrada del *compliance* como mecanismo de contención del riesgo de sanción contra la persona jurídica. Nótese que, de acuerdo con dicho presupuesto, la persona jurídica debió haber "consentido" o "tolerado" la realización de la conducta punible, fuera por acción o por omisión, "*considerando la aplicación de sus respectivos controles de riesgo*". En este último elemento es donde podría ofrecerse el Programa de Transparencia y Ética Empresarial de la corporación como mecanismo de descargo, bajo el entendido que sus principios, componentes y medidas de control constituirían el conjunto de "controles de riesgo". En consecuencia, difícilmente podrá sostenerse por parte del órgano instructor que la persona jurídica "consintió" o "toleró" la realización de la conducta punible cuando ha sido justamente su efectividad lo que ha permitido, por ejemplo, descubrir el acto irregular a partir de sus mecanismos detectivos (línea ética, auditoría interna, etc.), recabar evidencia sobre su existencia y responsabilidad a través de su mecanismo de investigación interna y ponerlo en conocimiento de las autoridades. Reséñese que, conforme a la citada Guía del Departamento de Justicia de EE.UU. para la evaluación de programas de cumplimiento, la capacidad del programa para detectar ilícitos es justamente un indicador de su funcionamiento efectivo. Por manera que, si se *seleccionó* debidamente al empleado que finalmente terminó corrompiéndose, se le *vigiló* apropiadamente y se le *corrigió* cuando correspondía (despidiéndole, denunciándole, etc.), deviene insostenible que pueda predicarse que la corporación *consintió* o *toleró* la realización del hecho ilícito.

5.2.3. Defensa legal del oficial de cumplimiento

Para finalizar este apartado, que mejor que sustentar las razones que tendría un oficial de cumplimiento para ser él mismo quien lidere la necesidad de contar con un sistema de gestión de riesgos penales dentro de la organización. La razón principal es simple: porque podría ser el sujeto responsable de implementar el modelo de prevención de delitos el primero en ser preguntado por parte de los organismos del Estado cuando uno de esos delitos se materialice. Al respecto, nótese que si una corporación está obligada a adoptar un determinado sistema de autocontrol de riesgos criminales (SAGRILAFT, PTEE, SARLAFT, SICOF, etc.), uno de los requisitos es designar un oficial de cumplimiento. Pero, la norma es expresa en la misión, funciones y responsabilidades que deben ser asignadas a este profesional, las cuales pueden reconducirse al objetivo de prevenir la materialización de los eventos delictivos correspondientes. Ahora bien, ante la materialización de uno de los eventos anotados, el ente de persecución penal podría vincular a este profesional por considerar que, dado su rol técnico de "prevenir" delitos dentro de la corporación, debía y podía precaver el hecho ilícito que finalmente se concretó. Jurídicamente, podría pensar en una comisión por omisión, en caso de entender que este oficial de cumplimiento tenía una posición de garantía especial de evitación criminal delegada en razón de su función técnica, además de contar con recursos de distinto orden (personales, financieros, tecnológicos, etc.) y una presunta capacidad de decisión en razón de su posición jerárquica. Es por esta razón que se habla de *riesgo de procesamiento penal* del oficial de cumplimiento, convirtiéndose el mismo *sistema de compliance* que lidera en su propio mecanismo de defensa procesal.

6. BALANCE

La pericial en *compliance* se ha planteado aquí como la piedra angular de un modelo preventivo de Derecho penal corporativo que basa su estrategia en la ordenación anticipada y sistemática de las evidencias de cumplimiento. Por ello, más allá de los pormenores del modelo de preconstitución de la prueba pericial que se ha planteado en este Capítulo, en este cierre se quiere remarcar ante la histórica crítica –muchas veces infundada- de que la *pericial de parte* no es imparcial, que, por el contrario, esta pericia reviste, quizá como ninguna otra tipología, un ropaje de seguridad y fiabilidad que le viene dado por un sistema tecnológico *–defense file-* que eleva el principio de objetividad a su máxima expresión, al soportar los hallazgos y la conclusión en evidencia idónea, suficiente y reproducible (firma electrónica, sello de tiempo, repositorio digital). Este modelo se muestra incluso como necesario, pues si una organización, por ejemplo, decide implementar hoy un sistema de gestión de riesgos penales para evitar ser sancionado por un delito que se ha presentado cinco años atrás e investigado luego de otros cinco, desde luego tiene derecho a disponer no sólo de un equipo de juristas que le asesoren en este largo trasegar, sino además a que estos últimos puedan a su vez apoyarse en otro equipo aplicado a la gestión especializada y sistemática de la prueba de dicho sistema. Entre otras cosas, porque esta ha sido la lógica de la auditoría externa (su aplicación a intervalos); sólo que, en este modelo anticipatorio, se le incorpora a tal actividad de aseguramiento externo las reglas de la pericial. Es el anterior, pues, el resultado del modelo preventivo de defensa penal que se ha querido presentar.

REFERENCIAS

AGUILERA GORDILLO, Rafael, *Manual de Compliance Penal en España*, Ed. Aranzadi, Navarra, 2022.

AGUSTINA, José R., Fenomenología del employee crime: Bases para definir estrategias de prevención del delito intraempresarial", *Política Criminal*, Vol. 5, Nº 10 (Diciembre 2010).

AGUSTINA, José R., *El Delito en la Empresa: Estrategias de prevención de la criminalidad intra-empresarial y deberes de control del empresario*, Ed. Atelier, Barcelona, 2010.

AMÉZQUITA TORO, Jorge A., "Modelos disruptivos de defensa penal de empresas y sus directivos", en RAMÍREZ BARBOSA, Paula A. (Dir.), *Responsabilidad penal empresarial y cumplimiento corporativo*, Ed. Tirant Lo Blanch, Bogotá D.C., 2022.

AMÉZQUITA TORO, Jorge A., "Criminología corporativa: premisa metodológica para el control de la corrupción", en RAMÍREZ BARBOSA, Paula A., *Estrategias globales contra la corrupción y el blanqueo de activos*, Ed. Tirant Lo Blanch, Bogotá, 2022.

ARROYO ZAPATERO, Luis / NIETO MARTÍN, Adán (Dirs.), *El Derecho penal económico en la era del Compliance*, Ed. Tirant lo Blanch, Valencia, 2013.

BACIGALUPO ZAPATER, Enrique, *Compliance y Derecho penal*, Ed. Aranzadi, Navarra, 2011.

BANDURA, Albert, *Pensamiento y Acción. Fundamentos sociales*, Ed. Martínez Roca, Barcelona, 1987.

BARATTA, Alessandro, *Criminología Crítica y Crítica del Derecho Penal*, 8ª ed., Ed. Siglo XXI Editores, México D.F., 2004.

BECCARIA, Cesare, *Dei delitti e delle pene* (1764), *De los delitos y de las penas*, Ed. Aguilar S.A. Ediciones, Madrid, 1969.

BECKER, Gary, "Crime and Punishment: An Economic Approach", en Stigler (ed.), *Chicago Studies in Political Economy*, University of Chicago Press, Chicago / Londres 1988, pp. 537-592 (primera publicación en 1968).

BECKER, Gary, "Crime and Punishment: An Economic Approach", Journal of Political Economy, 76, 1968, pp. 169-217.

BERGALLI, Roberto, "Perspectiva sociológica: estructura social", en BERGALLI, Roberto / BUSTOS RAMÍREZ, Juan / MIRALLES, Teresa, *El Pensamiento Criminológico I. Un análisis Crítico*, Ed. Temis, Bogotá, 1983.

BERGER, Peter L. / LUCKMANN, Thomas, *La construcción social de la realidad*, Ed. Amorrortu Editores, Buenos Aires–Madrid, 2011.

BERMEJO, Mateo G., "Elección racional, oportunidad para delinquir y prevención situacional: la utilidad de este enfoque para el estudio de la delincuencia empresarial", en MIRÓ LINARES, Fernando / AGUSTINA SANLLEHÍ, José Ramón /

Medina S., José E., Summers, Lucía, (Eds.), *Crimen, oportunidad y vida diaria. Libro homenaje al Profesor Dr. Marcus Felson*, Ed. Dykinson, Madrid, 2015.

Bermejo, Mateo G. / Palermo, Omar, "*La intervención delictiva del compliance officer*", en Kuhlen, Lothar / Montiel, Juan Pablo, Ortiz de Urbina G., Íñigo, *Compliance y teoría del Derecho penal*, Ed. Marcial Pons, Barcelona, 2013.

Bernate O., Francisco, "El compliance y la responsabilidad penal de las personas jurídicas en Colombia", *Revista Jurídica Mario Alario D'Filippo. Cartagena (Col.) Vol. X. No. 20: 31-49, 2018*, ISSN 2145-6054.

Blanco Cordero, Isidoro, "La corrupción desde una perspectiva criminológica: un estudio de sus causas desde las teorías de las actividades rutinarias y de la elección racional", en SERTA, *In memoriam Alexandri Baratta* (Pérez Álvarez, Fernando [ed.]), Ediciones Universidad de Salamanca, Salamanca, 2004.

Bock Dennis, "*Compliance* y deberes de vigilancia en la empresa", en Kuhlen, Lothar / Montiel, Juan Pablo, Ortiz de Urbina G., Íñigo, *Compliance y teoría del Derecho penal*, Ed. Marcial Pons, Barcelona, 2013.

Campos Acuña, Mª Concepción, "Creación y gestión del mapa de riesgos en el sector público: Compliance y procesos de contratación pública", en Simón Castellano, Pere / Abadías Selma, Alfredo (Coords.), *Mapa de riesgos penales y prevención del delito en la empresa*, Ed. Wolters Kluwer España, Madrid, 2020.

Campos Acuña, Mª Concepción, *Aplicación práctica del compliance en la contratación pública*, Ed. Aranzadi, Madrid, 2019.

Caro Coria, Dino Carlos, "Imputación objetiva y Compliance penal", en Demetrio Crespo, Eduardo (Dir.), *Derecho Penal Económico y Teoría del Delito*, Ed. Tirant Lo Blanch, Valencia, 2020.

Cartolano S., Mariano J., *La corrupción: aproximación teórica*, Ed. Leyer, Bogotá, 2009.

Casanovas Ysla, Alain, "*Compliance* penal normalizado. El estándar UNE 19601", 1ª. Ed., Ed. Aranzadi, Navarra, 2017.

Castro Cuenca, Carlos Guillermo, "La tipificación de la corrupción en la contratación pública en Europa", en Zúñiga Rodríguez, Laura / Gorjón Barranco, M. Concepción / Fernández García, Julio / Díaz Cortés, Lina Mariola (Coords.), *Poder y delito. Escándalos financieros y políticos*, Ed. Ratio Legis, Salamanca, 2012.

Castro Cuenca, Carlos Guillermo, *La corrupción en la contratación pública en Europa*, Ed. Ratio Legis, Salamanca, 2009.

Cid Moliné, José / Larrauri Pijoan, Elena, *Teorías criminológicas. Explicación y prevención de la delincuencia*, Ed. Bosch, Barcelona, 2001.

Cigüela Sola, Javier, "*Compliance* más allá de la ciencia penal. Aportaciones de la sociología de las organizaciones al análisis de la criminalidad corporativa y de la imputación jurídico-penal", InDret, Barcelona, 2019.

Clarke, Ronald, "Situational crime prevention", *Crime and Justice*, Vol. 19, Building a Safer Society: Strategic Approaches to Crime Prevention, Chicago, 1995, pp. 91-150.

CLARKE, Ronald / CORNISH, Derek, "Modeling Offenders' Decisions: A framework for research and Policy", en TONRY, Michael / MORRIS, Norval (eds.), *Crime and Justice. An Annual Review of research*, The University of Chicago Press, Vol. 6, Chicago, 1985.

COCA VILA, Ivo, "¿Programas de cumplimiento como forma de autorregulación regulada?", en SILVA SÁNCHEZ, Jesús-M (Dir.) / MONTANER FERNÁNDEZ, Raquel (Coord.), *Criminalidad de empresa y Compliance. Prevención y reacciones corporativas*, Ed. Atelier, Barcelona, 2013.

COHEN, Lawrense E. / FELSON, Marcus, "Social Change and Crime Rate Trends: A Routine Activity Approach", en American Sociology Review, vol. 44, University of Illinois, Urbana, 1979.

CORBETTA, Piergiorgio, *Metodología y técnicas de investigación social*, Ed. McGraw-hill / Interamericana de España, Madrid, 2007.

CORNISH, Derek / CLARKE, Ronald (eds.), *The Reasoning Criminal: Rational Choice Perspectives on Offending*, Springer-Verlag, New York, pp. 1-16, 1986.

DE BOTTON, Alain, *Ansiedad por el estatus* (Trad. Jesús de Cuellar), Ed. Taurus, 2004.

DE MADRID DÁVILA, E. "Peritaje en materia de compliance en la aplicación de la normativa relativa a la responsabilidad penal de las personas jurídicas", en ABEL LLUCH, X. (Coord.), *Tratado Pericial Judicial*, Ed. La Ley, 2014.

ESTRADA I CADRAS, Albert / LLOBET ANGLÍ, Mariona, "Derechos de los trabajadores y deberes del empresario: conflicto en las investigaciones empresariales internas", en SILVA SÁNCHEZ, Jesús-M (Dir.) / MONTANER FERNÁNDEZ, Raquel (Coord.), *Criminalidad de empresa y Compliance. Prevención y reacciones corporativas*, Ed. Atelier, Barcelona, 2013.

FEIJOO SÁNCHEZ, Bernardo, *Cuestiones actuales de Derecho penal económico*, Ed. B de F., Montevideo – Buenos aires, 2009.

FELSON, Marcus y CLARKE, Ronald V., *La ocasión hace al ladrón. Teoría práctica para la prevención del delito*, (Trad. Maite Díaz i Pont y David Felip i Saborit del original "Opportunity Makes the Thief. Practical theory for crime prevention". Police Research Series, Paper 98. Home Office, Policing and Reducing Crime Unit, Londres 1998).

FERRÉ OLIVÉ, Juan C. / NÚÑEZ PAZ, Miguel A. / RAMÍREZ BARBOSA, Paula A., *Derecho Penal Colombiano. Parte General. Principios Fundamentales y Sistema*, 2ª. ed., Ed. Tirant Lo Blanch, Bogotá D.C., 2020, pp. 329-39.

FERNÁNDEZ RÍOS, Luis, *Psicología de la corrupción y los corruptos*, Ed. Grupo Editorial Universitario, Santiago de Compostela, 1999.

GALLEGO, C., Isabel, "*La prevención de la corrupción en la contratación pública*", en NIETO MARTÍN, Adán / MAROTO CALATAYUD, Manuel, *Public Compliance: Prevención de la corrupción en administraciones públicas y partidos políticos*, Ed. Ediciones de Castilla-La Mancha, 2014.

GARCÍA-BORÉS, José M, "Paisajes de la Psicología Cultural", Anuario de Psicología, Vol. 31, nº. 4, 9-25, Universidad de Barcelona, Facultad de Psicología, Barcelona, 2000.

García-Moreno, Beatriz, "*Whistleblowing como forma de prevención de la corrupción en la Administración Pública*", en Nieto Martín, Adán / Maroto Calatayud, Manuel, *Public Compliance: Prevención de la corrupción en administraciones públicas y partidos políticos*, Ed. Ediciones de Castilla-La Mancha, 2014.

Garrido, Vicente / Stangeland, Per / Redondo, Santiago, *Principios de Criminología*, 3ª ed., Ed. Tirant lo Blanch, Valencia, 2006.

Garzón Valdés, Ernesto, "Acerca del concepto de corrupción", en Laporta, Francisco J. / Álvarez, Silvina, *La corrupción política*, Ed. Alianza editorial, Madrid, 1997.

Gaviria Correa, Gonzalo, *El control interno*, 1ª ed., Ed. Diké, Medellín,1994.

Gayá, Bartolomé O., "La pericial en el Compliance: Un modelo nuevo versus 15 años de prueba pericial en España", en Picó i Junoy, J., *Peritaje y prueba pericial*, Bosch, 2015.

Graboski, Peter / Larmour, Peter, "Public Sector Corruption and its Control", Australian Institute of Criminology, Trends & Issues, In crime and criminal justice, No. 143, enero 2000.

Gil Villa, Fernando, *La cultura de la corrupción*, Ed. Maia Ediciones, Madrid, 1991.

Giménez-Salinas Framis, Andrea, "La prevención situacional y la criminalidad organizada", en Miró Linares, Fernando / Agustina Sanllehí, José Ramón / Medina S., José E., Summers, Lucía, (Eds.), *Crimen, oportunidad y vida diaria. Libro homenaje al Profesor Dr. Marcus Felson*, Ed. Dykinson, Madrid, 2015.

Gómez-Jara Díez, Carlos, *La responsabilidad penal de las empresas en los EE.UU*, Ed. Ramón Areces, Madrid, 2006.

González de León Berini, Arturo, "*El criminal compliance en la reforma norteamericana de la Dodd-Frank Act*", en Silva Sánchez, Jesús-M (Dir.) / Montaner Fernández, Raquel (Coord.), *Criminalidad de empresa y Compliance. Prevención y reacciones corporativas*, Ed. Atelier, Barcelona, 2013.

Goyache Goñi, Íñigo, "Investigación y prueba pericial en el atestado policial", en Picó i Junoy, Joan (Dir.), *La prueba pericial a examen*, Ed. Bosch, Barcelona, 2020.

Jareño Leal, Ángeles, *Corrupción y delincuencia de los funcionarios en la contratación pública*, Ed. Iustel, Madrid, 2011.

Kuhlen, Lothar / Montiel, Juan Pablo, Ortiz de Urbina G., Íñigo, *Compliance y teoría del Derecho penal*, Ed. Marcial Pons, Barcelona, 2013.

Kuhlen, Lothar, "Cuestiones fundamentales de Compliance y Derecho Penal", en Kuhlen, Lothar / Montiel, Juan Pablo, Ortiz de Urbina G., Íñigo, *Compliance y teoría del Derecho penal*, Ed. Marcial Pons, Barcelona, 2013.

Laporta, Francisco J. / Álvarez, Silvina, *La corrupción política*, Ed. Alianza editorial, Madrid, 1997.

Larrauri, Elena, *Introducción a la criminología y al sistema penal*, Ed. Trotta, Madrid, 2015.

Lascuraín Sánchez, Juan A., "La delegación como mecanismo de prevención y de generación de deberes penales", en Nieto Martín, Adán (Dir.) / Lascuraín Sánchez, Juan Antonio / Blanco Cordero, Isidoro / Pérez Fernández, Patricia / García Moreno, Beatriz, *Manual de Cumplimiento Penal en la Empresa*, Ed. Tirant lo Blanch, Valencia, 2015.

Lascuraín Sánchez, Juan A., "La responsabilidad penal individual por los delitos de empresa", en Nieto Martín, Adán (Dir.) / Lascuraín Sánchez, Juan Antonio / Blanco Cordero, Isidoro / Pérez Fernández, Patricia / García Moreno, Beatriz, *Manual de Cumplimiento Penal en la Empresa*, Ed. Tirant lo Blanch, Valencia, 2015.

Lascuraín Sánchez, Juan A., "Salvar al oficial Ryan (Sobre la responsabilidad penal del oficial de cumplimiento)", en Hortal, Juan C. / Valiente, Vicente (Coords.) / Mir Puig, Santiago / Corcoy, Mirentxu / Gómez, Víctor, (Dirs.), *Responsabilidad de la empresa y compliance. Programas de prevención, detección y reacción penal*, ed. B de F, Buenos Aires, 2014.

Lozano García, María Belén, "*Los contratos con el sector público y la prevención de prácticas corruptas: una perspectiva desde la empresa*", en Rodríguez García, Nicolás / Fabián caparrós, Eduardo A., *Corrupción y delincuencia económica* (Coords.), Ed. Grupo Editorial Ibáñez, Universidad Santo Tomás, Bogotá, 2008.

Malem Seña, Jorge F., *La corrupción. Aspectos éticos, económicos, políticos y jurídicos*, Ed. Gedisa, Barcelona, 2002.

Malem Seña, Jorge F., *Globalización, comercio internacional y corrupción*, Ed. Gedisa, Barcelona, 2000.

Martínez-Buján Pérez, Carlos, *Derecho Penal Económico y de la Empresa. Parte General*, 2ª Ed., Ed. Tirant Lo Blanch, Valencia, 2007.

Martínez Cárdenas, Edgar E. / Ramírez Mora, Juan M., *La corrupción en la contratación estatal colombiana: una aproximación desde el neoinstitucionalismo*, Ed. Reflexión Política, vol. 8, núm. 15, junio de 2006, Universidad Autónoma de Bucaramanga, Bucaramanga, 2006.

Martínez Sánchez, Wilson A., *Guía para la gestión del riesgo de corrupción en las empresas*, Ed. Legis, Bogotá, 2020.

Merton, Robert K., *Teoría y Estructuras Sociales*, Ed. FCE, México, 1976.

Mir Puig, Santiago, *Derecho penal. Parte General*, 8ª ed., Ed. Reppertor, Barcelona, 2008.

Montaner Fernández, Raquel, "El *criminal compliance* desde la perspectiva de delegación de funciones", en Ragués i Vallés, Ramón / Robles Planas, Ricardo, (Dirs.), *Delito y empresa. Estudios sobre la teoría del delito aplicada al derecho penal económico empresarial*, Ed. Atelier, Barcelona, 2018.

Montaner Fernández, Raquel, "La estandarización alemana de los sistemas de gestión de cumplimiento", en Silva Sánchez, Jesús-M (Dir.) / Montaner Fernández, Raquel (Coord.), *Criminalidad de empresa y Compliance. Prevención y reacciones corporativas*, Ed. Atelier, Barcelona, 2013.

Montiel, Juan Pablo, "Autolimpieza empresarial: *Compliance programs*, investigaciones internas y neutralización de riesgos penales", en Kuhlen, Lothar / Montiel, Juan Pablo, Ortiz de Urbina G., Íñigo, *Compliance y teoría del Derecho penal*, Ed. Marcial Pons, Barcelona, 2013.

Morales V., Hugo, "*Bien jurídico, daño social y escándalos de impacto social. Una perspectiva constitucional*", en Zúñiga Rodríguez, Laura / Gorjón Barranco, M. Concepción / Fernández García, Julio / Díaz Cortés, Lina Mariola (Coords.), *Poder y delito. Escándalos financieros y políticos*, Ed. Ratio Legis, Salamanca, 2012.

Moosmayer, Klaus, "Las investigaciones internas: una introducción a sus problemas esenciales", en Arroyo Zapatero, Luis / Nieto Martín, Adán (Dirs.), *El Derecho penal económico en la era del Compliance*, Ed. Tirant lo Blanch, Valencia, 2013.

Muñoz Sabaté, Luis, "Reflexiones sobre la probática o ciencia de la prueba judicial", *Diario La Ley, Sección Tribuna,* Issue 7128, 2009.

Muriel Patino, María Victoria, "El fenómeno de la corrupción: consideraciones desde la macroeconomía", en Rodríguez García, Nicolás / Fabián caparrós, Eduardo A., *Corrupción y delincuencia económica* (Coords.), Ed. Grupo Editorial Ibáñez, Universidad Santo Tomás, Bogotá, 2008.

Navas Mondaca, Iván, "Los Códigos de conducta y el Derecho penal económico", en Silva Sánchez, Jesús-M (Dir.) / Montaner Fernández, Raquel (Coord.), *Criminalidad de empresa y Compliance. Prevención y reacciones corporativas*, Ed. Atelier, Barcelona, 2013.

Neira Pena, Ana María, "La prueba pericial sobre la eficacia de los programas de *compliance*", en Picó i Junoy, Joan (Dir.), *La prueba pericial a examen*, Ed. Bosch, Barcelona, 2020.

Neira Pena, Ana María, "La efectividad de los criminal compliance programs como objeto de prueba en el proceso penal", Polít. crim. Vol. 11, Nº 22 (Dic. 2016), Art. 5, pp. 467-520.

Nieto Martín, Adán, "La eficacia de los programas de cumplimiento: Propuesta de herramientas para su valoración", en *Revista de Responsabilidad Penal de Personas Jurídicas y Compliance*, Vol. 1, Ed. Aranzadi, Navarra, Abril de 2023.

Nieto Martín, Adán, "Código ético, evaluación de riesgos y formación", en Nieto Martín, Adán (Dir.) / Lascuraín Sánchez, Juan Antonio / Blanco Cordero, Isidoro / Pérez Fernández, Patricia / García Moreno, Beatriz, *Manual de Cumplimiento Penal en la Empresa*, Ed. Tirant lo Blanch, Valencia, 2015.

Nieto Martín, Adán, "Cumplimiento normativo, criminología y responsabilidad penal de personas jurídicas", en Nieto Martín, Adán (Dir.) / Lascuraín Sánchez, Juan Antonio / Blanco Cordero, Isidoro / Pérez Fernández, Patricia / García Moreno, Beatriz, *Manual de Cumplimiento Penal en la Empresa*, Ed. Tirant lo Blanch, Valencia, 2015.

Nieto Martín, Adán (Dir.), "La prevención de la corrupción", en Nieto Martín, Adán (Dir.) / Lascuraín Sánchez, Juan Antonio / Blanco Cordero,

Isidoro / Pérez Fernández, Patricia / García Moreno, Beatriz, *Manual de Cumplimiento Penal en la Empresa*, Ed. Tirant lo Blanch, Valencia, 2015.

Nieto Martín, Adán, "De la ética al Public Compliance: Sobre la prevención de la corrupción en las Administraciones públicas", en Nieto Martín, Adán / Maroto Calatayud, Manuel, *Public Compliance: Prevención de la corrupción en administraciones públicas y partidos políticos*, Ed. Ediciones de Castilla-La Mancha, 2014.

Nieto Martín, Adán, "La privatización de la lucha contra la corrupción", en Arroyo Zapatero, Luis / Nieto Martín, Adán (Dirs.), *El Derecho penal económico en la era del Compliance*, Ed. Tirant lo Blanch, Valencia, 2013.

Nieto Martín, Adán, "Problemas fundamentales del cumplimiento normativo en Derecho penal", en Kuhlen, Lothar / Montiel, Juan Pablo, Ortiz de Urbina G., Íñigo, *Compliance y teoría del Derecho penal*, Ed. Marcial Pons, Barcelona, 2013.

Nieto Martín, Adán, *La responsabilidad penal de las personas jurídicas: Un modelo legislativo*, Ed. Iustel, Madrid, 2008.

Ortego Pérez, Francisco, "Consideraciones críticas en torno a la denominada prueba pericial de inteligencia financiera", en Picó i Junoy, J., *Peritaje y prueba pericial*, Bosch, 2015.

Ortiz de Urbina G., Íñigo, "Delitos contra la Administración pública", en Silva Sánchez Jesús-M. [Dir.], Ragués i Vallès, Ramón [Coord.] / otros, *Lecciones de Derecho penal. Parte Especial*, 3ª ed., Ed. Atelier, Barcelona, 2011.

Ragués i Vallès, Ramón, "Los procedimientos internos de denuncia como medida de prevención de delitos en la empresa", en Silva Sánchez, Jesús-M (Dir.) / Montaner Fernández, Raquel (Coord.), *Criminalidad de empresa y Compliance. Prevención y reacciones corporativas*, Ed. Atelier, Barcelona, 2013.

Ragués i Vallès, Ramón, "¿Héroes o traidores? La protección de los informantes internos (whistleblowers) como estrategia político-criminal", InDret Penal 3/2006.

Ramírez Barbosa, Paula A. / Ferré Olivé, Juan C., *Compliance, derecho penal corporativo y buena gobernanza empresarial*, 2ª ed., Ed. Tirant Lo Blanch, Bogotá, 2021

Ramírez Barbosa, Paula A. / Ferré Olivé, Juan Carlos, *Compliance, Derecho Penal Corporativo y buena gobernanza empresarial*, Ed. Tirant Lo Blanch, Bogotá D. C., 2019.

Redondo Illescas, Santiago / Martínez-Catena, Ana, "El concepto criminológico de oportunidad", en Miró Linares, Fernando / Agustina Sanllehí, José Ramón / Medina S., José E., Summers, Lucía, (Eds.), *Crimen, oportunidad y vida diaria. Libro homenaje al Profesor Dr. Marcus Felson*, Ed. Dykinson, Madrid, 2015.

Rivero Ortega, Ricardo, "Corrupción y contratos públicos: la respuesta europea y latinoamericana", en Rodríguez García, Nicolás / Fabián caparrós, Eduardo A., *Corrupción y delincuencia económica* (Coords.), *Corrupción y delincuencia económica*, Ed. Grupo Editorial Ibáñez, Universidad Santo Tomás, Bogotá, 2008.

Robles Planas, Ricardo, "Imputación en la empresa y conductas neutrales", en Silva Sánchez, Jesús M. / Miró Linares, Fernando, (Dirs.), *Teoría del delito en la práctica penal económica*, Ed. La Ley, Madrid, 2013.

Rose-Ackerman, Susan, *La corrupción y los gobiernos. Causas, consecuencias, y reforma*, (Trad. Alfonso Colodrón Gómez), Ed. Siglo Veintiuno Editores de España, Madrid, 2001.

Rotsch, Thomas, *Criminal Compliance*, InDret, Barcelona, 2012.

Roxin, Claus, *Derecho penal. Parte General, Tomo I, Fundamentos. La estructura de la Teoría del delito*, (Trad. Diego-Manuel Luzón Peña / Miguel Díaz y García Conlledo / Javier de Vicente Ramesal), Ed. Civitas, Madrid, 1997.

Sahan, Oliver, "Investigaciones empresariales internas desde la perspectiva del abogado", en Kuhlen, Lothar / Montiel, Juan Pablo, Ortiz de Urbina G., Íñigo, *Compliance y teoría del Derecho penal*, Ed. Marcial Pons, Barcelona, 2013.

Salvador Lafuente, Albert, "Mapa de riesgos: identificación y análisis de riesgos y controles", en Simón Castellano, Pere / Abadías Selma, Alfredo (Coords.), *Mapa de riesgos penales y prevención del delito en la empresa*, Ed. Wolters Kluwer España, Madrid, 2020.

Santana V., Dulce M., "El delito corporativo de incumplimiento en la prevención de sobornos (Bribery Act 2010)", en *Revista Electrónica de Ciencia Penal y Criminología*, 2015.

Saray Botero, Nelson, *Incidente de Reparación integran de perjuicios en el proceso penal*, Ed. Leyer, 2ª Ed., Bogotá.

Sieber, Ulrich, "Programas de compliance en el derecho penal de la empresa. Una nueva concepción para controlar la criminalidad económica", en Arroyo Zapatero, Luis / Nieto Martín, Adán (Directores), *El Derecho penal económico en la era del Compliance*, Ed. Tirant lo Blanch, Valencia, 2013.

Silva Sánchez, Jesús-M., "Lo real y lo ficticio en la responsabilidad «penal» de las personas jurídicas", en *Revista de responsabilidad penal de personas jurídicas y compliance*, Vol. 1, Abril, 2023.

Silva Sánchez, Jesús-M., "El debate sobre la prueba del modelo de compliance: Una breve contribución", InDret, Barcelona, I / 2020.

Silva Sánchez, Jesús-M (Dir.) / Montaner Fernández, Raquel (Coord.), *Criminalidad de empresa y Compliance. Prevención y reacciones corporativas*, Ed. Atelier, Barcelona, 2013.

Silva Sánchez, Jesús-M "Deberes de vigilancia y compliance empresarial", en Kuhlen, Lothar / Montiel, Juan Pablo, Ortiz de Urbina G., Íñigo, *Compliance y teoría del Derecho penal*, Ed. Marcial Pons, Barcelona, 2013.

Silva Sánchez, Jesús M. / Miró Linares, Fernando, (Dirs.), *Teoría del delito en la práctica penal económica*, Ed. La Ley, Madrid, 2013.

Silva Sánchez, Jesús-M., "Eficiencia y Derecho Penal", ADPCP, 1996.

SIMÓN CASTELLANO, Pere / ABADÍAS SELMA, Alfredo (Coords.), *Mapa de riesgos penales y prevención del delito en la empresa*, Ed. Wolters Kluwer España, Madrid, 2020.

SUAÑA, Oliver, "El informe pericial en los procesos penales frente a las personas jurídicas. Especial referencia a la certificación de los programas de cumplimiento normativo penal", en *Revista General de Derecho Procesal*, No. 47, 2019.

SUTHERLAND, Edwin H., *El delito de cuello blanco*, (Trad. Rosa del Olmo), Ediciones de la Piqueta, Madrid, 1999.

SUTHERLAND, Edwin H. / CRESSEY Donald R., *Principles of Criminology*, 5ª ed., Ed. J. B. Lippincott Company, Chicago, 1955.

SYKES, Gresham M. / MATZA David, "Techniques of neutralization: A theory of Delinquency", en American Sociological Review, Vol. XXII, 1957, pp. 664-670.

TAYLOR, Ian / WALTON, Paul / YOUNG, Jock, *La nueva criminología. Contribución a una teoría social de la conducta desviada*, 3ª ed., Ed. Amorrortu Editores, Buenos Aires, 2007.

TIEDEMANN, Klaus, *Manual de Derecho Penal Económico. Parte General y Especial, Ed. Tirant Lo Blanch*, Valencia, 2010.

URIBE GARCÍA, Saúl, *Delitos contra la Administración pública*, Ediciones UNAULA, Medellín, 2014.

VELÁZQUEZ V., David, "Responsabilidad penal de las empresas. ¿Cómo probar el debido control?" *Diario La Ley, Issue* 7794, 2012.

VILLEGAS GARCÍA, María / ENCINAR DEL POZO, Miguel, "Hacia una guía de valoración de los programas de compliance para el proceso penal", LA LEY Penal nº 142, enero-febrero 2020: Aplicación del Compliance penal, Nº 142, 1 de enero de 2020, Ed. Wolters Kluwer.

VILLORIA MENDIETA, Manuel, "Hacia una comprensión de la corrupción en España", TransJus, Institut de Recerca, Facultat de Dret, Universitat de Barcelona, Working Paper 1/2014.

VILLORIA MENDIETA, Manuel, *La corrupción política*, Ed. Síntesis, Madrid, 2006.

VILLORIA MENDIETA, Manuel, Ética pública y corrupción: Curso de ética administrativa, Ed. Tecnos, Madrid, 2002.

Normas técnicas

IDW AsS 980:2011. "IDW Assurance Standard: Principles for the Proper Performance of Reasonable Assurance Engagements Relating to Compliance Management Systems", marzo de 2011.

GTC-ISO 19011:2018. Directrices para la Auditoría de Sistemas de Gestión.

NTC-ISO 31000:2018. Gestión del Riesgo: Directrices.

NTC-ISO 37001:2017. Sistemas de Gestión Antisoborno.

NTC 6671:2023. Sistemas de Gestión de Compliance Penal y Ético.

NIEA 3000 (Revisada). Encargos de Aseguramiento distintos de la Auditoría o de la Revisión de Información Financiera Histórica.

Norma Internacional de Auditoría (*NIA*) *240*. Responsabilidades del auditor en la auditoría de estados financieros con respecto al fraude.

UNE-ISO 37301:2021. Sistemas de Gestión de Compliance.

UNE-ISO 37002:2021. Sistemas de Gestión de la Denuncia de Irregularidades.
UNE 19601:2017. Sistemas de Gestión de Compliance Penal.
UNE-EN 31010:2011. Gestión del Riesgo. Técnicas de Apreciación del Riesgo.
UNE-EN 16775:2016. Requisitos Generales para los Servicios Periciales.
UNE 197001:2019. Criterios generales para la elaboración de informes periciales.

Jurisprudencia

Corte Constitucional, Sentencia C-320 de1998. M.P. Eduardo Cifuentes Muñoz.
Corte Constitucional, Sentencia C-1235 de 2005, M. P. Rodrigo Escobar Gil.
Corte Constitucional, Sentencia C-103 de 2015, M. S. María Victoria Calle Correa.
Corte Suprema de Justicia, Sala de Casación Penal, Sentencia del 02 de mayo de 2012, Rad. 35489, M. P. Augusto J. Ibáñez Guzmán.
Corte Suprema de Justicia de Colombia, Sala de Casación Penal, Sentencia del 27 de Julio de 2006, Rad. 25536, M. P. Álvaro Orlando Pérez Pinzón.
Corte Suprema de Justicia de Colombia, Sala de Casación Penal, Sentencia del 12 de octubre de 2016, Rad. 46604, M. P. Gustavo Enrique Malo Fernández.
Corte Suprema de Justicia de Colombia, Sala de Casación Penal, Sentencia del 11 de julio de 2018, Rad. 50637, M. P. Patricia Salazar Cuellar.

Guías institucionales

U.S. Department of Justice Criminal Division, Guidance Document, "*U.S. Department of Justice Criminal Division: Evaluation of Corporate Compliance Programs*", abril, 2019.
Auditoría Superior de la Federación de México, "*Manual para la Conducción de Autoevaluaciones de la Integridad en las Entidades Fiscalizadoras Superiores*", Versión Junio 2018.
Alcaldía Mayor de Bogotá, "Metodología. Identificación de riesgos de corrupción en la gestión contractual pública", *Serie Metodologías para el control preventivo*, ISBN: 978-958-8488-08-0, 2018.
Consejo Nacional de Política Económica y Social. República de Colombia. Departamento Nacional de Planeación. "Documento Conpes 167", 2013.
Departamento Administrativo de la Función Pública (2020), "Guía para la Administración del Riesgo y Diseño de Controles en Entidades Públicas", V. 5.
FATF Guidance. 2013. National Money Laundering and Terrorist Financing Risk Assessment.
Instituto de Auditores Internos (IIA), "Declaración de Posición: *Las Tres Líneas de Defensa para una efectiva gestión de riesgos y control*", 2013.
Presidencia de la República, Secretaría de Transparencia, "Guía práctica para la implementación de Programas de Cumplimiento Anticorrupción", Bogotá, 2017.
Presidencia de la República, Secretaría de Transparencia, "Guía para empresas en Colombia: cómo y por qué implementar un Programa Empresarial de Cumplimiento Anticorrupción", Bogotá, 2016.

Presidencia de la República, Departamento Administrativo de la Función Pública, "Guía para la Gestión del Riesgo de Corrupción", Bogotá, 2015.